# 道德经随想录

杨志清◎著

吉林出版集团股份有限公司

**图书在版编目（CIP）数据**

道德经随想录 / 杨志清著 . — 长春 : 吉林出版集团股份有限公司 , 2021.3

ISBN 978-7-5581-9907-3

Ⅰ . ①道… Ⅱ . ①杨… Ⅲ . ①道家 ②《道德经》—研究 Ⅳ . ① B223.15

**中国版本图书馆CIP数据核字(2021)第065470号**

**道德经随想录**

---

**著　　者**　杨志清
**责任编辑**　郭亚维
**封面设计**　刘　伟
**开　　本**　710mm × 1000mm　1/16
**字　　数**　415千
**印　　张**　30
**版　　次**　2021年5月第1版
**印　　次**　2021年5月第1次印刷

---

**出　　版**　吉林出版集团股份有限公司
**电　　话**　总编办：010-63109269
　　　　　发行部：010-85173824
**印　　刷**　天津中印联印务有限公司

---

ISBN 978-7-5581-9907-3　　定价：78.00 元

序言

# 老子的“道”是什么

自从《道德经》问世以来，关于“道”到底是什么一直也没有定论。如今，我以无知者无畏的态度，以自己的感受来讨论一下这个问题。

当我接触到老子的《道德经》后即被深深地吸引住，发现这是人类的一个巨大宝藏，其中无所不包，天下万物都可以直接或间接地和它产生联系，并从中得到力量。我在“外面”感叹，但又不得“入内”，朦朦胧胧，似懂非懂，不得要领。我发现要进入宝藏就需要一把钥匙，这把钥匙就在开篇第一章：道到底是什么？只有知道了这一点，才能把全文串联起来，再一层层、一面面地继续深入探寻。在玄妙无形的道面前，我千回百转，感悟不出，后来想到老子说：“道冲而用之，或不盈。渊兮，似万物之宗。”（第四章）而且还“甚易知，甚易行”（第七十章），既然道是万物之宗，又时时处处地存在，那就只有到现实生活中去寻找道。而后，我终于顿悟到：一切事物中的矛盾各方的共同利益共识，才是产生一切和左右一切的唯一力量。任何组成事物或交往范围各方，如果没有统一的共同利益共识，人们也不会主动去参与，如果各方相互矛盾，各行其是，则任何事物也成功不了，任何交往范围内也和谐、安宁不了，更别提长远有序了。任何产品如果没有人们共同利益共识的需求也产生不了使用价值，更不要说交换价值，而且当一个产品失去了人们的需求共识时，也就没有价值了，也再无人去生产了。可见，天下万物的产生、存在都是相关各方需求的共同利益共识决定的，所以共同利益共识才是万物之宗。而共同利益共识是如何产生的呢？《道德经》第二章的“天下皆知美之为美，斯恶已；皆知善之为善，斯不善已。故有无相生，难易相成，长短相形，高下相倾，音声相合，前后相随”的矛盾对立统一规律给了答案，而这个对立统一的程序就是第四章中的“挫其锐，解其纷，和其光，同其尘”。那么道就应该是组成事物或一定交往范围矛盾各方在平等地相互影响、作用、制约的对立统一中产生的共同利益共识，而要坚守和落实体现共识的具体行为规范，就必须有势能来支撑，这个势能就是“万物作焉而不辞，生而不有，为而不恃，功成而弗居”（第二章）的“万物之宗”（第四章）的道。共同利益共识之势也正如老子在第十四章中所讲，道虽无形，但是，只有利用共同利益共识之势的观点，才能够观察分析历史事物的成败因由，才可以为现在事物提供指导和帮助，“执古之道，以御今之有”，只有用道的观点，才可以解释得通人类历史来源的自然规律，“以知古始，是谓道纪”。也就是说，老子所说的道，是组成事物各方对立统一产生的共同利益共识之势。

我们举一个可以“不出户”“不窥牖”而知的最明显的例子：我们每个人的身体是有形的，精神却是无形的，看不见，听不见，摸不着，但是任何人离得了吗？人人又都不会否认命的存在，精神就有无形的势。那么这精神之势又是如何来的呢？是我们身体的各组织器官在平等包容的相互影响、作用、制约的对立统一中产生的器质（权利、阴）和功能（义务、阳）相对平衡的共同利益之势。首先是包容，我们身体的每一个组织器官，都有各自的器质和功能。而每一个组织器官又由无数不断新陈代谢的细胞组成。每一个组织器官和细胞又必须平等地通过血液得到氧气和营养，忽略任何一处就会坏死。这些组织器官相互之间在时刻不停地相互影响、作用、制约着，当遇到外部冷热和危险时通过感觉器官，传导组织会通知大脑，再将相应应对调节指令传导至相关器官执行，并及时反馈；而各组织器官之间必然根据各自的器质和功能的相对平衡状况进行对立统一，如果一个人过于追求口舌之欲，超过了胃的承受能力，胃就会做出饱胀难受的对立反映，当进食的食物危害到人的安全时，胃会做出恶心、呕吐等强烈的对立反应，使大脑命令口舌停止伤害，回归相对平衡的统一。同样，心脏、肝肾等组织器官也必然通过相互之间的对立统一才能维持人的整体共同利益之势，也就是精神的存在。可见人的精神就是组成人身体的各组织器官在包容平等的相互影响、作用、制约的对立统一中产生的器质和功能，权利和义务相对平衡的共同利益之势。人生病就是因为打破了各组织器官相对平衡，治病就是恢复各组织器官相对平衡，这就是“无名，天地之始；有名，万物之母”（第一章），“天下万物生于有，有生于无”（第四十章）。

人必须有精神的共同利益之势才能健康存在，自然界的一切，家庭、团体、社会、世界没有组成各方在平等包容的相互影响、作用、制约的对立统一中产生的权利和义务相对平衡的共同利益之势就不能和谐、有序地存在。人是自然界的产物，老子说要“道法自然”，人们在与别人交往中常说命运，其实命运就是每个人在不同交往范围内认识和坚守各方共同利益共识的能力，你善于顺应和坚守，通过交往范围各方平等包容，相互影响、作用、制约的对立统一产生的权利和义务相对平衡的共同利益共识之势及相应的行为规范，你就可以得到多方助力，其他各方就会成为助力自己的资源，你就会容易成功，也就命运好；反之，如果一个人眼高于顶，利用一时一处强势，过分追求个人利益，打破权利和义务相对平衡的自然规律，损害相对弱势者的利益，四处树敌，就不会有共同利益共识之势，即使在一定的社会条件下一时成功，也不会长远，命运也好不了，因为当一个人脱离相互制约的对立统一之后，会像失去胃的制约的对立的口舌之欲一样失控，终会因过分追求吃喝而致病。同样，如果一个人、一个群体不懂得通过对立统一得到包括自己平等利益在内的共同利益，那么他和他们的命运永远也好不了。可见，命运就是一个人、一个群体认识和坚守共同利益之势的能力。简言之，与其说我们和有形的一个人在交往，不如是在和他无形的势在交往，这就是有无相生。

有了共同利益之道这把无形的钥匙，再去逐一打开各层各方面的宝藏，就有了相对的可能性，对“无为”“不言”“柔弱胜刚强”“反者，道之动；弱者，道之用”“万物负阴而报阳，冲气以为和”等词句就会产生有一些肤浅的认识。但是，一旦进入宝藏就会发现，这里面宽广无比，深远无垠，包罗万象，仅触其一点就可以引申久远，昨天刚认为懂了，今日再看又会发现可以再引申出许多，甚至可以无穷扩展下去。所以以我一人非常微薄的学识根本无法哪怕是最简单地梳理一下，为此，我只能以杂乱的不系统的随笔的方式公布开来，以期抛砖引玉，希望引起众人关注《道德经》和现代社会的关系与《道德经》所阐述的社会发展的自然规律。因为老子写《道德经》的目的就是“执古之道，以御今之有”，希望通过我们大家共同努力，使《道德经》脱下晦涩的外衣，从文人学士的书斋中走出来，走进千家万户，成为人类在各种事物和交往范围的行动指南。

我们来到这个世界就注定要和其他人进行平等的交往，每一个人都有自己的权利和义务，也就是自己相应的社会定位，这个社会就像一台庞大无比的机器，而我们每个人就是其中一个齿轮，只有平等的相互制约，为了一个共同利益共识目标，社会这台大机器才能有序、平稳地正常运转。为此，人们都应该坚守权利和义务相对平衡的自然规律，在这个基础之上相互影响、作用、制约，才会产生大家利益契合点的共同利益共识之道，及其相应的法律法规、公序良俗等各种行为规范之德，只有大家都依道遵德而行，这个社会才能和谐有序，人们才有真正的幸福安宁。

## 道路和道

这个以公共利益共识为依托的对各矛盾方面具有制约作用的势为什么叫作道？因为道的意义和人们普遍意识中的道路最接近，最形象，最直观，也最好理解。

道路是容，是全，是接纳一切的“上善若水。水善利万物而不争，处众人之所恶，故几于道”是任何人、任何行走方式、任何时间都可以进行踩踏、行走于其上的，任何动物也可以择机而行，道路可容纳便利一切所需之人和动物，从不歧视。

道路是由人们的共同利益产生的，是共识。人们要活动，要交往，就要有道路，而道路又是如何来的呢？天下本无路，长年累月，是经无数人的反复踩踏碾压才形成的。为什么几乎毫无联系约定，从不同地点出发，使用不同的交通工具，在不同时间都汇集于此进行踩踏而终成道路呢？因为共识，因为目的地相同，虽然有的人并非直行，而是要绕行一下，但是因为在眼前的情况下由甲地去往乙地或从丙地去丁地在各种条件影响、作用、制约下，其选定的路线是相对来讲最近又最便捷可行的。这些条件包括当前的生产力水平、生活方式、运输工具、山脉、河流、疆界、地形、气候影响等，对那些小路尤其是山间小路，甚至于一个峭壁、一棵大树、一片荆棘、一条小溪等都会对道路的形成产生各自的影响、作用和制约，这个过程并不是一朝一夕，而是一个长年累月的共识过程。一条主要道路的产生是大多数人通过对这些条件的综合筛选评判，通过无数人、无数次地对其他途径的行走失败或更费力的教训后认识到的最佳路径。这样看，道路的形成就是人们在自然界的各种条件下达到的共同利益共识，也是和自然界的和谐共处，在当时条件下形成的道路是包括自然界和人等各方面的共同利益的契合点。而这个道路一旦经过无数人的共同踩踏形成后，也就具有了一种约定俗成使人就范的势，形成一种规则规范。为什么必走此道而不是别道呢？因为此道是当前各种条件通过相互影响、作用、制约下唯一的捷径，是通过人们长期“挫其锐，解其纷，和其光，同其尘”去掉极端，取其共识而来的。

道路只供众人行走，而没有自己的私利，生于众人用于众人，可以约束众人行径，但不占有众人。因为没有自己的既得利益和特权，不怕被别人夺去什么，所以可以像水一样柔、容纳百川，纳天下所有行路之人，而不设门槛。因为没有自己的私利，不需要隐瞒什么，所以可以坦荡示人，一览无余，似婴儿一样真朴。“是以圣人处无为之事，行不言之教。万物作焉而不辞，生而不有，为而不恃，功成而弗居。夫惟弗居，是以不去。”

道路不是绝对的，会随着各种现实条件变化而变动，从人类产生以来，多少新道路产生了？又有多少古道消失了？可见没有绝对的道路，一切道路都是人们用脚投票走出来的，是会随着各种现实自然和生产生活条件变化而变化的，是相对的，从河西走，是对的，改道河东也是对的。在这一点上，道路是根据客观条件的变化而变化，不强硬固执，不抗拒改革，是柔弱的。道路可以改变，但道路是参与行走的各群体的共识和约束之势，是不会改变的，是永恒的，唯一的，但道路又是四通八达，几乎无法计数的，在时时处处和人类相伴，这也就是说“道可道，非常道”。

道路是平等的。在道路的产生和使用过程中，无论是农民、牧人、商贩、串亲访友的妇孺闲士还是手持兵刃的千军万马，都是平等的，受道路的制约也是一样的。

道路是一种势，但是又不直接强制执行。道路可以制约人们的行径，但又不强迫人们必须由此通过，你可以走大道，也可以“大道甚夷，而民好径”。但因道路是经过无数人筛选、评判、实践出来的共识，在形成道路的主要条件不变的情况下，舍弃大道而另辟小径，绝大多数会无功而返或因伤害到各方利益而受到抵制，即使能通过也可能会比正道耗时费力，甚至绕来绕去又绕回来，欲速则不达。而这种因贪图捷径而误入歧途的行为的必然结果，也成了警示他人的教训。也就是说，道路是在各种条件的制约后达成共识的唯一性而非武力强制性而存在的一种势，武力强制可以因武力在争斗中受损而丧失或减弱，就像“飘风不终朝，骤雨不终日”一样。但众人的利益共识是唯一的，不会因为少数人的企图改变而改变，因此才是永恒的。道路能够产生、存在而且可以不断增加更新，为众人所护，最根本的原因是道路上的每个行人都是平等的，公平的，没有特权的。在道路上行走，你的速度快慢完全取决于你自己的行动能力，一视同仁，不会因为你的身份而变化。“天地不仁，以万物为刍狗；圣人不仁，以百姓为刍狗。”也可以说，道路不仁以行人为刍狗。正因为道路没有厚此薄彼，不承认特权，是公正公平的，所以人们也因此心甘情愿，心理平衡，不会因自己走得比马和车慢而觉得利益受损，从而牢骚满腹。

道路是在所有途经此处的人平等地踩踏、碾压出来的，又反过来影响、作用和制约所有人的行程轨迹。是人们在行走中，通过共识形成一个具有制约作用的势。道路被用来最大限度地便利和保护当时和无数代后人的行走利益；道路没有自己的利益，所以道路的改动、变迁不会有任何阻力；道路是相对的，会随着现实条件变化而变化，所以没有绝对的对错和永恒；道路是平等的，包容的；道路是一种约定俗成的势，不会用武力强制，但又是不可违背的唯一；道路是权利和义务相对平衡的，公平的。正因以上各种原因，从人类产生以来，历经无数道路的产生和消失，但人们并没有为此而产生争斗和流血，更没有像朝代更迭一样，毁坏后又几乎原样重来，而是默默地行走着，因势利导地选择着，悄悄地变化着，为人类提供着便利和规范。“以其不自生，故能长生”，人们在行走交往中如此，在日常生产生活交往中更是如此，人世间人们的相互交往流通中的道与道路的产生也完全是一样的，需要一个通过共识形成的具有制约作用的势来最大限度地保障每一个人的长远利益，这个势也就是道。道是在自然界和所有相关人和物在平等的相互影响、作用和制约的对立统一中产生的，又产生一切，影响、作用、制约着每个人。这也许就是老子把他关于世间万物的产生存在之根也叫作道的原因吧！

# 目录

⊙ 第一章　有无相生的道　// 1
⊙ 第二章　对立统一的自然规律是万物存在的基础　// 11
⊙ 第三章　两种不同的社会治理理念　// 18
⊙ 第四章　对立统一产生的共同利益之势是万物之宗　// 22
⊙ 第五章　天地圣人不承认虚伪的仁义　// 26
⊙ 第六章　道是产生一切的天地之根　// 30
⊙ 第七章　双赢共赢　// 32
⊙ 第八章　只有平等包容才能无后顾之忧　// 39
⊙ 第九章　功成身退是必然的自然规律　// 46
⊙ 第十章　合道的行为规范之德　// 51
⊙ 第十一章　有无相生的势能　// 56
⊙ 第十二章　两种生活方式　// 60
⊙ 第十三章　宠辱若惊是特权社会的必然产物　// 66
⊙ 第十四章　贯穿古今的道是恍惚无形之势　// 70
⊙ 第十五章　任何事的成功都需要识道之人　// 76
⊙ 第十六章　道是万物长久之根　// 86
⊙ 第十七章　社会行政者与民众的相互作用　// 95

⊙ 第十八章　老子眼中的仁义慧智　// 103

⊙ 第十九章　抛弃封建功利意识回归自然质朴之道　// 110

⊙ 第二十章　社会交往范围中识道先驱往往是孤独的　// 117

⊙ 第二十一章　道虽然恍惚无形但却贯穿古今　// 126

⊙ 第二十二章　事物是在权利和义务的相对平衡、失衡循环中不断运行的　// 131

⊙ 第二十三章　不同的言行决定不同的势能状况　// 136

⊙ 第二十四章　过分地追逐功利会事与愿违　// 142

⊙ 第二十五章　道法自然　// 147

⊙ 第二十六章　人只有尽自己的社会职能才有存在之根　// 151

⊙ 第二十七章　平等包容，相互借鉴是存在和发展的基础　// 156

⊙ 第二十八章　以平等包容为基础建立社会管理体制　// 166

⊙ 第二十九章　利用行政权力占有特权是无法长远的　// 171

⊙ 第三十章　战争不符合社会共同利益之道，应尽量避免　// 177

⊙ 第三十一章　用武装暴力杀人是不道行为　// 181

⊙ 第三十二章　只有依道而行万物才能和谐有序　// 184

⊙ 第三十三章　人最难明白的是自己真正需要什么　// 193

⊙ 第三十四章　任何事物的存在与发展都离不开道　// 198

⊙ 第三十五章　道的向心凝聚力　// 203

⊙ 第三十六章　对立统一、物极必反是事物的发展规律　// 207

⊙ 第三十七章　真实质朴和道紧密相连，甚至同为一体　// 212

⊙ 第三十八章　老子宣扬的道德和统治者宣扬的仁义道德　// 217

⊙ 第三十九章　道决定着万物的存亡兴衰　// 227

⊙ 第四十章　推动权利和义务平衡—失衡—平衡的循环是道的主要功能　// 235
⊙ 第四十一章　不同的社会存在决定对道的不同态度　// 242
⊙ 第四十二章　道与万物的关系　// 247
⊙ 第四十三章　顺应权利和义务相对平衡的调节之势对天下是最大的益处　// 252
⊙ 第四十四章　识道之人才知进退　// 257
⊙ 第四十五章　万事万物都是相对的，双赢才能清静、稳定　// 262
⊙ 第四十六章　道是消灭战争的唯一方法　// 269
⊙ 第四十七章　依道遵德才能明事理、易成功　// 276
⊙ 第四十八章　成功的捷径是无为　// 283
⊙ 第四十九章　天下没有抽象的“善”“信”之人　// 286
⊙ 第五十章　以人为本，和谐相处，珍爱生命　// 291
⊙ 第五十一章　道和德与万物的关系　// 294
⊙ 第五十二章　个体只有摆正和群体之道的关系，才能成长、提高　// 299
⊙ 第五十三章　天下最大的悲哀就是脱离正道误入歧途　// 304
⊙ 第五十四章　形成共同利益共识之道要从自己做起　// 311
⊙ 第五十五章　依道遵德的人才会得众人之助，从而活力四射　// 316
⊙ 第五十六章　平等相待才能互利共赢　// 320
⊙ 第五十七章　治理国家应当依道遵德，无为而治　// 324
⊙ 第五十八章　祸福转换并非无凭　// 329
⊙ 第五十九章　向心凝聚力是成功的根基　// 334
⊙ 第六十章　能使人们双赢的只有道　// 337

⊙ 第六十一章　国与国交往中只有依道而行才能和平双赢　// 342
⊙ 第六十二章　一个有道的社会才是和谐共赢的社会　// 347
⊙ 第六十三章　行道也要讲求方式方法　// 352
⊙ 第六十四章　依道遵德才能善始善终　// 362
⊙ 第六十五章　辨明智愚，依自然规律行事才能顺利　// 368
⊙ 第六十六章　将根深入民众之中是一个政权的存在之本　// 375
⊙ 第六十七章　老子的三宝是治国治事之本　// 388
⊙ 第六十八章　只有追求双赢才能真正地胜利　// 394
⊙ 第六十九章　备战而不好战，以道求胜　// 401
⊙ 第七十章　道真实存在，又切实可行，但并不容易被人主动认同　// 404
⊙ 第七十一章　只有承认错误，积极纠正，才能存在、发展　// 411
⊙ 第七十二章　只有尊重民众利益才能社会安宁　// 418
⊙ 第七十三章　人们只有依道遵德才可以过上和谐轻松的日子　// 423
⊙ 第七十四章　极端压迫必然催生极端反抗的双输　// 426
⊙ 第七十五章　残酷压迫、剥夺民众也就失去了自己的存在、安全　// 429
⊙ 第七十六章　顺共同利益共识之势柔弱而为是成功之本　// 435
⊙ 第七十七章　能够维护交往范围相对平衡有序的唯有道　// 440
⊙ 第七十八章　顺道之势为柔，逆道之势为刚　// 445
⊙ 第七十九章　坚守权利与义务相对平衡的自然规律　// 450
⊙ 第八十章　有形的物质水平与无形的共同利益共识之道是不可分离的　// 455
⊙ 第八十一章　道“利而不害”“为而不争”是“万物之宗”　// 461

# 第一章[①]

# 有无相生的道

"道"可道，非常道；"名"可名，非常名。

无，名天地之始；有，名万物之母。

故常无，欲以观其妙；常有，欲以观其徼。

此两者同出而异名。

同，谓之玄。玄之又玄，众妙之门。

老子五千字的《道德经》传播到全世界，使无数人围绕一个"道"字各抒己见。而"'道'可道，非常道；'名'可名，非常名"又给了人们无限的遐想空间。

要具体真实地了解道是什么，得先搞清楚"无，名天地之始……众妙之门"的含义。要走进"玄之又玄，众妙之门"认识到道的真面目，关键在于首先理解"有无相生"，只有理解了"有"和"无"的关系才能理解"缴"和"妙"，才能接触到"视之不见，名曰'夷'；听之不闻，名曰'希'；博之不得，名曰'微'"的令人"恍惚"的道（第十四章）。"无，

① 本书的全部原文遵照中华书局发行的通行版本（王弼注本，楼宇烈校，2008版）。

名万物之始；有，名万物之母。”有形的物质是可看、可触、可计、可量、可以界定的，是有边界制约之“缴”的，例如一所房子、一部汽车甚至于一个人的高矮、胖瘦、心跳、呼吸有许多具体指标，是有边界限制的。没有这些有形的物质存在，事物也就没有了，所以“有，名万物之母”。但是如果你和一个有形之物或人交往时，仅凭他们这些有形的特征来判断它们行吗？显然是不行的，因为房子和汽车必须有更主要的无形的居住和行驶的势能才可以称其为房子和车子；一个人，有形的身体上必须有许多的无形的势能才可以称其为人，这就是较简单、直观的有形和无形的相生关系，而事物往往又不如此直观、简单。接下来，“常无欲以观其妙”，老子用一个“妙”字就将这个无形之势的似有若无的“恍惚”和复杂多变，妙趣横生地揭示了出来。我们要交往的人，可能是文盲，可能是学富五车；可能是一身蛮力的莽汉，可能是身怀绝技的高人；可能生性懦弱，可能外柔内刚；可能宽容大度，可能睚眦必报……这些特点都是无形的，我们看不见，摸不着，但又复杂无比地可直接制约我们和其交往时的态度和结局。也就是说，表面上我们是和一个有形的人在交往，而实际上，还不如说是和其身上无形的势和大环境中可影响制约他的势在交往。所以，真正聪明的人从来不会以貌取人，不会孤立地看人，更不会脱离社会环境用固定的眼光去看人，因为人都是处在时刻与自己周围各方互动之中，也就没有固定不变的人，而能否辩证地识人、用人往往是人们事业成败的关键一步。在一定社会条件下，这个势可能是他自身拥有的，也可以是他直接或间接借来的。例如，契诃夫写的小说《变色龙》中对警官奥楚蔑洛夫的描写，则是将这有形的物和无形的势的有无相生的关系揭露得惟妙惟肖，入骨三分，同样一条真实有形的狗，但当它的主子不同时，它身上的无形的势就大相径庭了，令警官的处理态度天壤之别，丑态百出。那么同样一条狗，警官怕的是什么呢？是势，是可以威胁到他的无形的势，是狗主人的势。这就是狗和它背后之势的有无相生。没有狗显现不出它背后的势，而没有它背后的势，也显不出它不同的地位。契诃夫要鞭笞的不仅仅是一个人，而是封建特权社会，而这个有形的特权社会就产生和存在在社会每个人的无形的共识之势上，也就是说，是每个人对弱肉强食的等级特权、个人功利主义的认同，支撑着封建特权的存在。为什么说是包括利益受损群体也在支撑呢？因为如果警官叫大家都脱去衣服赤身裸体，无论强者还是弱者，大家一定都不会认同，更不会去执行，会认为警官疯了，去侮骂、驱赶他。可是，人类早期不就是赤身裸体的吗？这有什么不正常吗？当然不正常！因为当人类早期有赤身裸体的普遍主流共识时是正常的，而今天因为人类的进化，已经达成了必须穿衣服的主流共识，如果再有成人在公共场合不穿衣服就会为众人所不容了，这个不容就是无形的共识势能之道。人们常说：众口铄金，共识的力量是天下最大的力量，虽于无形中潜于人们意识之中，却可以在无意中影响制约着人们日常生活中的行为举止。在大范围的社会交往中，一个个分散之人对事物的认知一旦向心聚而成势，便可调动有形的天下万物的潜力，激发起摧枯拉朽的力量进行沧海桑田的变革。如果社会各群体有普遍强烈的在法律面前人人平等的共识势能，谁违背就像有人在公共场合做不雅之事一样会遭到群起而攻之，契诃夫笔下的警官还会如此表演吗？这就是无形的共识之势的力量，也可以说那些封建特权能够产生和存在是在特定的生产力制约的历史条件下，包括每个人在内的潜在无形的等级特权认同共识之势在支撑。也就是说，如果人们普遍无形的意识共识是水，那人们的有形具体的行为是船，决定有形的船高低的是无形的共识之势，“无，名万物之始，有，名万物之母。”可见，成也共识之势，败也共识之势，这就是老子为什么要说“道可道，非常道”的道是有无相生“同出而异名”的“玄之又玄，众妙之门”的原因。“无”是人们普遍存在的文化意识共识，“有”是有形物质和人们的具体作为，有无相生，相互制约。

任何事物的存在必须有广泛的共识支撑，例如一颗钻石，当人们丰衣足食后有了攀比财富和“贵难得之货”的欲望共识时，才有了存在的价值和交换价值。没有需求的共识，张三认为钻石价值连城，而李四认为钻石就是一颗坚硬的石头而已，王五认为没有粮食实惠，达不成共识，如何产生攀比的使用价值？更无法交换。而且随着外部环境条件的变化，钻石的共识价值也会变化，例如当我们身处绝境，没有食物，这时组成事物的各方面发生了变化，影响、作用、制约我们的是一无所食、一无所用的外部环境，我们的共同利益共识便成了如何生存，这个共识之势迫使我们改变许多原来的需求欲望，此时钻石便丧失了存在价值和交换价值，还不如一块馒头、一瓶水、一件衣服。高山大川，当我们去旅游、作山水画以及作诗时是壮美雄浑的美景，令人赏心悦目，“远上寒山石径斜，白云生处有人家”，可如果要我们去那里谋生，其在我们眼里应该会成为交通不便的穷山恶水，壮美雄浑的意识共识便感觉不出来了，甚至想要愚公移山或最好能搬出来。可见，共同利益共识之道是在组成事物的各方在现实各种条件下，实事求是的平等的相互影响、作用、制约，对立统一产生的。

为什么老子说“故常无欲以观其妙，常有欲以观其徼”呢？因为有的时候，人们无形的意识并不是和有形的事物相一致的，相互关系是十分奥妙的。在真实有形的现实世界中，似乎如果按照人们普遍存在的等级强弱、富贵贫贱的无形的文化意识“无，名天地之始”来区分，弱肉强食，赢者通吃最终成为现实似乎是一目了然、顺理成章了。但是，纵观历史好像并不那么简单，而且竟真如老子所说的事物发展往往是令人狐疑的“玄之又玄”：夏、商、周其兴也勃焉，其亡也忽焉；横扫六国如卷席，集天下有形物质财富与武力的秦朝，二世而亡，后世诸朝也照此办理；多少豪门大户眼看他高楼起，宴宾朋，又眼看他楼塌了，只落得白茫茫大地真干净，“昔日王谢堂前燕，飞入寻常百姓家”。可见，与人们头脑中或多或少或明或暗存在的封建社会弱肉强食，赢者通吃的等级特权，出人头地个人功利意识并存的还有一个不同交往范围各方平等的相互制约，对立统一产生的权利和义务相对平衡的共同利益共识之道在互动中起着规范社会的作用。为了比较形象地说明两种势的互动关系，举一个很小的例子，说有一个商人锱铢必较地做着生意，一天，商人请求制秤匠人帮忙制作一款盘秤，但因商人曾经得罪过工匠，且工匠心胸狭隘，所以工匠便想借此机会报复一下商人，于是，工匠便在秤上做了些手脚，让其所称重的物品显示的重量都比物品实际重量每斤少一两，想以此让商人赔本以致破产。但是这点损失并没有对商人产生太大影响，反而无形之中帮助了商人，让其薄利多销，所以商人非但没有破产，反而生意兴隆，发了财。商人将这一切归功于制秤匠人，他认为自打请工匠做了盘秤后，自己便顺利了许多。于是，商人将自认为的恩人制秤匠人请来感谢，工匠接受感谢之余不死心地说："如果我给你另做一秤，你赚的就更多了。"商人又连忙感谢一番。不久，工匠就把新做的盘秤送到商人店铺中，这次工匠反其道而行之——盘秤缺斤短两。可想而知，商人的店铺渐渐无人问津，以致最后破产了。这其中的玄机便是无形的共识之势和有形的商品的有无相生关系。第一次，商人虽多付了有形商品，却得到了三乡五里人们无形的认同共识，从而商人在无形中薄利多销。他是因为无意间符合了自己与顾客的共同利益共识之势而获利的。而第二次，商人少付出了有形的商品的同时也失去了自己与顾客之间无形的共同利益共识之势，便门可罗雀而破产了。商人在这一成败兴衰过程中，对盘秤上的玄机始终不知情，他的无形的思想意识并没有主动改变，但结局不同。可见，在有形的物质和无形的意识的有无相生中，还有一个边界在制约着人们的成败，这就是老子的"常有，欲以观其徼。"。人们无形的意识欲望是无限玄妙、多样的，可以是平等合作，相互制约对立统一产生的共同利益的意识，也可以是弱肉强食等级特权贪欲，而有形的物质是不同的，是有限的，有制约边界的"徼"的，这个"徼"就是阴和阳，权利和义务相对平衡的自然规律。任何有形物质的产生，都必须有无形的广泛的社会需求共识才会产生使用价值和交换价值，而且人类要生产有形的生活物资时必须与自然物质平等交往，无论多大权贵在与自然物质交往中也必须顺应自然物质特性达到共同利益共识的自然规律，才能得到人类的生活物资，而且还必须一分付出，一分收获，权利和义务相对平衡，任何弱肉强食、等级特权行为，自然界都不会买账。如太极图中阴阳两仪相互制约，相对平衡一样，权利和义务相对平衡，这就是有形物质生产的“常有，欲以观其徼”的“徼”，也就是边界、界限。前面提到的商人发达的原因是其符合了与顾客的权利和义务相对平衡的共同利益共识，而破产则因为其打破了权利和义务相对平衡的“徼”，也就是严重地越过边界、界限，从而破坏了各方共同利益共识。这就是两种不同文化意识共识的相互制约的玄妙关系。人类要生存，在有形物质生产中，必须要与自然物质和劳动生活交往中的民众之间在平等的相互制约、对立统一中产生权利和义务相对平衡的共同利益共识之道才可以。这个共同利益共识之道之所以能够克服动物弱肉强食的兽性，是因为交往中的各方互不相让，对立统一，没有各方对自己利益一定程度的坚守对立，就不会有相互妥协、求同存异的统一的共同利益的产生，这也是一种取和与，“无为与为”的辩证的玄妙。正是这个相互制约、对立统一产生的共同利益共识之势的强有力制约，才能使充满弱肉强食、赢者通吃的兽性及衍生的等级特权的个人功利文化意识共识的人们，在实际生活的交往范围中，受到有利益矛盾的对立方的有力制约，从而相互妥协，求同存异地产生共同利益共识之势及相应的行为规范。在人们的生活中，虽然有许许多多的变化和看似偶然，但如果我们认真感悟，会发现在这些表象背后又恍惚间有一定的规律可循。同一个交往范围哪一个阶段因平等的相互制约、对立统一产生的权利和义务相对平衡的共同利益共识之道占比例多，哪个阶段就和谐有序，有向心凝聚力，可持续。反之，无论何时何处，只要是弱肉强食等级特权思想占上风的国家、团体、家庭等各个交往范围就动乱失序，离心力加大无法维持。这两种不同的无形共识之势在相互制约，此起彼伏的得失利害中不断在每个人潜意识中角力较量，使有形的物质生活也同样起伏不定，“祸兮，福之所倚；福兮，祸之所伏”“或损之而益，或益之而损”，千差万别，玄之又玄。

“玄之又玄，众妙之门”的人类共同利益共识之势，也就是本章老子讲的“视之不见”“听之不闻”“博之不得”的道，产生于与人们和自然界交往中有形的物质有无相生的生产过程。在生产科研中，如果没有人们与自然界物质在相关劳动生活中的平等的相互制约、对立统一中产生的共同利益共识之势和相应的行为规范，则无法生产出有形的人类生存物质。而弱肉强食的动物没有平等合作创造物质的共识意识，更没有权利和义务相对平衡的意识，只有不断地不择手段夺取和利用强势掠夺相对的弱者的意识，所以兽性意识只能适应于不用平等合作创造有形物质，只能采食自然产物和相互残杀以维持生态平衡的动物界。而人类要得以存在发展，靠完全采食自然产物和自相残杀是不可能的，只有去种植、养殖，去发明创造，而这些必须在相互配合，取长补短的合作中才能完成，而合作必须有物质生产中自然规律制约下的组成交往范围各方在平等的相互制约、对立统一中产生的权利和义务相对平衡的共同利益共识和相应的行为规范，而这个共同利益共识的势能就是老子说的道，行为规范就是德。“故常无欲，以观其妙；常有欲，以观其徼”指出：判明玄妙多变的无形欲望是否有利于共同利益共识之道的标准和界线的“徼”，是真实有形的物质生产，也就是说，实践是检验真理的唯一标准。

天下万物千差万别，有差别就有矛盾，每个事物，每个人每时每处，都有自己可以影响、作用、制约别人的势，同样也必须受其他物和人的影响、作用、制约，如果就这样各自对立着，则事物不会产生，交往不会形成，甚至人类繁衍也成不了，因此要想存在就必须通过在平等的相互制约、对立统一中产生的权利和义务相对平衡的共同利益共识之道的向心凝聚力，才能存在、生存下去。所以道无处不在，无时不在，既有广义上的笼统的共同利益共识之道，又有无法具体指出来无数事物发展中的各方共同利益共识之道；而且，组成一切事物的外部环境和各方都会在发展中会不断地互动中变化，所以，相互制约、对立统一产生的权利和义务相对平衡的共同利益共识之势也就会在各方互动中变化。例如，一条每天经过的道路，也会因为发生修路、车祸、堵车、天气变化等各种原因造成的无法通行，你不绕行可以吗？人们时时处处要进行交往，时时处处都会有共同利益共识之道和显现无形之道的具体有形的法律法规、规章制度、公序良俗、合同契约等行为规范之德，而且这些又都存在于平等互动的随势变化之中，谁能说得清我今天必须行什么道吗？所以老子在开篇便说“道可道，非常道；名可名，非常名”，谁也无法说出具体不变的道，当然也无法具体叫什么名了，因为任何事物都不是静止不动的，都处于不断地互动之中，识道的人们只有时时参与其中，通过平等的相互制约、对立统一随势而动，老子接下来便讲产生道的有无相生和势能关系的玄妙之处，不参悟理解“无名，天地之始；有名，万物之母。故常无欲，以观其妙；常有欲，以观其徼。此两者，同出而异名，同谓之玄”，也无法认识和感悟道。例如，没有生产力发展造成的有形的交往范围的无限扩大，也不会产生人们普遍的为适应扩大的交往范围和提高交往效率的无形的共同利益需求欲望，也就产生不了有形的手机、互联网以及普及应用，“无名，天地之始”；没有有形的手机、互联网，也产生不了人们新的无形意识变化和有形的生活方式变化以及新的利和弊的矛盾对立，“有名，万物之母”。人们对于手机、互联网的需求欲望是多种多样，千差万别的，甚至有人恨不得二十四小时沉迷于此，“故常无欲，以观其妙”，但是，人有形的身体、物质需求等是有边界限制的，过度沉迷将无法生存，“常有欲，以观其徼”。这种无形有形，无限有限的相互关系是十分玄妙的，即可令人成为不好挽救的过度网瘾和被无限的真假信息充斥大脑，而失去自主思维被信息诱导奴役；也可以通过手机、互联网得到知识，开阔眼界，扩大互利双赢的交往范围而成就一番事业。同样的有限有形的手机、互联网，产生了各种不同的无形意识，造成了各种不同的有形结果，难道这不“玄之又玄”吗？那么，如何识别分辨和走出玄妙莫测的迷宫之门呢？只有认识和感悟无形的由组成事物或交往范围各方在平等的相互制约、对立统一中产生的权利和义务相对平衡的共同利益共识这个“万物之宗”的势能，也就是道，然后依道遵德而行才能畅通无阻。

道是在人们平等的相互制约、对立统一中才能产生的权利和义务相对平衡的共同利益共识之势，对立统一就是一个“挫其锐，解其纷，和其光，同其尘”的过程。但是这个过程的产生是需要有基础的，最简单的是交往各方有平等意识，平等是自然本性而不是权力者赏赐的，再者是真实质朴相互了解，只有有了这两个最基本条件才能够进行对立统一的过程，才会产生权利和义务相对平衡的共同利益共识之道和相应的行为规范之德。如果人们没有平等意识，屈膝而行，怎样会去相互制约、对立统一？如果人们无法真实质朴地相互了解，又如何相互制约？所以自古以来，人们在物质生产活动中和自然物质交往时因为不断地探索了解自然物质特性和自然规律，有了平等和了解，才产生了人类和自然物质的共同利益之道，才从刀耕火种不断发展到了今天的高科技时代；而在人类相互交往的不同范围中，家庭和相对固定的熟人交往圈子内可以平等和真实质朴地相互了解，通过相互制约、对立统一才产生了共同利益共识之道和相应的家教家规、公序良俗等行为规范之德，才使人类基本上有序生活繁衍，使社会有了根基处的自治之根，自然基本上“无为”“无言”“无事”，这从浩如烟海的历史记载中对社会根基处民众生活起居的详细记载难觅其踪可以证实。但是在人类大范围以陌生人为主的交往中，尤其是人们在与行政机构交往中，因为封建等级特权和不公开透明的潜规则的存在，做到平等相处和真实质朴的相互了解就成了难题，各群体也就无法主动有序的相互制约对立统一，也就无法产生包括广大弱势群体在内的权利和义务相对平衡的共同利益共识之道，统治者自然也就可以少尽或不尽义务而多占权利的“有为”，使这个领域多言多事、跌宕起伏、玄妙无比的兴衰治乱充斥了历史记载，甚至喧宾夺主地造成历史仿佛是帝王将相创造的假象。所以如何在以陌生人为主的交往和民众与行政权力交往的领域产生各群体平等的权利和义务相对平衡的共同利益共识之道成为人类至今最大的难题，也就无法顺利地穿越人类历史上最复杂多变的“玄之又玄，众妙之门”了。

用最简单的话总结本章就是：道是组成事物和交往范围各方在平等的相互影响、作用、制约的对立统一中产生的权利和义务相对平衡的共同利益共识之势，所以无处不在，无时不在，而且在不断地随着交往各方的发展变化中的对立统一而变化，也就没有统一的固定不变的共同利益共识之势，当然也就没有统一的名字了。人的欲望是无形的世界，物质是有形的世界，欲望的世界似天马行空，可以无拘无束，而物质的世界却是有限，有权利和义务相对平衡边界的；两者有无相生，相互影响、作用、制约，会演绎出各式各样的版本和结果，其中奥秘无穷，值得我们去分析探讨。而我们每天就生活在这无的欲望和有的物质相对平衡、失衡的变动之中，自觉不自觉地受到生活中，自己参与的各个交往范围内各方在相互制约、对立统一中产生的共同利益共识之势的制约和影响，这正合“道可道，非常道”的道。

第二章

# 对立统一的自然规律是万物存在的基础

天下皆知美之为美，斯恶已；皆知善之为善，斯不善已。

有无相生，难易相成，长短相形，高下相倾，音声相和，前后相随，恒也。

是以圣人处无为之事，行不言之教。

万物作焉而弗始，生而弗有，为而弗恃，成而弗居。夫唯弗居，是以不去。

要认识世间万物的根本，就要读懂《道德经》；要读懂《道德经》，就要清楚什么是道；要清楚什么是道，就要先明白对立统一的自然规律，因为道是建立在对立统一的自然规律之上的。美丑、善恶、有无、难易、长短、高下、音声、前后……这些都是相对的，差异可比的，一目了然的，是不可否认的客观存在；但它们又都是统一的，如失去了丑这个标准，人们就无法定义美，没有了恶这个概念，人们也就无法定义善。有对立关系的物质或生物在对立面的相互斗争中存在着双方的相互依存，相互渗透，这就是对立统一。如动物界各物种相互对立但又相互统一而平衡地生存在大自然中，它们通过不同的上天、入地、下水、上树、跑跳、捕食等本领和繁殖能力以及弱肉强食的规则来达到相对平衡，尽管它们之间会有竞争甚至厮杀，但它们并不贪婪，所以这就给弱势动物留下了生存繁衍的空间。这种固定不变的“无为”“无言”的对立统一方式就是动物界生态平衡可持续的原因。相比于各有特长的动物，人类的差异性显然要小很多，在生存压力的制约下，人们必须要打破动物那相互孤立、各自功能固定不变和只索取不创造的生存方式，从而进化成群体组合，取长补短，相互借鉴，平等的对立统一，产生共同利益共识规范下的向心凝聚力，统一行动规范，共同提高，和平共处。而人也开始将自然物质进行对立统一的组合，青铜就是人们通过对立统一组合方式来提高物质性能的开始，到现在，人类几乎所有的生活物资都是通过多方对立统一组合而成，这些对立统一产生人和各种自然物质的共同利益，如果违背其中任何一方的特性和利益也统一不了，成功不了。生产力越提高，分工越细，不同利益越多，对立关系越多，但是互补效率也越大，即统一的向心力也越大，发展也越快。人类的进步是通过生产科研，充分利用和依靠对立统一的自然规律，使越来越多的自然物质和人类达成各方共同利益从而产生更丰富的生活物资，人类的进化和成功是抛弃了动物各自孤立、弱肉强食兽性意识的结果。但是人们在打破动物界固定不变的对立统一的自然规律的同时，也打破了动物界捕获猎物后仅仅果腹饱食、不贪婪的对立统一产生的权利和义务相对平衡的自然规律。人类在运用对立统一规律和自然界交往的同时，因为赢者通吃的贪欲对自己的远近同胞们，可以通过武力镇压、智谋设套、欺骗蒙蔽、威胁恐吓等手段，用来掠夺、侵占弱势群体的有形的人身和财产安全以及无形的平等尊严，这就是造成了人类的一切社会动乱、灾难。无理智的动物界的对立统一产生的权利和义务的相对平衡是自然界造的，是不可改变的，“无为”的；而有平等尊严和理智的人类要想维护权利和义务相对平衡的自然规律，使强势者不能弱肉强食，抑制其赢者通吃的无限扩张的贪婪，唯一的方式就是遵循对立统一的自然规律，只是人和动物的不同在于动物是自然本能的被动，而人类则必须主动地维护自己平等的尊严和守卫自己因付出而应得的利益，只有相互制约的对立，才能产生统一的权利和义务相对平衡的共同利益。平等并不是别人赐予的，而是自然属性。人们只有平等的相互制约、对立，才能产生统一的权利和义务相对平衡的共同利益共识之道，只有坚持履行合于道的行为规范，人们才能有序生存。在人们生活中，凡有组成各方可以主动平等地相互了解、相互制约、对立统一的交往范围，就相对稳定有序，如家庭、小圈子团体等。而交往范围越大，参与方越多，尤其是相互之间没有相互了解机制而无法平等的相互制约、对立的以陌生人为主的交往范围，平等的相互制约、对立统一产生权利和义务相对平衡的共同利益共识之道就更困难了。人类现在交往范围越来越大，社会交往中如何解决平等的相互制约、对立统一产生权利和义务相对平衡的共同利益共识之道的方式问题也空前地重要，因为生产力和高科技可以使不受对立制约的特权得到的赢者通吃的势能，空前强大，获利空前巨大，人们与等级特权和霸权的对立反抗的压力也同样空前巨大，所以，对人们通过内心自信的平等与组成交往各方相互影响、作用、制约的对立统一产生权利和义务相对平衡的共同利益共识之势的迫切性也空前强大。这就是老子第二章就讲对立统一的原因，因为不管人们如何千方百计地表现，如何玄之又玄地复杂设计，平等的对立统一才能产生权利和义务相对平衡的共同利益共识之道，使社会和谐、有序是唯一的“众妙之门”。

对于对立统一自然规律的存在，人们似乎毫无疑义，对于有无、难易、长短、高下、音声、前后的区别和对立也很清楚，但是对于老子讲的他们之间的另一面——相生、相成、相形、相倾、相和、相随的无形的统一的一面却不是十分清楚、了解。正因为人们往往只关注有形而忽略无形，不知道对立统一的有无相生，所以一些人则存有非有既无，非难即易，非长即短，非敌即友，非好即坏的僵死的表象的思维方式。其实，任何事物的对立都是以统一为基础的，风马牛不相及的事无法直接对立，也只有对立才能形成统一，两者缺一不可。我们为什么都只注意对立而忽视统一呢，尤其是在与人交往之中？因为我们的眼睛只能看见有形的物质，心也只会感知自己无形的需求和体验，而不可能知道其他人无形的需求和体验，即使在同一件事上也往往并不相同。也就是说，我们每天生活在一定环境中，最了解和清楚的是自己的需求、困难、条件、危机、愿望……而对于别人的诉求和条件却不能清楚地了解。但是你不了解，并不等于同一交往范围内对方不存在，更不可以为所欲为，因为别人对你同样也会不了解，这就必然会发生同一交往范围内矛盾各方的对立冲突。人离开相互交往、合作配合是无法生存的，最终必然是各方在相互影响、作用、制约的对立统一中相对妥协，求大同存小异产生的共同利益之势，因为任何一方的利益严重或长期受到损害，交往范围内也和谐、稳定不了。而得以体现人们共同利益之势的是一些具体行为规范的共识，只要大家都依规范而行，这个交往范围内就会相对和谐、稳定、有序。

我们的许多家庭中，争吵纠纷不断，直至分道扬镳，其中主要原因是双方或一方只顾自己的习惯、爱好、诉求，而不了解体谅对方的习惯、爱好、诉求，各执己利，不去主动磨合，去寻求双方的相对平衡的统一的共同利益之道。家庭内的矛盾对立，是十分正常的，也是必然的，没有对立也就不可能达到相互妥协的共同利益。这就是为什么有些经常争吵的家庭不会离婚，而有些表面上平静的家庭反而容易解体的原因，因为对立是达到统一的必要，也是唯一的手段，没有和对立方经常性沟通、了解的相互影响、作用、制约的方式就不可能相互妥协，达成共同利益的统一。

没有对立无法产生统一，但是过分地伤及共同利益的对立也会适得其反。对立不是绝对的，以达成统一的各方共同利益为前提的对立才是有意义和令人认同理解的对立，否则以对立为目的的对立就是破坏或者别有用心，甚至是强势霸道地坚守不符合权利和义务相对平衡的既得利益不放，这就超出了自然界对立统一的范畴。

人类能够从动物界中脱颖而出，正是因为摆脱了动物界的弱肉强食性能，能够平等的相互制约、对立统一，产生权利和义务相对平衡的共同利益之势，必然显现为统一的行为规范，才能集众人之智、之力，成为群体合力，在不断相互竞争中以及借鉴、启发、激励中统一提高，才有了现代人类文明。人类的每一次生产力的提高都造成交往范围的扩大，每一次交往范围的扩大，又都会促进生产力的进一步提高。人类是在交往对立中互动提高，在统一规范中稳定获得。因为任何事物都是一个相互制约的对立统一体，家庭有家庭的统一的共同利益；国家有国家的统一的共同利益；世界有世界的统一的共同利益。我们看事物要超越自己单方、片面的情况和利益诉求，站在高处同时了解交往范围内对立方的情况和利益诉求，通过平等的角度去理解双方的相互影响、作用、制约的对立，并且通过权利和义务相对平衡的原则，相互妥协达到共同利益的统一之道。

任何社会、任何交往范围，只有权利和义务的相对平衡存在，人们才会去生产，去创造，社会才会有序生存。因为人们都按照自己的义务和付出相对平衡地得到权利和回报，一分付出，一分收获，天经地义，自然而然，标准明确，这就是“是以圣人处无为之事”，如此也就无须那么多道德说教，一切尽在依道遵德就无须多言多事了，自然就“行不言之教”了。每个人以自己的所尽义务获取权利，以付出求回报，谁也没有不尽义务的特权，即使大家有矛盾，有对立，但由于都依权利和义务相对平衡的市场规范真实、质朴行事，在共同利益的统一之上对立，也没有真正的失败者，一时的失利，还可以有再发展的平等机会。共同利益共识之道“万物作焉而不辞，生而不有，为而不恃，功成而弗居。夫惟弗居，是以不去”，也就是说，共同利益共识之势及其行为规范促天下万物去尽自己应尽的社会职能，不能逃避推诿“作焉而不辞”；只有符合共同需求利益共识的产品才能产生使用价值和交换价值，所以任何产品或事物的产生都由道而生，但是共同利益共识之道却不会占有事物，“生而不有”；道用具体的行为规范指出人们应当如何约束自己的行为，但是并不强迫，由你自己决定守不守行为规范，通过你与交往方的相互制约的对立来使你主动遵守规范，比如你的产品质次价高，别人通过不买来制约你去改，你欺诈别人或者直接当面拆穿，或者投诉惩罚你，总之无形的共同利益共识之道并没有直接强迫你，但仍然通过对立使你回归统一，遵守规范之德，“为而不恃”；你因为依共同利益之道，遵守规范之德成功了，无形的道也不会占有你的成果，“功成而弗居”；正因为共同利益共识之道和相应的具体行为规范之德是大家平等对立统一产生的自治势能，所以，只规范不占有，才能使大家和谐、有序、可持续地生活，“夫惟弗居，是以不去”。道是人们自身平等的对立统一产生的共同利益向心凝聚力的共识势能，是人们自身的东西，当然不会占有人们的财物。也就是说，只有大家普遍地、主动地认识并坚守不打破权利和义务相对平衡的“处无为之事，行不言之教”，才能产生无形地捍卫共同利益共识的强大势能，“使夫智者不敢为”，对那些企图以特权和智巧不劳而获的人和事，人人喊打，只有这样，人们的交往范围才能有序、稳定。

但是，如果当人们面对侵犯自己权利的人没有普遍的对立势能，只希望单纯依靠行政管理人员来帮助自己，这是不可能的，事实也已经证明，在失去有效监督制约的对立后，这些人也往往会失位和越位。为什么呢？因为任何事物的存在都是以对立统一为基础的，不对立就不会有统一，你的应得权利你自己不保护，没有人可以保护。那些保护弱势者的法律规范是由于以利益受损的弱势群体为主的各群体通过平等的相互制约的对立反抗产生的无形势能而起作用的。天下万物都只能在对立统一的相对平衡中存在，人们的一切交往活动同样如此。

我们每个人都生活在一定交往范围之中，也必然会受到交往范围内的方方面面的制约，想完全和长期逃避这些制约是不可能的。也正是这些制约才有了每个人的社会定位，在一定意义上说，也就是说我们每个人的名誉。这个社会定位不是由自己鼓吹标榜的，也不仅仅是自己的亲人和亲信，而是包括自己对立面在内的所有有交往关系的人决定的，是在和这些人的相互影响、作用、制约中产生的。每个交往范围都有自己的规范区域，这个区域四周是许许多多制约、忌讳，法律规范就是由许多制约、忌讳组成，告诫人们不能杀人、放火、贩毒、涉黄、酒驾、醉驾等。

在我们日常生活中时时处处都有对立统一在发生，都有道的存在，否则我们无法生存，更无法发展。只是我们不自知而已。因为许多的事早有先例，已经根据共同利益共识产生了法律法规、规章制度、公序良俗、合同契约等行为规范，人们只需要自己循规蹈矩，真实、质朴地照章执行，对任何人违反法律规范、规章制度、公序良俗、合同契约的行为进行抵制和对立就可以了，这种坚守互动就是共同利益共识之道。但是，人们在日常生活中往往是不会或不能去认真坚守互动的，困难主要来自两个方面，首先是相当多的人有潜在的等级特权的个人功利主义意识，交往中如果对方因为地位低于自己而不敢或没有渠道制约自己时，就违反各项行为规范损害弱势者的利益占有自己的特权；另一方面，相当多的人遇到强势者违反法律法规等行为规范时，不敢去对立反对，因为当一个社会的人们还形不成普遍的平等的权利和义务相对平衡的共同利益共识时，就不会产生强烈的疾恶如仇的向心凝聚力。老子在第四十章说“反者，道之动；弱者，道之用”，道的势能是用来推动权利和义务失衡到再平衡的循环的，其主要推力来自利益受损的弱势群体。天下没有免费的午餐，道的势能只能来自每一个有共同利益共识的人的参与、付出，每一个人坚持自己合法的权益，就是在为共同利益之道做贡献，每一个人声援支持别人保护合法权益，也是在为共识之道做贡献，也同时是在间接地捍卫自己的权益。道是保护所有人长远的共同利益的，也只有所有人都认同投入自己的势能，才会汇聚成可以摧枯拉朽的共同利益共识之道，才能保护每一个人有尊严地稳定、有序生活。天下万物时时处处在变化中存在，矛盾各方的对立统一时时处处存在，人人平等的共同利益共识之道才会时时处处存在。正因为道是共同利益共识的无形势能，所以只能在时时处处平等的相互制约、对立统一的互动中产生和存在。

有形的财物可以继承、借用，但是共同利益共识之道是必须自己直接参与其中，与交往的其他方平等的相互影响、作用、制约的对立统一才能产生，决不能继承和借用，因为道是在各方平等参与下，时时处处的对立互动中得来的。

第三章

# 两种不同的社会治理理念

不尚贤，使民不争；不贵难得之货，使民不为盗；不见可欲，使民心不乱。

是以圣人之治，虚其心、实其腹、弱其志、强其骨。

常使民“无知”“无欲”，使夫智者不敢为也。

为“无为”，则无不治。

本章讲述了两种截然不同的社会治理方式：一种是以统治者的弱肉强食等级特权，追求侈奢攀比，无限贪欲为出发点的方式；另一种是以全社会各群体平等地相互制约对立统一产生的共同利益为出发点的方式。“不尚贤，使民不争；不贵难得之货，使民不为盗；不见可欲，使民心不乱。”老子为什么反对这三种行为呢？“尚贤”，指追求等级特权，促使人们去争夺；“贵难得之货”，以权利和义务的失衡为前提，使财富高度集中，供一小部分人攀比、侈靡、享受，造成大部分贫穷的弱势群体生活困顿，甚至迫使他们违反法律，去铤而走险；“见可欲”，用宣扬各种蛊惑人心的诱饵，如“颜如玉”“千钟粟”“黄金屋”“车马多如簇”等来诱发人们的贪欲，迷惑他们的心智，用个人名利的欲望追求，而涣散人们对共同利益共识之势的追求，从而产生普遍性的对权利和义务相对平衡的自然规律的漠视。这是统治者生活方式的体现，也是有形的物质和无形的思想意识的有无相生性，是维持封建统治的三个主要支柱，即特权、享受、贪欲。但是如果社会各群体都如此生活是不可能的，这种生活方式只能建立在少数人对多数人的精神压迫和物质剥夺之上。

所以老子指出了另一种社会治理方式："是以圣人之治，虚其心、实其腹、弱其志、强其骨。常使民无知，无欲，使夫智者不敢为也。为无为，则无不治。"也就是共同利益共识之道。这里所指的"心""志""知""欲"是和前面的争权、夺利、贪欲相对的，并非泛指。"虚其心"指把被各种不切实际的贪欲造成的浮躁之心，通过平等的相互制约、对立统一稳定下来；"实其腹"泛指求真务实，根据社会整体经济状况和人们的身体实际需求消费；"弱其志"，是指削弱去除被统治者等级特权诱发的高人一等的志向，因为实际上人人都高人一等是不可能的，而且，封建等级特权社会的人们高人一等的前提是当更高者的"奴才"，要卑躬屈膝地为五斗米折腰；老子说的"强其骨"的"骨"是人的自尊、骨气。而"无知"和"无欲"是指统治者宣扬的争夺名利的智巧计谋的知识和永无止境的贪欲。只有大家朴实、诚信、平等地相互制约对立，坚守权利和义务相对平衡的自然规律，达成统一的共同利益之势，并遵守法律规范、公序良俗的德行事，则那些想谋取个人贪欲，损害大家利益的"智者"也就"不敢为"，不能为了；只有大家都依道遵德，不打破权利和义务相对平衡的"为无为"，这个社会才会和谐、有序的"无不治"。也就是说，只有这样"为无为"，才会产生强大的社会向心力，从而使社会可持续、稳定、有序地发展。

老子本章所讲的两种不同的社会治理方式是对立的，但是在历史发展中却是并存的，否则，任何社会离开了社会向心力的共同利益共识之道，这个"天地根"是无法存在的。在社会根基处，在人类生产科研中受到自然物质一丝不苟的对立制约是必须遵循权利和义务相对平衡的共同利益共识之道的。人们在农业生产劳动中如果不"虚其心"，不认真地按天时四季、地力肥水条件等各方相互制约、对立统一共同利益行事的话，是不能生产出粮食来“实其腹”的，自然物质从不承认特权，所以要将人们追求等级特权的意识弱化、去掉，“弱其志”。在生产科研活动中，自然也没有统治者强加的等级特权，劳动者和科研人员一分付出，一分收获，自然就会产生成败荣辱的主人公意识，以及强大的责任感与骨气，没有骨气是干不成任何事的，自然“强其骨”。在进行生产科研的社会根基处，人们必须平等地相互配合、互补合作才能生产生活，既有矛盾对立的一面，又必须相互妥协产生统一的权利和义务相对平衡的共同利益共识之势及统一的行为规范，才能产生制约势能，“常使民无知无欲，使夫智者不敢为也。”因为有了道的强大势能使人们“为无为”，谁也不能去偷、去抢、去懒惰地打破权利和义务相对平衡的自然规律，因此才能“则无不治”，人们才能有序地生产、生活。正是因为在社会根基处生产科研中，人们与自然物质交往和劳动人民相互交往是建立在共同利益共识之道的基础之上，所以当以陌生人交往为主的交往范围和上层社会争权夺势或天下大乱时，人类才能一边忍受乱象，一边合作，有序生产，艰难地生存下来。而且在封建社会还有许多各政权都涉及不到的地方，如边远山区，也因有交往范围各方平等的对立统一产生道的公序良俗自治生存下来。在生产科研领域中，参与其中的基层民众之间和人与自然物质之间，因为平等的相互制约、对立统一产生了共同利益之道和行为规范，所以人类才能从相互隔绝、言语不通的茹毛饮血、刀耕火种时代发展到现在高科技的全球一体化交往。同一过程中，上层社会虽然既有弱肉强食意识主宰的各种强势群体贪婪地对弱势群体权利的剥夺引起的阶级斗争反抗和人们对行政权力争夺的动乱干扰，又有明智的行政者依道而行对生产的促进交替而行，时行时滞，时快时慢，但总体上社会根基处人们在生存和竞争的压力制约下，仍然必须不懈地在探索人类和自然物质的共同利益之道，和维持人们生产生活交往圈子内的共同利益之道和行为规范。也就是说，是人类在与自然物质交往和参加生产科研及产品交换的人们，在平等的相互制约、对立统一中产生的共同利益之道，及相应行为规范，确保了人类生存，而且得到大发展。所以老子才在下一章中说“道冲而用之，或不盈。渊兮，似万物之宗”。

老子本章中斥责的“尚贤”“贵难得之货”“见可欲”，不但在有形的社会实践中造成社会失序，而且产生无形的文化意识之势的毒害作用。在几千年的封建统治和文化意识形态的强势实践和各种方式的灌输下，个人功利主义和官本位等级特权观念成为社会普遍的主流共识之势。这个主流共识之势是封建等级社会的必然产物，也是支撑有形的封建统治的无形的基础之势，是封建统治者最诱惑人心、令人向往的强有力的软实力保镖。个人功利主义和官本位等级特权观念还会自觉不自觉地显露出和现代大范围以陌生人交往为主的法制规范社会的人人平等观念来角力，常常自觉不自觉中将平等的法律规范架空，造成人人平等的条文贴在墙上，而因人而异的潜规则在实际运行的局面。而令人可怕和无奈的是，多占权利少尽义务的强势者和多尽义务少占权利的松散的弱势者们都习以为常，麻木不仁。强势者觉得理所当然，没什么不妥；而松散的弱势者也不像异物刺进皮肤那样反应强烈，对不平等待遇，合法权益被侵犯等行为并非忍无可忍，而是习惯性地漠然。这就使强势者失去反作用和制约，使人人平等观念失去支撑，也就使组成社会各群体因无真实平等，而无法通过相互影响、作用、制约产生全面的共同利益之势。所以要真正进入现代大范围以陌生人交往为主的平等的法制规范社会，不仅仅是改变有形的封建制度规则那么简单，也要对与之有无相生的文化意识之势的软实力进行改革，使“上善若水。水善利万物而不争，处众人之所恶，故几于道”人人平等的观念真正深入人心，成为社会各方面的真实、自然流露。

老子本章在明确告诉大家社会动乱失序的根源在哪儿，告诉大家，只有大家平等地依权利和义务、阴和阳相对平衡的原则，相互影响、作用、制约才会产生统一的共同利益之道，这个社会才能有序治理，大家才能甩掉由特权引发的无数贪欲和心机累赘，平等、务实、质朴、单纯、轻松、有序地生活。

## 第四章

# 对立统一产生的共同利益之势是万物之宗

道冲而用之，或不盈。渊兮，似万物之宗。（挫其锐，解其纷，和其光，同其尘。）湛兮，似或存。

吾不知其谁之子，象帝之先。

大千世界，芸芸众生，各有短长，性情各异，但是却能够基本有序而生。每个人都同时生活在两个世界，一个是无形的想象欲望世界，一个是有形的物质世界。无形的想象欲望世界是无限的，可以纵情驰骋，无拘无束，可以武功盖世，天下无敌，可以参与一切，到处刷一下存在感，所以常令人流连忘返，深陷其中不能自拔。而有形的物质世界则是有限的，任何物质都不是取之不尽，用之不竭的，即使是看似无穷无尽的空气也会成为制约人们生存的因素。有形的物质世界是必须取和与、得和失、权利和义务相对平衡的。物质的世界甚至是艰苦的，人们每一个物质的需求都必须通过知识和劳动才能得到，在和自然界打交道中有太多的未知，需要人们去认识、研究、总结经验，并且上升为理性的自然规律，再去用于指导实践。而这些活动是枯燥的，一丝不苟的，容不得一点侥幸心理的，权利和义务是相对平衡的。无的世界的无限和有的世界的有限似乎是一对无法调和的矛盾，如果每个人都按照自己的想象和欲望去进行，是什么样子呢？肯定是不行的，因为大家都这样，这个世界将无法存在。但是，事实上，世界存在下来了，人类生产力不但步步得以发展，人们的物质生活也慢慢丰富了。是什么力量如此之大，能够使有史以来都压抑自己无限欲望的人们做到基本相互尊重，平安相处？是天地？天地自然不会参与人间利害；是帝王？帝王也是人，也有七情六欲，而且他们的贪欲往往更大；是圣贤？人类群体生活了几百万年，但有明确的仁义道德文化仅区区两千多年，也就是说，大多数时间没有后世人们传播的仁义道德，但人类群居仍然有序。何况，圣贤们的仁义道德礼仪从来也束缚不了强势者的手脚，圣贤们在世时，自身东奔西走不得重用，甚至有时还衣食有忧；而后世的以圣贤书为梯，进入殿堂的又有多少人行了“己所不欲勿施于人”的中庸道德之事？且当时天下人众甚多，其中识字、知圣人者又有多少呢？那么到底是什么有如此大且无处不在的力量呢？答案是老子在第二章提到的“天下皆知美之为美，斯恶已；皆知善之不善，斯不善已。故有无相生，难易相成，长短相形，高下相倾，音声相和，前后相随”的对立统一，恰恰是每个人贪欲的对立，当这些贪欲危及人类统一的有序生存的共同利益时，人们之间的尖锐对立造成了抑制贪欲的“挫其锐”，调节缓解矛盾的“解其纷”相互妥协，求同存异，产生统一交往的共同利益之势，“和其光”，及体现势的具体行为规范之德“同其尘”，可见老子的“挫其锐，解其纷，和其光，同其尘”就是对对立统一自然规律十分形象的描述。人们正是通过相互制约、对立统一的自然规律才能产生抑制其的无形的贪欲的各方共同利益共识之势的。也就是说，当一个人想要保护自己的钱财，就不能去偷抢别人的钱财；想要保护好自己的妻儿就不能伤害别人的妻儿……这个可以压抑人们无限的贪欲的是组成这个社会各方面在平等的基础之上通过相互影响、作用、制约的对立统一产生的共同利益之势，也就是道，而由体现共同利益之势的具体有形的各种行为规范，也就是德来具体实施，对违反这些规范的人进行惩处，以此来维护规范的严肃性和强制性。道是势，是无形的，德是有形的每一个具体事物中的行为规范，例如自然规律、法律法规、规章制度、公序良俗、合同契约等在交往范围内，保护各方共同利益，尤其是相对弱者利益的规范。道和德有无相生，没有道，德无法产生和存在，没有德，道无体现落实，人类也只有在有老子所讲的道德的情况下才能生存发展。

“道冲而用之，或弗盈。渊兮，似万物之宗。”人类共同利益之道是一种势，所以是无形的，看不见摸不着，但又无处不在，无时不在，包容万物，在无形中维护天下万物的规范宗旨，制约着万物的产生和存在。天下万物都不可能是孤立静止的，必须要和外界进行交往，而天下万物都有自己的特性，没了特性就没了万物，这些各有的特性就是自己固有的利益，有交往活动就会有双方或多方各自利益的差别，有差别就有矛盾，当这些矛盾方平等的对立时就会发生相互之间的影响、作用、制约，在这个基础之上就会根据权利和义务相对平衡的原则产生统一的共同利益共识之道，这个道会对参与各方都有约束作用。例如，一个农民去种地，通过庄稼的成长，开花结果来获取粮食，这个过程中参与的有种子、土地和气候、人力资源等诸多方面，每个方面都有特性，农民最后的收获只能建立在这些矛盾各方对立统一的利益平衡点上，其中任何一方因不符合其存在条件和利益的不作为都会绝收或减产。种子积温不够，水分、养分不够都不能生长，土地没有水分、肥力也不起支持作用，总之，农作物的收获过程就是一个各方面通过相互影响、作用、制约对立统一产生共同利益的过程。同理，我们的任何生产过程都是参与各方通过平等的对立统一获得产品的过程。有人就有交往，有交往就有矛盾，有矛盾就会通过对立产生共同利益之道才能存在下去。开会有开会的道，劳动有劳动的道；吃饭有吃饭的道，睡觉有睡觉的道；家庭有家庭的道，厂矿有厂矿的道，国家有国家的道；我们的身体自身也有自身的道，因为身体有众多器官组织，相互之间也有差别特性，也就有矛盾对立和统一的相对平衡的共同利益，打破了各器官组织之间的平衡，人就会生病，人们治疗的过程就是一个通过治疗调节达到相对平衡的过程。所以，“道冲而用之，或不盈。渊兮，似万物之宗。”共同利益之道是无形的，无处不在，无时不在，无穷无尽，无比深远，是天下万物产生和存在的根本。我们每个人一天之内可能出席不同的场合，与不同的群体交往，会有许多不同的矛盾，也就会产生不同的共同利益之道，从而要遵守不同的德，也就是规则秩序，例如先去开会，这时的群体共同利益就是高效地相互交流从而达成共识，所以要安静、认真地参与；又去参加婚礼，这时的群体共同利益就是喜庆，应该欢乐祝福；而后去火葬场为亲朋送葬，此时的群体共同利益是悲哀沉痛，就必须沉默压抑；晚上去饭店，此时群体共同利益是友好地吃饱喝好，就必须求同存异，避开不愉快话题，轻松自然。一个正常人随势而动，因势利导，才不会受到别人反对，从而和他人和谐、融洽。如果反其道而行之，那样会丧失在各个不同群体中的认同和地位，成为一个社会交往中的失败者。可见，道既幽远、虚无缥缈又真实存在，在我们身旁与我们同行，于有意无意间约束着我们的一言一行，左右着我们的得失与成败。当我们适从周围，包括自然环境在内的各方面共同利益之道时，就和谐轻松，顺利成功，反之，则会纷争不断，矛盾激化，得不偿失，分裂失败。小到个人自身、家庭，大到国家、世界都逃避不了道的约束。道有如此之威，如何产生的呢？老子自问自答：“吾不知谁之子，象帝之先。”这个道的产生应该归功于谁呢？似乎是早于一切世间认为的权势之“帝”以外的对立统一的自然规律。“道法自然”，因为日月星辰、大陆漂移、地震潮汐、自然万物都存在于相互制约、对立统一产生的相对平衡的共同利益之势基础之上，所以道才是唯一的“万物之宗”。

第五章

# 天地圣人不承认虚伪的仁义

天地不仁，以万物为刍狗；圣人不仁，以百姓为刍狗。

天地之间，其犹橐籥乎？虚而不屈，动而愈出。

多言数穷，不如守中。

天地和圣人是不承认虚拟的仁义道德的，将用仁义道德粉饰人看成是祭祀用的草制祭品，尽管可以像吹风一样将这虚拟的仁义道德到处不停地宣扬，但是无论用多少言辞粉饰，假的真不了，终归会露出草的本质，不如实事求是。

“仁”是几千年封建社会，尤其是中上层社会广泛传播的美德，而天地、圣人也是人们所敬畏、崇拜的，可为什么老子一张口就是“天地不仁”和“圣人不仁”呢？这正是老子伟大务实的一面。老子对有史以来由历代统治者和一些以贤人自居的群体所倡导和鼓吹的仁义不以为然，认为绝对的无条件的仁义是不存在的，用鼓吹绝对的仁义，掩盖实事求是的平等的权利和义务相对平衡的自然规律，对社会不但无益反而有害。这从第二章的“天下皆知美之为美，斯恶已；皆知善之为善，斯不善已”所说的可以看出，美、丑、善、恶都不是绝对的。同样的行为，站在不同立场上，就会认识不同，例如水浒传中的李逵在时过境迁的现代人们和当时的梁山人们看来就是英雄，其直爽、仗义、勇敢，是美的，可是在那些被其欺侮的渔民以及那些被他劫法场时为开道而胡乱砍杀的无辜民众的家人看来，他就是个恶棍。同一个事，同一个人，时代不同，环境不同，标准不同，评价也不同。

我们先看一下第三十八章后半段，老子认为那些以虚无的仁义评估人并委以重任的“前识者”是以共同利益之道为借口的虚伪华丽说辞，是“道之华”，这种虚伪华丽的仁义是欺骗愚弄民众的铺垫和先锋，实际上那些表面上仁义之人的虚伪作为更令人不齿，所以以仁义评价一个人是“前识者，道之华，而愚之始”，而真正有作为的人，“是以大丈夫”；只会实事求是地依共同利益之道，根据法律规范之德来评人处事，而不会只凭口头上的仁义言论来定夺，是“处其厚，不处其薄”；只会深入一线现场掌握真相，而不会浮在上面被表演的华丽假象所迷惑，“处其实，不处其华”。所以应用去掉仁义的虚华而选择察看其在客观实际中的具体行为，具体问题具体分析，“故去彼取此”。由此可以明确，植根于社会底层的老子对仁义的态度：一是天下根本没有脱离实际利害关系的纯仁义；二是虚假华丽的脱离实际的仁义表象，有时会被人利用，成为欺骗、愚弄利益受损群体的工具，成为麻醉剂。

有了以上的认识就好理解本章了，这是老子通过天地圣人对并不存在的仁义的不屑，指出封建统治者对封建文化意识的鼓吹是不符合自然规律和万物之宗的社会共同利益共识之道的。“天地不仁，以万物为刍狗；圣人不仁，以百姓为刍狗。”刍狗，古代用草编成狗的样子，用于祭祀之用，用过之后或扔或烧。这里老子将仁和刍狗联系起来，老子认为统治者所说的仁义就像祭祀用的刍狗一样表面上看很神圣郑重，其实就是一个利用完了或扔或烧的道具。所以，天地从来不会虚假仁义，像对待祭祀用的草编的刍狗一样，只关注万物本质，草就是草，决不能假扮神圣；而人类在和天地自然万物打交道时，也必须一是一,二是二，人类只有在物质生产劳动过程中，符合物质的自然特性，也就是自由规律才能得到收获和产品，绝无虚伪、侥幸之事。而得道的圣人也不会被这些虚伪的仁义所蒙蔽，对待组成社会各群体的众人百姓也像对待表面神圣、实则无用的刍狗一样不为所骗，只看其与具体事物规范之德相连的真实面目。天地对待万物，圣人对待百姓，都会客观、真实、平等地看待，不会被虚假的表象所迷惑，不会将万物和百姓划分等级，不同对待。天地、圣人尚且如此，可见世间不应该有脱离各项具体事物规范之德的绝的仁义和等级的。剥去草编的神圣外衣，屏蔽掉像风囊一样不断欺骗、吹嘘的鼓噪，天下万物就简单到了只有平等的相互制约，阴和阳、权利和义务、回报与付出是否相对平衡的直观利益关系了。但是，人人平等，真相公开，诚实守信，权利和义务相对平衡是一切封建统治者的死穴，这是他们决不允许的。统治者为了掩盖和保护自己的特权和既得利益，必须通过“有事”“多言”麻痹和欺骗民众，必须制造出和人们切身利益关系不直接相关联的各种事物来扰乱隐瞒事物的本质真相，必须不断地贪天之功占为己有的粉饰来搅混社会，混淆视听。封建统治者也只能用类似手法，才能将利用武力强势占有赢者通吃的等级特权和违背权利和义务相对平衡的自然规律，剥夺多数民众利益供少数人奢侈享受的真相一时掩盖过去，企图实现幻想的江山永固，代代相传，永远享受的局面。只有将真相封锁住，把真实的利害关系混淆起来才可以既损害别人又令人麻醉不知，从而浑水摸鱼，瞒天过海，这就需要利用各种手段把天地万物搅混，把是非颠倒，令供养关系倒置，使民众受了伤害还山呼万岁，感恩戴德，这就是第三章中讲的封建统治者用“尚贤”“贵难得之货”“见可欲”的方法治理社会的原因，这些都是所有不受社会其他群体直接制约的统治者的必然手段，也是一种必然的统治方式，于“天地之间，其犹橐籥乎？虚而不屈，动而愈出”，去不停地无中生有，鼓吹虚华的君权神授之天示、仁义道德之风、个人功利贪欲之迷雾，直至甚嚣尘上天昏地暗。所幸的是，社会根基处的民众，在生产实践中从来也不能指望这些虚华，只能依组成社会各群体的共同利益之道，依阴和阳、权利和义务相对平衡原则，实事求是，遵德而行，依客观自然规律的规范去劳动生产，这才是使几千年农耕文明得以延续、发展的根本。“多言数穷，不如守中”，是指与其拼命鼓吹等级特权的个人功利文化意识，“不如”实事求是地依道遵德地“守中”，“中”就是“万物之宗”的道。

第六章

# 道是产生一切的天地之根

谷神不死，是谓“玄牝”。玄牝之门，是谓天地根。绵绵若存，用之不勤。

谷神指神秘的道，道是组成事物和交往范围各方面在平等的基础之上相互影响、作用、制约的对立统一所产生的共同利益共识之势，所以是不会消失的，包括山川河流、自然万物，天下所有事物都是对立统一，权利和义务相对平衡的道产生的，也就是万事万物的玄牝之门。例如，浩瀚的宇宙，无数的星系、星球各依自己轨道无止无休地旋转，是因为它们相互之间的吸引力和排斥力的对立统一达到的相对平衡之道，否则如果都像失衡的流星一样，则宇宙何存？人类何生？一江春水向东流是因为我国地形西高东低，水无法达到平衡，锲而不舍地一直寻找平衡之道的过程，直到水流千遭入大海才寻找到了相对的平衡和包容世界各水系的共同利益之道，因此老子才说水“几于道”。人类生存所必需的各种条件中缺少其中任何一项的参加与平衡，人类也是不可能产生的，也就是说人类本身也是在组成自然界各矛盾方相互对立统一之势中产生和进化成长的。同样，当人类的活动打破自然环境的相对平衡时，就是破坏了人与自然的共同利益之道，也必将危及人类的生存。人类在自然的进程中的每一个生产方式、生活方式都由包括自然界在内的各种矛盾方的共同利益之道产生的，是各方矛盾对立统一的必然结果。

道是无形的，德是有形的，有无相生，没有无形的共同利益共识之势的道，无法驱动产生具体有形的德的条例规范，而没有有形的德的条例规范的支撑，无形的道也无法显现。可见老子讲的道与德是相辅相成的关系，与通常人们说的仁义道德并不是一回事。因为道与德的有无相生的关系，道不变，德也就不会变。同样，当组成事物的各矛盾方因发展变化，通过对立统一产生共同利益之势的调节时，相应的体现道的德，也就是行为规范也必须做出相应调节，否则就会激化矛盾，引起对抗，直到人们充分认识并主动调节到相对平衡的共同利益之道为止。

我们生活生产中所有的物质都必须符合社会共同需求之道，才能产生使用价值，也才会有交换价值，厂家才会投入生产。任何厂家都不会生产没有社会需求的产品，同样任何物质在丧失了社会群体的共同需求后也会因丧失交换价值而被遗弃和遗忘。在人类的历史长河中，根据人类共同利益的需求，产生了无数新的产品、服务项目和社会观念，也遗弃、淘汰了无数的已经不合于共同利益之道的旧的产品、服务项目和社会观念。我们现在每天也正在接受和孕育许多符合共同利益之道的新事物、新观念。同时，历史遗留下来的，已经和现代社会各群体共同利益之道相悖的事物，在对立和制约中逐步变得越来越不可容忍，而将逐步日日势微。由此可见，和一切生物的新陈代谢一样，人类社会各种事物也在不断地新陈代谢，促成这个世界不断新陈代谢的，正是组成这个世界的大小不同事物内部和外部各矛盾方面的相互影响、相互作用、相互制约的对立统一产生的共同利益之势，也就是道。正是这个无形的玄牝之门，在时刻孕育和生产着万物，左右着万物，才使人类世界在内的万物得以生生不息，“绵绵若存，用之不勤”。

第七章

# 双赢共赢

天长地久。天地所以能长且久者，以其不自生，故能长生。

是以圣人后其身而身先，外其身而身存。非以其无私耶？故能成其私。

“非以其无私耶？故能成其私”是老子在讲广义的公和私的对立统一辩证关系，正是没有私心，反而成就了自己的私心，这是实事求是的科学态度。公和私的关系人类讨论了几千年，而且到目前还没有完全弄明白，大多数人认为公和私是绝对的、对立的，非私即公，非公即私，公私分明，高尚的人应该大公无私。实际上，从有人类以来，就不可能有绝对的私，更没有绝对的公。从广义上讲，几乎所有的人类活动都是直接或间接地与其他人进行交往、合作，存在着个人私利和共同利益公利之间的矛盾的对立统一，只有直接求私利与以和各有所长的人相互合作、相互借鉴的共同提升达到共赢而间接求私利的区别，以及一个小的交往范围内比较明显的公私利害和大交往范围由多方参与的比较模糊的公私利害的区别。这个共同利益的公可以是家庭、团体企业、社会国家和人类世界，只不过交往范围越大，公的形象越模糊，越异己，但是这并不等于人们不受其他方或明或暗，或直接或间接的影响、作用、制约，例如现在人们认为的世界交往中的蝴蝶效应；交往范围越大，公的形象越恍惚，但是，恍惚并不等于没有共同利益之道的公的存在，也就是说，人们仍然逃避不了恍惚的道的各种制约。所以，只有能够将别人认为恍惚异己的共同利益之公，清晰认同起来追求双赢、共赢的人才有可能得到多方认同和助力，顺势而为的成功。你在多大交往范围内将其中或明或暗的各方共同利益清晰认同起来，你的格局就有多大，成就范围就有多大，坐井观天只关注自己私利的人，永远也超不出个人的各种局限，而无法通过相互真心合作、相互借鉴而提升自己能力，而无所建树。

生产力发展到目前社会，人类的分工细化到了点点滴滴，全球化的大交往的今天更是产生了看似恍惚又真实难逃的相互影响、作用、制约的蝴蝶效应，人类到目前为止所有的成果都是在前人合作的基础之上，人们交往范围逐步扩大中完成的。广义的公和私的关系泛指一个人和外界的一切直接或间接关联的关系，要理清公与私的相互关系，必须以老子对立统一的观念去认识才可以，社会是由一个个个人组成的，没有个人便没有社会，而一个人离开了社会也不能存活，也就是说，没私便没有公，没有公也没有私，公和私是相辅相成、对立统一的关系，既没有绝对的私，也没有绝对公，公与私是不可能割裂开来的。

公和私的关系要处理好，就必须理解老子的道。我们知道，道是组成事物各矛盾方在平等的基础之上相互影响、作用、制约对立统一产生的共同利益共识之势。也就是说，道就是公，道代表了组成事物的所有方面的个人主要利益之契合点，这是通过相互作用、制约使各方在对立的利益上相互妥协，求大同存小异，也就是“挫其锐，解其纷，合其光，同其尘”的过程才能形成统一的共同利益的公，即道；虽然这个道并不能代表每个个体的全部利益，但是这是在当下各种条件下，代表各方共同利益的最大契合点，是一个双赢多赢的结果，也是唯一可以使各方共存和稳定的方法和路径。当然，这个利益契合点的产生是以各方都平等地参与对立统一的过程为前提的，如果一方被排斥在外，那么这个契合点中很可能就会忽视这一方的特殊利益，就像炒菜时少放一味调料而菜的味道有变化一样，这就是老子反复强调“上善若水”平等包容的原因，因为只有全面参与，才会产生全面的共同利益共识之道，才能相对平衡稳定。

老子这一章是在通过天地的长久稳定来暗指人类社会的失序动荡，指出天地所以稳定长久的存在，是没有只顾自己私利而损害其他方的利益的既得利益特权存在，“以其不自生，故能长生。”老子以圣人的“后其身而身先，外其身而身存”指出，人们或者统治者只有把自己的私利放在共同利益的后面，在处理事物时顺应自然的对立统一关系，不将自己的私利、成见强行加给别人，先尽好自己的应尽的社会职能，使包括自己在内的社会各群体的权利和义务、阴和阳相对平衡，从而维护共同利益之道，使社会和谐、稳定，如天地一样“长生”。在这个过程中包括统治者在内的人们，虽然没有突出自己的私利，但因为道是共同利益，自然自己的利益也就得到了。

“是以圣人后其身而身先，外其身而身存。非以其无私耶？故能成其私。”老子是在用共同利益之道的观念在分析、解读公和私的辩证关系。这个观念是自然万物和人类发展的根本，而且人类也是在相互制约、对立统一中遵循了这个路径才走到了高度发达的今天。从老子的观点看，公和私是对立统一的关系，公中有私，私中有公，是不可分割的，只有这样认为才能在各群体合作交往活动中体现出自己的价值，展现出主观能动性。如果从认识上把私和公绝对地对立起来，意识不到自己现在所做的工作与自己的利益或近或远的必然联系，对公事就会有一种异己感，也极易产生被动应付的工作态度，这样便会使工作成了一种失去乐趣的负担。同样，如果在一个交往范围内参与各方权利不平等，无法直接主动地相互影响、作用、制约对立统一，就会造成严重的权利与义务失衡，弱势的参与者付出太多而收益太少，那么弱势群体对这个交往范围产生异己感和离心力就是必然的。凡是无法产生共同利益之道的交往范围都不会和谐稳定，矛盾不但会逐步激化，甚至还会引发动荡。无论家庭、企业团体、社会国家都如此。

在人们不同交往范围内如何确定公私界限？交往范围越小，越容易相互了解、相互制约，从而产生共同利益之势，容易分辨公私关系。一个家庭、一个小交往圈子都容易产生统一的家规共识和圈子道德，人们也可以认清公与私，群体和个人的关系，并摆好自己的位置。而在全社会交往的大范围内，这个问题就复杂难辨了。在农耕时代的封建专制统治下，公和私的辩证法以直接、平稳的方式行不通，因为统治者的权力并不是来源于民众，而是来源于武力的占领，所以他们自称“普天之下莫非王土，率土之滨莫非王臣”，他们并不会直接对民众负责，根据统治者赢者通吃的短视法则，他们必须首先享受充分的特殊利益，也就是私利。所以，封建社会中，私利和公利之间的界定通常由统治者划分制定，一般情况下初期可以基本维持民众的最低生存需要，但是在以后的发展中，因为作为最重要的社会组成部分，大多数的弱势群体在自给自足的小农经济时代，既没有能力，也没有欲望，更没有渠道直接了解和制约统治群体，也就是没有直接的对立统一的能力和途径。由于统治者的利益多寡一直由他们自己决定，受不到弱势群体的直接制约，所以他们会因逐渐提高和因为不受制约而必然产生的人员的逐渐臃肿扩张而总体增加，这个态势就是封建帝王也无法控制和不敢强力缩减的，否则不但达不到目的，还会动摇自己的统治根基。因为帝王和可以制约官吏群体、占人口大多数的民众之间没有联系沟通助力的渠道，所以在触动官员群体的利益时，帝王和官员群体相比，处于人数、信息和实施操作等方面的劣势地位，所以即使表面上一言九鼎的命令也可以被误导和利用，甚至可以和初衷大相径庭，这才有了明崇祯帝的“君不是亡国之君，臣是亡国之臣”的哀叹。由于统治集团的特权利益只能增不能减，在社会总体收入的蛋糕中，统治群体在蛋糕分割中占有的那块绝对的量永远是只能大不能小的；当社会遇到天灾人祸、内外战争等特殊情况，社会总体收入蛋糕大量缩小时，统治群体所占有的蛋糕因为绝对的量仍然是只能大不能小，甚至失去有效对立制约的权势者不会放过任何一个敛财机会，会乱中谋利，大发国难财。所以相对比例都会大幅度提高，而余下的部分再由大多数人去分，就会大幅度缩水。所以，历代王朝的动乱几乎都是因天灾人祸造成的“狎其所居”“厌其所生”开始的，而且有时民众造反并非是到了无法生存的地步，而是由于社会各群体之间的利益比例严重失衡，也就是孔子说的“不患寡而患不均，不患贫而患不安”。当统治集团的私利严重地侵害广大民众的利益，超过民众的绝对生理或相对心理忍受极限后，一点火星就可以点燃人们的愤怒之火，形成摧枯拉朽共识之势，从而天下大乱。而在历史上，农民起义往往会和因统治者巨大的特权诱惑而引发的内外部的“王侯宁有种乎”的权力争夺搅在一起，被人利用。但是，无论王朝的新统治者是原来的上层贵族，还是来自底层的民众，因为社会生产力没变，生活方式没变，基层民众的自给自足的小农经济也没变，所以基层民众仍然不具备能力也没有主动的意愿去制约上层的统治者，没有主动的对立也就不会产生主动的统一的共同利益之道，于是社会就又开始新的统治者和民众之间的权利和义务不可逆转的逐渐失衡过程。这就是人们常说的历代王朝兴衰的产生原因。

任何一个事物的发展都不可能是一帆风顺，按部就班的，事物是在不断的矛盾对立统一中存在和发展的。所以无论是个人还是家庭、团体，想没有失误是不可能的。天下万物都是在矛盾对立统一、平衡—失衡—平衡的循环中进行的，这也就是老子在以后的第四十章中提出“反者，道之动”的原因。人们在社会事物中造成不同程度上的失误是不可避免的，自然灾难的发生更是不可避免的，这也就是说，无论个人、家庭、团体等遇到各种大大小小的困难都是不可避免的。但是为什么有的人、家庭、团体在困难面前就倒下失败了？而有的却不但战胜了困难，而且更强大了呢？这就要涉及本章老子所讲的了，也就是只有在处理事物中抛开自己的私利，全面地从各方的共同利益出发去处理问题，才可以双赢、共赢。越是遇到困难时，交往范围内各方的共同利益越是重要，因为只有如此才能相互借力，相互支撑，共同坚守，摆脱困境，而不会树倒猢狲散。

“非以其无私耶？故能成其私。”并不是指高尚的道德，而是和我们每个人生存发展密切相关的行为规范。正是这个行为规范在支撑和推动着我们社会的生存和发展。生产科研中，人和物双方必须对立统一才能产生共同利益之势，以及只有在体现这个势的客观自然规律的生产技术规范下，才会生产出人们的生活物质；广大民众之间主流上也是权利平等的，可以因平等的相互制约而产生共同利益之势，以及体现这个无形之势的有形的各项公序良俗、规章制度、合同契约等体现共同利益的多项制约，这才是社会存在的基础。

狭义的公与私的关系，也就是人们常说的自发的组成的以生产交往为主的团体内公与私的关系。人与人之间的合作产生与私相对的公，之所以合作是为了使能力各异的人和资金、生产资料、技术等方面，可以相互利用，取长补短，合理组合，这样做可以极大地提升个人和集体能力，产生群体效应，这也是人类区别于其他动物的关键。在这个团体或企业内不同的群体都有自己的特殊利益，这些各有特殊利益的群体只有通过平等的根据权利与义务相对平衡的原则相互影响、作用、制约对立统一产生共同利益之道，将无形的道，以有形的德，也就是各项规章制度方式体现出来，并以此来确定各自在团体内的定位，只有这样才能正常有序地生产，而在运行中维护整体的公共利益就是在保障自己的特殊利益，只有共赢才有个赢，这就是“非以其私耶？而成其私”。现实社会中，凡是成功的团体，内部都必须有一群志同道合的人，不计眼前私利，任劳任怨，埋头苦干，只有有这样的群体的脊梁作用，团体才能成功；反之，如果领头之人或群体急功近利，假公济私，不但毁了企业，同时也毁了自己的长远利益，因小失大，遗恨终生。

一个家庭、一个团体、一个社会都需要有忍辱负重、以公共利益为己任、不计个人得失荣辱、敢于担当的脊梁式的人或群体，只要这样，社会才能正常有序，人们才能共赢。因为任何事物，在产生时都需要启动的原动力；在运行时，都需要掌握方向的力量；在遇到大的困难、挫折时，都需要中流砥柱；在因故收缩后退变革时，都需要理智沉稳的善后。而这些人之所以能这样做，并不是他们有什么特殊之处，只是比别人站得高一些，看得全面一些、远一些，当你只在自己的私利上打转，两眼紧盯着自己的一点利益损失而大叫不公之时，这些人所看到的是组成团体的各个群体的利害得失，他们知道矛盾的焦点在哪，进而会主动用心去平衡各个不同方面的利益；他们知道团体最不可动摇的共同利益之道，也就是群体的压舱石在哪；当你在为了眼前的利益损失和波折愤愤不平时，他们看得远一些，会预见前面的困难和曙光，从而更多一些坚韧。所以，他们的成功并不复杂，就是站得高，看得全和远，这样，他们的胸怀就宽广了，他们的动力就足了，他们的航向就正了。总之，他们代表着共同利益之道。甚至可以说一个家庭、一个团体、一个社会最大的软实力就是这部分人的比例大小和整体社会对共同利益之势的认同度和现行体制内的纠错再平衡效率和能力。老子在本章和《道德经》中多次提到圣人，得道之人，就是老子认为的懂得对立统一的辩证法，能够“后其身而身先，外其身而身存。非以其无私耶？故能成其私”的人。

# 第八章

# 只有平等包容才能无后顾之忧

上善若水。水善利万物而不争，处众人之所恶，故几于道。

居善地，心善渊，与善仁，言善信，政善治，事善能，动善时。

夫唯不争，故无尤。

第七章是以天地比喻道，这一章则是以水喻道，来谈人的处世之道。个人和社会的关系是相辅相成的，社会再大也是由每个个体组成的，每个人的行为都会或多或少地影响这个作为总和的组成社会的性质，就像世界所有江河之水流入大海后，大海再清也包含了各水之特色，也和各江河汇总之海一样，必然有其共性。所以我们每个人的存在都是自然平等的，应当自信、自尊，不能自我轻蔑。在一个讲平等包容，讲规范有秩序的社会，人与人的经历也会大同小异，不应因人而异失去规范，只有这样，我们的社会才是一个“婴孩”般“怀素抱朴”的诚信社会。要达到这样的社会，不能靠神仙、皇帝的恩赐，只有靠组成社会各群体每个人的共识之势。只有明白自己平等的社会定位，明白自己应尽的义务和应得的权利，并且在社会实践中严格坚守权利和义务相对平衡的自然规律，才是一个有尊严的人，只有这样做，你的行为才会无愧于这个社会，才会汇集成为“万物之宗”的共同利益共识之势，只有有了强大的组成社会共同利益共识之势支撑的社会才会稳定有序。天下自然万物本没有等级歧视，是自然平等的“上善若水”，等级特权歧视是人类历史一定生产力发展阶段的产物，所以随着生产力的发展，人们必然要逐步产生将等级特权歧视淘汰的社会共识之势。如果说人类应该有区分的话，那么真正的区分是阴和阳，无论什么人，都应该只有一个标准，那就是你为社会各群体共同利益之道做了什么？你的权利和义务，回报与付出相对平衡了吗？相对平衡了，你就是这个社会的正能量，无论大小，一砖一瓦，就应当得到社会的尊重，尤其是自己的自信、自尊，一个人只有自信、自尊才会得到别人的尊重，因为一个人的势的来源，只能是来自自己。你付出少，占有多，损伤了别人的利益，你就是造成社会冲突的负能量，你的能量越大对社会共同利益之道损伤越大；如果你损着别人牙眼又反对别人报复，就是虚伪卑鄙之极，应当受到社会的鄙视和抛弃，自己也应当感到愧疚。只有大家都达成“万物负阴而抱阳，冲气以为和”的权利和义务相对平衡的社会普遍共识，这个社会才会有普遍的共同利益之道，才是一个充满向心力、朝气蓬勃、积极向上的社会。

有人认为老子的“水善利万物而不争，处众人之所恶，故几于道”就是一切不争，这是片面的理解，老子的不争，是不争不符合权利和义务相对平衡自然规律的利益，要顺势而为，符合自然规律。“道法自然”，大自然对于自己的客观属性和自然规律从来都坚守不放，不会因为遇到权贵就低头改性，遇到弱者就另一个标准，你的行为适合了自然规律，无论贫富贵贱都会得到同样回馈。人同样应该如此，符合权利和义务相对平衡自然规律的利益得到后就坚守，不符合自然规律的既得利益就自动放弃，不能固执坚守。水，“处众人之所恶”洽洽是对自己相对平衡权利的坚守，大江之水滔滔东去，什么力量也无法阻挡的，正是水在争得平衡的势，得不到相对平衡决不停息，到了大海平衡了才融入而安。和天下事都是相对的一样，争与不争也是相对的、有条件的，过分片面强调不争是对老子的歪曲和误解，试想如果人人都遇事不争，那么杀人偿命、欠债还钱的古老规范还产生得了吗？这个社会还能存在吗？“居善地，心善渊，与善仁，言善信，政善治，事善能，动善时”，如果因为什么都不争，一无所有，这七个善又如何完成？可见老子所说的不争，是“功遂身退”“知止”，这在下一章专门做了说明。将不争特权解读为事事不争，有违事物客观规律和趋利避害的人性，使人们因为误解，而将老子不争的真正符合人本性的本意，也被像脏水一样泼了出去。争与不争有对立的一面，也有统一的一面，大家对自己应得权利的争，才能使强势特权不敢争，在这个意义上讲，不实事求是，抛开具体问题一味讲不争，似乎是在帮助强势特权者愚民，因为他们的特权是争来的，他们从来也不会相信不争。真正的不争是老子在第二章中讲的在对立统一基础之上，不违背自然规律的“无为”“不言”的不争。

如果每个人自轻自贱，该尽的义务不尽，该担的责任不担，该得到的权利也不主动去要，希望别人冒险去争，自己坐享其成，抱有“坏了没我的事，好了有我一份”的思想，那么就会像故事中十个猴子一样的结局：

有十个猴子要搬走堵在洞口的一块大石头，当一齐用力抬起来向外走的时候，每个猴子都想，我不用力，有它们九个也可以，然后一齐松了劲，结果十个猴子的脚全被石头砸住了。

一个社会的整体性质也会深深地影响、作用、制约着每一个人的行为意识，左右着每一个人的成败荣辱。一个人只有他的行为意识和社会各群体共同利益相符合时，他的能量才能成为正能量，也才能得到整体的社会的助力而有所成就；反之，如果一个人或一个群体为了自己的私利而与社会整体利益相悖，也必然会遭到社会共同利益之势的直接或间接的制约和排斥。这就是人和社会的相辅相成和对立统一关系，也是个人和道的关系。老子说的“水善利万物而不争，处众人之所恶，故几于道”即水能成为上善是因为水的包容，不争私利甘愿承受一些“处众人之所恶”的牺牲的行为是符合权利与义务相对平衡的共同利益之道的，所以才能“居善地，心善渊，与善仁、言善信、政善治、事善能，动善时。夫唯不争，故无尤”。这一章是在讲述道对个人的行为的影响制约关系，也就是说以上七个“善”在个人身上体现的，是与无形的道相应的有形的德。为什么老子用水喻道？因为本章开篇就是水利万物而不争的平等包容性。道是全面包容的产物，任何事物和交往范围内缺少任何一个，哪怕是微不足道的方面也是不全面的，就不可能产生真正可行的共同利益。例如：一个小小的零部件和无比复杂的高精尖的航天器相比，可以说是微不足道，但对它的忽略却是致命的，所以可以说它的地位和高精尖部件是平等的；一个战斗部队包括指挥员、参谋、一线战士、侦察兵、运输兵、炊事员、卫生员、向导、后勤人员等，这些人哪一方出现了问题能打胜仗吗？所以任何一场战争的胜利都是组成这个交往范围各方主动参与相互制约、对立统一产生共同利益共识之势的结果，破坏了各方共同利益共识之势的骄兵悍将没有不失败的。社会的道如此，组成社会的个人也是这样的，也必须要有平等的包容性。人们只有在平等的包容的基础之上才会承认与别人之间存在的相互影响、作用、制约的关系，这样才可以通过对立统一产生对每个人都有约束力的共同利益之道，并主动接受制约，遵守与无形的道相辅相成的有形的规范之德，也就是本章中所说的“居善地”，即找准自己在交往范围内的定位。这个定位是由权利与义务的相对平衡所决定的，这个定位上有自己应尽的社会义务，也就是自己的付出和应得的权利和回报。人们在各自的定位上相互影响、作用、制约才能形成社会交往范围内的有序运转。每个人的交往范围内定位都是动态的，会随着自己为社会所尽的义务能力变化而变动的，能随势而动是柔，不失序；固守已无付出的既得利益是刚，会失序。如果每个人都毫不含糊地尽自己的义务，也毫不含糊地守卫自己的权利，就会产生自己与别人相互影响、作用、制约的势能，然后产生社会共同利益共识之势。一个人如果不尽自己应尽的义务就是失位，也会失去了自己的势，如果不尽和少尽义务而多占有权利和回报，就会侵害别人应得的权利，这就是越位，就会受到别人的反制和伤害，如果这种情况成为普遍，交往范围内就会失序，就会像装错了齿轮位置的机器一样无法运转。

“心善渊”，因为一心和别人互利而无争，也就不会对别人过分挑剔，也就有了像深潭巨渊一样博大的心胸，可以广泛接纳来自四方的人，平等地在权利和义务相对平衡的自然规律基础上，相互妥协，求同存异，相互制约。

“与善仁”，在与来自四面八方的人交往时，因为秉承权利和义务相对平衡的原则，也就没有严重的利害冲突，所以能平等地相互交流、相互借鉴、相互调节、相互启发、相互激励、相互助力地和谐融洽地共同前进，既利人也利己，这才是个人成功和社会发展的起点。

“言善信”，因为不争个人私利，也就没有什么事见不得人，即没有需要隐瞒、遮掩的涉及公共利益的事，所以可以光明正大地以诚信示人，像婴孩一样质朴真实，使别人对自己也不设防，双方坦诚相交，彼此轻松愉快，行事高效，同心同德。

“政善治”，有胸怀、自知之明、广泛结交、众多知己助力，又光明正大诚实守信的人自然会有威望，而在治理众人事物时自然会得心应手。

“事善能”，因为能平等和谐地与别人交往，自然会在各种人物交往中得到来自各方的各种信息、各种理念、各种技能相互之间碰撞产生的综合性的火花启迪，从而提升自己的各种能力，所以能够把事情做得比别人更完善、深入一些。

“动善时”，能够做到依道遵德的人自然会比别人站得高一些，看得远一些，从而更加清楚事物的各种矛盾方的焦点所在，也清楚前面的趋势所在，所以就会比较正确地审时度势，不失时机地顺势而为了。

“夫唯不争，故无尤”，因为不恃强势去争打破权利和义务相对平衡的个人私利，凡事追求交往范围各方共同利益的双赢、共赢，才能“以其无私耶？故能成其私”，才能事半功倍，和谐有序。老子在这一章借水喻道，把道对个人的影响和促进作用讲得清楚、明白，以道育人，从正面教育引导。

而老子更多的是从反面讲不道的必然危害。社会是一个个人的自然聚集而成，各群体之间的共同利益之道也是在这些自然聚集的人平等交往中间产生，那么这些人的普遍意识必须会对有形社会产生决定性的影响。反过来，共同利益之道也会对每个人的意识产生影响，例如违反共同利益的偷盗永远也是一种见不得人的行为。一个事物的道是由水的“利万物而不争”的容为基础，同样一个人的德也是以水的“利万物而不争”的容为基础的。容和不容有客观因素，也有人的主观因素，一个人对别人能否容，取决于他是否有平等待人的意识，而有没有平等待人的意识取决于一个人的自我社会定位，而这个自我社会定位不是简单地由自己的主观意识能定的，而在相当程度上是由他所接触的周围人员环境定的，这些人有自己的亲朋好友，也有与自己在某些方面站在对立面的人，而且有时，对立面往往是激励自己成长、提高定位的最大动力。影响、制约一个人的社会自我定位的，可以是很少、很简单的人群，也可以是非常多而且复杂的众人来决定。任何一个人的社会定位都受到与他相关联的人和事的影响、作用、制约，这也是人的社会存在决定人的社会意识的一个方面。

一个人接触的人越多越杂，见识越广，胸怀就越大，越能平等待人；了解和接触的历史和现实中的悲欢离合、生死无常越多，对爱情、友情、亲情越珍惜；了解的兴衰无常、成王败寇的教训越多，对名利就看得越淡，才会有“千里修书只为墙，让他三尺又何妨，万里长城今犹在，不见当年秦始皇”的胸怀；一个人与社会接触面越广，兴趣就越广泛，就越能够举一反三，融会贯通，基础越广，也越能深入和提高。可是，人生苦短，大部分人不可能接触这么多人，经历这么多事，除了要深入生活，平等待人，多交知识广博的朋友，认真听取各方见解外，就需要多读书了，需要读杂书，多角度读书，不带功利心地去读书，从书中去认真感受别人的经历，感同身受地融入自己的感想，到古今中外的广博之士那里去唤醒自己的共鸣而借势，这样才能在一定程度上开阔眼界，丰富阅历，提高透视本质的能力和增加与别人互动的势能。一个人只有有了广博深厚的基础，多方的兴趣，才会真正提高和深入，就像金字塔一样稳固。只有这样才会真正领会到老子组成交往范围各方相互制约对立统一之道的必要性和唯一性，并去主动寻求道。其实学校的功能就是帮助学生的眼界具有广和深与高相结合的能力，没有广度就没有深度和高度，没有深度和高度就没有更大范围的广度。在社会秩序方面，只有当社会上多数人的平等包容观念成为共识，根深蒂固后，这个社会各群体的共同利益之道才有了广泛而牢固的基础。这也是老子本章谆谆教导“上善若水。水善利万物而不争，处众人之所恶，故几于道”的目的。而社会现实中，如老子所说“处众人之所恶”的是广大基层民众，正因为他们在与自然物质的生产交往中，必须权利与义务相对平衡，一分付出，一分收获，绝无捷径可言；在与同样都平等的同群体的人交往中也必须平等相待，所以“故几于道”。道在社会根基处的存在，就像不倒翁的底部一样，这就是历史上无论上层社会如何城头变幻大王旗，而人类仍能生存的原因。

## 第九章

# 功成身退是必然的自然规律

持而盈之，不如其已。

揣而锐之，不可长保。

金玉满堂，莫之能守。

富贵而骄，自遗其咎。

功成、名遂、身退，天之道也。

老子在本章是把“适可而止、不贪财逐利、知进退”作为不可违背的“天之道”的自然规律来讲的，直接指出了其中必然的因果关系，再次将号召式的仁义道德和必需的行为规范之德进行了区别。

自然规律是承认差别矛盾，但是对立统一，权利和义务相对平衡，权利不可无限扩张。就像动物界虽然有弱肉强食的食物链，但是凶猛强势的动物却不能把权利无限扩张，无论它可以捕到多少动物，也仅果腹而已，并不贪婪。而且抑制强势动物的繁殖能力，抬高弱势动物的繁殖能力，技能上也对强势动物有限制，有这些制约，才可以达到强弱动物相对平衡，而弱势动物才可以有相对安宁、稳定的环境得以生存、繁衍，强势动物也在饱食之后得以相对安逸而息，因为如此，动物界才能生生不息，有序稳定，这就是“损有余而补不足”（七十七章）的天之道。老子说“人之道，则不然，损不足以奉有余”，大多数人都本能地企图无限积聚财富，争夺权势，并将这些当作人生奋斗的目标，那些已经很富很有权势的人也永不知足，无止无休。其实人们得到财富的目的，首先是满足自己科学的生理享受需求，但是，真正的符合人体科学生理物质需求是“常有欲，以观其徼”有限的、容易满足的，尤其是生产力高度发展的现在；而无法满足的是“常无欲，以观其妙”的心理欲望，而心理欲望是奥妙无穷、千变万化，也无止无休，又极易导致荒谬地失去理智而不可理喻的攀比；历史上这类因贪欲而生的事层出不穷，而且，历史上几乎所有的纠纷、动乱都是由各种无比奥妙无度的无形的贪欲造成的。现实生活中，人们对财富和权势的追求是人类的共同需求，本是十分正常的，也是人们生活劳动经营的动力。但是对社会而言，关键在用什么渠道得到权势和财富，是否符合权利和义务相对平衡的自然规律。是利用各种强势特权霸权，侵害弱势群体利益的“损不足以奉有余”的人之道，还是以先为社会创造了物质，贡献了财富，使民众得到了实惠，而后才取得自己相应的财富利益的“损有余而补不足”的天之道？这是关乎社会各群体的社会和谐、有序、稳定的大事。而本章则是主要讲述个人和财富的关系问题，讲当人们一旦得到了超常财富和很大权势后，能得到自己的幸福吗？老子认为似乎幸福与财富和权势没有必然联系，甚至如果不识时务，会反受其害。

社会存在决定社会意识和行为准则。有一个故事：冬天的一个早晨，河边码头旁边来了一个要饭的、衣不遮体的人，一个穿皮袍还觉得寒冷的船主见状有意戏耍他，于是与这个穷人打赌，说：“你今天夜间在我的大船舱板之上睡一夜，明天早上如果冻死，与我无干，如果冻不死，则我这条大船归你，怎么样？”穷人应允，次日早晨，船主一看穷人在船舱板正露天而睡，四周霜雪一片，而穷人安然无恙，无奈将船给了这个穷人。两年后，这二人在冬季又相遇了，此时那富人对早先的穷人说：“咱们再赌一回怎么样？如果你能再脱去外衣露天睡一夜，我这条新船还给你，怎么样？”

穷人又应允，次日早晨再看，船上早已空无一人，那人早冻跑了。两年的饱暖安逸让穷人早没了当年被逼而成的体质和无所谓的心态了。人处在贫穷弱势时，为势所迫所形成的破釜沉舟的勇气和气势，当条件变化，同样会失去。所以当一个人成为富豪和权贵后，财富和权力成了他们的既得利益，也会成为减弱他们的动力患得患失的包袱；成为阻碍他们观察事物的眼罩；成为他们判断是非的失衡的砝码；成为他们拼搏勇气的泄气口。由于他们的社会存在变了，社会定位移动了，原来奋斗时的社会地位赋予他们身上的各种意志品德有时也会失去，例如勤俭、勇敢、坚韧、正直、直爽、质朴、宽厚等，而这些品德是一个人生活平静、和谐所必需的，同时也是在一定环境下才能产生存在的一种社会共识之势。秦朝宰相李斯手握重权后，权力和既得利益成了他最大包袱，压得他在真理和利益面前违心地屈服于赵高，屈服于利用权威和阴谋可以指鹿为马、任意杀戮的强权法则，这也为自己被诛杀提供了渠道。当社会环境变成失去相互制约、对立统一产生的共同利益之道的规范之时，是没有赢家的，李斯如此，赵高如此，而诛杀赵高的子婴又何尝不是如此呢？当人们仅仅停留在道德角度上去谴责赵高指鹿为马时，是不是想一想人是环境的产物呢？就像在“晏子使楚”故事中晏子说“橘生淮南为橘子，生淮北为枳子”一样。一个人，当周围环境十分干净整洁时，他手中的废物也不好意思随便丢掉，当他进入一个遍地垃圾的地方，他还会迟疑手中的垃圾吗！当他进入一家客厅，见地毯铺地，干净整洁，自然要寻找拖鞋，换鞋而入，如果这家客厅杂乱、肮脏自然想不起寻找拖鞋来。所以人是会变的，会随着进入不同的社会存在环境变的，要改变人的意识，首先要改变他的周围环境，但是，能够改变周围环境的也只有人们的共同利益共识之势，这就是“有无相生”。当自知无法改变这个环境时，便要如老子所说的“持而盈之，不如其已”适可而止，像范蠡一样“功成身退”聚财散财，不进入这环境；也要避免走向富贵而骄和得志便猖狂的自我膨胀，“持而锐之”变异失控，害人害己的“不可长保”“自遗其咎”的结局。

人是社会的产物，也就是既可以影响、作用、制约别人，同样也必须受别人影响、作用、制约。每个人都会有自己的社会定位，这个定位是一个范围，由四面制约限制而定。而人的定位非常复杂，而且可以随时变动，可以牵制制约一个人的主要方面有：学识、能力、父母、妻儿、亲戚、朋友、财富、嗜好和各种利益上的对手……这些方面既可以给他助力，也同时可以限制制约他，每个人都逃不出这些方方面面的影响、作用、制约，而每一个人每时每刻就生活在这个网络的中心点，在不断地平衡着这方方面面的共同利益，平衡好了就和谐成功，否则就失败失位。这个平衡就是老子说的通过各方面利益的相互影响、作用、制约对立统一产生共同利益之道，达到这个平衡的标准就是权利和义务，阴和阳的相对平衡。这个标准是一个分水岭，依标准则阴阳相和，一般人虽不能大富大贵倒也平静和谐；反之则为贪欲所挟持失去自我，失去平静和谐。

月圆而亏，凡事都有度和量，天下没有无限的东西。在社会财富总量一定的情况下，你之所得必是别人之所失，能够占有得到别人的利益就必然要用一定的强势和阴谋智巧等不合道的手段，在你可以用这手段对别人时，别人一定也可以以其人之道还治其人之身，所以不会有最后的赢家。只有当一个人“功遂”，也就是得到了和所付出努力相对平衡的财富时，得到了与自己军功政绩相应的封赏时，即可停止。不要贪心地想赢者通吃，借机攫取超过自己付出的财富和权力，这样名不符实的失衡会招致别人的嫉妒，也给别人留下攻击的把柄。同时，自己的付出和军功政绩是以前的行为，是自己在当时的社会条件存在下，利用当时的各种方面支撑和制约下通过对立统一产生的共同利益之道的结果，而这些各方面的条件和制约是不可能简单复制的，而且随着自己社会存在的变化自己也会发生一些相应的变化，所以过去的成绩和辉煌也不能简单复制。一个明白的人必须从零开始，不能使过去的功绩和财富成为负资产，成为既得利益的包袱。无论何时何地都要平等地对待自己周围的各方面，认真寻找和遵从这些不同利益之间的相互影响、作用、制约对立统一产生的共同利益之道。永远不要将过去的成功当成包袱背在身上，自己的每一天都是一个新的开始，将面临新的矛盾各方，在相互平等的相互制约、对立统一中产生新的共同利益双赢共识之势，以前的功过中唯有不断追求共识双赢的认识才是最有效的继承，其余的都应当“功成身退”。如《道德经》第十五章所言“与兮，若冬涉川；犹兮，若畏四邻；俨兮，其若客；涣兮，若冰之将释”（第十五章）。

天下最难得到的不是财富，而是心灵的质朴、纯净，是享受成功过程和有了财富后的舍得和潇洒；难得的是颜回“一箪食，一瓢饮”式的甘于贫困的舍得和潇洒，更难得的是，为了社会共同利益之道主动放弃既得利益的自我革命的舍得和潇洒，这才是“功成身退，天之道”。

## 第十章

# 合道的行为规范之德

载营魄。抱一，能无离乎？

专气致柔，能如婴儿乎？

涤除玄览，能无疵乎？

爱民治国，能无为乎？

天门开阖，能为雌乎？

明白四达，能无知乎？

（生之、畜之，生而不有，为而不恃，长而不宰，是谓“玄德”。）

这一章主要是在讲人们在社会交往之中必须遵守的行为规范之德，在老子看来，只有依这些行为规范之德行事才可以产生共同利益之道而成功。老子本章讲的具体的行为规范之德是：言行一致、单纯质朴、坦荡纯洁、无为而治、柔性应变、大智若愚。

这几条表面上看是一些美好的道德，而深层次看，这些德都来源于共同利益之道，是一个积极向上的社会行为规范。因为只有坚持权利和义务相对平衡的自然规律，不谋求以侵占别人利益来实现自己贪欲的人，才敢于“载营魄。抱一，能无离乎？”的言行一致，表里如一；只有实事求是，客观真实不加杂个人私利的人，才能做到“专气致柔，能如婴儿乎？”的单纯质朴，柔弱无瑕；只有心无杂念，老老实实做人、清清白白做事的人，才会“涤除玄览，能无疵乎？”地坦荡纯洁，无愧于心；只有目光远大，真心为民，严格依道遵德的人，才能“爱民治国，能无知乎？”的无为而治，严格约束自己；只有顺势而为，不强硬固守既得利益的人，才会“天门开阖，能为雌乎？”的在事物运行变化中，柔性应变；只有看事总以根本的、长远的共同利益之道为重，不计较个人一时小得失的人，才可以做到“明白四达，能无知乎？”的大智若愚，“上德若谷”。如果能做到以上这些，在做事时就能顺应自然的发展进程：依道而生，遵守行为规范之德而行，为“生之、畜之”管理之意；功成身退，事毕知止，为“生而不有”；不追求特权，不赢者通吃，为“为而不恃”；有自己的强势，但不弱肉强食，为“长而不宰”……这就是与道有无相生的规范之德，一切事要想成功必须有公开的清晰、明确、坚定合道的具体规范，人们行事才有据可依，不能动用因人而异的潜规则。“是谓玄德”广泛且长远的行为规范之德。我们知道，道和德是有无相生、相辅相成的关系，没有了组成事物各方面对立统一产生的共同利益之道，也就是共同利益之势的威压，就没有相应行为规范的建立，也就是德的产生；而没有了德，道也失去了基础，无法显现维系。

干实业必须实事求是地遵守权利和义务相对平衡的自然规律，必须符合社会共同利益的需求才能生存。所以老子开篇第一句就提出了要言行一致、表里如一，因为没有这一条，其他所有的德，都可能会成为空头支票。而开空头支票的例子太多，作用太大了，古今多少人都在开，帝王在开，骗子们在开，许多人借酒劲在开，许多家长为催孩子学习也在开……到底有多少人在不停地开？到底开出来了多少空头支票？谁也无法知道，谁也无法统计。但是，真正可怕的，不是有人在开，而是还有多少人在相信！只有当绝大多数人不再相信空头支票，而是坚决地义无反顾地要求兑现，并且严惩不能兑现者的时候，开空头支票的人自然就销声匿迹了。那人们为什么不这样做呢？因为封建帝王和官员后面有强大的武装支撑，不许你追求真相，也不会给你权利和渠道去追求真相，所以你只能听，信不信由你，说不说由他。而骗子的空头支票之所以盛行不衰，是因为人们普遍存在的私心贪欲，不想遵守权利和义务相对平衡的无为，觉得一分付出，一分收获太慢、太累……而骗子就是专门推销各种捷径的，一拍即合，你情我愿，有贪欲的民众和骗子是一个完整的对立统一体。只要民众贪心不死，骗子就不会失业。由于人们贪欲常有，骗子们换着法子的空头支票便得以常开，几千年绵延不绝。但最后不论骗人者，还是受骗者没有一个最后的赢家。普遍的贪欲是一种无形之势，会影响、作用、制约社会现实中各种有形物质的生产流通，要想达到物质现实社会的和谐有序也应该非常注重对于无形的贪欲之势的鞭笞清除，最有效的清除办法就是各群体平等的相互制约对立统一的共同利益之势，是时时处处一丝不苟地坚守各项法律规范之德。

老子在本章提出的言行一致、单纯质朴、坦荡纯洁、无为而治、柔性纠错、大智若愚，可以引导我们去寻找生产生活的初衷。就像我们要观察一个早已被漫长的岁月变迁而重重污染的出土文物一样，一点一滴地剥去层层岁月附上的污物，亮出本来面目。人之始，没有现在社会上流行的一切纷杂取利智巧，是单纯质朴的，要生存就要采集、捕获、耕种、生产来满足自己的衣食住行所需的物质，并从中得到满足和快乐。这是生产生活的唯一目的，也是人们生活的本质。在人们通过自己的劳动向大自然索取时，不能有一丝一毫的言行不一，打猎时，弓箭差一丝一毫击不中要害，也捕获不到猎物；种田时，锄头不到，杂草不会死掉，土壤也不会自动松软；一粒种子，水分、温度达不到发芽条件也不会萌发；工匠们的冶炉、金属差一度也不会融化，工艺差一丁点儿也不会有完美的器皿，更不要说精美的工艺品。在这些生产交往中，语言是用来沟通合作的，用于平等地相互关怀爱护的，是单纯质朴的，真实的、可信的，也是温暖柔和的；大自然不承认空话和谎话，也不知道等级特权为何物，人们不用也不会乱开空头支票……这才是产生人类的平等的相互配合、相互借鉴、相互制约的对立统一产生权利与义务相对平衡的共同利益共识之道的自然初始状态，也是最真实、质朴的本真。无论是古代还是现代，真正在创造衣食住行的物质的劳动科学技术的第一线上，都是一分耕耘一分收获。一个庞大的航天器容不得一个小螺丝钉的马虎；任何一个数据微小的差异也会使一个历经多时的试验功败垂成。这里没有侥幸，也没有特权，贪欲在这里也不起作用，等级也不会被大自然买账。这里起作用的是实事求是，是义务和权利，付出与回报的相对平衡的无为。在一是一、二是二的立竿见影的生产一线，你不专注务实是不行的，这就是“故常无欲，以观其妙；常有欲，以观其徼”，不管无形的欲望多么复杂玄妙，有形的物质的自然规律界限也是不允许突破的。尤其是在科研中，单纯质朴、心无旁骛、坦荡纯洁、柔性纠正是必需的，在科研中最忌讳就是耐不住寂寞，这山看着那山高；心存侥幸去抄袭造假，那样不但会毁了自己，还会扰乱了学术的纯净之地。在社会最基层的生产和科研一线，需要“明白四达”的各种知识，有探索不完的科学悬念，几乎每天人类的知识都在累积，都在变化，都有或大或小的突破，但是这些可以说是浩繁的知识却和人们日常生活中的相互算计的贪欲之智巧、虚伪的等级礼节格格不入，许多在自己领域内聪明智慧的一线劳动者和科技人员在这些贪欲智巧、虚伪的等级礼仪面前，在推杯换盏的所谓场面面前却不知所措。但是，正是这些大智若愚的人们，用他们的言行一致、单纯质朴、坦荡纯净、无为而治、柔性应变创造着人类生存的衣食住行的物质和人世间相互交往中最真诚、纯洁、温柔的真爱。这些老子认为的深远的德，就存在于社会根基处的民众之中，如果我们认真观察，就会发现在他们生产科研实践的第一线中表现的这些德都是必需的、自然的、无法替代的。因为人类的物质和科技的果实，都是人类和自然界对立统一产生的共同利益之道的结晶，没有这个依照，权利和义务、阴和阳的相对平衡之道是结不出果实的。如果把社会上流行的虚浮的个人功利主义的充满虚伪的智巧、貌似深沉的内荏、博取威严的做作这一套运用于与自然界物质领域的生产科研一线中去，会是什么结果呢？会产生物质的果实吗？不能！正因为不能，才反衬出了老子的组成万物的各方平等的相互影响、作用、制约、对立统一产生共同利益之道的存在。社会的根基处一线生产和科研群体所拥有的诸如：言行一致、单纯质朴、坦荡纯洁、无为而治、柔性纠错、大智若愚等各种行为规范的美德，是自然界的产物，是人类在与自然界物质的相互制约、对立统一交往中产生共同利益共识之道所必然的显现之德，所以老子说“道法自然”。

## 第十一章

# 有无相生的势能

三十辐共一毂，当其无，有车之用。

埏埴以为器，当其无，有器之用。

凿户牖以为室，当其无，有室之用。

故有之以为利，无之以为用。

老子在这一章通过三个实际物质为例形象地说明了有和无的关系，而且也形象地展现了老子所说的道和势为同一体的关系。首先，我们知道老子的道是组成事物的各个矛盾方在平等的基础之上，相互影响、作用、制约的对立统一产生的共同利益之势，这个势对各个矛盾方都有约束力。我们再看，车轮由车轴、辐条、车轮组成，器皿则由底托、中腰、顶端组成，房屋较复杂，由地基、墙壁、门窗、房顶为主组成，这些物质组件，各有自己的形态、自己的性质、自己产生的条件，与其他组件有很大差别，所以在和其他组件结合和安装时，要相互影响、作用和制约，也就是在形状对接时要相互适应、调整才能形成统一体，而车轮、器皿、房屋这些统一体是这些组件的共同利益，也就形成了一个统一的势。这个势是行走、装饰、居住的功能。这个势是无形的，看不见，摸不着，各个组件是有形的，看得见，摸得着的，我们在计算车轮、器皿、房屋的价值时，会根据这些组件、人工等的成本来进行初步估算，所以“故有之以为利”，但是实际上能使车轮、器皿、房屋产生使用价值和交换价值的却是它们的功能也就是无形的势，“无之以为用”。而这些组件不被组建成统一体，不产生行走、装物、居住的无形功能之势的时候，是不符合社会共同利益的需求的，也就不会产生使用价值，从而就没有交换价值，只有组装在一起产生了共同利益之势以后才能产生使用价值和交换价值。同样，离开这些有形的组件，也产生不了无形的势，也就是说，只有有形的组件和无形的功能之势结合统一在一起，才能产生使用价值和交换价值，这就是道的有无相生。而人的世界不同样如此吗？一个人无论多么能干，如果离开了与他人的相互影响、作用、制约的对立统一产生的共同利益之道能够生存吗？更提不到发展。一个人的各种能力同样只有在与其他人平等地交往中才能产生，才能和其他人通过对立统一产生共同利益共识的势能，才可以生存发展，所以老子讲的道才是万物之源。

组成车轮、器皿、房屋的各个组件是相互平等的、全面的、缺一不可的。不能说哪个更主要，例如房屋，如果因为地基看不见而忽视，则房屋也不能稳固；组成车轮的任何组件，哪怕是很小的穿钉都是不可或缺的。这些组件是相互影响、作用、制约的，任何一方的不合格或者损坏都会对相关组件和整体发生影响、作用、制约。例如，辐条的弯曲、折断，地基的下沉，器皿腰部碰坏等。在平等的基础之上，各种组件的权利和义务也是相对平衡的，在承重较大的地方会加强、加粗、加厚，如中轴、底托和地基；在承重较小的地方则会相对变细、变薄、变轻，如车轮的辐条、器皿的顶端边沿和房子的顶部；在该美化的地方进行了美化，如器皿的腰肚和房屋的门窗等。物质的相互平衡的制约是直接的，有时甚至是立竿见影的，例如车轮的中轴，如果不够坚固，一经负重行走，立即会断掉，丧失功能；器皿的底托过轻过薄，也会易倒易碎；而房屋的地基承重不够，房屋也很快会倾斜甚至倒塌。正是由于自然物质的这种不容权利与义务的失衡的立竿见影的制约，才使人在与自然物质生产制造中，必须真实、质朴、认真，不能虚伪、搪塞。只有这样的权利与义务的相对平衡才能体现整体的共同利益之道，如果不顾各组件所处位置和功能，和人类社会交往一样因人而异，厚此薄彼，颠倒而行，那么车轮、器皿、房屋共同利益之势的功能必然会受到损害。这个共同利益之势一旦形成，也就是势能的形成，必然要对各个组件产生制约，迫使各个组件必须满足势能的指标要求，对于不能胜任的，进行加固和调换改革，而这些调换改革是自然而然的柔性的，因为这里没有人类社会交往中既得利益者的强烈抗拒。正是自然物质坚决的不容一丝一毫权利和义务的失衡的对立制约，才使每一个物品都能具有使用功能和交换价值。也就是说，人在和自然物质交往中，因为受到物质的坚守，本身利益也就是特性的对立制约才能产生主动的共同利益之势，也就是道。换句话说，如果自然物质没有立竿见影的制约，会在制造中出现许多不合格、不具使用功能的产品。总之，通过老子对车轮、器皿和房屋的例子可以认识到，道是由组成事物的各个矛盾方面平等地相互影响、作用、制约的对立统一产生的共同利益之势。势的无形和物质的有形是有无相生，相辅相成的关系，没有这种关系我们就无法生产我们生存的必需物质。离开道，我们也无法生存。我们人类社会在相互交往中能够和人与自然物质交往一样，全面、平等、真实、质朴、权利和义务相对平衡吗？老子用车轮、器皿、房屋来举例说明组成事物各方平等地相互影响、作用、制约的对立统一产生的共同利益之道，要人们思考共同利益之道的存在是一切事物的自然规律，人与人交往中也必须如此。所以老子在第七十七章中说："天之道，其犹张弓乎？高者抑之，下者举之；有余者损之，不足者益之。天之道，损有余而补不足；人之道则不然，损不足以奉有余。"

在我们与自然物质交往中，必须有道，在我们人与人的交往中是不是也必须有道呢？那是肯定的。没有道任何事物都不可能存在，只是人间之道和人与自然之道有所区别，在人与自然界物质交往中受到自然界物质毫不含糊的无时不在又无处不在的制约，所以必须平等地与其在对立统一中达到共同利益之道。但在人类社会存在强势特权群体的交往范围内，没有人与人、群体与群体之间真正的平等时，就无法直接主动地相互影响、作用、制约、对立，也就无法产生权利与义务相对平衡的自然规律基础之上的统一，无法产生直接主动的共同利益之道，从而就不会产生全面的合道的法律规范。

第十二章

# 两种生活方式

五色令人目盲，五音令人耳聋，五味令人口爽，驰骋田猎令人心发狂，难得之货令人行妨。

是以圣人为腹，不为目，故去彼取此。

老子的这一章仅仅用了不到五十个字，就指出了两种生活方式，一种不可持续，一种可持续；一种不符合人的自然本性，得不到和谐幸福，一种符合人的自然本性，可以得到和谐幸福。老子用五色、五音、五味、驰骋田猎、难得之货泛指追求感官刺激的放荡奢侈的生活方式，这些行为早已经超过了人的实际生理需求，过分地追求无形的欲望，无形的欲望一旦失去制约而失度，就成了人们常说的瘾，也就会“玄之又玄”。天下最复杂多样、最无法计量估算的就是瘾，最不好改正的也是瘾，代价最高、最不计后果的还是瘾。玩瘾、酒瘾、赌瘾、网瘾等，不分群体，不分男女老幼，而且传播速度很快，常常成为某些危害轻重不同的流行风气，而影响到社会、家庭、个人的正常生活。关于过分追求无形的感官刺激的行为给国家、家庭、个人自身造成的伤害不但充斥着历史，而且对我们如今生活的影响也比较多，比如过分追求各种感官刺激而消耗精力，荒废正事，玩物丧志等，而严重者甚至于会因此酿成事故，触犯法律，倾家荡产，妻离子散。可见，老子所说的这些情况是多么根深蒂固。实际上，这些奢靡方式完全是几千年封建统治群体的思想意识的灌输造成的，他们的这种奢靡是以对弱势群体的残酷剥夺，以权利和义务严重失衡的生活极度空虚为前提的。在老子生活的春秋时代，生产力是非常低下的，何况还有服不完的徭役。在这种背景下能够似老子描写的放任感官刺激，纵欲奢靡的只能是极少数统治群体，与一般民众无缘，更和精神文明风马牛不相及。在有这种贪图感官刺激享受认识的人们中间，只有极少数人有一定的实力如此消费一段时间，先不说他们实力的来源是否正当，是否因为给社会贡献了相应物质和服务所得。而大多数的人是被虚荣心在误导，把统治群体因特权占有为基础的，精神极度空虚寻求刺激的追求各种感官刺激的吃喝玩乐行径，在他们强势文化的宣传和诱导下当成上流社会的主流文化意识，从而形成一种强制之势。这个势在人们意识中转化为一种虚伪的面子，这个面子仿佛能与一个人在社会的定位高低相联系，于是追求感官的刺激的各种方式似乎成为充面子进入高等级社会的必备功课，而在人们中间普遍流行，流行的广度和深度和人们的财富状况成正比。于是因追求面子而误入虚伪陷阱的人越来越多，许多人最终才转化为财力不支的破罐子破摔、今朝有酒今朝醉的颓废，甚至由此走上行骗、偷盗、抢劫的不归之路，如老子在第三章中所说："不尚贤，使民不争；不贵难得之货，使民不为盗；不见可欲，使心不乱。"可见，统治阶级不但在物质上压榨弱势群体，还在精神文化意识上污染毒害，以使人们丧失分辨是非和反抗能力的同时，还丧失了精神上的安逸与平和的真正的精神文明享受。

在这一章中，老子描述了当时的统治者的这些奢靡消费所带来的失去理智的丑态，并且指出了正常的消费观念，既"为腹，不为目"。"为腹"，泛指的是以温饱为前提的简单安逸的生活状态，而"为目"，则是停留在表面形式上的无止境的相互攀比、感官上的纵欲。温饱，这个看似十分简单的目标，人类却从产生以来至今走了几百万年，至今，全世界还有多少人没有达到？所以，老子的“为腹，不为目，故去彼取此”到今天还有其指导意义。人类永远不能放弃勤劳俭朴的简单、安逸的求实生活。因为虽然无形的欲望是无限的，但有形的物质却是有限的，有其边界的“故常无欲，以观其妙；常有欲，以观其徼”同样，作为大自然产物的人的生理需求也是有限的。而且大自然和自然产物的人类身体现在已经向人类的无节制的过度消费提出了严重警告，人类再不改弦更张等于自掘坟墓。

老子的“为腹，不为目”的“腹”是代表人的客观生理需求，而“目”则是代表人的眼睛、耳朵、口舌等感官刺激等无形的欲望。人和其他动物一样是大自然经过漫长岁月进化的杰作，是自然界各方面相互影响、作用、制约的对立统一产生的共同利益之道的结果，所以人和自然界的各方面存在着相互制约的关系，尤其是当人的生产力高度发展的今天。道无处不在，人自身也有自身的共同利益之道，由自身的各组织器官和无数的细胞组成的人的各方在平等的阴和阳、权利和义务相对平衡的自然规律基础上，相互影响、作用、制约的对立统一中产生的道，而和人身体之道有无相生的德就是人们良好的生活习惯和养生方法。阴代表人的器官，阳则代表器官的功能，只有各组织器官和其功能相对平衡了，人才能健康。任何有形的物质都是有限的，有其自身的边界，也就是承受能力；人身体的有形的各项生理需求是有限的，可以科学计量的，而人的感官刺激是无形的，也就是无限的，没有边界的。同样的事，每个人感到的刺激程度是不同的，而且同一个人对同一个刺激也会发生变化，今天感觉新鲜刺激，明天可能就会感到厌烦，所以感官刺激没有统一标准，也没有统一格式，是无法估算计量的，因此也可以是无限玄妙的。人的各组织器官和人的感官刺激相互影响、作用、制约，只有在相对平衡的情况下才会有人的身体健康，物质需求达不到人的生理需求时会发生营养不良，衰弱而生病；而当因过分追求感官刺激而使营养物质严重不平衡和严重超过人的生理需求时就会因营养不平衡或过剩而诱发肥胖和各种相应疾病，现在，这些由营养过剩直接或间接引起的疾病，已经严重地影响到了人们的生活质量和生存成本。总之，要身体健康也要依从于身体各个内脏组织器官和感官刺激等各方的共同利益之道，遵守良好生活习惯和养生方法之德。因为人的感官刺激是无形的，无边无界，甚至可以无限扩展，所以人类从古至今有多少用于感官刺激的行为和事物是任何人也无法统计的，而且至今还一直不停地在创新、在变。感官刺激是一种人的欲望，在与相应的组织器官相对平衡时是人的正常的生理功能，是必不可少的，是会给人们带来幸福满意和欢愉感的；而如果过分追求感官刺激，而不顾身体各组织器官的承受能力，就会打破身体相互制约的共同利益之道，而危害自己，这些欲望就成了我们常说的"瘾"，成为不良癖好，甚至会走火入魔。而过分的感官刺激无谓地增加生活成本，造成了有限物质资源的消费，不仅给自身、家庭、社会和自然界造成了极大的影响和损失，也使人的精神长期在消沉和亢奋之间来回徘徊，得不到安逸放松和自由稳定的身心的真正需求。

那么到底什么才是人类正常的物质和精神感官生活呢？其实，几百万年来人类主要在围绕着老子所说的"为腹"在转，吃饱、穿暖、住安是人们实际的生理需求，而精神感官也是在围着衣食的丰歉和得到的顺逆而喜怒哀乐：丰收了喜悦欢乐，放松安逸；歉收了发愁紧张；受损失了沮丧无奈；物质生活和服务达到或超过了无形的心理预期就感到幸福满足，不由得想去通过载歌载舞等方式释放表达一下；亲人逝去悲伤痛苦，孩子出生到来又欢欣鼓舞……这才是本性的自然。实际上，当人所生产和可以得到的物质基本可以低水平地维持人的生理需求和繁衍，人的感官刺激不超过人的生理需求的相对平衡状况，占了人类产生几百万年和有文字记载的文明几千年的绝大多数时间，尤其是几千年文明中的占人口绝大多数的底层劳动人民，这期间"为腹，不为目"是一种通过劳动的艰辛和严酷的生存环境得之不易的以温饱为目的的简单、安定、知足的生活，这是一种最基本、最真实的人的身心需求。这样的生活中也并不乏《诗经》中表现的民众生活中的欢乐自由、放松安逸、由衷而发的幸福感觉；那些载歌载舞和自由奔放也一直与虽然辛劳但平等不争、自我满足的劳动人民相伴。真正最基本的与人有形的生理功能相对平衡的精神享受是身心的自由放松，而不是紧张的刺激。身心放松是人类一项非常重要的生理机能，人自己各组织器官之间存在着巨大的相互调节功能，也就是自愈功能，但这个功能只有在人身心放松时才会发挥作用。这就是为什么心胸豁达的人们的病好治，而心理负担重，而且好疑神疑鬼、无端猜疑的人的病不好治。长寿的原因千万条，但都通用一条：淡泊不争，与人为善，这才是自然纯朴的与生理直接相关的精神文明的本质。

真正的精神文明享受是十分简单的，是“归根曰静，是谓复命”是“重为轻根，静为躁君”的“百姓皆曰我自然”，是每个人的精神放松。真正的精神文明是人的身体内脏等组织器官和外面的感官刺激的相对平衡，是人的生理需求和精神需求的相对平衡，是平等的相互影响、作用、制约的对立统一产生的共同利益共识之道的积极参与感，及具体体现之德的健康良好的生活习惯和有序和谐的相互交往行为规范；真正的精神文明是健康的身体和精神层面的放松，心里的安逸感；是和创造物质文明、造福人类相联系的发自内心的主人公的满足和快乐欢愉。幸福的感觉来自意识层面的自然平等，大家视名利为无物，聚在一起无论穷富，还是职业，从内心都没有高下之分，彼此都卸下工作中的身份和其他一切身份差别附着物，此时，彼此眼中都是不附加功利的一个个纯粹的人，真实质朴，坦诚相待；没有等级贵贱，没有争名夺利，没有尔虞我诈，只有对艰苦的咀嚼、对成功的快乐和趣闻的分享、对今日成败的总结、对明天的希望憧憬；平等和谐、欢歌笑语、自然放松、豪放舒展、学习共进，这才是真正的精神文明，这才是一个人温饱后，应有的精神需求，如今人们乐此不疲的广场舞活动不就是如此吗?

其实，人的一切贫富贵贱、放纵欲望并不是人类与生俱来的自然属性，是封建等级特权社会强行加在人们精神上的累赘和枷锁。人们如果不摆脱个人功利主义等级特权观念和追求感官刺激的想法，永远不会摆脱贪欲的枷锁，无论多高的科技水平生产的物质，也得不到心灵的放松和幸福感。

有形有限的自然物质永远也满足不了无形无限的感官欲望，要高科技片面地去追随人们无限的感官欲望的结局，只能是对人类和一切生物和自然环境平等的相互制约、对立统一的共同利益之势的破坏，最终会产生相互之间无法调和的矛盾。现在人们对于老子本章所说的“为腹，不为目”的深层次的理解会促进人们对自然本性的回归，也就是“故去彼取此”。这个回归才能对个人和社会和自然界都有益处，是可以促进社会和谐共赢和可持续发展的。

## 第十三章

# 宠辱若惊是特权社会的必然产物

宠辱若惊，贵大患若身。

何谓宠辱？宠为上，辱为下；得之若惊，失之若惊，是谓宠辱若惊。

何谓贵大患若身？吾所以有大患者，为吾有身；及吾无身，吾有何患？

故贵以身为天下，若可寄天下；爱以身为天下者，乃可以托于天下。

这一章和上一章是紧密相连的，上一章说了两种人，一种是追求感官刺激和物质享受的“为目”之人，而另一种是遵从自然规律、实事求是“为腹，不为目”的人。这一章进一步从两种人的动机引申到社会上层交往表现上来，“为目”之人视宠辱重于自己的身体和尊严，“宠辱若惊”；而“为腹”之人则把自己的身体和尊严看成是和生命一样重要，“贵以身为天下”。这里所说的身是身心的意思，因为没有心，也就是没有思想、理智的人，是行尸走肉，就像没有行为能力的智障一样，所以这里说的身，是一个肉体和心灵，也就是有思想、理智、尊严的完整的身体。一个人为什么会宠辱若惊？这种心理感觉是特权社会的产物，并不是自然社会人的本能。之所以宠辱若惊是因为一旦得宠，便可以得到名利特权，而失宠，意味着失去名利特权，名利特权对于像上一章讲的过度追求感官刺激和物质享受的人来讲，是重于生命的，所以才会“得之若惊，失之若惊”。进一步看，是什么人能因个人好恶而给予或者剥夺这些人的名利呢？一定是掌握更大特权的人物。试想，如果此人没有特权，而是依照权利和义务相对平衡的自然规律办事，把这些“为目”的“宠辱若惊”的人叫来，与别人一样平等地一分劳作，一分收获，这些人还去争宠吗？没有这个必要吧？可见这些宠辱若惊的人，是有更大的不按权利与义务相对平衡的自然规律办事的特权人物的附庸，只有追随大特权才能得到些小特权。既然是特权，必然与公平、平等无缘，所以得宠、失宠也与社会共同利益的社会职能无关。也许正因你尽了应尽的社会职能，却触犯了特权人物的利益而失宠，因为所有的特权都是和社会各群体的共同利益的社会职能相悖的，也必然和统治者为了装门面而制定的法律规范相悖，所以当有些人不善于领会潜规则，而认真尽显规则职能时，必定失宠。反之，在以特权为潜规则的社会中，那些不惜违背法律，善于领会顺从潜规则特权的人肯定会得宠。于是，在有严重宠辱若惊现象的交往范围内，想要得宠，第一步就是“无身”，也就是丢掉自己的思想、理智、尊严，化作一个无灵魂的顺从的奴仆工具；第二步，唯特权者是从，像变色龙一样，唯特权者之好恶来调整自己的好恶，为了争宠可以牺牲自尊，丧失人伦，如易牙烹子、邓通吮疮；第三步，是加倍向弱于自己的人施展到手的特权，否则就作了赔本的买卖了。这里为什么说特权者，必须把特权放在前面，而不说上司或领导，因为对于追逐名利特权的人来说，他们的目标是特权，你官有多大，你不搞特权，你就不可能给他们以特权，那么在你这里不但无利可图，还会成为他们谋求名利特权的障碍，所以对你决不会忠心，道不同不与谋，甚至他们还会帮助特权野心家将你架空，甚至陷害挤走。这就产生有的时候正不如副的现象，因为正派的人，群而不党，实事求是地处事，不搞人身依附。而那些“无身”之人必以结党来为私。“无身”必无德，这些人当自己羽翼丰满之时，还可以反客为主，踩着曾宠他之人的身体向更高处攀爬。

与“宠辱若惊”相反的，“视大患若身”也就是“为腹，不为目”之人，则要单纯简单得多，甚至于几乎无话可说，这就是老子的不言之教吧！“为腹，不为目”“贵以身为天下”的人，首先生活的目的是客观实际的、安宁的，自然和谐的，其追求精神上的平等，本能地认为种瓜得瓜，种豆得豆，一分耕耘一分收获，权利和义务相对平衡的自然规律在他们这里才是自然而然、不言而喻的客观规律。他们往往更关注的是周围人群的“腹”和“身”，这些人最容易惺惺相惜，相互帮助。“为腹，不为目”“贵以身为天下”的人，最基本、最现实的物质与精神需求，是人类真正能够生存繁衍的基础心理意识，除此之外的一切心理意识都是些各色的强势群体强加在社会底层民众精神中的。只有实际地深入到社会基层与民众直接接触，才会知道这个世界本质上就应该是简单纯朴的，似婴孩一样真实、质朴、诚信，这才是人们心理轻松幸福的源泉。只有“为腹，不为目”“贵以身为天下”的圣人才会如此认为，因为他们要关心的不是自己个人的特权，而是广大弱势的民众，因为只有这样全体人类才能得到真正的幸福。为了世间真理，为了社会共同利益之道，古往今来一心为民众谋福利的英雄人物们，不失社会之根，不脱离社会实践，不谋个人私利特权，不惜个人对错、荣辱而上下求索，不惜以自己的成功和失策为教训，以自己一腔热血点燃了指引人民走向共同利益之道的火炬，造福于人类，他们将永远活在人们心里，“死而不亡者寿”。他们才是老子本章的“贵以身为天下者，若可寄于天下；爱以身为天下者，乃可以托于天下”的圣人。

什么是组成社会各群体的共同利益之道？是为了寻求感官刺激而醉生梦死、放浪形骸？是为了物质的无限欲望，而去追求直接或间接剥夺弱势群体的特权？是为了特权而不择手段地争夺宠幸？显然这些不但不符合弱势群体的利益，无数历史和现实证明也并不符合那些无理智的追求刺激、宠辱若惊从而失去灵魂的群体的利益。只有务实地以人身体、生理科学的真实需求为基础，以人类平等、和谐、安宁、轻松的精神文明来生活才是共同利益之道。孔子也说“不患寡而患不均，不患贫而患不安”，这里的安，就是精神上的放松与自由。老子两千多年前告诫的“为腹，不为目”“贵以身为天下”，不正是当今世界各种并不真实反映人性之贪欲的，各种无谓竞争所呈现的浮躁、疯狂最好的解药吗？

第十四章

# 贯穿古今的道是恍惚无形之势

视之不见，名曰“夷”；听之不闻，名曰“希”；搏之不得，名曰“微”。此三者不可致诘，故混而为一。其上不皦，其下不昧，绳绳兮不可名，复归于无物。是谓无状之状，无物之象，是谓“惚恍”。

迎之不见其首，随之不见其后。执古之道，以御今之有。以知古始，是谓道纪。

我们已经知道，既能够贯穿古今，成为万物之根，又无形恍惚的只有组成事物或交往范围各方平等的相互影响、作用、制约的对立统一产生的权利和义务相对平衡的共同利益共识之势。有了利益，对立的各方为了有序地存在下去，就会权衡各方利弊，相互妥协，求同存异，达成利益契合点的共识，并产生显示共识的行为限制规范，为了真正坚持和落实这些对各方的行为限制规范，就必须有共同利益共识各方的势。正是在这个势的支撑下，才能产生制约规范作用，天下万物才能产生和存在。老子在前面的第四章就讲了这个势的产生过程“挫其锐，解其纷，和其光，同其尘。湛兮，似或存”“挫其锐，解其纷，和其光”就是对立统一产生共同利益共识之势，“同其尘”指具体的行为规范之德，共同利益共识之势就是“湛兮，似或存”，幽深啊！虚无缥缈又真实存在。势是无形无声无物的，看不见、听不到、摸不着的一个完整之势，似有若无，说有，看不见，说无，又产生万物，制约万物，所以惚惚恍恍。正如此才有了老子提出道以来，两千多年来的无数的猜测揣摩和体会感悟。但正是这个令人揣摩的共同利益之势一直无时不在、无处不在地左右着世间万物的产生和发展，只有通过道才可以从事物根本上分析理解历史上的变故和现实存在，所以能“执古之道，以御今之有。以知古始，是谓道纪”。

人类事物和社会交往无处不在，无时不在，道也无处不在，无时不在。即使是一个人的身体，有不同的组织器官，各组织器官也会有不同的特性，也会发生相互之间的相互影响、作用、制约的对立统一产生共同利益之势的道。例如，人如果过分地放纵自己的感官刺激就会打破与身体各组织器官之间的相对平衡，伤害到如心、肺、肠、胃、肝、肾等器官，从而损害了身体整体的共同利益平衡之道。其实，无论中医还是西医，治疗疾病都是在通过各种方法去恢复被打破的相对平衡，而达到各组织器官之间相互协调、平衡的共同利益之道。我们日常所一再推荐的健康生活方式就是在维护我们身体的各组织器官的共同利益之道显现的规范之德，例如过去劳动繁重、物质匮乏时期，人们信奉的普遍保健方式是注意休息，劳逸结合，加强营养；而今，相当多的地方，尤其是城市，食物营养早已远远超过人的生理需求，甚至因营养过剩和不均衡时，则是要求人们管住嘴，迈开腿。无论是加强营养的补，还是管住嘴的限，都是和身体能量消耗，蛋白质、维生素、微量元素等各项营养指标在搞平衡，以达到身体各组织器官的共同利益之道。因此可以推论，真正适合身体之道的是各组织器官之间的平衡之道，而和食物的价值无直接关系。世间一切有无相生，在这里“有”是自己的身体，“无”是自己的社会存在意识，只有有了身体的健康，才会有人的社会存在意识，如果以损害自己的身体的“有”，而乞求社会存在意识的“无”，则“无”也会失去自己健康的身体之“有”的依据，而终归于“无”。只有懂得这个有无相生的道理，才可以感悟出老子“是谓无状之状，无物之象，是谓‘惚恍’。迎之不见其首，随之不见其后”的道，人的生活是简单的、质朴的，人的无形欲望是不能超过人的实际生理需求和打破方方面面之间的相对平衡的。

人自身的道如此，那么人与人之间的交往是不是一定必须复杂无比呢？同样不是。在共同利益道中各方面都有自己根据权利和义务相对平衡的自然规律决定的社会定位，也就是根本利益，所以凡是有正常理智的人对于道都会感到认同和自觉实行。人在与别人交往中，相互之间越平等，相互之间的影响、作用、制约越直接就越容易产生共同利益，交往成本越低，对这个共同利益也越感到亲切。所以，人们在家庭中因为有亲情、爱情的缓冲和联系，最容易有亲切感，因为在家庭中最平等，最放松无忌，最坦诚真实，因此也坦言直率。父母、父子、母子、兄弟妹妹之间也会因矛盾而争吵与教育，这就是相互影响、作用、制约的对立的一种必要的方式，而且其实质主要也会围绕基于权利和义务、回报与付出的自然规律发生，例如做家务、生活习惯和外界交往等，但由于有亲情缓冲不容易发生与外人交往中的偏激而激化，比较容易达到统一的共同利益之道的共识。正因为家庭中这种真实、方便、随时又有缓冲的相互影响、作用、制约的存在，才成就了共同利益之道的产生和存在的优越性，如果一个家庭陷于不交流、沟通、不争论的冷战，那么说明这个家庭至少一段时间内无法达到共同利益之道了，甚至会因长期冷战而解体。这也证明了共同利益之道从平等的相互影响、作用、制约的对立统一中产生的道，也是家庭较其他交往范围和方式相对更稳固、和谐的原因，所以社会才会以家庭为单位。那么，在家庭中是不是就不需要权利和义务相对平衡的自然规律了呢？当然不是，只是因为家庭内有亲情、爱情的缓冲，使矛盾不容易激化暴露而已，父母对子女的养育和子女对父母的回报就是一种亲情掩盖下的权利与义务相对平衡的关系，父母放弃对子女的养育、子女不孝敬老人等行为不符合权利和义务、回报与付出相对平衡的自然规律，故为社会所不容，因此而对簿公堂的也大有人在。夫妻之间也同样如此，家庭中有不同的付出方式，如果付出与回报严重地不平衡也会产生矛盾，那么这个家庭解体也是难以避免的。在人与人交往中，双方或各方越平等，越相互了解，越容易相互影响、作用、制约，也就越容易在对立中达成统一的共同利益共识之道，而且因为这个道中有自己的切身利益，而且自己亲自参与了共同利益共识的产生，所以一般都会主动地接受这个共同利益之道显现的家规家教的制约。可见，每一个家庭的存在和稳定，都离不开“无状之状，无物之象，是谓‘惚恍’。迎之不见其首，随之不见其后”的共同利益之势。

在农耕社会，超出家庭范围以外的另一个相对稳定的交往方式——圈子方式。自给自足的小农经济，生产中以土地划圈子，生活中以水源划范围，对外界交往需求不大，所以交往范围也不大，几千年农业生产力增长缓慢，人们的交往范围几乎固定，这从即使一个大村的各不同区域也有许多细微的口音差别可以得到证实。这种相对封闭的交往圈子内，人们祖祖辈辈生活在一起，相互之间非常了解，谁家何地有亲属都几乎了如指掌，不用现代的失信人员名单，家家都有相互之间祖上三代的诚信记忆的无形账目。同居一地，同事农业，如无外来强势因素的干涉介入，能够平等地相互影响、作用、制约，也就会在平和的对立之中产生统一的共同利益之道，并且由无形的道演化出具体的各项公序良俗，也就是德，这就是我们今天人们所说的圈子道德。由于当时生产力落后，没有明确的分工，也就没有现代的专业化的商品和服务项目，许多事情都是由无偿的各尽所能的相互帮忙来完成，例如盖房起屋、婚丧嫁娶、财产安全、道路水利，更不要说自然灾害和水火突发，所以，一户人家如果因不遵守共同利益的公序良俗而遭到其他人的抛弃则意味着无法生存，甚至于得背井离乡。所以这个圈子道德是有相当约束力的，因此圈子也是相对稳固的，是社会行政管理所必需的自治基础。这种圈子道德也就是人们常说的社会基层乡绅、族长治理方法，表面上看似乎是乡绅族长的权威，其实是这个交往圈子内大家的共同利益共识之势在背后支撑。当进入以陌生人交往为主的环境，失于共同利益共识之势能支撑后，乡绅族长的权威也就自然消失了。同处一个圈子的人们因为没谎言、欺骗的存在条件，所以纯真朴实，世代基本能够友好相处，孩子们一代代在这种圈子文化中潜移默化地成长，离开这个环境进入以陌生人为主的其他交往范围后，不会再有这种真诚、亲切、轻松的感受，所以便产生了远离家乡后，游子们对儿时生活的故乡和大院的美好回忆和浓浓乡愁。这种乡愁来自家乡圈子文化中由共同利益之道造成的纯朴相知，直率轻松，这是仅次于家庭的一种令人回味无穷的亲切感，这同样来源于圈子范围内“视之不见”“听之不闻”“搏之不得”的共同利益之道。在圈子内，对人们有制约力的主要不是暴力强制，而是人们在生活交往中可以自由决定交往的远近与否的选择权，就像在自由的商品交易中，对厂商的最大压力来自消费者无言的、自由的选择权一样，也就是说，平等的交往自由选择权是维护人们共同利益之道的最有效的方法之一。

可见，在人们的不同交往范围中，家庭和长期固定的熟人交往圈子之所以成为人类的有力依托，因为这里面基本上有平等的共同利益共识之势的支撑，相应的家规家教、公序良俗才可以得到落实。而这两个交往范围之所以可以产生共同利益共识之道，是因为这两个交往范围内具备相互了解、公开透明的条件，才可以平等的相互制约、对立统一。这就是为什么老子反复强调似“婴孩”般的“怀素抱朴”的原因，“朴虽小天下莫能臣也”。因为没有相互了解的公开透明的实事求是，面对一群带假面千方百计表演的人，一切制约和对立都是徒劳，甚至会被人诱导而自相残杀，自毁前程，被人卖了还替人数钱，更谈不上什么平等与尊严。所以，在今天早已经打破圈子道德或圈子文化的全社会以陌生人为主的大交往时代，建立覆盖全社会每个成员的诚信记录网络是供人们自由选择交往取舍的关键，把圈子内的相对熟知、公开透明扩大到全社会交往范围后，使人们感到，在阳光下侵犯公共利益不但寸步难行，而且后患无穷，“益之而损”得不偿失，才会“使夫智者不敢为也”，在别人的无言的舍弃和抵制的制约压力下，人们便会自然感受到共同利益共识之道的巨大势能，从而主动依道遵德，并逐步成为潜在意识的主流。从长期看，这是无论多少强制式的行政管理人员也达不到的效果。这是通过时时处处民众自发的平等地相互了解和制约来维护社会共同利益之道的参与率最高、成本最低、效率最高、副作用最小的自治方法，只有有了这样广泛有效的社会自治，上层建筑才能有社会各群体平等地相互影响、作用、制约的对立统一产生共同利益之道的牢固坚实的基础。商品时代大范围交往的有序稳定更离不开“迎之不见其首，随之不见其后”的共同利益之道和显现此道的法律规范、规章制度、公序良俗、合同契约等规范之德。

人的交往方法多种多样，范围有大有小，但是凡有交往就会有各方之间的差异，有差异就会有矛盾，有矛盾就会产生各方面共同利益之道。一个人上车和车上的人便产生了共同利益之道；上船便和船上之人产生了共同利益之道；去上学便和学校的人产生了共同利益之道；去宿舍就有了和室友的共同利益之道……总之，人的交往无时无处不在，道也无时无处不在。正是道的这种无时无处不在的变化转换和相应的德的变换，使人产生“无状之状，无物之象，是谓‘惚恍’”的感觉和“道可道，非常道；名可名，非常名”的认识。一个人在社会的定位，也就是和道在随时随地在打交道，一个人成功与否，能不能成为一个社会所欢迎的人，有所作为的人其实就是他识别和践行与交往各方共同利益之道的能力问题。正如本章老子所讲：道虽然恍惚无形，但可驾驭古今，可驾驭个人、家庭、群体、社会。没有任何事物是可以逃避无形的共同利益之道，也就是道的无形驾驭的。

第十五章

# 任何事的成功都需要识道之人

古之善为道者，微妙玄通，深不可识。夫唯不可识，故强为之容：

与兮，若冬涉川；犹兮，若畏四邻；俨兮，其若客；涣兮，若冰之将释；敦兮，其若朴；旷兮，其若谷；混兮，其若浊。孰能浊以止静之，徐清？孰能安以久动之，徐生？

保此道者，不欲盈。夫唯不盈，故能敝而不新成。

本章老子主要讲的是做事的带头人或领袖应当具有的品德的问题。我们知道，道无处不在，无时不在，但是要人人于时时事事在各种矛盾对立中，去伪存真，透过现象找出深层次的，甚至在有人竭力隐藏利害关系的时候，并且相对准确地认识到各方权利和义务相对平衡的共同利益共识是十分不容易的，几乎是不可能的，这就是老子说的善于与不善于的问题了。有时人们，尤其是弱势群体在受到强势者的欺骗和误导后，会产生与自己主要利益和需求意识的严重背离，甚至被人卖了还替人数钱，为人做嫁衣而不自知，这就必然在干大小事时都需要有善于观察、思考、组织能力的带头人或者领袖人物及其群体，也就相应产生了人们“贵其师”的服从甚至盲从心理，故老子本章讲的“善为道者”和在他们的带领下进行“浊以止静之”“安以久动之”“敝不新成”的社会活动。在现实生活中，各样的带头人随处可见，历史上的领袖人物也层出不穷，他们都是方方面面的强者或者准强者，有生活常识方面的，有技能方面的，有财产方面的，有政治方面的。有为了个人私利而施行弱肉强食的；有“善为道者”“无为为”带领大家走向成功的；有开始依道而行，成功后不“知止”，不“功成身退”而借机“富贵而骄”打破权利和义务相对平衡的自然规律由利民成为害民的。这几种情况常常并存，一直与人类的生活休戚相关。老子本章主要讲了“善为道者”应有的种种品德，并且特别指出了带头人或者领袖人物最主要的如何对待个人功利问题，“保此道者，不欲盈。夫唯不盈，故能敝而新成。”老子非常重视带头人或者领袖人物的作用，在本书中多处提到“圣人”的主要作用，因为万事万物的对立统一产生的权利和义务相对平衡的共同利益共识之势都必须由他们去发现引导，甚至纠正误区，去带动实践，去柔弱地随势调节改革，这就是人无头不走，鸟无头不飞。老子的《道德经》其实相当部分是写给这些人的。

老子通过对“古之善为道者”的具体描写展示了在社会交往中的人，尤其是“善为道者”的带头人或者领袖人物与道的关系，这些关系是必然存在的，但并不为每个人所能接受和认同。于是便有人因为在交往过程中有良好的交往意识，从而善于认识到共同利益之道，得到组成社会交往范围内各方的认同成为带头人或领袖，因而得到与自己各种付出能力也可以是说本领相对平衡的利益和位置。也有一些人由于在交往中不具备良好的交往意识和认识不到交往范围内共同利益之道的存在，时常做出些因自己贪欲而伤害其他人的行为，所以不会得到组成交往范围内各方的认同，自己的付出能力也可以说是本领，得不到施展的机会，更不会得到相应的利益和位置。实际上，我们每个人的心智都有开发成长的极大空间，但是人的才干只有在不断地在交往中相互激励，相互学习，互为资源才能得到开发和提高，“不想当将军的士兵，不是好士兵”就是指一个人首先应该有强烈的开发成长的意识，并以此目标来要求自己，这是一切人开发成长的基础，也是一个社会开发成长的基础。有人可能会说，这不是想出人头地争夺名利吗？不是，天下万物各有特色，各有短长，只有各尽其能地相互合作、补充才能产生一加一大于二的提高效益。有人认为老子是消极而趋于保守静定的，其实这是误解，从本章的“孰能浊以止静之，徐清？孰能安以久动之，徐生？”和“敝不新成”可以看出，老子的动和静、浊和清、蔽和新都是相对的，是以共同利益之道的权利和义务相对平衡为前提的，是与“善为道”者相联系的，符合交往范围共同利益之道的个人能力的开发成长就是正能量。但是，光有个人主观愿望还不够，还要有机遇，如毛遂自荐中所说的，只有进入口袋中的锥子才可露出锋芒。但如何被置入囊中呢？只要你是处在一个相对公平的环境内，就看你日常如何表现了，你得到的认同越多，机会越多，一个令人生厌、孤芳自赏的人别人是会避而远之的，也就自然失去了共同提高的机会。因此一个人的交往意识和方式方法会决定一个人的机遇和社会定位。一个人在与别人交往中如何体现道的特性之德，也就是能够达到共同利益之道的方式方法的行为规范，则是他能否开发自己的心智而成长起来的基础。在本章中老子列举了几个依道遵德的交往的基本规范：

一是“与兮，若冬涉川”。我们知道，冬季过封冻的江河，由于水面结冰又滑又硬，冰层厚薄不好确定或有水流变化，而复杂多变，十分可能发生滑倒和坠水危险，所以涉川之人必须十分小心谨慎，走一步看一步，不敢贸然急进。而人在社会交往中，对可直接或间接影响、作用、制约到自己的各种情况变化也是不可能完全时时掌握的，因为任何事物都是动态的可变的，既使你昨天还在干，而今天也可能会有变化。例如，市场在变，科学技术在变，你产品没变，但相对的市场份额却在变，而内部人员的动向也在变等，这些和你有直接或间接关系的事物其实每天每时都在变化之中，这是事物发展中的必然现象。如果你认识不到这一点，盲目自信，以昨天的不变，去应对今天的变，陷入惰性的陷阱，那么可能当你察觉到变化时就已经为时已晚了，第六十四章中讲："民之从事，常于几成而败之。慎终如始，则无败事。"所以人在做每一件事，或延续每一件事的时候，都应该一直采用小心谨慎、踏实的态度，每天都要力所能及地重新审视一下周围的各种情况，及时发现变化，调整自己的应对措施，才能跟上事物自身的变化步伐，也就是摸着石头过河。相反，如果把事物简单化，只看事物的表面形式、现象，没有认真分析造成这些表象下面的各方相互联系和变化的无形势动，就似胸有成竹，大胆潇洒，但这样做一般"预后不良"。

二是"犹兮，若畏四邻"。这里的"畏"字，并不是畏惧，而应当是敬畏之意。任何事物都不可能单纯存在，会受到周围各方面的直接或间接的制约，交往范围越大参加方越多，容易忽略的失策之处就越多，这是客观存在的，不以个人的意志为转移的，也是任何人都躲避不了的。当年周公瑾在赤壁之战中谋划好了一切，自认为万无一失之时，却被想不到的风向所困，险些功亏一篑。诸葛亮比他高明在于其看问题更全面一些，视野更宽广一些，对气象学也有研究。下棋高下之分也在掌握全盘和相互制约引起的互动链长短上。许多成功和失败区别并不在主体事物上，往往是对一件细微小节的重视与忽视上，有时一个很大的失败在于一个局部人员因情绪不佳的无意之失，这在谍战中屡见不鲜；而有时会成功却是因为平时忽略的侧枝末端的蓄势崛起，有时一场战役的胜负取决于一个小小的失误或变化。所以全面了解自己所处环境，找出其中各方利益所在，是寻道的首要条件。在我们日常生活中，常常说到主动，其实主动的先决条件是对周围各种条件、各方利益的了解，你比别人了解得越多，应对的方法就越多，预则立，则越主动自由。用现代的话说就是信息掌控能力，而在信息爆炸的今天，只掌不控，不会分析、归纳、利用，将成为信息的奴隶。敬畏四邻就是以敬畏之心，全面地了解自己所处环境和交往各方的实际情况和必然的利益诉求，而便于自己从中去寻找各方共同利益契合点之道，才能共赢。

三是"俨兮，其若客"。在我们去做客人时，会产生一种与其他宾客平等友好、谨慎恭敬的感觉，可以站在第三者的角度观察主人和其他宾客的言行，避免主人可能先入为主的误区。这种自我设定，谨慎恭敬地站在局外客观地看事物的方法是得到事物真相的十分有效的方法。世间的一切事物产生和存在都是必然的，因各群体共同利益之道而生的，所以就像老子在《道德经》第二章中所说，没有绝对的好坏、善恶之分。但是人们总是站在自己狭隘的利益和立场上，忽视其他各群体的利益而片面地认定事物的好坏、善恶，从而决定去留取舍，实际上实施起来又往往举措失当。因为不客观的观察问题是偏见，并不符合实际，也不会合于道。许多事情，站在不同立场认定的对错就不一样；同一件事、同一个人不同时期的看法也可能不一样，因为事物都是多方面组成的，会变化的。所以我们在干什么事时，不能先入为主地主观认定，这样会严重地阻碍我们对事物的整体把握，造成误区。现在社会男女人口性别比例失衡严重，表面上看是重男轻女的观念问题，对错是清楚的。而如果深入客观地去分析，就会发现，重男轻女问题在农村，尤其是一些相对落后的农村，要比大城市严重得多，为什么？因为农民养老没有社会保障，只能依农耕社会传统的养儿防老，在生存面前，这是客观的，也是必然的，是其他人认为的对错都阻止不了的。在解决问题前要跳出自己的社会定位，转换定位，设身处地站在矛盾各方的社会定位上去看问题，分析问题，这样就会更便于对共同利益的认识。如果仅站在统计数据的层面先入为主，只直观地采用限制孕妇的胎儿性别检测，不客观地解决农民养老问题，完全解决不了问题，也就无法达到与其他群体的统一的共同利益之道。客观地观察事物，分析利益关系，求同存异地解决问题比站在道德的立场评论所谓对错，单纯谴责、呼吁要务实得多。许多时候，阻碍我们发展的，不是对立面，也不是各种困难，而是我们自己先入为主的主观偏见，使我们一叶障目，不见泰山，从而选错了应对方案。所以老子要我们反主为客地去观察问题，认识问题，例如工厂老总把自己当成消费者或一线工人和技工，去评判产品质量和劳动条件；商店老板把自己当成顾客，去体验顾客心理和服务要求……“俨兮，其若客”恰好是为了更真实、客观。

四是“涣兮，若冰之将释”。冰是坚硬不动的固体，冰层上会冻住许多物品，而将释就是使冰冻造成的固态不交流自然转变消散为液态流动的相互交流。这种水的冰冻状态类似于矛盾双方或各方相互隔绝，不交流状态，而冰的消释则似矛盾各方开始交流，相互影响、作用、制约，消除相互之间隔阂误解。事物是由多方面组织的，每个方面都有自己与众不同的特性，也正是这些不同的特性相互之间的影响、作用、制约的对立统一才构成了整体事物之道。但是不明白道的人们往往更看重自己纵向的昨天、今天、明天，而轻视甚至无视横向的与自己平行或交叉的其他方的情况和利益诉求。有时即使是懂得“知己知彼百战不殆”，对于自己认为是对手的信息，也只是片面地只去了解认为会威胁到自己的局部，而不愿深入了解对方的完整情况。如果组成事物的各方都如此各行其是，互不深入了解，便无法在最直接、最稳定、最低成本的情况下相互影响、作用、制约下产生共同利益之道，只能在各执己见所引起的激烈冲突后，甚至是各方都遭受重大损失而两败俱伤的情况下才相互妥协达到共同利益之道，如果达不成共同利益，那只能是暂时的停止，为下一次更激烈的冲突埋下伏笔。这种对道相互影响、作用、制约的对立统一的不领悟，使有不同利益的群体之间总是处于隔阂和对立的状态，因为人们往往看不到各方利益统一的一面，而一味坚强地固执己见，片面地强调自己的利益得失，常常使各方面的利益冲突到达尖锐对立的地步而伤害到彼此双方的共同利益。有时一个误会会使多年的友情化为乌有，使一对恋人分道扬镳，使合作的事业分裂……所以，保持组成事物各方面的沟通渠道和平台是非常重要的，只有善于平等、柔弱似水地与各方平等地包容交流，才能求同存异得到共同利益的道，也可以减少因误判而引起的矛盾激化，从而造成不必要的损失甚至灾难。只有如前所说“若冬涉川”“若畏四邻”“其若客”，小心谨慎地处事，将了解各方情况和利益诉求当作干一切事的基础，放下身段客观地相互了解和理解，就能够沟通各方，减少和消散相互之间的隔阂和误解，这样才会以最有效率、最低成本达到成共同利益之道。所以能掌握道的横向思维方式，善于沟通是一个人尤其是“善为道者”的必备素质。在日常生活中，常有这样的情况，在沟通之中，有时成为阻碍的并不是实际利益，而是所谓的面子，追求面子实际上是在追求和保持自己的虚幻的社会定位。真实的社会定位并不是自己可以定的，也不是单纯由官职和财富决定的，而在于周围和自己有交往关系的人们对自己的认同共识，由自己对交往范围内共同利益所尽义务和付出来决定，而不是由自己硬撑所摆出的架子所决定的，那些靠虚张声势的面子会令人感到“余食赘形，物或恶之，故有道者不处”。家庭内部之所以会团结一致，就是因为比之外人更容易沟通，所以误解和隔阂便于消散。人应当放下本没有的虚无架子，平等地与别人沟通，其是彼此了解、消除误会和隔阂的唯一方式，是一个人社会活动能量的体现和得到别人尊重的唯一方式。有没有常规地“涣兮，若冰之将释”地打破社会各群体固态的相互隔阂，转变为液态的相互沟通、包容、影响、作用、制约的机制，认识到事物只有共赢才能成功，也是一个社会能否取得相对和谐稳定的共同利益之道的关键。

五是“敦兮，其若朴”，是连接“若冰之将释”的横向交流的，指在与人交流中要质朴、诚信。善于交流其实并不难，尤其是在现代商品大范围流通的情况下，专门教授与人沟通和推销的书籍，汗牛充栋，有的推销产品，有的推销自己，这些都是为了推销而推销，并不属于真正意义的社会交往，至于传销和各种诈骗活动更是赤裸裸的欺骗，连交流都算不上，只能是欺骗灌输和诱惑。老子讲的“善为道者”的交往之中的朴，是建立在组成事物各方平等的共识基础之上，以双赢求得共同利益之道，因此才敢于质朴坦诚相见，也只有这样才可以展现事物的本来面目。朴，也就是真实诚信，是一切事物能够生存发展的基础，真实的事物是最简单明了的，也可以说，这个世界是简单明了的，只是由于人们的各种贪欲的附加，才使事物变得复杂多变，而且离事物真相越远，参与的人越多，就越复杂，事物的变异越严重，最后可能会与原事物大相径庭，使真实的矛盾双方失去原来意义。清朝的杨乃武与小白菜一案原来是一起简单的因病死人之事，但因主审刘锡同出于个人目的，颠倒黑白，使事情变得复杂起来，因为真相只有一个，但不受事实限制的演绎可以有无数种，所以此案经更多人的卷入，逐步演变，就变得复杂无比，最后成了官场派系的争斗，与原来的事实主因大相径庭，最后竟牵连了三百多名大小官吏。真实是最权威的，我们有些相当烦琐的工作其实都是在还原真相，只有真相才是最简单明了，所以老子才在《道德经》中多次强调朴，并把朴与道紧密相连。人与人的交往中，依仗强势违反权利和义务相对平衡的原则，侵害其他方利益的不平衡状态是无法安定和长期存在的。在产品生产交往中，产品与相关的各方因素如果不能统一到社会各群体共同利益上来，产品是不可能产生或长期存在的，也不会产生交换价值。既然道是不可违的，所以无论是与人交往，还是与物交往都必须一是一、二是二的真实，质朴、客观才是真正的生存发展捷径。任何的投机取巧，要弄智谋反而会得不偿失，害人害己。质朴诚信是人类生存的第一道防线，一旦失守就像打开了潘多拉魔盒，贻害无穷。所以老子才说得道之人“敦兮，其若朴”。

六是“旷兮，其若谷；混兮，其若浊”，得道之人质朴诚信、平等待人，所以对天下各种事物都能够豁达宽容。任何事物都是由多方面组成的，是丰富多彩的，千差万别的，这是不以人们的意志为转移的，人不能掩耳盗铃，事物不会因为你厌恶、不承认、不理睬就消失。旷达宽容是一种客观的态度，人世间的事不是以绝对好坏、对错就能解释清楚的，凡是现存的都是合理的，都有其产生和支撑他存在的条件，就和我们自己的产生和存在一样。另外，旷达宽容不是人的一种天然性格，而是一种客观的实事求是的生活状况，是认识道和依道而行的主动的自我约束行为。只有一个能懂得每个人都生活在相互制约的道中的人，才可能真切地感受到各方直接、间接，或近或远的对于自己的制约，并主动地约束自己占有一切的贪婪，才会旷达宽容。反之，人有了无止境的贪婪是不可能真心平等地去旷达宽容的，别人也不会和他交往，会避之唯恐不及的。人类之所以能够区别于动物，就是人类能够对方方面面都平等包容、相互影响、相互作用、相互制约，于对立之中达到统一的共同利益之道，在这个过程中能够取长补短，借鉴激发才能不断前进，而动物是没有自我约束的能力和意识的，所以才会不断地为自己的贪欲付出生命代价。

“孰能浊以止静之，徐清？”能将各种混乱现象安静下来并澄清的，唯有道。只有通过与各个有自己特殊利益而引发混乱污浊表象的方面，平等地相互影响、相互作用、相互制约的对立，才能依据权利和义务相对平衡的原则来确定各自定位，并产生统一的共同利益之道，和各种法律规范之德，以此统一标准和规范压力之下，才能对各种行为进行区分，并不同对待，从而才能使混乱污浊的纷争安静下来，各归其位，清楚有序。

“孰能安以久动之，徐生？”能让安寂无生机的局面变得动起来，并慢慢有了生机的，也唯有道。那些丧失生机的方面或群体，都是被强势方面或群体压缩其权利，使其被边缘化的弱势方面或群体，也只有在主动建立或形成的平台上相互影响、相互作用、相互制约才能恢复弱势方面或群体的平等地位，从而依权利和义务相对平衡的原则重新定位，并产生共同利益之势，才能使被边缘化的事物中的弱势方面或群体重新振作，焕发生机。目前的扶贫活动就是把因各种历史或地理等原因而被边缘化的贫困群体，通过平等地与各先进富裕群体的加强交往来相互影响、作用、制约的对立统一而产生的共同利益之势，使他们重新焕发生机，跟上时代发展。以上两句代表了“善为道者”，也就是社会交往中带头人或领袖人物的社会功能作用。

“保此道者，不欲盈。夫唯不盈，故能蔽不新成。”“盈”，在这里是指满，也就是百分之百的，绝对的，甚至是垄断的。道是事物各方面产生的共同利益之势，因为事物的各组成方面是不断发展变化的，所以平衡之势也是动态的，相对的，所以不会有绝对的，百分之百的。只有这样认识，才能时刻关注事物各方动态，根据事物各方的变化不断地产生新的平衡之势，也就是不断地推陈出新。在现实社会中，从来也没有绝对的十全十美的事物，即使是封建帝王，表面上一言九鼎，而实际上他受到的各方面的影响、作用、制约比任何人都多，稍有不慎就可能身败名裂。有的企业千方百计地谋求垄断地位，这实际上是不可能的，因为各个方面都在不断地变化调整，优势从来都是相对的，一时的垄断会减弱“敝不新成”创新的动力，反而会成为继续前进的阻力。事物是动态发展的，所以单纯守护既得利益是守不住的。想象自己占有绝对优势而排除一切可以制约自己的力量成为霸权，这是人类趋利避害的本能，但是，因为人是必须生活在群体之中，任何一个人、一个群体都不会是全能的，完美无缺的，都会有各式各样的局限性，优势也就只能是局部的，相对的。所以老子才说“保此道者，不欲盈”，只有有自知之明，如孔子所言“三人行必有吾师”的精神，不断地取长补短才能“敝不新成”地不断创新、前进。一个人如此，一个群体如此，国际间的军备竞赛更是如此，绝对优势是没有的，追求霸权只能是将人类拖下毁灭的深渊，唯一能使人类和平安宁的只能是各国人民在平等的基础之上通过相互影响、相互作用、相互制约的对立统一产生共同利益之道的和谐有序，消灭霸权才是真正的霸权。你想活得好，只有让别人都活得好，只有双赢才能共存。就像人如果摆脱了地球吸引力的制约，同时也会失去自己在地球上的社会定位一样，就像一个人卸掉了压在身上的大气压力，便会因内压突放而亡一样。天下万物都产生存在于组成事物各方，平等地相互影响、相互作用、相互制约的对立统一的权利和义务相对平衡的共同利益之道中，除此之外再没有绝对的百分之百的“盈”，也就是可以长期垄断的东西了。只有依道的在权利和义务相对平衡的自然规律之上相互制约，事物才能成功和发展。

第十六章

# 道是万物长久之根

致虚极，守静笃。

万物并作，吾以观其复。

夫物芸芸，各复归其根。归根曰“静”，是谓“复命”。复命曰“常”，知常曰“明”。不知“常”，妄作凶。

知“常”容，容乃公，公乃王，王乃天，天乃道，道乃久，没身不殆。

这一章是非常重要的，只有理解了这一章才能了解道法自然的自然规律和道的统一关系，然后再进一步了解共同利益之道的作用和其容、公、全的性质，进而对《道德经》其他章节也便于理解、感悟。老子认为要想得到事物的真相，人们在观察任何事物时都应该首先采取客观的态度，排除各种外来的干扰和防止先入为主地将自己的社会存在的观念带进所观察分析的事物中去，只有这样才会认识和接受那些自己未曾接触过的或与自己原来认知相左的事物观点，才不会为惯例所困，而发现真理。这就需要有排空一切的虚无和不受外界干扰的静定，也就是“致虚极，守静笃。”

在老子生活的春秋时期，诸侯争霸，战争不断，统治阶层内部争权夺势，民众又要生产，供奉统治者享受，又要服劳役，还要打仗，生活十分艰难，整个社会秩序混乱不堪；各种学派纷纷涌现，用不同方法解读社会，并且四处游说君王，为君王们献计献策，传播自己的学说……整个中原各色人等，上至王公大臣，下到官员皂吏和文人贤士，各行业百姓，每天都在忙忙碌碌，疲于奔命，各有各的目标和争夺，也各有各的难处和苦恼，又都无法摆脱；无论丰歉胜败，连合纵横也都摆脱不了战争争霸的梦魇，也看不见长期和平的曙光，几乎没有多少人能够安稳地生活。正是“万物并作”的混乱无序。

在当时困顿难脱的纷乱繁杂背景下，老子认为要了解这个社会乱局，必须找到这些表面繁杂无序的事物掩盖下的深层次原因，“吾以观其复”。

首先应当将充斥心中的一切恩怨情仇、是是非非、道德伦理、等级贤愚等附于身心之上的一切纷杂干扰彻底清空，平心静气，定下心来才能理出头绪，透过现实看到本质。这就是本章开篇的“致虚极，守静笃”。老子看到无论是自然万物的无数植物，还是社会的不断变动演化，虽然表面上看是无限纷繁，但是都生于简单明了的根部和最底层，“夫物芸芸，各复归其根”。找到根基就会发现，其实根基处并不复杂和纷乱喧嚣，而是一目了然，简单到树只要阳光、水分、养分、支撑；社会只要温饱，公平有序，和谐安宁；人只要身体健康，精神安逸……只有这些才是唯一的，不可或缺和不可替代的根，伤及此处就会危及存在和生命。因为上层树冠或社会人等赖以生存的一切水分、养分、生存物质都是从这里生产和输送的。一个人一切的成败荣辱、功名利禄都要以身心为根。对于一个社会来说，生存根基就是人类赖以生存的温饱为主的衣食住行，及生产供人们温饱物质的最基层民众，离开了他们的艰辛劳作，社会上层的一切繁花似锦、声名显赫、成败得失都会顷刻之间烟消云散。所以，“归根曰‘静’，是谓‘复命’”，“静”指有序无言，“命”指存在的根本。

无论是自然万物，还是自认为可以上九天揽月、下五洋捉鳖、可战胜一切的人类，都离不开自己的根基，这就是自然的客观规律。树高千丈离根既死，庞大国家失根则亡，人有多少功名利禄无身心便归零，只有认识到这个自然规律才是真正的明智。“复命曰‘常’，知常曰‘明’。”“常”指不可违背的客观自然规律。那些拥有等级特权而受不到民众直接有序制约的封建统治群体，自然也就会为了自己的侈靡享乐去违背权利和义务相对平衡的自然规律，去侵害弱势的社会根基——民众的利益，但是，如果严重地损伤了生产一切生存物质的民众的利益，动摇了社会根基，就会造成社会动荡和人类生存危机，这就是“不知常，妄作凶”。人世间多少无故的曲折争斗，苦难灾难，都是因为人们的不知满足的贪欲一叶障目，违背了自然规律之“常”造成的。

一个人同样如此，如果眼中只有功名利禄，不择手段地去追求和争夺，去侵占其他人的利益，在追逐过程中和得到以后，便放纵自己，过分地追逐五色、五音、五味等各种感官欲望刺激，声色犬马，为了一时之欢忘记了自己的身体的各组织器官和谐平衡之道，忘记了自己应当担负的社会职责定位，就必然会失于自己的正常健康身体和心智，甚至是人身自由，一切所追逐的东西都失根而散，只留惆怅于心，“不知常，妄作凶”。

“知常容”，自然界是平等包容的，天下万物只有适应了自然规律才能产生和存在。自然界任何事物和交往范围都是由多方面组成的，不管你知不知道，不管你是欢迎还是厌恶，他都会客观地存在，也就是凡是存在的都是合理的。而且这些你不知道的或者你厌恶的存在还会不断地制约着你，挥之不去。实际上我们的每时每刻的各种活动都是在不断地了解自己周围一切的客观存在，以便于做出我们的应对措施，无论是战场还是商场，人们都会拼命地了解对手和周围其他因素，谁了解得多，谁应对的就相对全面，谁受制约就越少，谁主动权就大，谁在一定客观条件下所发挥的势能就大。这就是为什么从表面上看，有时可以以少胜多，以劣胜强。世间万物的对比较量不是简单的有形物质的数量和质量的比拼可以决定胜负的，因为还有许多有形无形的不容易掌握的因素同时在起着制约作用，发挥着势能，只有把这许许多多有形的、无形的客观存在的因素，有机地整合为相互影响、作用、制约的对立统一的共同利益体才能发挥出正常甚至超常的势能。就如伏击战中，被伏击者的有形的武装力量并没有丧失，只是因事发突然而打破了自己各方面的完整的相互配合所形成的无形之势，就会使双方的有形的物质强弱、人员多少受到双方各因素整合势能的不同而发生强弱逆转。所以为了尽量全面掌握各种因素的谍战永远是人们不会放弃的利器；我们的显微镜、望远镜是为了了解更多细节和未知，是为了客观地容，我们不断加大和缩小的计量单位，如光年、纳米等是为了客观地容，我们不断加快计算能力是为了客观地容，因为还有无数我们所不能客观了解容纳的未知因素在时刻制约着我们，如人的癌症成因等。自然规律是平等的、客观包容的，所以我们就应该客观地容纳一切，而不是依自己主观好恶而行，这就是“知常容”。知道了自然规律的客观、平等、包容性，就应该公平地对待一切，不因其小而忽略，因为往往大的事故是由十分细小的失误造成的，多么健壮的人也会因一个细胞癌变异漫延，从而浸润而亡；不因其弱而轻视，因为一切都在变，没有绝对的强势、优劣；应该尊重每一个既使自己认为厌恶、丑陋、弱小、无用的客观存在，以权利和义务相对平衡的自然规律公平地对待他们，这就是“容乃公”。而且人类在生产科研中也是这样做的，一切高科技都是在深入细微中产生的，所以人类的生产力才不断地发展，这种顺应自然规律的“知常容，容乃公”就是老子说的“无为”。在生产科研中必须遵从全面客观、种瓜得瓜、种豆得豆、一分耕耘一分收获、权利和义务相对平衡的自然规律，这一点是人们普遍坚定的共识，但是同样的自然规律，转换到生产的生活物质享用占有上，因为人的贪欲的存在而会反其道而行之，会因为势的强弱分等划级，尽量减少其他分享人数和分享的量，以便增加自己的量。这样就形成，在生产时人与自然物质交往中，尽量地扩大利用范围的平等包容，物尽其用的权利和义务相对平衡，便于多产出生活物质，而在人与人之间物质的收益分配上，尽量动用垄断和特权，排斥、减少受益群体，无视权利和义务相对平衡的自然规律而因权势大小划分的巨大反差，这就是老子说的打破“知常容，容乃公”的平等的权利与义务相对平衡的自然规律的“有为”。也正是这个“有为”才打破了“容乃公”和下面相应的“公乃王”。“公乃王”也就是说，只有各方平等、公平相待，就会产生向心凝聚力，才会使组成事物或交往范围内的各方全面地参与进来，形成完整的势能，才是人们口口声声不离的客观真实的自然之天，“王乃天”；只有真实、客观、全面地组成事物或交往范围内不分主次、强弱的各方在平等基础之上，相互影响、作用、制约的对立统一才能产生共同利益共识之势，“天乃道”；只有道才是万物，也是各种交往范围的生存发展的根本，是长治久安的基础，可以使人类持续生存、繁衍、发展，“道乃久，没身不殆”，这是天下万物产生存在的根本，人类在生产科研领域中也是这样做的，所以才可以不断有序、稳定发展。但是在人类物质分配领域的“容乃公”出了问题，致使不能“公乃王”而分裂了社会整体和每一个群体，甚至家庭，这是造成人类争权夺利、矛盾不断的根本原因，这也是为什么老子总结出“知‘常’容，容乃公，公乃王，王乃天，天乃道，道乃久，没身不殆”，反复强调“无为”的原因。

从以上可以看出，老子将王和天连在了一起，也就是说事物的全面参与才是客观的自然规律的“常”。一个人的身体是最直接雄辩的自然产物，一个人的每一个组织、器官直至一个表层细胞都可以直通中枢神经，是平等而缺一不可的，人的神经末梢会遍布每一个角落，而从不忽略哪怕是一个细微之处，每一个组织器官都可以平等地相互影响、作用、制约，他们在共同利益之下不断地调节自己，正因为身体各方全面、平等地共同参与，人类才可以完成人的生命历程之道，也就是人们常说的命，也可以说，命就是看不见、听不到、摸不着的“恍惚”存在着的人的各组织器官平等的相互制约，对立统一产生的共同利益之势。身体各组织器官的平等的对立统一是为了我们每一个自然的身体之根，而身体之根的有形的物质和无形的意识也就是身心需求，其实可以简单到人的最基本的物质生理营养需求和意识感觉上的自由欢愉，放松安逸，这才是一个人的真正的身心需求，也就是人的身体之根；离开了这个根，包括功名利禄的一切都将归零。“归根曰‘静’，是谓‘复命’”。人们劳动生产，学习、掌握自然科学知识，相互交往，改革创新，闲暇娱乐，自由欢愉，心情舒畅，都是在这个根的基础之上，也都是为了这个根在服务，而不应该舍本求末地以牺牲身心健康之根而为虚幻的功名利禄服务。人们只有知道和固守自身和社会之根，才会不为封建等级特权社会主导的个人功利主义和官本位等级特权文化意识所束缚；才会认识到社会共同利益之道的长远、根本作用，而不去损伤他人应得的利益；才会淡泊名利，善待他人，难得糊涂；才会有“一封家书只为墙，让他三尺又何妨”的潇洒情怀；才能在与别人交往之中平等地在权利和义务相对平衡的自然规律基础之上寻求共同利益的共赢同乐。因此而无敌皆友，心情就自然自由、欢愉，放松安逸。这就是“复命曰‘常’，知常曰‘明’”。

但是，几千年的封建社会形成的个人功利主义和等级特权文化意识共识之势是十分顽固和强大的，会从社会各方面自觉不自觉地表现出来。有些人在无止境的贪欲驱使下，往往不会仅仅满足于人本质的这个根，而想的总是千方百计地把简单真实的事物复杂化、虚伪化，以便得到贪欲特权，达到一览众山小的高高在上的感觉。这便自然产生了人们普遍追求过分的身体各种感官刺激的奢侈享受和无休止的名利物质攀比行为等和人的本质之根相去甚远的现象，致使人们常常主动或被动地在世事功利追逐中竟然忘记了自己的身心到底为了什么而来，又要向何处而去，人的根又在哪里。一旦从天上落到地上，才悟到了一个人的根，其实只是简单明了的物质上的温饱和精神上的自由欢愉，安逸放松，舍此之外，其他一切都是浮云，却已悔之晚矣。而更多的人百般算计，争名夺利，东挡西杀了一辈子，直到行将就木之时才发现，自己一生心血的财富生不带来，死不带去，拼争一世又回到生命原点了，才真正明白什么是人的根。这时才出现人们常说的“鸟之将死其鸣也哀，人之将死其言也善”的现象，许多原来严厉苛刻之人会变得宽容柔弱了，开始懊悔自己一生的刻薄，而希望原谅别人和得别人的宽恕。这也是老子说的“不知‘常’，枉作凶”造成的。

人类自组成社会后，每个人都必须有一个主动、被动、直接、间接的全面不断参与的过程。人的社会存在决定社会意识，站在什么立场说什么话，站在什么山上唱什么歌，官员有官员的利益与难处，富商有富商的利益与难处，劳动者有劳动者的利益与难处，如果让人们各自依自己利益行事，都会主动地代表自己的利益，会自然而然地忽略其他方的利益，甚至会伤害其他各方利益而使社会矛盾激化，从而动荡失序。只有与人的身体各组织器官和大脑的关系一样，将组成这个社会的各群体，平等地置于一个平台之上，根据权利和义务相对平衡的原则，相互影响、作用、制约的对立统一才能通过相互妥协、求大同存小异，根据对社会根本共同利益的付出和所尽义务得到报酬和权利，将各方之势整合在一起，权衡利弊，对立统一产生共同利益共识之势。也就是老子所说的“挫其锐，解其纷，合其光，同其尘”的对立统一过程，这个过程产生的共同利益共识之势就是老子所说的“知‘常’容，容乃公，公乃王，王乃天，天乃道”的道。

道必定是一种势，但势却不必然是道，势是一种无形的潜在的力，例如，一块大石头，将它放在平地，就不会产生向下的力，也就不会对人造成从上而下的危害之势，但是如果将这块大石头放在山坡上，就会产生了潜在的向下滚动的力，这时这块石头就拥有了势能；一江春水向东流是因为水东西两侧压力不平衡，就产生了向压力小的东侧流动之势。这就是自然规律，天下万物都有自己的特殊利益，也就是可以与其他的势相互制约的自己的势能，但这些不同的势只有平等的相互制约、对立统一产生的权利和义务相对平衡的共同利益共识之势才是“道乃久，没身不殆”可持续的道。全人类的历史发展过程中，不论种族、肤色、信仰、文化有多大差别，但是都会由组成社会各群体相互影响、作用、制约的对立，在权利和义务相对平衡的自然规律基础上，产生统一的共同利益共识之道和相应的行为规范之德才能有序生存。所以，人类在经过几百万年几乎相互隔绝的情况下，作为社会共同利益之势的具体体现的法律规范之德，又都大同小异地体现在各自法典中，这种世界范围的道和法律规范的基本相通，充分说明“夫物芸芸，各复归其根”和“天乃道，道乃久”的道为普天之下万物之根。

从老子本章讲的“知‘常’容，容乃公，公乃王，王乃天，天乃道”可以看出，这是横向的，老子讲的共同利益之道是横向思维和“道乃久，没身不殆”的前后纵向思维的结合，也就是说，只有先有了横向全面的共同利益之道，才能有前后纵向的“道乃久，没身不殆”。可是和老子以全面横向为基础的前后纵向不一样的是，历史上占主流的社会思维方式，往往更倾向于脱离横向的共同利益之道为基础的，前后纵向的思维方式，也就是只片面地考虑强势群体的昨天、今天、明天，有局限性地一步步前进，再前进。就像一支庞大的队伍在行进中，为了得到前面的似乎富裕的物质果实，跑在前面的人，不顾队伍的整体速度，将队伍拉散，谁捷足先登，谁先享受，后来的群体是欠是无，可忽略不计或不会当作主要矛盾来关注，各自为战，丧失整体的利益相对平衡，同时失去了一支队伍的整体之势。物质的富裕只暂时满足前面人的占有欲，而中间的人收获了巨大的压力和多少不定的物质，后面的大多数人则落了个气喘吁吁、残汤剩饭和一肚子怨气，如此谈什么同心协力的整体利益之势，更无向心力、凝聚力可言，如此状况就必然会潜伏和累积整体分裂混乱解体的危险，尤其当遇到大的天灾人祸的催化时。

老子的“夫物芸芸，各复归其根，归根曰‘静’，是谓‘复命’。复命曰‘常’，知常曰‘明’”讲的是归根的上下的纵向，指出决定任何事物命运的关键，在事物的根部，这是“常”，也就是不可违背的自然规律。如果违背这个自然规律就会“不知‘常’，妄作凶”，会发生严重的危害。但是，几千年封建社会普遍流行的却是完全相反的本末倒置，上下颠倒的纵向：社会从基层、中层、上层顺序而权威逐步加大，控制力逐级加强，对名利等方面支配能力随着权力而逐级上升。各项权力越大离社会根基越远，越脱离实际事物真相，造成了解客观实际情况的没权力，有权力的不了解客观实际情况，常常张三得病，李四吃药，令人无所适从，产生许多匪夷所思之事。这种上下颠倒的纵向思维方法，会造成缺乏横向的“知‘常’容，容乃公，公乃王，王乃天，天乃道”的横向向心凝聚力的制约，会造成脱离客观真实的事物根基而陷入混乱的失根浮躁之中，从而使社会无法有序安宁，也就不会有前后纵向的“道乃久，没身不殆”的可持续。

老子本章形象地讲明了“道法自然”的道与自然规律的统一关系，极其深刻地揭示了组成事物或交往范围各方的共同利益共识之道主要产生存在于事物或交往范围的根基处，也就是“贵以贱为本，高以下为基”。如果本末倒置，就是违反自然规律之“常”，会“不知‘常’，妄作凶”。而离开横向的容、公、王的共同利益之道，也不会有前后纵向的“道乃久，没身不殆”的可持续。无论是我们每个人、每个团体，还是全社会在干每一件事时，都应当遵循这个原则，才能顺利长久。

## 第十七章

# 社会行政者与民众的相互作用

太上，下知有之；其次，亲而誉之；其次，畏之；其次，侮之。信不足焉，有不信焉。

犹兮其贵言。功成事遂，百姓皆谓："我自然。"

上一章讲了一个社会的根基在处于基层的民众，行政机构只有横向地对基层民众平等、包容才能由组成社会各群体相互制约的对立统一产生共同利益之势。这一章则形象地说明统治者采取对基层民众的不同行政管理方式时，民众对统治者不同反应的互动关系，说明了基层民众对统治者统治地位的间接被动的决定性的制约作用，从"下知有之"到最后的"侮之"的抛弃。老子通过统治者对共同利益之道的态度和民众之间的相互影响、作用、制约的变化，勾画了一个王朝由兴而衰的完整过程，实际上这个过程就是人们近代公认的历史上的封建王朝兴衰周期率，而老子在两千五百年前就认识并指出了这个规律。这就是老子在十四章就指出的"执古之道，以御今之有。能知古始，是谓道纪"。

社会行政管理是生产力发展到突破血缘关系为主的圈子自治后，进入圈子自治以外的经常性陌生人交往后必不可少的，是通过建立合于共同利益之道的法律规范之德来维护正常的社会秩序，对违反和侵犯各圈子群体内外公共利益之人的惩戒、对道路维护建设、对河流水利和水害的调节等社会工程建设、对外来侵略的抵御和防范等社会职能。这是社会第一次自然分工，是当社会生产力发展一定阶段的必然结果，是社会各群体的共同利益之道所必需的，也就是“道生之”。由大家各自拿出一些生存物质供养一些人去专职尽社会职能，减去大家都参与的负担和混乱，由一些人的专职而提高效率，进行规范化管理。这种分工是自然的，在民众眼里就像有人种田、有人纺线一样自然而然，不会引起特别关注，所以“太上，下知有之”，是在各尽其责，各取其酬，权利和义务相对平衡。所以如果专职行政管理者认真履行自己应尽的社会职能，不因此机会而附加上自己的特权时，和整个社会是没有隔阂的，是自然完整的，因为是自然的所以是不用什么解释，更无须美化、神化等人为拔高，所以是“犹兮其贵言”的，也可以说是如第二章的“处无为之事，行不言之教”。自然是符合共同利益之道的，社会交往中各部分是平等的，相互了解、制约，融为一体的，所以行政管理无论尽多少社会职能，干多大的工程，在民众心中既不会排斥也不会特别赞赏，认为和农村种田、工人做工一样，是自然而然之事。例如，我们可以吃很多东西，硬的、软的、咸的、甜的，但却容不得手上刺入一个极小的刺，为什么？因为那么多物质吃进来是按正常渠道，符合人体需求的，而这个小刺是强加的，不符合共同利益的，所以不是自然的。凡是符合权利与义务相对平衡的都被民众认为是应该的、自然而然的，不值得特别一提的，所以会“太上，下知有之”。“犹兮其贵言。功成事遂，百姓皆谓：‘我自然。’”人们对行政管理者的赞赏感激是与有压迫人民的统治者对比而来的，就像人们喝了汤药又吃糖会感到格外甜一样。一个一心一意为人民服务的政府和人民群众同呼吸共命运，就会“犹兮其贵言。功成事遂，百姓皆谓：‘我自然。’”这时才成了一家人不说两家话。

一般统治群体初定江山，因为拥有强大武装而夺得天下，摆脱了各方面对他们的直接制约，视天下万民为己所有，有了可以制定规则的权力。而其统治群体内部还遗留着长期同生共死、共同创业打江山、荣辱与共、共同享受的群体习气，例如西汉，由汉初叔孙通等儒士们整理出一套以尊卑有序为基点的有形的烦琐的礼仪形式，这个礼仪程序表面上看只是些行为举止的规范，但是这些礼仪代表了封建社会等级不平等的划分和固定，这样做提高了皇权一统的权威，也就是无形的政权唯一代表之势，确立了君臣主仆关系，可以在一定程度上遏制上层社会内部因争夺权力而造成大分裂，有维护社会稳定，加强统一管理，符合社会各群体共同利益的一面。但是，同所有的事物都有两面性一样，这些封建等级的不平等也同时是一个巨大的鸿沟，从此，不同等级的人从平等的同心同德的畅所欲言，成了既相互提防、相互算计又相互依存的关系。因为双方利益和社会定位的不平等，君臣等级便成为许多事实真相的过滤屏障，许多决策的扭曲关节。行政等级管理中，每多一个等级，就会多一道屏障，就会多一点信息来源的失真，多一点执行行政行为的扭曲，上层与社会根基之间等级越多，决策者离民众和真实的社会诉求越远，扭曲越严重。使社会决策上层和社会根基处的自然的信息循环，必须经过一层层官员之手。在不平等的等级制度下，各级官员的升降荣辱都由并不了解真实的民众状况和官员作为的上级直接或间接制约，而和官员有直接利害关系的社会根基处的民众却对官员升降荣辱无制约权。这就使官员在中间位置上，不断地权衡社会整体利益与个人利益，上下压力，贪心与良心，压迫与公平，屈膝与尊压，从众与坚守等各方面的得失利害。权衡结果往往是相当多的官员不同程度地倾向于等级特权的个人功利。这就使上下信息流通反馈的通道，被一层层各级官员的等级特权加上个人的政绩贪欲，可能欺上瞒下，从中作梗。这往往造成决策者的决策依据经中间环节加工而不准确，甚至于不真实。同样，上层的决策到社会根基处落实或者因官员无利可图不作为而搁置，或者越位寻租乱作为，任由法律规范失效，社会共同利益受损。等级特权造成有权力决策的，不知道基层真实情况；知道真实情况的基层民众和官员，而没有参与决策权，使社会上下脱节。就像一个人吃了没吃，吃饱了没有，合口不合口，胃和味觉无法直接参与决定一样，这是封建等级特权社会的症结所在。一个英明的君主的主要能力主要取决于他对基层真相的掌控能力，“兼听则明，偏听则暗”。用什么方法突破官僚主义和形式主义的等级特权屏障，而使决策符合共同利益之道，并且能认真落实到社会根基处，一直是一个社会稳定有序的关键所在。当一个社会平等的上下信息通畅时，各群体共同利益基本可以落实，行政机构的权利和义务相对平衡，就会得到基层民众的认同，行政机构会被认为是社会的自然而然的，如自己身体的手足一样，虽然时时爱护，但并不会时时感到“有之”，从而觉得“我自然”。而如果利用等级特权来侵害民众的利益时，民众就会觉得行政管理机构并不是社会根基自然存在的东西，而是因为武力占有后强加给民众的，所以就不是自然的了，就如同一个人手掌上刺入了一个刺一样，使民众无法认同，异己感强烈，就会“畏之”“侮之”，除之而后快。

因此不平等的关系，社会决策层和民众之间存在着双方都无法直接有效的相互制约，各级官员因他们自身存在的既得利益，决定的真实信息过滤屏障和扭曲关节，无法切实有效地对社会上下层矛盾随时进行符合权利和义务相对平衡的自然规律的调节和改革。所以，历史王朝都会随着时间的推移，官员队伍不断臃肿，不作为、乱作为现象会不可逆转地使各社会群体间权利和义务失衡现象不断加重，逐步架空法律规范，使社会失序而混乱。各种强势者得陇望蜀的贪欲会把民众逼到“狎其所居”“厌其所生”“民不畏死”的地步，直至倾覆。在这个过程中，有时起决定作用的并不是有至高无上权力的君王，因为他无论如何，因体制所限，也得不到基层民众的助力。在层次众多、人员庞大的官员群体面前，作为等级特权顶峰的君主往往是信息真相、具体操作和监督的弱者，即使如何英明之人在层叠的信息屏蔽和扭曲事实的关节面前都会无可奈何，只能无可奈何地自我安慰“水至清则无鱼”。而在封建制度统治下，对官员作为最了解，而且真正的利益相关的广大民众因被排斥在行政管理之外是被“牧”对象，无法与社会管理的高层决策者，产生互动关系，也就不会有真实、稳定、有序的共同利益共识。也只有在被逼到“民不畏死”的地步才“弱者道之动”的，以最惨痛的代价起到“为他人作嫁衣裳”的作用，再推举一个新君主骑在自己头上，旧瓶装新酒。那么常常因自己利益，欺上瞒下而造成社会失序的官员们又如何呢？等级特权造成的多层信息屏障和扭曲关节的潜规则，是他们保护和夺得自己利益的工具，同时也是自相残杀、宠辱若惊、扭曲人性、多疑惶恐的原因，更是可以被任意撤职、抄家杀头的来源，他们也是偶然性最大、最无常的群体。所以在一个社会各群体不能在平等的基础之上相互影响、作用、制约的对立统一产生共同利益之势的情况下，上层群体更不容易坚守自己的依阴和阳、权利和义务相对平衡决定的社会定位，从而产生失位和越位，而社会失序混乱使君王、官员、百姓都没有和谐轻松，从人的本性上讲都是输家。所以老子在第一章中指出“道可道，非常道”之后，第二章马上就先讲“有无相生，难易相成，长短相形，高下相倾，音声相和，前后相随”的相互制约的对立统一自然辩证法的规律，这就显得对立统一辩证法的决定性和不可违背了。有平等的相互制约、对立统一才能有依权利和义务相对平衡的社会定位，而一旦失去了平等的相互制约、对立统一，人也必然失去定位，往往会不作为失位，为贪欲而越位。一个社会就像一台由许多齿轮相互咬合定位的机器一样，一旦齿轮发生定位错误，齿轮错位必然造成自身损毁和整台机器混乱瘫痪。只有基本了解了封建统治社会制度造成的这些必然现象，才能充分理解这一章的真正含义。

老子本章对于一个封建王朝由盛而衰的几个阶段的描述就像人们和大江大河的关系相似。

“太上，下知有之”就像一条平静、舒缓在河道制约规范中流淌的江河，无决口之害，有灌溉之利，两岸不用堤坝，河水顺势自然流淌，人们感觉一切自然而然，不喜不忧地平和，就如在行政管理中无为而治，休养生息，各级官员依道遵德而行，不故设障碍，都平等相待。那么，百姓去办事时，有专门认识和巴结官员的必要吗？社会规范有序，“百姓皆曰：‘我自然。’”

“其次，亲而誉之”，就像江河狭窄湍急，时常淹没两岸，为害百姓，而此时有人如大禹治水那样带领人们疏浚河道，修建堤坝，人民必定感谢他。就如官员们在行政管理中，借机设障寻租，刁难民众，而君主加强监管，进行整顿制止，必然会得到民众“亲而誉之”。

“其次，畏之”，就像江河屡屡决口，使民众困扰不堪，于是开始修龙王庙，祭河神，烧香膜拜。就如官员不顾法律规范，对百姓百般刁难，办事因人而异，没有好办的事，也没有办不成的事，迫使百姓不得不卑躬屈膝，百般讨好，送礼行贿，对官员明敬实畏，心存戒心怒气。

“其次，侮之”，就像江河无法治理，屡屡为害，民不聊生，各种祭祀也无济于事，民众将其视为害河，背井离乡，弃之而走。就如在社会行政管理之中的贪官们欲壑难填，得陇望蜀，大家都去屈膝，反而吊高了贪官们的胃口，将法律规范修改为他们的敛财工具，使法律规范失去了信任和权威，“信不足焉，有不信焉”。致使社会失去规范秩序，将民众逼到既失去物质，又失去尊严的生不如死的地步，不得不重足而立，侧目而视，人皆“侮之”的时候。此时，社会就如同一堆干柴，在为大规模动乱蓄势而发。

老子这一章说的民众对行政管理群体的四个层次中，分了两个部分，第一个“下知有之”层次，是建立在组成社会各群体在平等的基础之上相互影响、作用、制约的对立统一产生的共同利益之道上的。因此，分工于一定社会职能的行政管理者没有特权，以尽社会职能义务来取得相对平衡的报酬，和工人做工、农民种地一样自然而然，在体现共同利益之势的法律规范之内行事，没有自己的特权利益，有些威仪也在民众认同范围之内，此时的行政管理群体也就无须对民众进行真相隐瞒和欺骗，可以公开行政，所以才“犹兮其贵言”。对于他们的行政职能作为和其他群体民众的各司其职的作为取得的成就，百姓也会都认为是自然而然的，这可能存在于人们怀念的尧舜时代和人们今天正在争取的能真正代表组成社会各群体共同利益的平等自由民主时代。这个自然就是组成事物或交往范围各方平等的相互制约的对立统一产生的权利和义务相对平衡的共同利益共识之势，这个势看不见，听不到，摸不着，但却因已经约定俗成地成为一种文化意识植根于人们的头脑之中，所以才成为自然而然的东西，就像人们饿了吃、渴了喝一样自然。这才是老子指出的人们应当追求的社会和谐发展之道，也是治理国家和企业和个人的最高境界。对于一个国家这就是民众无异己感的平等的共同利益文化意识共识的软实力；对于一个企业就是人们常说的企业文化；对于一个人就是“上善若水”的“无为”世界观。无形之势是作用最大的，也是最不容易短期形成的，是文化意识的广泛传播和从小处、细处的实践累积而成的，无形的意识和有形的物质实践两者缺一不可，而实践更主要，作用更大。“故常无欲，以观其妙；常有欲，以观其徼”，无形的文化意识可以是多种多样的，可以影响人们的势也就是多种多样的，那到底什么才是符合组成交往范围各方长远的共同利益之势呢？实践是检验真理的唯一标准，“常有欲，以观其徼”中的“徼”，边界、界线、制约的意思，物质实践的边界是“万物负阴而抱阳，冲气以为和”（第四十二章），是阴和阳、权利与义务相对平衡。对于充斥社会的各种理论学说，宣传鼓吹，听其言观其行，看他们是否言之有信，必须经由有形的物质实践检验才可以证实是有利于部分强势群体，还是有利于各群体长远利益？检验结果得到广泛认同后，才能达到真正的无形的共同利益共识之势的道，再由道及相应的行为规范之德去制约人们的有形的实践活动，这就是老子的有无相生。这个意识理论经社会实践检验再反馈为意识理论的循环过程，往往是长短不齐的，可以是短暂的立竿见影，也可以是几年、几十年，甚至上千年。正因为检验“信不足焉，有不信焉”的过程长短不一，形式多样的无比复杂，才为无数政客和骗子们准备了广大的空间、时间供他们表演，才使广大弱势群体常常被诱导而自相残杀，自断前程，自相矛盾。老子开篇便说：“此两者，同出而异名，同谓之玄。玄之又玄，众妙之门。”正因人们常在玄妙之中，才需要学习感悟《道德经》，“归根曰静”找到“万物之宗”和“天地根”。

第二部分，“亲而誉之”“畏之”“侮之”这三个层次都是建立在封建等级特权社会基础之上的，因为组成社会各群体之间无平等的相互制约，不受制约的行政权力容易产生应尽义务付出的行政职能的失位和多占有权利回报的越位现象，所以“亲而誉之”是不可长期持续的，一般存在于王朝早期有作为的君主时期。但这种不受主动直接相互制约的体制是无法长期维持这种状态的，必然要发展到因无法遏制的腐败，造成的言行不一，失信于民，而为了保住自己的政权和既得利益，只得千方百计地掩饰真相，用虚假的繁荣掩盖深层次的矛盾，对社会上寻求真相的行为而进行各方面的压制，使社会上只能有一种颂扬的声音，因为此时封建统治王朝已内外交困，如风烛残年的老人，经不住折腾了，只有要民众禁言，要真相成为秘密，“信不足焉，有不信焉”，从而使民众“畏之”；如此下去必然导致各级官吏群体自己也感觉到无法长远，而加紧施展特权，各显其能地捞取利益，这会令更多人的利益遭到空前的伤害，令天下人重足而立，侧目而视，人神共愤，皆“侮之”。继之而来的就是将统治者视为眼中钉、肉中刺的异己之物，必除之而后快的共识之势的形成和暴发。老子本章仅用了二十二个字就说明了人民对统治者从希望到失望，再幻想破灭达成除之共识之势的过程，这也就是历史上封建王朝兴衰的周期率发生规律，也说明了组成社会各群体共同利益之道在封建王朝从兴起到守成至衰落的过程中的自然作用的不可抗拒性。从“我自然”到“侮之”的过程往往也会发生在企业领导身上，这当然也会关乎企业的兴衰成败。这就是无处不在、无时不在的共同利益之道在事物或交往范围内的必然体现。

## 第十八章

# 老子眼中的仁义慧智

大道废，有仁义；慧智出，有大伪；六亲不和，有孝慈；国家昏乱，有忠臣。

本章老子是在讲社会上因人们普遍认同而流行的“仁义”“慧智”“孝慈”“忠臣”和国家、社会、家庭的关系。为了真正理解老子本章这些与人们普遍认知不同，甚至相反的论断，首先应当看一下老子讲的包括天地、国家、社会、家庭在内的万物产生和存在的由来，老子在第五十一章中认为：“道生之，德畜之，物形之，势成之。是以万物莫不尊道而贵德。”这就是说，无论是天地、国家、社会、团体、家庭，只能符合组成交往范围各方共同的需求利益才有产生存在价值的“道生之”，在显现道的行为规范制约下“德畜之”，才能产生“物形之”的存在和正常有序“势成之”的发展。而只有在组成事物或交往范围各方之间平等包容地“挫其锐，解其纷，和其光，同其尘”平等的对立统一中才能产生“万物之宗”的共同利益共识之道。这个对立统一，可以是社会根基处的劳动民众与自然界物质的无言的、平等的权利和义务相对平衡的对立统一，正是这个统一使人们得到了生存所需的物质；也可以是社会基层民众之间在没有外界特权的干预下的平等基础之上的相互影响、作用、制约的对立统一，这个统一是以公序良俗等规范对交往民众制约的自治。民众的依道自治方式随生产力的发展和交往的范围而变化：在农耕时期因为交往范围不大，而且受限于土地，而长年稳固，所以是以圈子文化或圈子道德的方式存在；生产力发展后的商品交换时代初期，是以契约方式保护交往双方的权利和义务的相对平衡的共同利益，和自由市场经济通过消费者的自由选择权的制约来产生消费者和厂商的共同利益；当生产力进一步发展后，社会分工越来越细化，科技含量越来越高，对产品的质量评估判断早已超出了绝大多数消费者直观地对商品的识别能力，而且交往范围的无限扩大成为以在无法相互了解和制约的陌生人之间交往为主，从而使垄断、欺诈和复杂的炒作行为不断增加，使人们在交易现场对商品及各种衍生物的识别和对交往者的直接制约变得异常困难，人们也就失去了一定的通过自主选择对产品厂商的制约权，人们之间的相互制约不得不从对事物直接选择性制约的同时，又加入了对参与交往的人的过去的诚信行为的借鉴，再行使自主选择性的间接制约。也就是说，通过建立全社会的诚信记录网络，对于不诚信的人，自主地进行不与之交往的一票否决，以对“夫智者”长远利益之害，来制约他们只追求眼前一时贪欲之利，以此来制约人们自治自律。可以看到，无论是人与自然界物质的交往，还是社会基层民众之间，基本上主要有三种自治方式：一是农耕文明时代的圈子道德方式；二是商品时代中早期的契约方式和自由市场经济方式；三是进入高新技术时代，交往范围无限扩大，进入陌生人交往为主时代的通过诚信网络，对有不诚信记录的人的自主否决方式。这些方式都是以平等的相互了解，相互制约为前提的，由各方在生存的压力下对立统一，相互妥协，求同存异，产生的共同利益共识之势和体现无形之势的法律规范、规章制度、公序良俗、合同契约等规范之德来制约维护自治。“德畜之”，畜有管理之意。人在和自然物质生产交往中，受到自然物质特性和自然规律的一丝不苟的对立制约，人不与各种自然物质的生产资料的特性达成统一的共同利益之道，就生产不出食物和工业产品；

在基层民众的自治中，民众相互之间交往中在相互了解的知情基础上有选择权和反击权，才能使不符合共同利益之道的人和事，受到制约，才能如第三章所言："使夫智者不敢为也。为无为，则无不治。"交往范围内才会相对稳定有序。这种社会基层社会的自治，用老子的话说就是道，是维系人类社会生存的潜在主流，是根基。正是由于根基处道的自治的存在，才能使在社会行政管理达不到的地方和达不到的时候，或不能经常性达到的广袤边远地区的人民生活也基本纯朴、有序。因为如果没有人们自觉不自觉的头脑中潜在无形的对立统一产生的共同利益共识之道和公序良俗等行为规范的自治遵守，人们的一切作为都由行政人员二十四小时来监管，这可能吗？何况，行政人员也有七情六欲，当他们可以不受矛盾对立方制约时，又表现如何呢？

历史王朝兴衰周期循环中，在王朝内部混乱软弱，统治衰落到已经无法尽其社会职能和有序行政治理社会的后期；在动乱开始表面化，连续几十年、几百年的战乱，造成不断地城头变幻大王旗，根本无法进行有序的行政管理，更不要说尽什么社会管理职能了，更没有人传授仁义道德和孝慈礼教时期，甚至边远山区不知有汉，何论魏晋的人们能生存延续下来，也是因为社会根基处各个交往范围内的人们平等的相互制约的对立统一产生权利和义务相对平衡的共同利益共识之道和相应的公序良俗之德的自治存在。所以这个社会才不会因为代表上层建筑的行政管理失效丧失而崩溃，还能在极端战乱艰难的情况下，生产出维持人们最低生存的物质来，因为社会根基处人们平等的相互了解、相互制约还在，对立统一产生的共同利益共识之道还在，所以自治能力还在，人们还普遍遵守代表共同利益的公序良俗，还民风淳朴。虽然客观上他们是因为自身生存必须去生产劳动，以达温饱，延续生命，但是如果他们也和社会上层的动乱一样，放弃权利和义务相对平衡原则，普遍性地侵占别人土地、房屋，去抢去偷，去杀人越货，相互伤害，那么谁也将无法生产和生活。为什么他们不放弃共同利益共识之道？因为他们之间平等的相互制约，对立统一，依权利和义务相对平衡的自然规律行事是人类的生命线，“天地根”，一舍此线，如果都成了任意抢掠烧杀的强盗土匪，那么人类何存？这就充分地验证了老子的无形的共同利益共识之道的“无名”是“天地之始”，而有形的生存物质的“有名”是“万物之母”的论断。用最简单的话说就是，有平等的相互制约就有道。也可以说道之势能，来源于矛盾各方的平等的相互制约。底层民众因为世代生活在一分耕耘、一分收获中，本就没有打破权利和义务相对平衡的贪欲之知、之欲，或者在时时处处存在的相互了解、相互制约中不得不每每被迫放弃贪欲之心、争夺之志和虚伪的智巧知识，守住了权利和义务相对平衡底线的“无为”，正是因此才能使社会底层人民在外部环境动荡不安和生活极其艰难的情况下生存下来。而最质朴、原始、简单的群体生活，世世代代生存在山区的那些历史上主要因避战乱和苛政猛于虎的人们，支撑他们世代繁衍生息的不正是老子所说的“视之不见名曰夷。听之不闻名曰希。博之不得名曰微”“是谓‘惚恍’”的共同利益之道和公序良俗之德吗？以至于现在人们来到边远山区，还被当地人们的纯朴善良所感动，有人向他们传授世人认为的仁义道德、等级礼教了吗？而造成天下动乱，民不聊生，白骨遮平原，千里无人烟的主要原因的上层统治群体，不正是世人认为的仁义道德、等级礼教的发源地吗？为什么他们的仁义道德、等级礼教不但没有遏制，反而促进了他们的欲壑难填的贪欲呢？因为这里没有与组成社会其他群体的平等的相互制约对立，所以也没有持久稳定的权利与义务相对平衡的共同利益之道及法律规范的真正落实。失去制约的统治者们只有他们的仁义道德、等级礼教的虚无束缚，而这些虚无的自我束缚在千钟粟、牛马多如簇、颜如玉、黄金屋的无止境功名利禄的贪欲面前又有多大作用呢？无数历史事实和王朝兴衰周期率早已给出了答案：不存在没有平等的相互制约、对立统一基础上的纯粹抽象的仁义道德。正因为封建社会弱肉强食文化意识造成的等级特权，打破了权利和义务相对平衡的共同利益共识之道，造成了社会礼崩乐坏的“大道废”，所以统治者才企图用“仁义”来掩盖和挽救，但是效果如何呢？充斥史册的无止无休的王位争夺，朝堂上下的各种不择手段的明争暗斗，潜规则造成的贪赃枉法，奢侈享受，都是这些凭仁义道德进身，又仁义道德不离口的人们对仁义道德的最准确的注释。统治者的这些失位和越位是仁义道德封建礼教所挡不住的，就像我国地形西高东低，水流东侧没有同等水压对立的情况下，无法制约阻挡住西来水的重力，而必然形成东流之势一样。

人类生存发展的社会根基之道是真实的、唯一的，由全体参与方平等的相互制约，权利和义务相对平衡组成的，每个群体，每个人都有自己与其他各方相互制约的自然定位。因而也是最简单的真实、质朴的，是可以“无言”或者“贵言”安静的。但如果利用特权而摆脱了其他的制约，就失去了权利和义务相对平衡的自然规律的衡量束缚，人们弱肉强食的贪欲便可以成为脱缰的野马，活动能量便可无限展开。但是这些令人钦佩的“慧智”最终只能是使社会多走一些弯路和曲折，人们多受一些磨难而已，回顾历史令“古今多少事都付笑谈中”。有史以来，用于争名夺利、取巧使诈的智巧计谋千千万万，充斥人间古今，但因此而使人们丰衣足食、坦诚相待、和谐共处的没有先例。因为人们生存真正依赖的是平等、真实、质朴和权利与义务的相对平衡。所以老子说：“慧智出，有大伪。”因为人一旦为了自己的贪欲打破了权利与义务相对平衡的自然规律之后，便失去了自己应有的社会定位，也就是正能量的势能。那么此时又要靠什么掩盖失去的势能呢？“慧智”各种阴谋、手段、打击拉拢，恩威并施，水至清则无鱼，睁一眼，闭一眼。但一旦为贪欲开了口子，五十步笑百步，就会千里之堤溃于蚁穴。这就是老子为什么说“慧智出，有大伪”的原因。

在人类生活中，尤其农耕时代，人们主要生产和生活的基本单位是家庭，其是一个人从生到死都离不开的土地和近乎固定的相对封闭的生产生活环境。家庭承载着养育下一代和供养老一代的全部职能，家庭的延续和稳定对每一个家庭成员都是最主要的保障，这是一种以血脉亲情为纽带的相互依存的关系，也是任何社会稳定的基础。在一个家庭内同样存在各家庭成员间的平等的相互影响、作用、制约的关系，存在权利和义务相对平衡而产生的共同利益之势，并且由此势对每一个家庭成员的意识行为进行一定约束，只是因为有亲情牵挂，矛盾缓冲区大一些而已，但一旦这个共同利益之势遭到严重破坏，这个家庭内部也会发生纠纷、争斗，甚至解体。家庭的向心力是亲情，尤其母爱是亲情的基础本能，是最伟大无私的感情，是自然界中唯一付出和回报最不平衡而又无怨无悔的，所以老子和世人一样对母性表示了极大的尊崇。但包括母爱在内的亲情也只是一种包容和缓冲，也不是无限度的，绝对的，也完全代替不了各家庭成员的各自权利和义务的相对平衡这个最大的家庭向心凝聚力。因为只有这种相对平衡才能确立父母子女的各自位置和担当，也才能进行生产生活。所以在绝大多数普通劳动家庭中，无论长幼都可以平等交流，父慈子孝，男耕女织更多的是一种自然而然的近乎平等的权利与义务相对平衡的“无言”关系，和上层社会宣扬的压倒一切的孝和所谓的三从四德完全不是一回事。反而是总在口头上讲孝慈的上层社会的家庭，是以权利和义务相对不平衡为前提的，许多家庭成员男、女、子、侄就像红楼梦中所描写的那样完全是寄生的，没有权利与义务相对平衡制约，各自关系的定位仅仅是依附关系，也就失去了定位准则的制约，于是使家庭内部争名夺利、明暗争宠有了巨大的空间，甚至成为生存手段。这时也只能试图用所谓孝慈礼教来约束人们的行为，而依附性最大的女性则更加被三从四德束缚起来。但是这些单纯道德层面上和表面礼仪形式上的孝道仁慈往往是虚伪的，挡不住明处、暗处的无底线的嫡庶之争、兄弟阋墙、妇姑相争、叔嫂斗法。而处于仁义道德、忠孝仁悌的最大鼓吹之源的君主之家，甚至会争夺到相互残杀、腥风血雨的地步。如老子所说是因为失去了平等的相互制约的对立统一产生的权利和义务相对平衡的共同利益之道造成了“六亲不和”，才促使统治者大讲“孝慈”，但是这些“孝慈”礼教挡住玄武门之变、九子夺嫡、王公贵胄、高门大户内部的龌龊了吗？因为真正的孝慈存在于生产生活方式中的自然平衡之道中，所以当生产生活中权利和义务相对平衡方式变化之后，也会有表现形式上的变化。现代商品社会的大交往时代，使家庭越来越分散，过去世代相传的聚合式的家庭孝道礼仪方式有了很大的改变，但一个家的共同利益之道不会变，真诚的发自内心的自然亲情因血缘关系永远也不会变。真正的孝慈也是与家庭各成员共同利益之道相联系和相互制约的，在“处无为之事，行不言之教”的男耕女织的劳动之家，尊老爱幼是自然而然的默契传承。

在封建社会，底层民众没有自己的利益诉求平台，也就没有自己相应的自主文化意识，只能任由统治者及其文化附属愚弄欺骗，任由统治者的舆论引领，把自己生活的希望都寄托在当权者的恩赐上。治世清官、乱世忠臣一直是古今人民谈论最多的话题，这是两个不同诉求：当天下相对安宁时，人们渴求由清官来缓解一下对自己的压迫和不平；而当天下动乱无序时，连奴隶都当不稳的时候，人们又希望有人来挽救危局，维持这个做奴隶的时代，称这样的人为忠臣。但是无论忠臣还是奸臣，清官还是贪官，因他们的社会利益存在决定，最终维护的都是占据社会上层局部的统治阶层的共同利益，对民众的包容是有限度的。占社会大多数的下层民众的任何违背他们群体共同利益的行为，都会遭到他们的一致打压。一个社会只有当民众丢掉单纯依赖清官忠臣赏赐公平的情结，聚集到关注自己和社会各群体的权利和义务相对平衡状况的共同利益共识之道上来，积极主动地夺回自己平等的相互制约的对立统一权利时，才会发生真正的社会变革。只要组成社会所有群体平等互动产生的共同利益一天不能成为人们的普遍共识，不产生主流共识之势，老子在本章说的“大道废，有仁义；慧智出，有大伪；六亲不和，有孝慈；国家昏乱，有忠臣”的虚伪现象和对人们潜移默化的影响就会反复延续不止。

第十九章

# 抛弃封建功利意识回归自然质朴之道

绝圣弃智，民利百倍；绝仁弃义，民复孝慈；绝巧弃利，盗贼无有。此三者，以为文不足，故令有所属。见素抱朴，少私寡欲。

本章和以上几章是连贯的，从十五章说明“善为道者”应该具有的处世方法，指出只有这样做才可以“浊以止静之，徐清”“安以久动之，徐生”才能“蔽不新成”；十六章则主要讲了道的主要根基在哪里：“夫物芸芸，各复归其根。”以及道的平等包容，公平公正，向心凝聚，“知‘常’容，容乃公，公乃王，王乃天，天乃道”，并指出只有道才可以长久稳定“道乃久，没身不殆”；十七章则讲了统治者对道不同的态度产生的民众的不同反应，指出如果统治者严重损害民众利益时，会遭到民众的抛弃和反对“其次，侮之。信不足焉，有不信焉”；而十八章则是讲统治者大力宣扬的“仁义”“慧智”“孝慈”“忠臣”是为了掩盖他们“大道废”“有大伪”“六亲不和”“国家昏乱”真相的企图；本章则是在告诉民众只有抛弃统治者宣扬的圣智、仁义、巧利这三个根本就治理不了国家和社会“以为文不足”的虚伪命题，才可以“民利百倍”“民复孝慈”“盗贼无有”，并且指出能够治理国家和社会的只有首先统一大家的文化意识认同，回到共同利益之道上来的“故令有所属”，“属”在这里指共识和归宿之意，也就是要归共同利益共识之根。要回归到事物根基处的真实质朴，即“见素抱朴”，因为只有社会根基处人在生产科研中与自然物质和权利平等的人的交往中，才会有相互制约的对立统一的关系，只有有了这个关系才会产生权利和义务相对平衡的共同利益之道，才会“使夫智者不敢为也”的“少私寡欲”；而认识和坚守真实质朴的权利和义务相对平衡的共同利益之道，就必须抛弃圣智、仁义、巧利这三个“为文不足”的误人学说，断绝误人学说的干扰后一心坚守共同利益之道的“有所属”，才会避开忧患，“绝学无忧”。

人类生存繁衍必须要生产生活物资，这一点是毋庸置疑的，当这些生活物资因生产力所限而总量一定时，如果依权利和义务相对平衡的自然规律分配，是社会矛盾最小，而有序的方法。反之，如果打破付出与回报的相对平衡之后，一方面，必是其他方的利益受损的所失，从而必然要引起利益受损方因受损程度不同而产生不同烈度的反抗；另一方面，不尽义务或少尽义务而得到巨大的利益，必将会引起统治群体内部对权利不断的明暗争夺，甚至血腥屠杀。这两方面的矛盾争斗就是有史以来社会动荡的根本原因，这就是要用“各复其根”“见素抱朴”的方法来分析社会纷乱表象下的根本实质。

本章中的“圣智”，是由圣和智两方面组成的。“圣”指神圣化，最高的统治者，总是把自己和天联系在一起，自封天子，而其子孙们也就顺理成章地神圣化了。而那些王室以外的权贵们，不敢和上天挂钩，就吹嘘和圣贤化自己的祖宗，并一定要讳去他们的劣迹和失败，更不允许别人提起，甚至会自编家谱和历史名人挂上钩，来抬高自己的身价，仿佛自己祖宗和前辈的功勋就是自己的必然所为，仿佛自己前人或者借用的前人的功勋，就足以弥补和掩盖自己的无能和罪行。而“智”就是以点代面，以当下一时之智来取得自己的整体利益，以此绕过“见素抱朴”的现实社会权利和义务相对平衡的共同利益共识之道和行为规范。封建社会流行的最大智慧，就是用封建社会表面的仁义道德之智和有等级特权的统治者挂钩，以为特权服务而从中分一杯羹，“尚贤”也好，科举也罢，书中自有黄金屋，书中自有颜如玉……一本万利。同样是文字，如果用于生产的科学知识和劳动人民挂钩，则决无此暴利，必须“见素抱朴，少私寡欲”，一步一个脚印地去走，还被上层社会认为是低贱，不求上进，因为当时的个人上进就是出人头地，把弱势群体踩在脚下，成为人上人。这就是封建社会等级特权对“智”的导向。无数事实证明，会背诵圣贤之书的并不必然是圣贤，学历高的并不必然清廉能干，可是封建社会却以此为智，把不受民众了解制约的统御民众的权力交给他们，能“民利百倍”吗？对于封建统治者的圣智，明眼人都会识破其“为文不足”的虚伪，那些被神圣化的帝王们有多少配得上执行各项社会各群体共同利益职能的神圣？那些圣贤化的儿孙后代们，有多少人像他们的先人一样曾经一时为民造福呢？那些因一处一时之智而得到不受制约之权的“智”者们，他们的“智”有多大社会公共职能的实际作用？又有多少人把他们的智用在了社会各群众共同利益之道的根本之上呢？所以老子要“绝圣弃智”。

再说仁义，仁和义也不相同，仁更广泛虚化一些，为什么说其虚化呢？因为其不像法律规范那样清楚明了，可计可量，事实清楚后，是非立判。那些一面手拿圣贤书，摇头晃脑地浅诵低吟，一面放恶狗追咬穷人的人也可自称为仁，而同群体之人们也会认同；那些占据广厦千万间，宁可闲置炒作哄抬房价，而不去理会路有冻死骨的人也可自称为仁，也会得到相互吹捧、认同和舆论炒作宣传而八面风光。你能说他们不仁吗？而那些真实质朴、无为无言、忍辱负重、任劳任怨、一生辛劳为人类生存生产生活物资，于烈日严寒下一砖一瓦地盖起高楼大厦的劳动人民，被褒奖过仁吗？那些权势者们会以他们的“见素抱朴”、任劳任怨为榜样要求自己吗？这就是老子要绝的“仁”。“义”的范围小多了，也有些务实了，义就是圈子内相互利用的关系，而且主要用于内外争斗之时，没有人称赞那些普遍每日“无为”“无言”地日出而作、日落而息地在地域圈子内依公序良俗生活的基层民众为“义”，虽然他们才是真正的和谐有序。“义”在圈内，不对外。

义在圈子内是双向相互的，是在光喊虚无的仁无用之后，在圈子内的实际的落实。而忠和义的区别：忠是单向的下对上负责，而上并不对下负责。综上所述的仁和义，社会能得到和谐有序的治理吗？民众能够真正孝道仁慈吗？这是又一个“为文不足”的骗局。

巧和利是最复杂、最容易达成社会共识的，也是一时维护封建统治最有成效的。“巧”在这里并不是指手巧，巧和利结合在一起，便成了以巧妙的方法取利，利是权利回报的意思。自然规律下，权利和回报与义务和付出是相对平衡的，无法取巧的。农民少下一锄，杂草也不会死掉；工人加工一个零部件，多一分少一分也不合格，无法组装；科学试验中更是不能有丝毫偏差的。只有权利和义务相对平衡了，才能生产出人类的生活物质，一个社会才会稳定有序。这里的巧、利恰恰是为了不付出，不尽义务或少付出，少尽义务而得到多回报的大权利，一本万利，或者是动用智巧手段将别人的钱掏出来装入自己的口袋。统治者对巧利的利用主要有两个方面：一方面是通过“尚贤”和科举取士的方法，利用权利和义务不平衡的巧利诱惑拉拢人们都去学习经统治者筛选的仁义道德版本，取其中的智者精英为自己所用，形成文武兼备的完整的统治群体；另一方面是以官场潜规划多事为手段，使事物成败、名利得失与权利和义务相对平衡的自然规律和公开的法律规范脱钩，由各种权力操纵的潜规则主导一切，使人忽升忽降，忽兴忽衰，忽得忽失，全无权利和义务相对平衡的规范可言，使许多社会行政管理事务以权力主导的偶然性来操纵显现，从而诱惑人们产生宠辱若惊的对权力的奴性心理和贪图巧利的赌徒心理，从而产生总想一夜暴发，以不付出只收获、少付出多收获的赌徒心理为手段的愚民。统治者为了巩固特权的文化意识体现，同时用两种愚民方式：一是不公开行政，欺骗蒙蔽，隐瞒真相，说一套做一套，用潜规则运行，使弱势群体明知他们个个腰缠万贯，广置房产，可又无从下嘴；二是用等级划分施些小利，诱人们争抢，培养赌徒心理，涣散瓦解统一的反抗共识之势。但这些都是“为文不足”的巧利之法，不能使社会长治久安。

统治者自己想要得到贪婪私欲的满足，光靠自己的力量是势单力孤，所以其想要别人既听命忠实于自己，又不与自己争权，这固然是矛盾的。要人们听命于自己就必须要向他们灌输忠于君父、仁义道德的思想，但是如果真实执行“己所不欲勿施于人”的仁义道德，自己的贪欲又站不住脚。而且统治者必须通过各级官员们去向民众夺利，就只有让一部分利给他们，让他们名利双收，使统治者和他们形成一个一面讲虚假的仁义道德，一面又谋求自己私利贪欲的真伪双面人矛盾群体。统治者通过“尚贤”和科举考试，选拔民间的“智”者成为统治群体的一员，然后力图通过各种明的、潜的规则相结合，孤立和排斥真正讲仁义道德、真心为民请命、危害统治者利益的不同流合污的不贪者，同时也要清除严重危害统治群体整体利益的太贪者，使社会保持既混浊又不至于使里面的鱼死亡的程度，这是历代封建统治者最理想的设想。可惜，一个社会，一旦摆脱各群体平等的对立统一产生和坚持的权利和义务相对平衡的共同利益共识之道的“有所属”以后，不受对立面制约的权力就会像倾斜的船一样失控，不会稳定，更不会长久。

在权利和义务相对平衡的自然规律制约和法律规范形同虚设的社会，敢于抢占贪欲先机的敢为“智者”们，通过各种潜规则可以一朝权在手，便可飞黄腾达，争名夺利的勇士们的多数人虽然不能飞黄腾达，但也或许可高人一等，这巨大有形无形的名利反差下，使社会上形成了相当普遍的千古不变的赌徒心理。什么是赌徒心理呢？就是不想，而且鄙视“见素抱朴，少私寡欲”的实事求是，总想一步升天，一夜暴富，无论是用什么手段，总之一切都为了一夜暴发。虽然真正可以一时成功的是极少数，而且都下场不佳，但赌徒们关注的永远都是极少数一时的赢者，于是总是会自然而然地忽略大多数输得只剩下贪婪的双眼和抖动的双手，甚至于身陷囹圄的失败者，而永远也不会想回到踏实而辛苦的正常社会去过“见素抱朴，少私寡欲，绝学无忧”的生活。当一个社会以真正的用劳动生产创造消费物资为耻，以动用垄断特权和各种智巧手段将别人的钱掏出来装入自己的口袋为荣时，会使贫富差距不断拉大，而社会将会失去权利和义务相对平衡的准则，每个人将失去社会定位的依据，陷入整体的浮躁、风气污染。

社会改革的方向是什么呢？归于何处呢？老子指出“故令有所属。见素抱朴，少私寡欲。”中的“所属”就是普遍的社会文化意识共识，“有所属”应该是组成社会各群体的共同利益共识之道。如何寻找共同利益之道呢？只有“绝圣弃智”“绝仁弃义”“绝巧弃利”，从人们身上去掉一切个人功利主义和官本位等级特权及衍生的赌徒心理的思想束缚，回归社会根基，到人们自然而然的生产生活中去。所以，只有摆正了个人和群体相互制约的关系，个人平等权利得到保障，可以积极参与，才能在对立统一中产生权利和义务相对平衡的共同利益共识，而个人只有依共同共识之道而行才能得到自己应得的利益，并与社会和谐有序共赢。天下不会长期存在严重损人利己的事，有得必有失，“故物或损之而益，或益之而损。人之所教，我亦教之。强梁者，不得其死。”（第四十二章）往往摔得最痛的人都是心存侥幸有赌徒心理的人。人们只有有了道的“故令有所属”的根基，才有能力拨开纷繁杂乱的各种迷雾，学会用平等的、权利和义务相对平衡的自然规律去识别和衡量各种道貌岸然之人，看他们的名利从何而来，看他们得到名利的前提是有利了社会，还是危害了社会？看他们又用名利在干什么？

要“见素抱朴，少私寡欲”首先应当知道人真正需求的是什么：食有万千，饱腹而已；水有江河，一瓢而已；衣有万色，暖身而已；房有千间，一床而已；使食甘味的是饥饿；使睡得香甜的是不争；使房子有家的温馨的是一家人的和睦，而不是房子的价格。奢华永远没有止境，有时忧愁来自攀比，所以以奢华求幸福，永远也求不到；有形的奇珍异宝难得之货可以买到，无形的共同利益共识之道的和谐、有序、安宁却是金钱永远也买不来的。当人们静下浮躁之心，自主地回归素朴，就会发现，原来人生有形的真正需要并不多，这点私是好满足的，尤其在生产力发展提高以后。克制自己无形的可以无拘无束、天马行空的欲望，去寻找安逸和幸福，幸福其实离我们并不远，幸福是由欲望和现实的距离决定的，当你的欲望太过贪婪时，你永远也不会得到幸福；当你像卖火柴的小女孩一样渴望温暖时，一盆炭火、妈妈的一声呼唤就会使你感到幸福无比。“故常无欲，以观其妙；常有欲，以观其徼”，人的无形的欲望是玄妙无比、无限的，而有形的物质却是有边界、有限的，所以，物质的有永远也赶不上人们的欲望的无，如果不求真务实“见素抱朴，少私寡欲”永远会处于攀比争夺的浮躁，被无形贪欲所掳的失去自我的状态。所以人们只有回归本性，卸下历史遗留的包袱，才能现出真身，恢复纯朴，减少私心，抛弃贪欲，丢掉功利之学，从而轻松愉快。

# 第二十章

# 社会交往范围中识道先驱往往是孤独的

绝学，无忧。唯之与阿，相去几何？善之与恶，相去若何？人之所畏，不可不畏。荒兮其未央哉！

众人熙熙，如享太牢，如春登台，我独泊兮其未兆，如婴儿之未孩，乘乘兮若无所归。

众人皆有余，而我独若遗。我愚人之心也哉，沌沌兮！

俗人昭昭，我独若昏；俗人察察，我独闷闷。

（忽兮若海。漂兮若无所止。）

众人皆有以，而我独顽似鄙。

我独异于人，而贵食母。

这一章，可以看出老子所描述的是以陌生人为主的广泛的社会交往的情况。单从本章是不好理解的，因为老子前面讲了共同利益之道是天地根，万物之源，是必然的，而在这以陌生人交往为主的广泛社会交往中，又显现了道的难产难存和老子的孤独和无奈，这岂不十分矛盾？只有将老子的观点全面深刻感悟了，才能知道在自给自足小农经济为主的封建社会，在什么地方必须有道明确存在，使老子对道充满了“我独异于人，而贵食母”

的真理在手的信心。

我们知道，一切生物的本性是趋利避害的，人更是如此。人类交往的群体性就是一种趋利避害的本能，和任何事物必须一分为二一样，群体性有其寻求共同利益共识之道的向心力好的一面，但同样有在比较大的交往范围内因无法如婴孩般质朴地对交往各方相互了解，也就无法及时辩明共同利益的契合点，从而被强势者误导而盲从跟风，形成错误共识的一面，这个错误的共识会使人们的行为伤害自己的根本利益而不知，反而帮助损害自己利益的群体摇旗呐喊，站脚助威，甚至被人误导利诱或雇佣去赤膊上阵置为自己根本利益奋斗的人们于死地。在许多情况下，人的共识并不一定是自己的根本的，尤其是长远的利益。形成这种状态是有多种原因的，是一定生产力生产关系阶段的必然现象。我们知道，一定交往范围内的权利和义务相对平衡的共同利益共识之势的产生是在平等的相互影响、作用、制约的对立统一的基础上的。所以，首先要相互了解，如果对参与交往各方的情况都无法真实全面的了解，又如何去影响、作用、制约？其次是各方地位平等包容，只有平等包容了才有权去相互影响、作用、制约、对立统一，才能产生全面的共同利益共识。如果强势群体根本就不承认你的平等地位，或者只是口头上承认平等，但一切都下潜行事，令人无处参与，空有平等之名，而无平等之实。最后，要有各方知情、平等参与的平台，也就是各方共同参与的机会，如果没有这个平台，各方怎么能相互影响、作用、制约对立，又怎么根据当下各方条件权衡利害，而相互妥协、求同存异而产生利益共识契合点的统一呢？这三点是交往各方产生共同利益共识之势的最基本的条件，缺一不可。那么，在人类生存的什么地方必须有这三个基本条件，而必然产生老子自信的“贵食母”的“天地根”呢？首先，在人们生产生活物资的劳动生产的时候，人们与自然物质存在类似的三个条件，人们必须探索了解了自然物质的特性和规律，平等地对待自然物质，和自然物质产生符合自然规律的共同利益才能产生出人类的生活物资；自然界也平等地对一切人，无论是什么人，只要符合共同利益和权利与义务相对平衡的自然规律，就给予回报。所以，参与生产科研的人们也必须在相互合作的生产交往中顺应人与自然界的共同利益之道。同时，在绝大多数家庭基本存在这三个条件，家庭内最容易平等包容，也最方便相互了解，平等的相互制约，对立统一，达到共同利益共识之道，也可最稳定地落实，所以家才是人一生的助力和进退的港湾。小圈子对人的作用也是十分巨大的，是最容易相互了解、相互制约、对立统一产生权利和义务相对平衡的共同利益共识的公序良俗圈子道德的地方，而且，有时比家庭还作用大，还相对牢固，因为这里人们有选择权，而对家人亲属没有选择权。为什么家庭和圈子基本可以有序稳定，就是因为相对容易产生和坚守明智正确的共同利益共识之势。社会根基处家庭和相对稳定的熟人交往圈子的存在，这就是老子在第三十九章所说的“贵必以贱为本，高必以下为基”，如果一个社会根基处没有各方共同利益共识之道的基石，是不可能存在的。

而本章所描述的则是与生产科研领域和家庭、圈子小范围交往不同的大范围以陌生人为主的交往范围，所以才使主张道的老子产生与众不同的孤独感。为什么一脱离家庭和小圈子的熟人社会进入大范围陌生人交往方式人们就可能失去正确的共同利益共识呢？第一，互不知情，对陌生人的权势和经济来源的实际状况、其依道遵德真实情况，相互一无所知。在人人可以戴假面的环境中，每人都可能是睁眼瞎，无奈地看人表演，被人诱导。尤其是对有威权的行政管理各方面的情况不了解，对财政收入支出分配不了解，对行政的程序不了解，这就使人们丧失了根据权利和义务相对平衡的自然规律的权衡能力，也就失去了辨认真实的共同利益的条件，更达不成正确的共识。第二，不平等包容。在封建社会，统治者不承认人人平等，忽视占人口大多数弱势群体的利益，制定指令时不会把其利益考虑进去，从而许多指令损害其利益。但高压之下，分散的农户又无力抗拒，久而久之，民众也直接间接地承认了不平等而认命，默认了强权者的压迫，逆来顺受，不认为有什么权利和义务相对平衡的自然规律存在，也不认为强势者的不公平对待是不可容忍的。更可怕的是，当不平等成为普遍共识之后，人们以不平等为常态，认为反抗不平等的人是离经叛道而不容，更不要说达成反抗共识。人们都或多或少地于自觉不自觉中成了鲁迅先生笔下的祥林嫂和阿 Q 而不自知。在这样的环境下能产生全面的社会各群体权利和义务相对平衡的共同利益共识之道吗？第三，没有相互制约的平台机制。没有前两个条件，这个平台更是不可能的，没有第一个条件，无论贫富贵贱，人人相互之间不了解，人们对社会行政的各种真实数据和行政程序不了解，有平台也无从下手，只能是浮在表面的以虚论虚地表演；没有第二个条件，平台自然也不会设，如封建王朝的严令：莫谈国事，聚众更是不行。没有共同参与平台，无论多少人腹诽都成不了共识的，也难怪历史上反抗共识都是以迂回的借助迷信教派方式传播的。有个小笑话：

> 父子二人分家，两头猪，黑猪一百多斤，花猪几十斤，父亲一本正经地对儿子说："咱俩分家，我要黑猪，余下的你挑。"

封建统治者不就是这样不容参与、不容申辩的霸道吗？

虽然老子在《道德经》中，着重提出了相应的三方面：第一，似婴孩般的真实质朴；第二，"上善若水""知其雄，守其雌""善者吾善之，不善者吾亦善之"的平等包容；第三，"万物负阴而抱阳，冲气以为和""挫其锐，解其纷，和其光，同其尘"的平等的相互制约、对立统一的平台。但是，人们在大范围以陌生人为主的交往中，会受到生产力和生产关系发展阶段的制约，这是无法超越的。因为，当时还不具备在以陌生人为主的大范围交往中，建立全社会性诚信网络和社会公共事务普遍参与的通讯联系科技手段，分散的人们也普遍没有文化知识基础和辛勤劳作后的时间和精力，也就不会形成普遍的参与欲望。因为生产力和生产关系发展阶段造成的广大弱势群体在社会参与中经常性缺席，他们日常对其他群体制约的社会活动能量很小，使封建社会达不成全面的普遍共识，当然也就不会产生强烈、巨大的共同利益共识之势，即道了，这也在一定程度上限制了人们对国家整体利益的认同感，也就是国家观念的产生。但这并不妨碍在社会根基处，人在生产科研时与自然界交往中和相互了解、制约的熟人交往中，必然产生和存在权利和义务相对平衡的自然规律的共同利益之道，这才能使社会上层以陌生人为主的交往中产生了必不可免的失序动荡后，社会能像不倒翁一样晃而不倒。所以才有了本章一方面，老子的孤独感和第七十章“吾言甚易知，甚易行。天下莫能知，莫能行”的无奈感叹。另一方面，有“我独异于人，而贵食母”的真理在手的自豪。“母”这里指道。

“唯之与阿，相去几何？善之与恶，相去若何？人之所畏，不可不畏。荒兮其未央哉！”这里讲的是封建等级文化意识对社会的强大作用。“唯之与阿”是待人的尊卑的礼仪，“善之与恶”是统治者文化意识的评判标准，老子用这两个问句代表了系列完整的封建道德礼仪的文化意识，并指出了这种文化意识对社会广泛强大的影响力，不但“荒兮其未央”无处不在的广泛，而且因为利用统治地位的灌输和个人功利、等级特权事实示范已经形成为人们的普遍文化意识共识，也就具有了一种使“人之所畏，不可不畏”的无形强制之势。这个无形之势是由有形的封建等级特权系统的事实产生的，反过来又有力地支撑了无形封建等级特权意识的存在，而这无形的意识又催生了大量的有形的等级特权事物，这就是老子说的有无相生。但是任何有无相生也不是同进共退的，往往是有形的事物事实产生后还不被人们普遍认可、认同，而当事物事实消失了，他的无形影响力还会有一定的存在。有形的封建王朝被推翻了，但他无形的文化意识共识之势还在，还会无形地有“人之所畏，不可不畏。荒兮其未央”的作用，还会普遍地存在于人们的文化认同中，在有意无意地支配着人们的看法，左右着人们的行为。一个社会如果普遍存在着封建社会的个人功利主义和官本位等级特权观念的文化意识认同之势，那么，人人平等的观念和切实严谨的法律规范就很容易被虚化和架空。因为无形的封建等级特权意识共识之势的存在，在具体事物实践中，强势者认为等级特权理所当然，而受损害的弱势方也基本认同，不会像刺入身体的异物一样，片刻不容地排斥等级特权，甚至会心安理得地将损害转给更弱者，就像鲁迅先生笔下的阿Q一样。这种文化意识的认同，因为是在长期不平等的情况下产生的，是不全面和会使权利和义务严重失衡的，这才会导致封建社会的经常性的矛盾激化和周期性产生。封建社会的个人功利主义和官本位等级特权观念文化意识共识之势的产生是在人类生产力发展的一定阶段，自给自足小农生产为主的农耕社会的必然产物，是经过几千年统治者的不断灌输和社会上真实的各种等级特权事例下相互影响、作用、制约的对立统一产生的，又反过来维持有形的各种封建特权的存在。这种文化意识的灌输是从儿童开始识字就开始了，并且通过说唱、戏曲、文告、讲学、司法案例等一切传播媒体从各种角度在有意无意地传播灌输。同样，当社会生产力进步之后，社会主要交往方式因商品市场经济进入以陌生人交往为主以后，相应的行政管理方式则应以人人平等为基础，通过各组成群体的相互影响、作用、制约、对立达成在权利和义务相对平衡的统一共同利益之势，和相应的社会法律规范之德来管理规范社会。平等法制规范共同利益共识的普及也必须从老子《道德经》一再强调的纯真、朴实、无既得利益干扰的孩子们开始，从可以使陌生人之间可以相互了解、相互制约的诚信网络开始，诚信是一切交往的基石。

在封建时代，尊卑贵贱，善恶美丑，看似有很大差别，但这不是绝对的，不同人群的立场不同，同一人群不同时期的看法也是不同的。因为尊卑贵贱、善恶美丑的判断标准往往是由在社会中占统治地位的群体来制定的。由于历朝历代的封建特权统治，统治者的思维方式和价值观对整个社会影响是巨大的，因为他们选择官员是以他们的行为标准、思维方式和价值观为标准的，想进入社会上层的社会精英们必须要认同这些思维方式和价值观，也就是“楚王爱细腰，宫中多饿死”。这些官员所标榜的思维方式和价值观必将随着他们的支配权而遍布社会每个角落，成为社会的主流意识和价值观，社会各个群体都受到影响和束缚，从而影响到整个社会的发展。“人之所畏，不可不畏。荒兮其未央哉！”在统治者的威压和倡导下，不得不全盘接受统治者因文化垄断形成的唯心主义思想意识和赢者通吃的功利价值观。从而形成了劳动者的实际生产生活和思想意识、价值观的反向脱离，道和非道在劳动者身上并存的现象。这种现象，几千年来严重地束缚了广大劳动人民对自己平等权利的争取诉求。因文化垄断造成的所谓主流文化和舆论压力下，人们不会主动追求平等地通过相互影响、作用、制约、对立主张权利，达到和捍卫统一的共同利益之道。

“众人熙熙，如享太牢，如春登台。”为了名利你争我抢，你方唱罢我登场；“俗人昭昭”，智巧精明，精于算计，光彩耀人；“俗人察察”，争名夺利，针锋相对，苛刻相向；“众人皆有以”，都有自己的官职及智巧谋生之道，所以“众人皆有余”，都有富裕的生活。老子这是在描述令底层民众羡慕的中上层人们的生活，是一种大多数劳动人民所无法达到的生活，因为在当时的生产力条件下，社会整体生活物资匮乏，能够过上“有余”生活的，相当一部分人是以剥夺弱势群体的利益才能达到的。但是由于统治者对文化意识的宣传和官场利益的实践相结合，使这种个人功利主义和官本位等级特权观念成了封建社会的主流意识之势，使大多数民众虽然只能从事自认最低贱的生产劳动，日子过得艰难，但却从心里羡慕上层社会这种生活，将他们的生活认定为是向上，是方向，并不觉得他们的特权不公平，不觉得他们的手段卑鄙，也不觉得他们虚伪，更不会觉得都像他们那样生活，这个社会将无法生存，只是无奈地将制度造成的现实差距，完全归于虚无的命运。

在这种特权主导的主流文化中，由于特权可以不受横向的全面社会根基制约，所以思维方式是纵向的，是可以随着欲望不断向上拔高，向前延伸的。有时表面上给人一种似乎振奋向上、不断前进的感觉，但这是以失去根基和不可持续的两极分化为前提的。这样的文化意识共识是和老子的道截然相反的，回到本章开头“唯之与阿，相去几何？善之与恶，相去若何？”尊卑贵贱等级分明，在主流文化认为是天经地义，是善，要求平等是僭越。而道则主张似水一样包容、平等，这才是善，等级才是恶。封建主流文化认为，特权不受权利和义务、阴和阳相对平衡限制的“有以为”刑不上大夫，是美是善是智；而道则认为不受权利和义务、阴和阳相对平衡制约是丑是恶是，“强梁者不得其死”。主流文化认为粉饰太平，报喜不报忧，好大喜功是美，而道认为怀素抱朴、实事求是、客观自然为美。老子所倡导的反主流文化之道的“独泊兮其未兆”“如婴儿之未孩”“若无所归”“若遗”的宁静安逸、淡泊虚名、质朴真诚、淳厚宽宏、无欲无求、不重财货的行为在主流价值观看来，是“独”“沌沌”“儡儡”“愚人”“昏昏”“闷闷”“独顽且鄙”，也就是说是孤独的、思维混乱不清，怠倦闲散，不求上进，愚蠢顽劣笨拙，是不识时务的行为。这个文化意识舆论的压力是全面广泛、气势汹涌、无止无休的，“忽兮若海。漂兮若无所止”，迫使广大民众在认识上不得不屈从，并且成为无形的潜在意识，与平等的自然存在的共同利益共识同时存在于人们的头脑中。广大民众当劳动生产中与自然物质交往和家庭及固定的熟人圈子交往时，存在相互了解、平等的相互制约对立统一时，就基本上依道遵德；而在与陌生人和行政交往中，不存在相互了解、平等的相互制约对立统一，就自然屈从于“忽兮若海。漂兮若无所止”的封建等级特权文化意识，常常成为相互矛盾之人。可见，只有老子倡导的求真务实、真朴诚信、依道遵德的生活方式，才是可以使一个人回归自然、有尊严，使一个社会和谐、稳定、有序的生活方式。

经过几千年的统治阶层主导的脱离社会根基的纵向思维方式，以及特权等级功利价值观的践行和思想垄断，由这些聚合而成的所谓主流文化，造成不但从中受益的上层群体深信不疑，而且因此而遭到身份贬抑、权利被剥夺而深受其害的社会基层民众也别无选择地屈从向往，一年年、一代代地渴求摆脱这误解为命运强加的低贱，进入上流社会，但这是不可能的，因为社会离开根基处的实际的物质劳动和科技创造一天也生存不了。唯一可能的是道的横向的、全面的根基处的广大民众平等地位的回归，依权利和义务相对平衡的原则定位各群体位置，平等地相互影响、作用、制约、对立统一产生共同利益之道。然而在人们根深蒂固的纵向特权思维方式和个人功利主义价值观仍然是表面上的主流文化的封建社会，是不可能的。在封建社会时期的社会根基处，人与自然物质交往和平等的民众之间交往中基本上有共同利益之道，是全面包容、上善若水，“见素抱朴，少私寡欲”的质朴诚信使社会能基本维持低水平生存的物质生活。

封建社会是人治社会，当一代君主能在一定程度上尽到应尽的社会职能时，就会一定程度地促进生产力的前进，百姓就安居乐业，社会兴盛发达，国力强盛。但这种人治又会因人可异，时兴时废，但总体上会因民众无平等、制约、对立能力而上下腐败，从而社会矛盾逐渐加剧，社会生产力也不断下滑，最后到民众忍无可忍后再通过彻底推倒统治者的统治，重新洗牌来使严重的权利和义务失衡在一定程度上得到缓解。老子面对这种状况，也感到自己虽然感悟到了道的真谛，可以洞察社会，但因不合主流而无能为力，不得不说：“众人皆有以，而我独顽且鄙。我独异于人，而贵食母。”在后面的第七十章又感叹：“吾言甚易知，甚易行。天下莫能知，莫能行。”这是一个悟道先知者在无法使民众清醒地摆脱苦难面前的痛心疾首。这就不得不牵扯到一定生产力和生产关系发展阶段的问题了。

第二十一章

# 道虽然恍惚无形但却贯穿古今

孔德之容，唯道是从。

道之为物，唯恍唯忽。忽兮恍兮，其中有象；恍兮忽兮，其中有物。窈兮冥兮，其中有精；其精甚真，其中有信。

自古及今，其名不去，以阅众甫。吾何以知众甫之然哉？以此。

“孔德之容，唯道是从。”清楚地指明了道与德的关系。道是组成事物各方面在平等的基础之上，相互影响、作用、制约的对立统一产生的共同利益共识之势，势是无形的。而德就是道的有形的具体行为规范的体现。所以事物无处无时不在，道也无处无时不在，同样德也必然无处无时不在。任何一个事物和交往范围都有共同利益共识之道，任何一个家庭、企业团体、社会、国家乃至全世界都必须有其程度不同的组成各方的共同利益共识之道，才能产生和存在。而“孔德之容，唯道是从”的德，可以是家庭内的和谐、孝顺的家规、家风，可以是一个企业团体的规章制度，可以是一个社会的公序良俗，可以是一个国家的法律规范，也可以是世界各国交往中各种双边多边的协议规则……可见德是显现无形之势的具体有形的行为规范。因为无形的道，才会产生有形的德；而有了有形的德的具体规范制约作用，参与事物各方面的人们的共同利益共识，也就是无形的道才能在具体事物中存在，这就是道和德的有无相生。只有有了道和德，事物和交往范围内才可以有序、和谐地存在发展。

人们为什么会对道产生“唯恍唯忽。忽兮恍兮，其中有象；恍兮忽兮，其中有物。窈兮冥兮，其中有精；其精甚真，其中有信”的感觉呢？

第一，因为事物在每时每刻发展，组成事物各方面的义务和权利的相对平衡状况在变，所以共同利益也会有相应的调整变化；事物的产生、存在、发展就是纵向的一个不断平衡—失衡—再平衡的过程，平衡点就是各方的权利和义务相对平衡的共同利益共识。例如，地震、大陆漂移等自然现象都是在不断地平衡地壳和地心及来自外星球的引力等多方力量。这就是道在同一事物中的无常道。

第二，同一个人或同一个事物会横向地和不同的人与不同的事物发生交往，也就会分别产生许多不同的共同利益之道。例如，一个人在家庭中有和妻儿的共同利益，如果加入双方父母，交往范围加大了，原来的共同利益之道就必须有些调整，这个调整可能因为父母的赞助而生活水平向上调整，也可能因为父母需要奉养而生活水平向下调整。调整好了，各方都为了共同利益而求大同存小异，相互妥协，一家和谐，在与别人交往中无后顾之忧，还会得到助力。一个可以在大家庭中善于调节求得共同利益之道的人，在和外界交往中也会注重相互影响、作用、制约的共同利益之道，从而事业顺遂，这就是人们常说的家和万事兴。而如果人们没有这个柔性的调整，就没有这个交往范围的各方共同利益之道，就会产生矛盾，尖锐对立，不平静、安宁，甚至造成家庭解体。同样，一个人在有亲情、爱情作为缓冲的最容易产生和维持的家庭共同利益之道的家庭生活中，如果仍然没有能力认识和维持家庭共同利益之道，在和外界交往时也会更容易因为各种原因和交往的其他方达不成共同利益之道，在事业上也不会成功。一个人如果善于寻求和坚持律己，“无为”服从这些道，会在相互影响、作用、制约中助力别人的同时得到多方助力，使自己的眼界、智慧、能力得到提升，人只有有了足够的横向的包容广度才会有纵向的深度和高度。一个社会同样如此。

第三，一个人每天会被动地卷入各种共同利益的道之中，还无法避免。你上车，有车上的道，上船有船上的道，进工厂、商场、剧院、饭店……都有不同的共同利益共识之道，有不同的道与之体现的行为规范之德，也就是不同的公共秩序和风俗习惯。你能够克制自己不合时宜的欲望，依道遵德而行，大家平安顺畅，反之如果一个人只顾自己的欲望，不考虑共同利益之道，不遵守行为规范之德，轻则与大家起冲突不愉快，受到别人厌恶，重则出现极端、重大的事故。道，看不见，摸不着，又无时无处不在我们周围，在制约和左右着我们，顺之则顺，逆之则逆，“同于道者，道亦乐得之；同于德者，德亦乐得之；同于失者，失亦乐失之。”（第二十三章）每个人都生活在一定交往范围的各方平等的相互影响、作用、制约之中，没有任何人可以随心所欲。

第四，道是在组成事物各方的平等的基础之上相互影响、作用、制约的对立统一中产生的。首先交往范围内各方必须是真实的，如果各方显现的情况是虚假的，就无法产生真实的制约，道就无法直接存在。再就是有相互制约、对立统一的平等参与平台机制，如果特权虽然口头上承认民众利益，而不允许民众参与，没有平等制约对立统一的平台，道也无法直接存在。道无法直接存在并不是不存在，只是要有一个或长或短的过程，因为参与组成事物的任何一方都不会允许自己的利益长期受到损害，使自己无法生活存在。这种反抗剥夺侵害的力量就是推动，重新达到各方利益相对平衡的共同利益共识之势，这也就是老子在第四十章将要讲的“反者，道之动；弱者，道之用”，这种利益从失衡到平衡就是道的功能，而势能来自利益受损的弱势群体反抗制约之势。可见，道是不可违背的，但实现道的方式可以是直接有序的，通过法律法规等规范之德及时将失衡的权利和义务再平衡过来，这个平衡的循环半径小，是低社会代价的；但是当特权架空法律规范，无法真正落实后，人们因被侵权的怒气无法释放，只有不断积聚，最后忍无可忍造成推倒重来的总暴发的大半径高代价的循环，例如朝代更替。道循环周期的长短主要取决于利益受损方的觉醒，达成反抗共识力量聚集的过程。权利严重失衡后再平衡的循环半径大小，由每一个利益受损之人的觉醒过程和反抗势能决定，如果每个人都和羊一样，当狼扑倒羊后，羊的意识是一哄而散，各自逃命，那么亿万年也不会有人类产生。人类区别于动物就是进化到了理性的平等的相互制约、对立统一，产生权利和义务相对平衡的共同利益共识之势来支撑，用合于道的行为规范之德约束强者侵权，保护弱者利益，从而平等地合作交往，统一规范有序，才能在各种劣势下战胜动物。这个权利和义务严重失衡到再平衡，由于人们认同情况不同，产生推动再平衡势能聚集早晚的时间长短不同，也就是人们常说的恶有恶报，善有善报，不是不报，时候未到，时间跨度一大，也会使人们造成一种道不存在的假象。而这也成为人们对道“恍兮忽兮”的感觉来源之一。

第五，因为道是由组成事物或交往范围各方，平等的相互影响、作用、制约对立，在有序存在的压力下，权衡利害、相互妥协、求同存异产生的统一的权利和义务相对平衡的共同利益共识之势，和体现势的行为规范之德。所以共同利益共识不可能代表其中一方所有利益，对每一方都会有支持的一面，又有限制的一面，有保护的一面，又有打击的一面，如你开车上路行驶时，遵守交通规则，你便会受到保护，但违反交通规则，你就会受到限制和打击。这就使人们对共同利益共识之势和规范之德产生一种若即若离、似我非我的恍惚感觉。

可见，因为事物由矛盾各方组成，有矛盾对立就有统一的共识之道，所以道无处不在，无时不在，既可以纵向地贯穿始终，也可以横向地包容一切；既可以在一时一处存在，也可以时时处处不断变换地伴随于人；既可以短时内显露，也可以长达几年、几十年，甚至几百年内大小冲突不断，无法有序安宁，最后才算总账，彻底翻转；既可支持保护你合道的利益，也会限制打击你违道的行为。而这一切的时时处处的变化，又都是看不见、听不到、摸不着的共同利益共识之势在左右支撑，因为没有了势的支撑，那些贴在墙上的各项规范之德将成为一张白纸，形同虚设。正因为以上几方面，才会使人们产生“道之为物，唯恍唯忽。忽兮恍兮，其中有象；恍兮忽兮，其中有物。窈兮冥兮，其中有精；其精甚真，其中有信”的感受。

古今多少有志君主，为了维持自己的统治世代相传，多少忧国忧民的志士，多少英雄豪杰都试图找出国家社会的混乱根源和规律，以便找出治理社会的规律和办法，避免战乱之祸，让人们安居乐业。但他们各式各样的理论学说都无法解释历史上国家、社会、家族的兴衰规律。只有老子这个长期生活在社会底层，又有机会接触和了解许多国家高层资料和亲眼见识到上层社会的实际运作和侈靡生活的学者，通过对整体社会各阶层的充分了解，站在客观真实的立场上，纵观了历史上的许多邦国、社会、家族的兴衰治乱循环历史后，从中悟出，在这些表面上看似乎是杂乱无章，由许多偶然性串联起来的历史，并非无章可循，其中都有一个规律性的、在无形之中起着支配和推动作用的势，这就是由组成事物或交往范围各方平等地相互影响、作用、制约的对立统一产生的权利和义务相对平衡的共同利益共识之势，老子将这个势称之为道。也只有通过道的观点才可以解释得通那些无比繁杂的历史现象，才可以给社会和后人以启示指导。所以“自古及今，其名不去，以阅众甫。吾何以知众甫之然哉？以此”。同时，只有人们普遍认识和理解了“唯恍唯惚”组成社会各群体平等包容地相互制约、对立统一产生的权利和义务相对平衡的共同利益共识，并产生坚定维护捍卫合于共同利益共识的法律法规等规范之德的势能，像对待刺入身体的异物不可容忍一样对待封建弱肉强食的等级特权、违反法律规范之德的行为，才能使人们得到平等的尊严和彻底摆脱令人感到宁做太平犬不做离乱人感觉的兴衰治乱的王朝周期率。

第二十二章

# 事物是在权利和义务的相对平衡、失衡循环中不断运行的

曲则全，枉且直，洼则盈，敝则新，少则得，多则惑。

是以圣人抱一为天下式。不自见，故明；不自是，故彰；不自伐，故有功；不自矜，故长。

夫唯不争，故天下莫能与之争。古之所谓“曲则全”者，岂虚言哉？诚全而归之。

这一章是老子用道的观点对我们周围事物的辩证解读。表面上看，我们每个人都是相对独立的个人，但实际上，我们却是生活在各种不同的交往范围内，时时刻刻在受到这些交往范围其他方的直接和间接制约。实际生活中，人们往往会忽视这些横向的相互影响、作用、制约的对立统一关系造成的人的社会属性，认识不到人类所有的事物都是在双方或多方相互作用中进行，所以会过分地强调自己的感受和作用，而忽视与自己直接或间接交往方的感受和作用。但是恰恰是这一点，往往会成为制约人交往是否顺遂和事业成功与否的关键因素。关于这一点我们可依据老子道法自然的观点，取一个人人最熟悉又最自然的例子——我们自己的身体。每一个人的身体都是由多个组织器官组成的，人的所有生命行为都是这些组织器官相互影响、作用、制约下对立统一完成的，在营养吸收上，是不断的“少则得，多则惑”的平衡过程；在运动中，身体是不断地“曲则全，枉则直”的失衡、平衡的调节过程；心脏中的血液和肺中的氧气，是不断的“洼则盈”的反复过程；而身体的新陈代谢过程，不就是不断地产生新细胞、淘汰老细胞的“敝则新”的过程吗！我们的身体本身就是道的产物和典范，身体各组织器官相对平衡取得了共同利益，人就健康；如果过分追求感官刺激，各组织器官失去平衡，共同利益受损，身体就会生病；如果各组织器官失御损坏严重，再也无法取得共同利益之势，人就会死亡。无形的人体各组织器官的共同利益之势就是人的命，命就是身体各组织器官平等包容、相互制约、对立统一产生的无形的权利和义务，器质和功能相对平衡的共同利益之势。人身体存在的每一时、每一刻都在根据阴阳、器质和功能在不停地“曲则全，枉且直，洼则盈，敝则新，少则得，多则惑”互动地平衡着各个组织器官，这就是不可违背的客观的自然规律，“是以”必须永远坚持遵守的“圣人抱一为天下式”。如果人体的各个组织器官各行其是、固执己见、自以为是、自我炫耀、自高自大，人能生存吗？“不自见，故明；不自是，故彰；不自伐，故有功；不自矜，故长。”只有他们不争，越过自己的付出和报酬，器质与功能相对平衡，才有了人健康的身体，也就有了各组织器官的健康存在，这就是“夫唯不争，故天下莫能与之争”。人的身体如此，我们的社会交往也如此。在现实生活中，我们不但要受到直接交往范围内其他方的影响和制约，还有许多间接的大环境条件限制条件，例如我们的一切生活条件都在影响着我们，当我们扛起锄头去除草，拿起镰刀去收割，拿起手机，坐上高铁……周围与我们交往的一切，都在影响、制约着我们的行为和意识，我们一边在适应着环境，一边又不知不觉、或快或慢地在改变着环境和自己的认知。

人的生活就是一个不断发现问题、解决问题的过程，一个不断发现感知不足去补上，发现不平衡再去平衡的过程，一个“曲则全，枉且直，洼则盈，敝则新，少则得，多则惑”的过程。一个人虽然会被外部环境所助力或限制，但更主要的是自身，因为任何社会的存在都必须首先要创造物质财富，维持正常秩序，进行必要的社会职能，这就是各群体共同利益共识之道，否则社会无法存在。“是以圣人抱一为天下式。”一是什么？一就是共同利益共识之道，道要达到的是太极图中揭示的阴阳平衡，是“万物负阴而抱阳，冲气以为和”，也就是权利和义务的相对平衡的自然规律，这就是唯一衡量事物曲、全，枉、直，洼、盈，敝、新，多、少的标准，这些性状都是相对而言的。所以生活实践中，根本就不存在绝对的枉直，多少等，因此，老子才说“不自见，故明；不自是，故彰；不自伐，故有功；不自矜，故长”，不把眼光仅盯住自己的人，不一叶障目、不见泰山的人是明智的人；不以己之长比人之短，傲视一切的人能取长补短，兼收并蓄地提高自己；清楚自己的社会存在，平等待人的人能和别人和谐、共进，有所建树；不恃才傲物，实事求是的人能可持续发展；那些执一时、一处之长而忽视了长远和广大的人是自欺欺人、一叶障目、不见泰山、不好见容的人，其无法产生和谐的共同利益共识之势，会严重阻碍自己的成长。

一切都在各种外因、内因的互动中变化着，不断地在“曲则全，枉则直，洼则盈，敝则新，少则得，多则惑”的变化之中。这些变化表面上看由许多偶然事物组成，但是串联这些偶然，其实有无形的必然势能的是“圣人抱一”的权利和义务相对平衡的自然规律，以此为依据来决定曲全多少，得失损益，例如，一个人或公司通过为社会共同利益做出的实际贡献得到了一部分钱，他们自身受益的同时社会其他成员也普遍在直接、间接地受益，这符合权利和义务相对平衡的自然规律，就不是多，也无须“惑”而去剥夺；但如果一个人去抢劫，只得了几十元钱，那就多了，因为他之所得来源别人之所失，这就违背了权利和义务的相对平衡，就应惑而剥夺。这就是为什么老子在“不自见，故明；不自是，故彰……”后马上说“夫唯不争，故天下莫能与之争”，也就是说，得到的利益不是利用不法手段争来的，而是遵循权利和义务相对平衡的自然规律而应得的，就没有人能与其争了。“古之所谓‘曲则全’者”的“曲”是符合“抱一为天下式”的权利和义务相对平衡的自然规律的，所尽义务和付出多，而得到的权利和回报少的“曲”，所以必须给予相应的平衡补偿，以“全”。人们的生产生活其实就是不断地在“曲则全”的补短板的过程；社会行政管理其实质也是在通过法律规范抑制强者侵权，保护弱者利益的“曲则全”，只有这样人们才会安心地去再生产创造，社会才能平稳、有序、可持续发展。

老子告诉人们的生活无论多么复杂多变，丰富多彩，但是其实质就是一个不断失衡—平衡—失衡的过程，也就是一个动态的过程，要平衡首先要发现不平衡，就有了努力的方向，再通过努力去达到平衡，你就为这个社会尽了自己的一份义务。首先你要通过认真观察思考去发现什么地方曲、枉、洼、敝、少、多？如果你因懒惰，不用心去观察、思考就发现不了问题，你又如何作为？或者你发现了问题，但故意视而不见，将身子扭过去，能躲就躲而不去解决，或者抱有事不关己、高高挂起的态度，就是你自己放弃了自己应尽的职能或机遇。苹果从树上掉下来，人人视而不见，不思不想，牛顿结合自己的知识去探索，发现万有引力。世界上每一个或大或小的发明创造不都是从发现问题，再去探索开始的？哪怕是人们认为最简单的工作不都是一个不断发现问题、解决问题的过程吗？例如，一个好的技师可以从机器的声音和气味上发现问题，及时解决，而避免损失。所以，我们要认真、仔细、敏锐地观察，抱有好奇心、责任感去动手、钻研，不怕苦，不怕累，不怕困难地去坚持；发现自己的错误，及时纠正过来，发现自己的不足，尽全力去不断弥补；不要因为固执地自见、自是、自伐、自矜，从而给自己设置障碍和陷阱，封死自己前进的道路；不要去争不属于自己的东西，也不要只争过去而忽略了当下和未来。只有认识到老子的这些教诲，才能理解人与人之间的主要差距往往就是敏感的观察能力和主动“不争”的精神，这是一个人可以和别人相互制约的势，而客观条件只是其中一部分，并非不可克服，因为无论什么年代，什么环境，什么条件下都有成功和失败者。用老子的方法，去认真观察自己的四周，发现问题，给自己加担子，才能主动逼迫自己增长知识和能力，去寻求自己应得的社会定位。

“夫唯不争”的识道之人在看问题时，会脱离自己狭隘的个人作用和愿望，站在超出自我的高度，尽量全面、横向地观察在自己的各种不同的交往范围内，其他人都在干什么想什么，多看看别人的长处和特点，以及前人为今天做了什么。事物的发展过程，就是组成事物各方面不断失衡—平衡—再失衡的过程，各参与方的利益最终只能体现在各方的共同利益之中，任何一方过分地争夺利益，就会损害其他方的利益，进而影响到包括自己根本利益在内的共同利益之道。例如一个家庭、一个企业中，如果一个人不懂得人与人之间存在的曲全、枉直、洼盈、敝新、多少等的互补合作关系，不懂正是这种互补关系才使事物成为一个有机的整体，才能发展和提高，则这个家庭、企业就会矛盾冲突不断，动荡不已；如果这个家庭、企业的其他人也都这样，那么肯定会因失去共同利益之道而解体，到那时不但自己的自见、自是、自伐、自矜失去任何意义，自己所争的超过别人部分的利益不会得到，而且连自己的根本利益都没了。如果我们在与别人的交往范围内，能够从道的观点出发，全面地看问题，就会知道天下没有绝对的平衡，各方面都存在互补关系，正是这种相互影响、作用、制约的互补，才能使事物相对动态的均衡，才能产生共同利益，只有有了共同利益，事物各方才能双赢和共赢。所以在与别人交往中，为了共同利益之道，即使自己的贡献大了些，受了些损失，也不能斤斤计较，自己会在共同利益中得到回报。在任何交往圈子内都必须有这样尽自己的一些利益和能力，来调节整体事物平衡的人，也就是脊梁式人物。任何事物中，只有有这些为了共同利益不惜牺牲一些个人利益，而且敢于担当的人，才会达到双赢或多赢的共同利益之道，自己的根本利益和价值也才会体现其中。这就是老子所说的“夫唯不争，故天下莫能与之争。古之所谓‘曲则全’者，岂虚言哉？诚全而归之”。

## 第二十三章

# 不同的言行决定不同的势能状况

希言自然。飘风不终朝，骤雨不终日。孰为此者？天地。天地尚不能久，而况于人呼？

故从事于道者，道者同于道，德者同于德。失者同于失。同于道者，道亦乐得之；同于德者，德亦乐得之；同于失者，失亦乐失之。

（信不足焉，有不信焉。）

我们知道，共同利益之道是在所有矛盾方平等的相互制约中，求大同存小异的相互妥协中产生的，其中包含了各方的利益共识，所以道得到各方的认同和维护，而显现道的各种法律规范、规章制度、公序良俗、合同契约等行为规范之德也就得到人们的自觉遵守。共同利益之道是无形的，行为规范之德是具体有形的，是有无相生的。听其言观其行，不单单听他说了什么，而更看他如何对待显现交往范围各方共同利益共识之道的各项具体行为规范之德。人们遵守合道的行为规范之德的具体行为，才可以辨别他们说的是真话，还是假话。一个人、一个团体、一个社会只有在具体行为中依道遵德而行，别人真心认同了，才会同样依行为规范之德与其同步相向而行，与其配合互动，产生共同利益共识之势。如果你说一套做一套，别人也只能从心里鄙视你，出于面子或迫于压力敷衍应付，但同样也不会依行为规范之德与你相向而行，更不会配合产生共同利益之势。即使迫于压力的离心离德的有形身体心照不宣地聚在一起，一有契机也会很快分崩离析，因为没有共同利益共识之道的向心凝聚力存在。所以老子说“故从事于道者，道者同于道，德者同于德，失者同于失。同于道者，道亦乐得之；同于德者，德亦乐得之；同于失者，失亦乐失之”，人们的有形具体行为及所反应的无形意识整合在一起，便形成了完整的势能，也就是信用，并以此去和交往范围内的其他方相互影响、作用、制约。如果一个人，一个团体，一个社会失去了信用，也就失去了自己的势能，“信不足焉，有不信焉”，就像喊狼来了骗人的孩子和烽火戏诸侯的周幽王一样失去自己的势能，空余一副有形躯体。

“希言自然”，“希言”，少言，这里代表少事，少曲折才是自然的。在社会根基处的生产生活的那些“无言”的默默无闻的大多数人们，有条不紊，顺势而为地“无为”“无事”有序而行，可以长久。因为他们在依道遵德，与其交往的各方的权利和义务相对平衡，自然规范有序，是无须动用多少智巧和太多说教的，所以也不会产生交涉争执。“希言自然”中的“希言”所代表的并不仅仅是少语言，而是用少语言代表了少交涉、争执、争斗的曲折多事，如果大家都依道遵德地行事，自然就是顺畅而少言，少周折，低交往成本地双赢。

“飘风不终朝，骤雨不终日。孰为此？天地。天地尚不能久，而况于人乎？”老子用“飘风”“骤雨”来比喻违背自然规律之道的、多言多事的特殊的侵权行为手段，并指出这些行为手段是不会长久如愿的。连天地都不行，人就更不行了。那么什么是特殊手段呢？各种事物中在什么情况下才会采用特殊行为手段？谁又会采用特殊行为手段呢？只有那些想少尽义务或不尽义务而多得到权利的人，其要达到目的，就必须打破共同利益共识之道和相应的行为规范之德，利用“飘风”“骤雨”的方法夺得强势特权，再用特权夺取弱势群体的利益，并且镇压权利受损的弱势的反抗，不断地用暴力和欺骗以巩固既得利益。联系老子在第七十二章至七十五章中所指出的“民不畏威，则大威至”“民不畏死，奈何以死惧之”的统治者和民众激烈冲突方面的论述，可以知道那些就是老子本章所指责的不可长久的“飘风”“骤雨”造成的。因各种大大小小强势者夺取特权引起的激烈冲突和动荡曲折，多事倒退，充塞了封建社会历史的时时处处：民间纠纷时的暴力，家庭暴力，更主要是指统治者对民众的欺骗蒙蔽，舆论压制，暴力镇压，也就是以“国之利器”示人。封建时代没有基层民众和统治者平等的权利，统治者更不会承认和允许民众对他们平等有效的相互制约的存在，处于弱势的民众只能无条件地任由强势的统治群体宰割，统治者对弱势群体言论行动上的不满和反抗，会坚决镇压决不手软，这些镇压行为就是老子所说的“飘风”“骤雨”。但是暴力镇压、谎言欺骗各方面，不承认尤其是包括广大弱势群体在内的权利和义务相对平衡的共同利益共识之道，并不等于道的不存在，并不等于可以逃脱，尤其是可以长期逃脱，阴和阳、权利和义务相对平衡的自然规律的制约。弱者也并不会是永远的弱者，否则他们将无法生存。如果“飘风”“骤雨”真的可以无止无休，这个世界早已不存在了。

老子说：“天地尚不能久，而况于人乎？故从事于道者，道者同于道，德者同于德。失者同于失。同于道者，道亦乐得之；同于德者，德亦乐得之；同于失者，失亦乐失之。”翻译过来就是善有善报，恶有恶报，不是不报，时辰未到。人们也许会认为这是在自我安慰罢了。但事实上事物的发展真如老子所说的“同于失者，失亦乐失之”，因为人是生活在群体中的，是在相互影响、作用、制约中的，这种制约关系可以是直接的，表面的，也可以是间接的，隐蔽的，可以是及时的，也可以是延时的，所以是自然平等的。侵害弱势群体的“飘风”“骤雨”有程度轻重、范围大小的区别，一种是社会主体上存在明确的共同利益共识之道，也就必然有显现共同利益之道的法律规范、规章制度、公序良俗、合同契约等制约之德，这时侵权的“飘风”“骤雨”一般程度较轻，范围较小，当有人用暴力、欺骗、胁迫等特殊手段侵害弱者利益，打破权利和义务相对平衡时，可以通过法律规范等进行相应的惩罚制止，使双方权利和义务关系再回归到相对平衡的状态，这就是有序回归。不但调节解决了激烈的矛盾冲突，也警示了其他交往的各方，巩固了共同利益之道和彰显了法律规范之德的权威性。这个平衡—失衡—平衡的循环半径相对较小，包括共同利益在内的交往各方受到的伤害也相对较小，交往成本就相对较低。这是正常社会的社会公共职能主导下的社会有序运行模式。第二种情况是，当组成交往范围内的各方因为有强势群体介入而没有各方平等的相互作用和制约关系，自然权利和义务相对平衡的自然规律也就无法落实存在，而严重失衡了。这种状况主要表现在封建时代统治腐败加剧的后期，封建统治者不但不放弃因特权得来的既得利益，根据权利和义务相对平衡的自然规律进行改革，反而利用武力镇压利益受损的弱势群体的反抗，是不是因此权利和义务就无法再相对平衡了呢？老子说："飘风不终朝，骤雨不终日。孰为此？天地。天地尚不能久，而况于人乎？"也就是说这种权利和义务严重不平衡的状况不可能持久，"万物负阴而抱阳，冲气以为和"是客观的自然规律，包括天地在内，任何事物和人都不可能违背，尤其是不可能长期违背。就以封建统治者来说，当他们利用武力强势占有赢者通吃的特权而违背了自然规律，又固执地坚守既得利益特权不放，压制了共同利益之道后，统治者因为不尽和歪曲社会职能失去了应有社会定位，也就失去了他们存在的社会共同利益共识，任何失去了共同利益共识之势支撑的东西，都会失去存在的地位而被遗弃，哪怕其有多强大，这个平衡—失衡—平衡的过程就是一个大半径的"反者，道之动"的循环过程。当地心和地壳的压力不平衡时，自然界每时每刻都在通过人们感觉不到，感觉得到的大陆漂移、地震等不断地主动平衡调节着。人利用一时强势占有打破权利和义务相对平衡的自然规律的等级特权，而且企图永远失衡下去，这可能吗？

造成飘风骤雨的主要原因是交往各方地位权利的不平等，无法相互制约、对立统一。但是任何事物都是相对的，不平等同样如此，不平等只存在于一时一处的强势之时。强势和弱势也是相对的，存在着相互制约关系的，万事万物从来就没有绝对的强势和绝对的弱势，即使是手握生杀大权的君王，也会有无法避免的弱势，即使其拥有了不受制约的权力同样得不到应有的安全。透过表面皇帝前簇后拥，八面威风的仪仗形式表现，其实皇帝的真正强势来源于他代表的社会各群体要安宁有序生存的共同利益共识之道，和体现道的各项公共职能。民众和忠臣维护的并不是这个人，而是他代表的共同利益共识之道的天下太平。如果他不能尽这些体现共同利益之道的社会职能，不能使天下太平有序时，便失去了人们对他的信用认同，也就是无形之势存在的依据，会被众人逐步识破，遗弃推翻。

在我们日常生活中也同样如此，每个人都会有自己的软肋，可以伤害别人的同时，也会受到别人的伤害。如果没有各方在平等的相互制约中产生的共同利益而使每个人自动约束自己遵守行为规范，任何一方都有机会和能力动用特殊方式相互伤害，双方都可能成为受害者。人们应当知道，封建意识的产生和存在不是某个古人强加给社会的，他们只能把社会的共识和事实中早已存在的现象总结归纳了一下，形成规范，无论是孔孟还是董仲舒，他们都讲了许许多多理论，但只有符合在当时生产力生产关系所造成的各种客观条件下，各方的共同利益共识的理论才能被认可，才可以普遍存在和流行。其他不符合以强势者为主的共识之势的就会被搁置，例如孟子提出的“民为重，社稷次之，君为轻”的民本思想在封建社会就无法落实，只能在某些论述中被引用。为什么？因为在封建社会自给自足的分散的小农生产方式，使广大民众没有条件，也没有能力和愿望主动地参与社会行政管理，所以，因为民众的缺席，在社会行政领域中，各方在相互影响、作用、制约的对立统一中产生的共同利益共识并没有什么民众的利益。没有民众参与的对立统一的共同利益，民众的利益自然就少，等级特权的产生也就是客观自然了。也是在这种客观条件下，才有了“刑不上大夫，礼不下庶人”的说法，这个说法只是反映了客观现实，并不是这个说法造就了客观现实。

老子讲“故从事于道者，道者同于道，德者同于德，失者同于失。同于道者，道亦乐得之；同于德者，德亦乐得之；同于失者，失亦乐失之。信不足焉，有不信焉”，不仅仅是针对封建统治者，也不仅仅是针对各种强势者，而是针对包括广大时常利益受损的弱势群体的全体社会成员。因为任何强势都是相对的，和任何事物一样，不平等的强势，只有在人们的普遍认可共识之势的支撑下才能存在。如果人们普遍的社会共识是弱肉强食的功利主义思想意识时，必然会使特权逐步壮大，成为尾大不掉的“飘风”“骤雨”而使全体受害，这是“同于失者，失亦乐失之”。反之如果人们普遍将不平等的特权行为如抢劫偷盗一样，认为不可容忍，必除之而后快时，那么，不平等的特权还能存在吗？

真正可以千秋万代的绝不是弱肉强食的等级特权和个人功利主义，更不是各种欺骗蒙蔽和残酷镇压的相互防范，而是依道遵德的不谋特权，是各方在平等的相互影响、作用、制约的对立统一中产生权利和义务相对平衡的共同利益共识之道，只有如此人们才能各尽其才，各居其位，人们才不会动用各种特殊多言多事的手段相互伤害，才是得到稳妥、安宁、有序的唯一的“希言自然”的方法。

第二十四章

# 过分地追逐功利会事与愿违

跂者不立，跨者不行。自见者，不明；自是者，不彰；自伐者，无功；自矜者，不长。

其于道也，曰："余食赘形。"物或恶之，故有道者不处也。

这一章老子是在讲一个人或一个群体在与他人交往中，如果过分关注自己得到的利益，而且不切实际地企图拔高自己，而忽视与交往范围内各方的共同利益是不会成功的，不但徒劳无益，而且会因忽视共同利益反而会失败和落后。几千年的封建特权统治形成的思想意识上的个人功利主义和等级特权文化意识共识，过分地追求了个人功利，以个人功利得失来评价一个人或事物的优劣，忽视横向的组成交往范围各方的共同利益共识之势对一个人的助力和制约性作用。忽略任何事物的产生和存在都不会是一人一群体之力可以完成的，必须由直接、间接的很多人参与，也是在前人的创造积累基础之上才能完成的，无论多有创意的东西没有众人的认可和实行也成为不了现实。人类能够远远超越在单打独斗中，力量和搏杀技能上强于我们的豺狼虎豹等动物的主要原因，就是人类在群体交往中的智慧、知识、技能等方面的合作互补，相互启发，相互激励的聚集累积造成的，人类可以通过语言文字交流把一定交往范围内、一定历史时期的人们的智慧和力量集中在一起，扬长避短，攻人之短地去攻克一个个困难和障碍，这种众人各尽所能的合力要远远大于那些个体虽强，但只知道自己眼前果腹的凶猛的动物对手。在人们的生产科研实践中虽然表面上有形显示为一个人或一群人，而实际上人们有意无意地在借用了无数广大人群和历史累积的无形的共同利益之势能，这可以使他或他们的势能不成比例地增加和增长。目前互联网上的业务红红火火，表面上看是几个企业的作为，而这是在社会各方面积聚有形物质和广泛的共同利益共识之势基础之上才能产生和发展的，是企业适应社会共同需求的利益和引导社会消费意识的社会互动的结果。这就是扩大的交往范围，文化意识、科学技术理论等交往能使生产科技力量的大幅度增长的原因。所以历史上几乎所有的人类自然群体都是在各交往群体的共同利益之势的制约下，不约而同地创造或者借鉴引进了别人的语言和文字，而且交往范围越广，知识智慧聚集越快，社会生产力文明水平提高也越快。世界上几次大的各种原因引起的扩大交往范围都带来了科学知识、生产力水平、文明程度的普及和相互取长补短，碰撞启发引发的飞跃。

是否摆正个体和群体，群体和社会的对立统一关系是一个国家，一个团体，一个家庭，一个人生产生活中能否顺遂成功的关键。人只有知道借力于交往范围内各方的共同利益之势才会开阔眼界，增加才干，而有所创造。一个创造只有符合了社会共同利益共识之道才可以产生使用价值和交换价值。因此，任何人都必然要生活在一个个交往范围之内，与他人产生平等、对立统一的关系，受共同利益之道的保护和制约。如果头脑中充满等级意识，凡一事当前，想到的不是如何遵守共同利益的法律法规等行为规范，而首先是从个人利益出发，要千方百计地超越别人，异于常人，以求异而引起别人关注，彰显自己的身份，那么，其将不会有任何成就。

在个人消费层面，有的人为了追求高人一等，盲目地攀比，忘记了自己真正需要什么，为了满足自己的虚荣心，而不顾客观条件地进行消费，像莫泊桑小说《项链》里的女主人公一样，因一时的虚荣而付出了惨痛的代价。正是这种不务实的意识行为在支撑和不断推动着消费压力加大，世界能源的过度消耗和环境的污染。这时，一个人对事物的取舍权并不完全取决于自己，而由别人追捧或对手来决定，失去了实用选择的自由。有些人在与别人交往中，主要注意力并不在共同参与的事物中，也就是自己的本职工作上，而在于与别人尤其是和自己相差不多的人争夺位置的高低上，比别人高则沾沾自喜；平则不忿，自认为高于别人，为自己叫屈；低则嫉妒，尽管表面上恭维，但内心诅咒。这些人的心里没有实事求是的意识，从来也不会从自身能力水平上找原因，认为一切上升和成功都来自歪门邪道。这种唯我独尊式的个人功利主义价值观的存在，给社会交往中造成无穷无尽的内耗，使很多社会能量消弭于相互抵消之中。这种有唯我独尊的个人功利主义价值观的人们，不但对别人有害，社会有害，也失去了自我，他的幸福建立在别人的痛苦之上，一切言行服从于争斗，不顾客观事实，为反对而反对，没有是非对错观念，没有自己应有的社会定位，一切服从于占上风、高人一等。这些人往往到最后才会发现，苦苦争斗一生，到头来只落得一场空，使别人失败的同时自己也没有成功，只留下充满无数的仇恨、猜疑和激愤动荡的疲惫之心。尤其可怕的是，这种思维方式和价值观的影响下，这些“企者，跨者”的行为和意识并不孤立，许多人甚至在反对别人如此的同时，自己也在继续这样干，这就是弱肉强食、等级特权文化意识共识之势的可怕之处。

并不是只有个人有脱离实际的急功近利思想，一旦唯我独尊、赢者通吃的功利主义价值观充斥于世，企业和社会也会因为想尽快地达到顶峰而盲目地扩张，拔苗助长，甚至于追求表面上的荣耀，大作表面文章，形象工程，有的还自欺欺人地仅仅追求名义上的高大上，追求各种对社会共同之道无益的所谓天下第一来攫取轰动效应，这些浮躁的根源在于脱离实际的功利主义价值观。这种浮躁的自见、自是、自伐、自矜现象很容易和脚踏实地的企业和社会升级的雄心壮志和宏伟蓝图相混淆。前者建立在没有组成事物各方面的共同利益之道的基础上，脱离自己的真实实力，因为其所追求的是单方的特权，不符合甚至会伤害参与交往的其他方的利益，所以，必将会受到其他方的制约和反对而无法成为现实，即使侥幸成功也不可持续。这种所谓的雄心壮志是排他的，所以是不可持续的。而后者则是在社会根基之处，符合当时生产力水平，符合交往范围内各参与方共同利益之道，是各方合力共赢之势，所以是必定成功的。这种成功的受益者是平等的各参与方，会加强参与方的团结一致，也必然会成为更进一步前进的基础，所以是可持续的。

老子在本章中说的自见、自是、自伐、自矜所造成的动力和来自社会根基的真正科学务实的雄心壮志的进步动力是完全不同的，双方的根本区别在于道。为了个人或者群体私利等级特权的“企者”和“跨者”所做的是无用功，甚至是阻碍交往参与各方共同利益的阻力功，既伤害了别人，自己也从中受害，这是因为他们的功利主义纵向思维方式是以脱离和破坏现实横向基础为前提的，是无本之木，无水之源。合于道的思维方式是以横向的组成事物各方面的共同利益为基础的，纵向的新生事物因道而生，这些纵向的新生事物的产生动力来自共同利益之势，因此才是最有实力、潜力、凝聚力的可持续的，每一步的前进也会留下坚实的踏石之痕，不会进一步退两步。所以老子才会在本章对脱离事物根基横向的各参与方共同利益之道的，纵向的急功近利的价值观，所导致的“企者不立，跨者不行”的自见、自是、自伐、自矜行为深恶痛绝，说：“其于道也，曰：‘余食赘形。’物或恶之，故有道者不处也。”当社会还普遍存在个人功利和等级特权意识共识之势时，人们往往在厌恶、鄙视、嘲笑别人的自不量力、自吹自擂行为的同时，自己的所关注的也不是如何以增加为共同利益的付出来提高自己的权利和社会存在的共同利益之道，也往往会在无形的普遍功利主义势能的推动之下，不知不觉中走向功利第一,一切功绩抢来归自己，一切缺点错误推给别人的行为，能使这种社会上普遍存在的五十步笑百步行为消失的唯一方法不是指责声讨，是认识老子的道德，是组成交往范围各方在平等的相互影响、作用、制约的对立统一中产生的权利和义务相对平衡的共同利益共识之道及相应的各项行为规范之德。

## 第二十五章

# 道法自然

有物混成，先天地生。寂兮寥兮，独立而不改，周行而不殆，可以为天下母。吾不知其名，字之曰“道”，强为之名曰“大”。大曰“逝”，逝曰“远”，远曰“反”。

故道大，天大，地大，王亦大。域中有四大，而王居其一焉。

人法地，地法天，天法道，道法自然。

道是由组成事物各方在平等地相互影响、作用、制约的对立统一中产生的共同利益共识之势，所以是“有物混成”的。宇宙是由无数的星球相互吸引和相互排斥、相对平衡的共同利益之势制约下各自按照自己的轨道运行，如果失去它们之间相对平衡的共同利益之势，宇宙将不复存在。地球也是由地核、地幔和地壳组成，只有这几方面达成力的相对平衡的共同利益才能存在，为了这个平衡，各方不断地用大陆漂移和地震、火山爆发等来调节。可见，天地也必须符合道才能存在，所以道“先天地生”。因为道是各矛盾方的共同利益也就是平衡之势，自然是无声无形，寂静空虚的，所以是“寂兮寥兮”的。因为道是组成事物各方的共同利益之势，自然是超于事外的唯一的独立的，所以“独立而不改”。随着组成事物各个方面的发展不平衡，会打破原来的相对平衡，不平衡达到一定程度，各方就会根据变化情况通过对立统一而达到新的平衡，这个平衡—失衡—再平衡的过程就是道的无休止的循环过程，而事物也只有在这个不断的循环过程中才能存在发展，所以“周行而不殆”。天下所有的新生事物只有在符合组成事物各方的共同利益之势时才会产生和相对稳定存在，例如我们的产品只有符合公众需求，才会产生使用价值，也才有了市场交换价值，企业才能营利，如果一个产品不符合公众需求，便不会产生使用价值和市场交换价值。而旧有事物当不符合共同利益之道后，便会遭到抛弃和消灭围剿，可见道是决定新生事物产生和存在的根本，所以“可以为天下母”。而这个组成事物各方对立统一产生的共同利益之势虽然无处不在，无时不在，但其又无声无形又不断变化，恍惚存在，老子以前的人们并没有发现，自然没有名字，老子现在只得新命其名，所以“吾不知其名，字之曰道，强为之名曰大”，老子为什么在无数个名字中选择用“道”这个名字来彰显无时无处不在“可以为天下母”的无形之势呢？可能是因为只有道路才可以更形象地体现这个势的原因，我们知道，天下本无道路，只是因为人们生产和相互交往的需求的共同利益才使人们在长年累月的行走方向上的共同利益共识才踩踏出来的，可见，道路的产生来自人们自发的共同利益共识，并非外界强加的。所以，一旦道路被不约而同地踩踏成型后，便于无形中对人们的行走路线产生了制约作用，也就是说产生了规范，这个规范并非强制，但又几乎不可违背。道路虽然为人们的行走时刻提供着规范和便利，但却没有自己的特殊利益，“处无为之事，行不言之教。万物作焉而不辞，生而不有，为而不恃，功成而弗居。夫惟弗居，是以不去。”而老子所讲的交往范围内各方在平等的相互制约、对立统一中产生的共同利益共识之势在某种意义上不正是如此吗？所以老子为了更形象地彰显出共同利益共识之势，便于人们理解，才选用了道路的“道”字。但是用有形的道路来显现无形的势，用代表有形的名字代表无形的势，有违人们的常识，故老子说“字之曰道”。正因为怕引起人们的思维混乱，所以老子才在《道德经》开篇便解释说“道可道，非常道；名可名，非常名”。“强为之名曰大”的“大”在这里是无所不包、无边无际的意思。道包容万物，有物就有道。交往范围小，有小范围的道；交往范围大，有大范围的道；人有自己身体内五脏六腑的平衡之道，有身体和精神的平衡之道；家庭有家庭之道；团体有团体之道；国家有国家之道……各个不同大小的道之间必定会相互影响、作用、制约，再产生对立统一之道。例如，我们家庭内再好，再和谐有道，但社会上无道，家庭也会受到极大影响；相反，如果各个家庭无道，社会之道也会受到制约；同样一个国家和全球之道之间也存在相辅相成、相互制约的关系，各个国家内没有道，全球的道也建不起来，如果全球无道，一个国家的道也无法保障，所以想以一个国家违背其他成员的利益的霸权来保障自己的安全是不可能的，是南辕北辙，只会引起争霸，而将人类带向动荡和混乱。所有交往范围的道都是会相互影响、作用、制约的，不可能是孤立的，这是在追求各种不同交往范围的共同利益之道。当今全球化交往就必须寻求全球各国、各民族之间的共同利益之道，才是实现世界和平，造福人类的唯一途径，也是唯一生存之道。

道存在于一切事物之中，可以如宇宙之无限之广远，但又时时处处在我们身边保护和制约我们的一言一行，既无限之广泛又时刻在动态中运行，是横向的“大曰逝”；共同利益共识之势在不断运行中左右着一切事物的无限长远发展过程，也是纵向可持续的“逝曰远”；但是不论横向交往范围多大，纵向延伸多远，都离不开权利和义务相对平衡的自然规律这个本原。“远曰反”也就是回归“天地根”。“反”，返回、回归的意思。共同利益之道的功能作用就是将随组成事物各方的不同发展变化，造成的阴和阳、权利和义务严重失衡，通过对立统一再推进回归新的相对平衡，如此动态循环发展，并永无止境。

人类要存在发展就必须与我们赖以生存的包括天地在内的自然环境依照客观自然规律，取得共同利益之道，一部人类历史，就是不断地从失败和成功的教训中解读大自然，顺从自然规律，达成人与自然的共同利益之道，从而获得人类生存的衣食住行物质的历史。对大自然的每一次研究的深入都是人类与大自然共同利益的一次扩大，也是人类能力的一次增强。但是，任何事物都是有限的，相对的，天地大自然也不是无穷无尽的，有其不可违背的平衡之势的。以老子给出的顺序："道大"，通过对立统一的相对平衡共同利益之势左右天地万物存在；"天大"，人类对天比地要了解得晚和少，曾经认为是天在主导着人间的一切成败祸福，古代祭天几乎是一切民族的必有仪式，但是随着科技发展，人们在不断探索中也逐步从盲目迷信到科学了解了相当多的天文知识；"地大"，人类一产生，从刀耕火种时期就开始向大地获取生活物资，到每一步的发展，一直受大地制约；"人亦大"，人类也在不断地与自然界交往中寻找自然界的客观规律，从而在寻求共同利益之道中逐步扩大对自然的影响、作用、制约能力，到了现在人的生产力和科技飞速发展，人类现在开始具有了反过来局部伤害天地的自然存在的能力了，失衡的"人亦大"。所以，"故道大，天大，地大，人亦大。域中有四大，而王居其一焉"，"域中"指人类生存交往的大环境范围。必须由天时、地利、人和三方的对立统一产生的共同利益之道，人类才能和谐有序地"大曰逝，逝曰远，远曰反"地存在发展下去。

人要效法地的务实质朴，坦诚无言，一丝不苟，相互制约，时令季节循环有序；地，要效法天的志存高远，在星球之间相对平衡的轨道上无言地运行不息，从不出轨，不打破对相对平衡的永恒坚守；天，天体的运行和地球冷暖的一切都是在交往范围内各方平等地相互影响、作用、制约的对立统一中产生的相对平衡的共同利益之道左右下才可能运行的；道，所依据的是真实质朴，平等包容，矛盾对立统一，阴阳相合，权利和义务相对平衡的自然规律，所以老子说："人法地，地法天，天法道，道法自然。"无论是人类在生产科研中与自然物质交往，还是人类相互之间交往中，达成真实质朴，平等包容，对立统一，权利和义务相对平衡的自然规律共识之道，是唯一和谐、有序、可持续的方法，反之所带来的必然是冲突、混乱和分裂。

第二十六章

# 人只有尽自己的社会职能才有存在之根

重为轻根，静为躁君。是以圣人终日行，不离辎重。

虽有荣观、燕处，超然。奈何以万乘之主，而以身轻天下？

轻则失根，躁则失君。

“重为轻根，静为躁君”，事物是由多方面组成的，各方面对整体事物的作用几乎是不可能一样的，从整体事物共同利益之道来讲，必有主次轻重之分，也就是我们常说的主要矛盾和次要矛盾，这在我们解决问题时就产生一个依矛盾的主次轻重而先后解决的问题，例如在社会投资投入的分配上，只有严格将有限的资金用于组成社会各群体的共同利益的主要方面，比如重点投资于社会基层主要民主问题，才能使社会稳定安静。否则封建皇帝君王大肆建造仅供自己享用的宫殿、园林、陵园，或者不顾社会承受能力，好大喜功地奢侈浪费甚至发动战争，都会导致社会的各群体共同利益严重受损，甚至造成社会矛盾激化，战乱四起，动荡解体，使社会由平静变成躁动不断。静，一般为顺势所至，如江河之水在落差小时，会水流平静，无声地流淌，但是一旦落差加大就会奔腾咆哮；而当落差再大成为断层，平静之水就会成为瀑布水流直落，吼声震天，甚至大地颤动。社会同样如此，水位落差就是权利和义务失衡的程度。社会事务依道而行，生产科研中依自然规律而动，就顺，顺则异议少而无言，成功率高，则安静平稳；反之，社会事务逆社会共同利益之道，生产科研逆自然规律而行，招致多方反对阻碍和失败，必定混乱多变，躁动不安。所以老子才说“重为轻根，静为躁君”，重和静两者有着紧密的联系。

“重为轻根，静为躁君”，社会如此，一个人也如此，个人和社会是互动不可分离的。人的生活是多方面的，可以有许多兴趣和选择，但是，却应该有自己主业，也就是自己为这个社会应尽的主要义务，这就是个人在社会的根和君。只有每个人都尽了自己应尽的义务，为社会共同利益付出了，才有得到报酬的权利，这也是一个人的社会存在坐标，只有每个人都如此，这个社会才能得以存在和延续发展。这个义务可以是社会分工中的一线生产劳动科研，也可以是各种服务项目，也可以是行政职能的管理。这些义务是每个人在这个社会的坐标，正是这些不同坐标的有序分布和相互影响、作用、制约组成的共同利益才组成了完整的社会有序之道。这是一个社会的正常的生产生活程序，如果这样的生活成为人们普遍的共同利益共识，那么这个社会的人们就会和谐有序，平静安宁。但是这样生活却不一定是每个人都认同的，如果一个人或群体有强烈的弱肉强食的等级观念和个人功利主义思想意识，就不会认同这种平静有序，平等的相互制约、对立统一，权利和义务相对平衡的生活，就会千方百计地想打破平衡得到各种特权，这必然造成个人和社会的不断躁动。可是，大多数的人是容易被人误导而跟风的，虽然有这样的特权意识，但却不可能有这样的机会。因为任何一个等级特权社会要想存在，就决不会允许大多数人不付出、少付出而得利，只能是千方百计地要大多数人多付出少得利，才能供少数特权者少付出、不付出而挥霍，所以真正可能得到特权的永远都是极少数，还有一些附庸于他们，而可以因喝到点汤而自傲的媚上欺下的两面群体，而绝大多数人们则只能多付出少获得，受不同程度的压迫。特权者之所以明知如此，才拼命宣扬等级功利思想意识，一方面为了证明自己存在的合理性；另一方面，钓起一些虚无的馅饼，以此来诱惑底层人们的上升贪欲，才会使人们不反对特权，反对的是为什么自己得不到特权？所以，才有了贪官们的前仆后继，从而自愿维护这个有可能出人头地的制度，更可以涣散瓦解利益受损群体的反抗共识的普遍产生。这令大多数人可望而不可即的等级功利贪欲使多少人终身生活在鄙视自己的不安分的躁动之中，失去了自信、自尊和骨气斗志。而同样的社会劳动分工，同样的劳动强度，如果人们产生平等的依权利和义务相对平衡的相互定位的思想意识共识之势，就会通过平等的相互制约、对立统一而得到自信自尊，平静沉稳，和谐有序，幸福安宁。可见，思想意识不同会造成共识之势的不同，造成人们生活中宁心安静和浮躁难安的不同。这也是为什么老子要写《道德经》来讲明组成事物和交往范围各方在平等的相互制约、对立统一中产生的权利和义务相对平衡的共同利益共识之道来解放人们思想意识的目的，“吾言甚易知，甚易行”，告诫人们切勿因贪念而失去共同利益共识之道，“轻则失根，躁则失君”。

每个人的应尽义务不但是个人的身份坐标，也是社会的有机组成部分。所以，这个义务对个人在社会交往中是主要的重心，并可以因此得到应得权利，在这个重心之外，其他活动爱好项目都是以此重心为依托，只有把自己应尽的义务干好了，其他活动爱好才会有依托之根，而进行得顺利，这就是每一个人的“重为轻根”。有些人一生浑浑噩噩，毫无进取之心，不务正业，不思为社会尽义务，不寻自己安身立命之社会坐标，终日游手好闲，追求一些旁门左道的花样消遣，甚至终生寄生于父母、社会，成为寄生虫；还有些人也一生忙忙碌碌，并无偷懒，只因为一事当前，不分主次轻重，不善于取舍，这山看着那山高，不断弃旧迎新，总想走捷径，一步发财，结果欲速则不达，交了无数失败的学费，最后竟一事无成。这就是典型的轻重不分，“轻则失根”。

人们应尽的义务都是实事求是的，以一丝不苟的科学态度才能完成的，所以需要踏实安静，心无旁骛才能干好，例如学生学习，农民种田，工人做工，科研工作者进行研究，官员尽自己的社会管理职能。作为一个讲诚信，对社会负责任的人，会时刻将注意力集中在自己担负的社会职责上，日复一日，年复一年地兢兢业业，任劳任怨，甚至甘于寂寞，坐冷板凳，例如我们的边防战士和科学工作者们。这才是万物的常态，就像宇宙的各星球按既定转轨道不懈运转一样。一个负责任的人应该对社会上的各种诱惑处之泰然，不为所动，所以“是以圣人终日行，不离辎重。虽有荣观、燕处，超然”，“辎重”指运输主要物资的车辆，这里应该是泛指人的职责主业或主要责任担当；“荣观燕处”指有诱惑力的事物和美好的景观，这里应该是泛指人们面对各种诱惑不为所动，超然处之。

在社会中，上至君王下至官员民众，每个人都应尽自己的义务，这是一个社会得以和谐安宁发展的必需条件。但是，这种和谐并不是单纯的良好的愿望所能达到的，必须要在参与社会各群众地位平等之上，能够相互制约、对立统一产生的共同利益之势的制约下才能达到。失去了有效的制约，拥有不受制约特权的人们就会为了自己的侈靡享受私利，会打破权利和义务相对平衡的原则，而不尽或少尽应尽的义务，多占有权利。例如，“万乘之主”的君王在社会中的应尽义务是从共同利益的道为出发点，尽到管理和建设个人和群体无法办到的治安、水利等公共事物职能，这些是一个君主的社会存在中的权利和义务相对平衡的坐标，是其能够存在和得到民众供养的唯一基础，也就是说这是他的生存之根，是他的重。他如果把这些做好，在遇到如外来入侵、自然灾害时就有了战胜和克服的基础，“夫慈，以战则胜，以守则固。天将救之，以慈卫之。”“慈”是因君王尽了自己的社会职能，可以给民众带来利益好处，自然会得到共同利益共识之势的支撑，这就是一福压百祸的压舱石，就可以像不倒翁一样，上面如何晃动，重心稳定，就可以有惊无险，屹立不倒，而这重心就是共同利益之道。共同利益之道是由社会意识共识而来，有向心力的势能，有了这个势能才可以“以战则胜，以守则固。”一个人同样如此，只要依道遵德行事，家庭和谐，交往范围内名誉好，得到大家的理解和助力，无论多少困难都打击不垮他。担负社会行政管理职能的“万乘之主”如果为了自己的侈靡享受和爱好甚至不切实际，损害社会利益的狂妄奢求，而放弃或贻误了自己应尽的社会职能，也就是说失去了自己在社会分工中的地位，因为自己的特权侵害共同利益的越位，导致丧失应尽社会职能的失位，这就是“轻则失根，躁则失君”。这样的例子历史上还少吗？肉林酒池，烽火戏诸侯……

凡是能够以特权逃避权利和义务相对平衡的自然规律，失去社会定位的人都有一个共同的特点：躁，也就是追求无止境贪心的折腾，因为他们摆脱了相互制约的限制而失位。就像一艘远洋船，失去了经纬线的定位一样，会迷失方向；社会就像一个由多组齿轮传动的机器，每一个齿轮都受到动力来源的齿轮带动和制约，而同样带动制约下一个齿轮，如果这个齿轮损坏就失去了自己承上启下的定位，不但自己失去了存在价值，也影响了整台机器的正常运转。一个人失了根，就失了行为准则和运行轨道，从而对于平静有序、日复一日的生活不感兴趣，专门寻找感官刺激，满足自己的各项贪欲或异想天开。如果他是一个君王，这时他身边便会自然而然地聚集起一帮阿谀逢迎之臣和江湖术士、奇能异人来一起折腾，置其应尽社会职能于不顾，终因此失去自己的社会坐标，会被社会各群体所弃。这就是“躁则失君”，“君”指主心、主宰。正当的社会职能是权利和义务相对平衡的，会受到多方条件制约，无法偏离，干好干坏有明确的指标和显示的，所以必须实事求是，一丝不苟才能干好，必须要踏实安静，这就是“静为躁君”。而不务正业则可随心所欲，有规则限制便避开，摆脱权利和义务相对平衡的制约，这样做的后果只能是像断了线的风筝一样，失去了自己的根基坐标，而随风飘荡一阵后归于沉寂。去除躁动归于静定就是一个人在社会应尽义务和得到相应的权利的必然过程。

本章的“重”就是一个人、一社会群体在各种交往范围内要依道遵德尽自己的义务，而得到相应的权利和报酬，也就是自己的社会定位，只有大家都如此，各种交往范围才会和谐、有序而安静。反之，如果人们都不想尽自己的应尽义务和付出，而争夺特权就会失去和谐、有序、安静，“轻则失根，躁则失君”。

第二十七章

# 平等包容，相互借鉴是存在和发展的基础

善行，无辙迹；善言，无瑕谪；善计，不用筹策；善闭，无关楗而不可开；善结，无绳约而不可解。

是以圣人常善救人，故无弃人；常善救物，故无弃物。是谓“袭明”。

故善人者，不善人之师；不善人者，善人之资。不贵其师，不爱其资，虽智大迷，是谓“要妙”。

本章老子主要讲的是交往范围内各方平等包容、相互借鉴、互为资源、共同提高的问题。首先，本章所说的善，不是善恶之善，而是善于的意思。从善行、善言、善数、善闭、善结可以看出老子所举例子与善恶没有关系，因为不善行、善言、善数并不是恶。道对事物组成各方是必须全面包容的，为什么必须是全面包容的呢？对任何一方的舍弃，事物便不是原来的事物了，就像做菜少了调料就不会是原来的味道，而且各方的势也会发生变化或逆转。所以，尽量全面地掌握各个方面和一些前瞻性潜在变化因素，是一个人能否得到真正的共同利益共识之势的重要条件，也说明许多局部共同利益之势的复杂多变性。理解道是组成事物和交往各方的共同利益共识之势容易，但真正时时处处感悟到道，并不容易，而实际行动中依道遵德更不容易，所以世上才有这么多波折。而在感悟到共同利益共识之道和依道行事中，如何尽量全面了解和利用自己所面临的各方的全面的优劣，和如何发挥各方之长而避开其短，如何使其短转化为长，是一个辩证认识问题，是老子说的“是谓要妙”的问题。

老子本章主要讲在一个比较常规交往圈子内，会有许多差别，例如一个企业，可以有许多种分工，同一个分工中的人也会有不同的能力差别，如果千军万马个个是诸葛亮，谁指挥谁？这仗还如何打？所以有差别是必然和正常的，而不正常的反而是人们以己之长比人之短，以己之长压人之短的“虽智大迷”的思维方式。人们社会交往中除了在当前职业中善于和不善于的差别，还会有更多的，学历差别、年龄差别、男女差别、爱好差别等差别，如果不全面包容，依各种差别而组封闭圈子，则会出现无数既不相同，甚至有一定程度对立，但又无法脱离交往的交叉圈子，会出现混乱和内耗，因为没有完全一样无差别的两个人，因差别而排斥的结局只有一个一个被孤立的孤家寡人。所以任何成功的企业必须要跳出圈子局限，将这个企业包括门卫、清洁工在内所有成员，都因各自的付出、义务和报酬、权利相对平衡的原则平等地定位，各尽其责，相互影响、作用、制约地形成统一的共同利益之势，就像一台完整运转的机器一样，每一个螺丝钉都是不容忽视的一环；弹钢琴，实际上也是要求不同音键依曲谱这个共同利益，各居其位，各发其音合奏组合在一起，成为个声乐篇章，才能产生吸引感染或振奋人心之势，如果一个音键再怎样也成不了声乐，产生不了势，所以势的产生必须是各音键平等地相互配合奏鸣的结果，没有一个个各不相同的音键，无法演奏出声乐篇章，同样没有共同利益统一的曲谱，单一的音键也表现不出声乐篇章的势能，更不要说引起人们的共鸣，产生社会效应了。同样，人们干任何事情都直接、间接地由多方面组成，这些方面也必然各有特点，也只有这些各自的特点以共同利益为核心的组合，才能产生对立统一的势能，只有这样才会成功。一个成功和失败的人有时成败往往并不在主要环节，因为人人都会在此处格外小心，但是对局部，尤其是对一些主观上认为是次要、边缘及派生的方面的关注就会有差距了，但往往正是这个差距可以决定成功与否。对一些辅助性生活细节的认真关注，对一些少数弱势群体的真心关怀，就可以形成一种平等包容的共同利益的企业文化底蕴，使人们产生向心力，焕发出巨大的主观能动性的创新能力。细节决定成败，其实就是一个站在全面高度上，对各群体共同利益的掌控之道。当然，这个全面掌控并不是一个人处处亲力亲为，而是通过追求平等包容的共同利益的文化意识的共识和建立制度平台由各群体平等的相互影响、作用、制约的对立统一来自然完成。领导者成为在具体事物上“不知有之”，而通过共同利益共识之势的向心凝聚力之势使人们各自衷心无怨地去尽自己职能的“太上”之人。这种自己并未实际行动便达到目的的引而不发跃如也的行为就是“善行，无辙迹；善言，无瑕谪；善计，不用筹策；善闭，无关楗而不可开；善结，无绳约而不可解”。

因为人无完人，每一个人都有各自的善于和不善于，各有长短。人类和动物的区别就在于人类可以相互取长补短，相互激发借鉴，才会不断创新发展而提高，而动物因不具备取长补短的合作意识，所以才亿万年不变。一个人的成败有时并不主要在于他自己的本领如何，而是他的心态和胸怀，善不善于借力借势，向四面八方借，向比自己强的或比自己弱的人去借势，如孔子说，三人行必有吾师。每个人都各有其善，其长，将众人之善之长以权利与义务相对平衡的原则为基础组成共同利益之势，何愁不成功？天下一切成功的帝王、企业家、个人都是如此才成功的。而一切失败者并非无能之辈，而往往是输在不知共同利益共识之道的心态和胸怀之上。刘邦和项羽两人相比，项羽个人能力和道德修养等许多方面碾压刘邦，两人甚至不在一个等级上，但他唯独没有刘邦的共同利益共识之道的眼界与胸怀，他的眼界在于衣锦还乡的分封诸侯的分裂状态下的称霸，而刘邦志在集天下资源的一统天下大势，所以项羽迷信于个人的智和勇，不注重“善人者，不善人之师；不善人者，善人之资”，不善于整合各种势能，所以“不贵其师，不爱其资，虽智大迷”，不考虑自己群体内各方的共同利益，自然就形不成共同利益之势，仅凭一己之拔山盖世之勇之智去对抗刘邦的以天下为己任的包容所形成的广大群体之共同利益之勇之智，必定处于总体上的下风。项羽是因不会借众人之势而逐渐减势，而刘邦是借众人之势，而逐渐增势，时间越长，拉开的差距越大，所以项羽失败是必然的。

如老子所说，“善人者，不善人之师；不善人者，善人之资。不贵其师，不爱其资，虽智大迷”，这才是为人处事干事业的“是谓要妙”。社会是一个统一的整体，不但包括现在的方方面面，也包括有史以来的一切，既包括有形的物质，也包括无形的意识，既包括无数善于者的成功，也包括无数不善于者的失败。甚至可以说，没有不善于者的失败，便没有善于者的成功。如今我们的高楼大厦、上天入海的高科技、自然知识、文化理论，一切有形无形的东西都是从前人失败和成功中来的，是从“善人者，不善人之师；不善人者，善人之资”中来的，我们应该做的是总结前人和别人成功的经验和失败的教训，认识到善于、不善于的区别有时并不在投入物质和精力的多少，而在于是否与自然物质或交往范围内的各方平等地相互制约、对立统一产生了权利和义务相对平衡的共同利益共识之势。对成败事例客观务实地认真分析总结，吸取经验教训才能成为助力于今后事业的资本。否则，不明就里地成王败寇，一味地嘲讽失败者和恭维成功者，胜则一切完好，败则一无是处，片面地看问题，对待真实的历史事实就像看了一场戏剧一样，同悲同喜一阵后就烟消云散了，就是“不贵其师，不爱其资，虽智大迷”，在今后的社会实践中，可能因此仍然与成功无缘，而与失败有份。“是为要妙”的“贵其师”“爱其资”的方法是：从事物善于、不善于的成功失败中，去真实客观地寻找区别，不但看有形的物质区别，更主要的看无形的人心向背势能区别，因为往往一个似乎是小事的发生而引起重大事件的背后都因为存在着长期潜伏的巨大势能；而面对极大的突发事件，人们往往并不会产生相应的极大反映，这是因为人们对任何一件事产生支持或者反对的强大的共识之势，都必须有一个认识、传播、共鸣、共识、积聚的过程，许多引发强烈反映和巨大后果的小的事件都是长期普遍的无形的共同利益共识之势在背后支撑。所以，许多社会现象仅看有形物质形式大小，危害程度的区别无法解释其结果，这就是“无名，天地之始；有名，万物之母”“天下万物生于有，有生于无”的道在起作用。虽然这样从深层次去探寻无形的蕴藏之势，必然要比一味认定表面上的偶然性的跌宕起伏而大作痛快淋漓地吸引眼球的文章，要费时费力许多，也枯燥无趣许多，甚至没有十分清楚明白的答案，都是相对的，但却可以因此“执古之道，以御今之有”，知道了应该何去何从，对社会和自己的事业会大有裨益，所以只有以道的方法去“贵其师”“爱其资”才会“是谓要妙”，才可以沉舟侧畔千帆过，枯木前头万木春。

其实就是不想干大事，只想做一个平平常常的人也应该懂得做人“要妙”这个道理，因为有的人与别人处不好关系，无法和谐相处，得不到大家助力，也就无法产生自己的较大影响力势能，并不是有多么自私，占了别人多大便宜，而就是因为不识共同利益共识之道才产生的心态和胸怀有问题，对不如自己的人蔑视，对强于自己的人嫉妒，便无法产生自己与其他方面的向心凝聚力。但事实上天下几乎没有各方面完全一样的人，如果在与人交往中，不是去认真寻找与别人的共同点，去协调一致达到共性，而是总是盯着别人的短处，去以己之长比人之短，必定会成为孤家寡人，自己弃人，人皆弃己。所以老子认为似水一样对人和物的包容吝惜是明智的，是合道之举，也是成就个人、社会的“是谓要妙”。

许多人的思维方式是单一的、片面的，非好即坏，非此即彼，强则赢者通吃，弱则一切皆输。而老子主张善与不善，强与弱都是相对的，可以相互转化的，一个善于用镰刀割小麦的强手可能开不了收割机，而这个会开收割机的人可能连镰刀都没拿过。今天不善于并不等于明天不善于，“士别三日当刮目相见”，此事不善于不等于彼事不善于，天下万物并有无用之物，把物看成无用，只是因为自己各方面认识的局限性。而且没有不善于者的逐步强大，善于者也不可能进一步提高，两者相辅相成。善者关注不善者的反应和提高，也是在关注和提高自己，一个整体就像一个木桶，只有补上短板才可以装满水。衡量一个社会的不是其高处有多高，有多富，而是其洼地有多洼，有多穷，相差越多，一个社会各群体差距越大，共同利益越少，矛盾越尖锐，潜伏危机越多，变数越大，未知因素越多。善于者自恃其强而鄙视不善于者，所获得的仅仅是虚无的优越感，而丢失的是传授普及之后的共同提高，是以向更高一层的造福整体的进步的实惠。一个社会总体世界观的文化认知环境不提升，不从狭隘功利主义小格局改变为平等包容的交往范围内的共同利益大格局，谁的素质也高不到哪去，只能是矮子里面的高个子。一个见到弱者蔑视而仰头的人，见到强者会自然而然自卑而低头，因为他们心中没有平等自尊，没有“贵必以贱为本，高必以下为基”这个自然规律的潜在的共同利益共识之势的底蕴。老子一贯提倡全面看问题的观点，要横向包容，交往范围内的各差异矛盾方相互影响、借鉴、制约，认为这是取得共同利益的唯一方式，而只有这个共同利益共识之道才能真实地反映这个社会的真实社会水平。但是，几千年封建社会形成的个人功利主义等级特权观念共识之势的顽固存在，人们往往只关注表面的个人名利，宠辱若惊，不知平等包容的合力之势，会各持自己一时一处之长，而看不起比自己差的人；而那些相对差一点的人又嫉妒比自己强的人。这种狭隘的功利意识就阻碍双赢多赢的结果，产生内耗的三人成虫的悲剧。所以老子认为“不贵其师，不爱其资，虽智大迷”。

“是以圣人常善救人，故无弃人；常善救物，故无弃物。是谓袭明。”圣人，在这里指依道之人。依道之人的出发点自然是交往范围各方的整体利益，所以考虑的是如何把事情干好，如何要大家都受益，必然是包容坦荡的，会平等包容各方人才、物力，人尽其才，物尽其用，实事求是地统筹安排，助人惜物。而如果不顾共同利益之道的人主要考虑的是个人的利益，即使多用人也是为了剥夺利用他们，而不会平等包容他们，不会站在他们的立场上考虑问题，更不会允许他们自己代表自己的利益，直接地与权力者平等地相互制约，这样自然是有不平等特权的人得利，而且人越少越好，会因远近亲疏，对自己利用价值不同而划分出等级。这就是所谓的人少好吃饭。依道、违道，谁好谁坏，谁胜谁负，似乎是非常明显的事，可是，实际社会中往往却不这么简单，因为人们对共同利益之道的不理解和个人功利主义价值观的作祟，往往是少数特权者更强势。因为行共同利益之道者对人一视同仁，坦荡无私，不屑于拉帮结伙，所以没有团伙，人数虽多也形不成可以随时出击的常备力量；而后者则相反，为了大小不等的特权的既得利益可以紧密地聚集在一起，哪怕有些人只能喝上一口汤，也会随时不择手段地对触动他们利益和不让他们触动利益的人进行打击，这就是当个人功利主义价值观占据社会主流时，不容易形成公开强大的共同利益共识之势，也就是正能量的原因。那些少数专注于侈靡享受而不顾民众利益的封建统治者，少而集中而势强，而广大民众虽多，但分散而势弱，这样，民众的有效反击需要有一个代价极大，又痛苦的长时间达成共识才反击的过程。那么怎样从根本上解决问题，才能不产生这些令人痛苦的现象呢？用仁义道德？这些人根本不听这一套，他们信奉极端的个人功利主义，人不为己天诛地灭，所以秀才遇见兵有理说不清；用法律规范？当法律规范背后没有社会各群体，尤其是利益受到伤害群体的共同利益共识坚决捍卫之势的支撑时，便失去了权威，他们可以通过各种办法架空法律，曲解法律，钻法律空子，将法律面前人人平等的社会统一规范变成可以因人而异的工具，顺我者昌，逆我者亡。当法律规范的制约名存实亡消失之后，他们就将更无所顾忌地夺利。历代王朝都有完整的法律规范，不但对弱势者有制约，而且对包括官员在内的各种强势者有更严厉的制约，但仍然没有挡住社会失规范之序而混乱动荡。为什么会如此？因为社会没有形成普遍的大多数人直接主动、平等的相互制约、对立统一产生的共同利益共识之势，为什么呢？因为社会各群体普遍对个人功利主义和官本位等级特权观念有认同，甚至有些向往，所以对可以用各种方式侵犯自己利益的各种方式的垄断和特权并不十分反感，更不会产生统一的像对待刺人身体的异物一样的，必除之而后快的同仇敌忾。也就是说，封建等级特权社会是建立在他们从孩童时就开始被灌输的利用一切传播方式、一贯宣扬的特权文化意识和实际等级特权行为的贯彻实行的有无相生，所逐步形成的社会各群体普遍的个人功利主义和官本位等级特权观念文化意识共识之势之上的。

平等，不是统治者赏赐的，是万物的自然属性，虽然事和人都有差别，但“故善人者，不善人之师；不善人者，善人之资。不贵其师，不爱其资，虽智大迷”，不同事物和个人群体，相互之间的影响、作用、制约是平等的客观存在，是任何人也无法摆脱的，虽然一时的强势者和群体总想压制别人的平等的权利，但强势的存在，是有条件限制的，是可以转化的，就像每个人也逃避不了儿时的孱弱和老年的衰微一样。任何人和群体都不存在永久的全面的强势，都有其弱势之时，之处，任何人、群体都有其强势和弱势的一面，有制约人的一面，同样也必有被人制约的一面，所以，本质上人和人是平等的。但是，真正可怕的不是强势者不平等待人，而是弱势者默认了这种不平等，这才真正失去了平等。因为如果广大弱势群体认同了对自己的不平等，就不会主动地影响、作用、制约强势者的打破权利和义务相对平衡的侵权伤害自己的行为，这样就纵容和承认了特权的存在。也就是说，等级特权不平等的存在，在某种意义上讲，是社会各群体的这种共识之势造成的，这种思想意识共识一天不被人们抛弃，等级特权就会存在一天，哪怕处处贴满了人人平等的法律和标语，人们意识中潜在的封建等级特权的个人功利共识之势，也会无形中迫使人在高于自己的权势面前下意识地低头无语，即使个别想出头抗争者在周围无形的驯服的共识之势威压下，也会不得不从众，因为他知道，当他反抗之时，首先攻击自己的，往往是同样和自己一样的利益受损者，因为他们没有平等的共识，他们的共识是维持这个不平等的现状。也就是说，是大多数人的不平等意识共识之势在支撑着强势者对自己的压迫现实。但忍辱同样也得不到社会安宁，因为人的贪欲是无限的，永远也无法满足的，只能是养虎为患，最终贪婪的强势者会将弱势群体逼到生不如死的地步，而玉石俱焚地造反。为了避免这个悲惨的结局，只有组成社会各群体的全部主动参与，而且各个群体都坚信这个社会应当是人人平等的，不能容忍别人对自己的不平等对待，这样自然会相互影响、作用、制约的对立统一，因为，为了生活和共同的事业，对立并不是目的，要生活和事业成功就必须要统一起来，以什么为统一的基础呢？就是“万物负阴而抱阳，冲气以为和”，每个人，每个群体都必须为大家的共同利益先付出，先尽了义务才能得到相应的回报与权利，谁都不能干只要权利不尽义务，侵害别人的事，也就是都应当“无为”，只有这样才能使大家的共同利益得以实现，大家的这种共识就是共同利益之势。大家的这种共识越普遍，越强烈，无形之势越大，对各种规范的坚守落实力度就越大。而势是无形的，随时随处都存在的，如何体现这个无形之势呢？只有用具体事物中的各种规范之德，也就是法律规范、规章制度、公序良俗、合同契约等一切真实体现各方共同利益之势的行为规范。但是行为规范如果没有强大的共同利益的认同之势的支撑，就是一些无用的条文，既可用可不用，也可以篡改修正。所以组成交往范围的各方对于共同利益的共识，要有坚定不移地从自身做起的态度才可以产生主动之势。只有大多数人认识到了只有共赢才能个赢，“无为为”的道理，当少数人企图持某些强势，而损伤别人的利益时会遭到大家一致的坚决反对，而反对制约的势越强，对各种贪欲的压抑性预防作用越大，只有这样时时处处的制约，使权利和义务时时处处得以达到相对平衡，社会才会稳定有序而可持续，才能避免事物失败或王朝倾覆造成的巨大代价和痛苦过程。老子通过《道德经》对各方面的教训总结和根本的共同利益之道来告诫世人警醒，我们今天才有必要不厌其烦地理解和宣扬道，因为只有大家都达成普遍强烈的、无形共同利益之势的共识文化意识，才会形成无形的共同利益之势以制约规范人们的一切言行。

“善行，无辙迹；善言，无瑕谪；善计，不用筹策；善闭，无关楗而不可开；善结，无绳约而不可解。”能够做到这些的只有无形的共同利益之势，也就是道。只有大家的共同利益的共识之势才可以不露痕迹地约束规范每个人的行为举止；才可以行不言之教；才可以用阴和阳、权利和义务相对平衡的自然规律来衡量一切利害得失；才可以使人自动克制贪欲，“塞其兑，闭其门”，自然就不用有形的关楗了；才可以不用结绳来绑缚限制不良事物，因为共同利益的共识之势而相互制约、限制了，自然就不用有形的绳约了。这其实就是攻心为上，通过大家平等地相互影响、作用、制约的对立统一达到共同利益的共识之势，来自我约束，相互约束。当年，诸葛亮七擒孟获要达到的目的，不是占领土地，掠夺人口财富，而是达成以孟获为代表的少数民族与蜀汉政权和平相处的共同利益之势，通过这个无形的共同利益之势使双方自行约束不利于共同利益的各种有形的行为。诸葛亮以无形的共同利益之势做到了“善行，无辙迹；善言，无瑕谪；善计，不用筹策；善闭，无关楗不可开；善结，无绳约而不可解”，而不是用千军万马去直接镇守捆绑，这才是以最低的社会交往成本，得到巨大的可持续长远的利益。这就是交往范围各方在平等的相互制约、对立统一中产生的权利和义务相对平衡的共同利益共识之道的“玄之又玄，众妙之门”的功能。

# 第二十八章

# 以平等包容为基础建立社会管理体制

知其雄，守其雌，为天下谿。为天下谿，常德不离，复归于婴儿。

知其白，（守其黑，为天下式。为天下式，常德不忒，复归于无极。知其荣，）守其辱，为天下谷。为天下谷，常德乃足，复归于朴。

朴散则为器，圣人用之则为官长，故大制不割。

本章和上一章同样是在讲平等包容问题，但上一章偏于我们日常生活，而这一章则主要是讲社会中上层，在讲应该以平等包容为基础形成社会管理制度。老子之所以在《道德经》中多次从各种角度讲平等包容，以社会基层为根，讲真实质朴，讲道，是因为这些观念在当时人们即使口头上都不被完全认可，也没有人站在社会治理层面系统地讲出来，更不会成为包括基层民众在内的人们普遍的意识共识。在老子生活的春秋时代，周室衰微，各大国争夺霸主地位战争不断，小国夹在中间两头受气，受战争蹂躏更重。君主们争霸主，争荣耀，广大民众被驱使着一方面生产，一方面去打仗，打胜了，霸权、荣耀、财富全是上层社会的，那些君主、将帅被广泛颂扬。但是在冷兵器的当时，决定战争胜负的是战场上士卒们的刀对刀，矛对矛的拼命血肉厮杀，每一次战争都意味着大量无辜生命的逝去和无数家庭的悲剧，一将成名万骨枯。但这些战争给民众带来了什么？得到土地和失去土地，胜与败对民众没有任何好的意义，他们都会和牲畜一样被随着土地划过来，划过去；对整个社会也没有好的意义，战争的所有损耗都要由社会基层民众承担，一仗打过去，多少年恢复不过来，“师之所处，荆棘生焉。大军之后，必有凶年”；即使是那些热衷于以忠君爱国思想欺骗民众，逼迫诱惑民众去打仗的君王们，除了虚无的霸权荣耀以外对他们的真正物质生活享受有多大关系吗？对民众，对士兵，对君主，对社会的所有群体实际上都百害而无一利，但是为什么要如此争斗不休呢？从人类第一次社会分工后，由于社会广大民众对行政管理权没有进行直接有效的制约的平台和其他条件，而使行政管理权异化为拥有特权的统治者后，统治者就自然产生了对物质的占有享受特权，因为剥夺民众利益可以得到的一人得道、鸡犬升天的无比巨大的物质和威仪享受特权，才必然造成统治群体企图对权力进行绝对的垄断，卧榻旁决不容他人鼾睡，从而导致的各方势力对权力的无休止的争夺。当弱肉强食、赢者通吃的等级特权功利主义意识占据统治地位后，在天下万物都是对立统一相对存在的世界里，人们形成了凡事都要分出个高低、贵贱、好坏、善恶的僵化的绝对思维方式，这就违背了自然规律之道，而必然造成人类自己和自己过不去的行为举止和许多“祸兮，福之所倚；福兮，祸之所伏”的令人迷茫的事与愿违的结局。在封建特权社会，人们无止境的个人欲望被认为是雄心壮志；不择手段地达到个人目的被认为是智慧；为掩盖真相，诱导误导别人的巧言令色成为智谋；掩盖真实意思，以退为进成为城府成熟，韬光养晦……其实质就是一个——争名夺利，得到排他的绝对。但世界万物又是由无数个对立统一的相对组成，可见世间一切祸福、兴衰、混乱都源于此，因为在一个社会物质总量不变的情况下，你之所多，必是别人所少，你今日势强，并不代表你所有方面都势强，也不代表你能永远势强。整个社会在时时变，处处变，时时争，处处争，在这种大环境下，你想不争都不行，那样就会被别的强势者所奴役。但是，同样是在争雄，也有道与不道之分，关键是争来干什么？不道的人争的是超出义务付出的特权，合道之人争的是权利与义务的相对平衡，是以争止争，以战止战。

“知其雄，守其雌，为天下谿”，老子讲的就是知道共同利益之道的人们在争得自己强势之雄后，不利用雄强去为个人和自己的群体去争名夺利，争夺霸权，去打破权利和义务相对平衡的自然规律而损害弱势群体的利益，而雌柔平等地对待广大民众，尊重他们的利益诉求，与他们相互制约产生共同利益之势，只有这样才能有事业的成功和社会的有序稳定和大环境的和平。如果他们凭自己的力量和努力可以一时夺得“雄”的强势、雄壮、威武，因此也可以得到“白”的明亮光彩；得到“荣”的出人头地，光宗耀祖，无比荣宠和个人特权。但是，他们却宁愿守住自己“雌”，显得静定，柔弱，处后不争；“守其黑”的不突出显露，处于灯火阑珊处的淡然；“守其辱”的谦卑，含蓄，荣辱不惊。“为天下谿”，把自己当作接纳天下泉水、雨水径流的小溪一样，自然顺势而行，不管两侧多少碰撞、拦阻，都挡不住溶入大江大河之道的步伐；“为天下式”，为天下做出柔弱而不争个人特权贪欲，不突出显露，严格依德的法律规范行事，是谦卑含蓄的榜样模式；“为天下谷”，容纳天下万物，平等和谐相处。只有这样做才能充分地体现出与道有无相生的德，使人们像婴儿一样纯真、质朴、诚信地遵守各项法律规范、规章制度、公序良俗等体现共同利益之道的各种规范。“常德乃足，复归于朴”，“常德”指合道的行为规范，天下人如果都依道遵德，当那些违背权利和义务相对平衡的自然规律，侵害弱势者或群体的行为都能得到各项法律规范的公正严明的惩处纠正之后，人们也就自然质朴、纯真、少私寡欲地遵守合道的规范之德，自然就不犯过失，“常德不忒”。只要这样管理天下，天下就会循道而不分裂，也没有了连年争战，生灵涂炭。只有用对立统一的相对意识去进行万物管理，才能“朴散则为器”。“朴”指真实质朴，自然规律之常，也就是道；“散”指发散普及；“器”

指成形成功，也就是只有真实质朴的共同利益共识散发普及开来，由其向心凝聚而形成强大的势能，才能推动有形物质事业的成功而为“器”。老子认为人的本性就像婴儿一样素朴、纯真、谦卑、柔和、平等、宽容，也只有这些品质的存在和作用，社会各群体顺应自然的“无为”，人们才能平等地相处交往，才能创造生存必需物质，使社会得以延续发展。“圣人用之则为官长，故大制不割。”如果人们如此依道遵德而行，自然就有了管理社会共同利益共识的权威，必然成为不容损坏的社会制度规范。

“知其雄，守其雌”的对立统一相对精神贯穿《道德经》，“无为”“知止”“不敢为天下先”等，可见老子认为，天下的苦难几乎都源于失去平等的相互制约、对立统一的共同利益之道，引发的争强好胜、恃强凌弱的名利争夺，老子的这种观点和社会普遍流传了几千年的个人功利主义和官本位等级特权观念文化意识截然相反。个人功利主义文化意识和广大基层民众在生产生活的实际条件是矛盾的，因为如果人们静下心来看一看，想一想，在实际生产生活中，绝大多数民众实际在做着“知其雄，守其雌”“无为”“知止”“不敢为天下先”的共赢之事，也只有这样，社会根基处民众才能生存，社会才能存在。

当我们理解了老子的组成交往范围各方的共同利益之道后，再去重新审视周围和历史上这些大大小小的，往往与英雄主义相混淆的个人功利主义的争权夺利的作为，到底给这个社会民众和他们自身带来了什么？是幸福安逸还是苦难躁动？此时我们再去重读老子的这段文章，认同感是不是多一些呢？应该客观公正地认识到，实际上给我们的生活带来困惑、苦难、争斗的主要根源就是人们过分地“知其雄”地利用强势的“雄”去争夺超过所尽义务和付出的赢者通吃的特权；而只有“守其雌”的柔弱地如婴儿般质朴，如水“居众人之所恶”“知其荣，守其辱”的宽容不争才能给自己和大家带来和谐、成功、安宁。以社会底层为主的人们实际主要生活在平等的对立统一、相互制约的权利和义务相对平衡的交往范围之中，但思想意识上却又受到来自社会上层封建统治者的赢者通吃的个人功利的排他文化意识的污染，基层民众的这种社会存在定位的“有”和思想文化意识的“无”的不一致矛盾，是造成社会根基处民众躁动不安和社会不和谐的原因之一。

第二十九章

# 利用行政权力占有特权是无法长远的

将欲取天下，而为之，吾见其不得已。天下神器，不可为也，不可执也。为者败之，执者失之故物或行或随，或呴或吹，或强或羸，或载或隳。是以圣人去甚，去奢，去泰。

本章是连接上一章“朴散则为器，圣人用之则为官长，故大制不割”的“无为”“无言”依道遵德而治，指出由平等、包容、真实、质朴的道和行为规范之德组成的社会管理体制是不能打破的，更不能企图利用社会管理的“官长”权威为自己谋取打破权利和义务相对平衡的特权，“将欲取天下，而为之”，自从人类社会将不便于大家共同管理的社会治安、领土保卫、水利和道路建设维修、抗灾救济等社会职能交由脱产的固定行政管理机构来进行后，这个由全社会的共同利益之道产生的机构便被尊为社稷、神器。但是，真正的神器既不是九鼎之尊，也不是王城，更不是宫殿机关，这些是有形的，固定不变的，可以烧毁丢掉，也可以重建；可以短期，也可以长存；可以是连绵数十里，巍峨气派的宫殿群，可以是几顶帐篷，也可以是几孔窑洞；这都是有形的僵死的，而只有无形的共同利益共识的势能才是可以随势而动，有顽强生命力的。真正的神器是组成社会的各群体在平等的基础上通过相互制约、对立统一而产生的权利和义务相对平衡的共同利益共识之势和相应的行为规范之德。所以老子才说“天下神器，不可为也，不可执也。为者败之，执者失之”，丢了或没有九鼎，丢了或没有王城，丢了或没有宫殿机关，只要共同利益共识之势在，普遍强烈的向心凝聚力就在，神器就犹在；有九鼎，有王城，有宫殿机关，但是没有共同利益共识之势，“信不足焉，有不信焉”，统治者应尽职能失位，夺取特权越位，失去了社会存在的价值，也就没有了令天下人信服的规范有序的向心而聚的神器，所以社稷、神器必须执行组成社会各群体的共同利益共识之道才能正常存在。

封建王朝时期，由于生产力水平很低，自给自足的分散的农户，没有时间、精力，更没有普遍强烈的由自己供养的监督制约的行政管理机构的需求意识，因此行政管理机构在没有强有力的主动制约后，便有条件打破权利和义务相对平衡的自然规律，将行政管理职能转化为统治权力，为自己谋取特权来剥夺民众的权利，从此，便产生了对行政权力异化而来的统治权的无休止的各方面、多渠道的角力争夺行为，和由此产生的逐渐主导社会的成王败寇、赢者通吃的功利主义价值观。对权力的争夺是多种方式的，可以是外来群体的争夺，可以是宫廷内部父子、母子、兄弟、宦官、外戚的争夺，可以朝堂之上权臣与弱主，权臣之间的争夺，可以是朝廷和地方官员的争夺，也可以是民间发起的争夺，在这些对权力的争夺中，聚集和激发了人类最大的“智慧机巧”；动用了人类最虚伪狡诈、血腥残酷的手段；显现了最多的阴谋诡计；蹂躏了人世间一切爱恨情仇……这些充斥了整个历史记载，其权力的争夺无非是一个目的：“将欲取天下，而为之。”“为之”就是“有为”，就是利用权力夺取自己对名誉、财富等一切的精神和物质享受。因为有了各种交往范围内的垄断特权，可以短期内不受权利与义务相对平衡的自然规律的直接制约，这就亵渎了天下共同利益之道的“神器”，所以，久而久之，会超过弱势群体的忍受极限，而必然会遭到利益受损方的强烈反抗，同时会引起上行下效的社会普遍的不择手段的急功近利行为和意识的漫延，而使社会严重失序，而危及所有人的利益，使特权的占有者也会付出极大的风险和代价。所以老子说："天下神器，不可为也，不可执也。为者败之，持者失之。"只有有了共同利益的社会职能权力之后，不寻求自己的特权，严格遵守权利和义务、阴和阳相对平衡的自然规律而"无为为"，只有符合社会各群体的共同利益之道，才会产生组成社会各群体的向心力，产生巨大的势能，才会战胜无论是外来侵略，还是自然灾难，才会不失败也不失去，"圣人无为，故无败；无执，故无失。"

社会是由多个生存方式的群体组成，每个不同群体都尽各自的社会职能，应该得到相应的权利，正常情况下他们的地位是平等的；而每个交往范围的人和事物也有很多前进后随，轻嘘急吹，强壮软弱，安稳危殆，"故物或行或随，或呴或吹，或强或羸，或载或隳"等差别的，有差别是自然现象，是必然的，也正是这些差别才使我们的社会丰富多彩，并且可以相互借鉴，相互激励，而使群体得以提高。社会是由各式各样的人在每个人的社会坐标上尽自己的义务才能存在的，本质上并无高低贵贱之分，那些等级观念是由统治者为了维护自己的特权而强制灌输下才形成的，所以得道之人在治理社会时会"去甚"，不会采用分裂社会、危害民众利益的过分极端手段；"去奢"，不会追求自己和自己群体的奢侈享受；"去泰"，也不会干一些仅凭自己意愿而劳民伤财的过度脱离现实的事。在治理国家时要平等包容组成社会的各个群体，实事求是地从各种差别中以权利和义务相对平衡的自然规律为基础去寻找共同利益，达到各方共赢。要做到这一点首先要克服的是不受直接主动制约的君王的不顾客观实际的极端行为和严重损害民众生存利益的穷奢极欲，和为了加强自己权力的不切实际的过度厉法苛政。如果肆意剥夺民众应有的权利，逼迫民众生不如死，则会失去自己的社会存在地位，"是以圣人去甚，去奢，去泰。"

老子讲的"欲取天下，而为之"是一种普遍存在的文化意识，这种文化意识有其深远的历史渊源，但其实际上是站不住脚的，这是人从动物那逐步进化时，遗留的动物弱肉强食的基因。而人类能够战胜动物到能够劳动生产创造财富，到如今达到高科技的过程就是一个不断同弱肉强食、赢者通吃的基因做斗争的过程，而与这种野蛮基因做斗争的正是老子所说的交往范围内的共同利益共识之道，是老子说的“玄牝之门，是谓天地根”“道生之，德畜之，物形之，势成之”。我们“归根”回到人类早期能够在动物中一枝独秀开始，人类不是依靠单打独斗的强势，因为人与凶猛动物相比，无论是从体力，还是奔跑等方面都没有优势，能够生存发展完全依靠群体共同利益的合作互补。无论是捕捉猎物，还是安全守卫、种植养殖等都离不开群体的合作互补，单个个体无论多么强壮凶悍，没有其他人共同的围追堵截，齐声呐喊，相互配合，是无法捕获猎物，不会有工具制造改良，更不会有青铜冶炼等的。而且如果没有这个群体因共同利益共识之道显现的统一的行为规范，大家无秩序地拼命抢夺猎物，和群狼一样撕咬争夺，捕得了猎物反而会引起更大的生命鲜血的危机，纵然是强势者这次独占或多占了猎物，下次谁还去集体围猎呢？可见，人类能够以各种劣势而取胜完全是因共同利益共识之道的“玄牝之门”，完全是因为有了群体共同利益共识之道的“道生之”；有了各种行为规范之德的“德畜之”，这才能成就人们生产生活中各项分工行动的“物形之”；有了共同利益共识之道，有了各种规范之德，有了各种具体的生产生活行为，就形成了强大的向心凝聚力势能的“势成之”。这样人类才存在下来，并不断发展，并且随着群体合作沟通产生语言和文字，而使人们知识可以更广泛地传播集中和历史传承积累，这使共同利益之势更加强大，人类也才能不断发展，而且随着交往范围的扩大和知识财富的不断累积使势越来越大，社会发展也就不断加速，越来越快。可见，原始人群体的交往范围只是一个平台，只有有了这个统一的平台，人们才有了各尽其能，相互配合，共同提高，共赢的基础，而这个平台的灵魂就是无形的共同利益共识之道。离开了这个共同利益共识之道的平台，多么强壮，多少智慧都会完全失去作用，这就是“惚兮恍兮”的道的“玄牝之门，是谓天地根”的原因。我们的每一个

家庭，一个团体，一个企业，一个社会，一个国家等交往的范围都是一个个有形的平台，而这个平台能否存在和发展完全依靠无形的共同利益共识之势这个灵魂，“万物生于有，有生于无”。一切事物和交往范围都是由直接和间接的无数方面的共同利益共识之势支撑的。交往范围越大，科技水平越高，相关事物和交往方越多，越复杂。一个社会的实际意义就是无数人在共同利益共识之势的支撑下的配合聚集，年年代代的各方面的积累下才产生和搭建的平台，以供有一技之长的人们吸收了社会的广和历史的深的知识营养，顺应社会需求的共同利益共识之势，进行一些综合利用，得到广泛认同之后，他们的努力才能成为成绩，来与各群体普遍互动，可以说他们的这些成绩是广泛的社会、深远的历史综合而成的共同利益之道的产物。不论人多么“或行或随，或呴或吹，或强或羸，或载或隳”，只要他遵守权利和义务相对平衡的自然规律，就都是社会共同利益之势中的一员，就有完全的平等关系。

从古至今，人类的发展史就是一部共同利益之道和弱肉强食的特权意识角力斗争的历史。当人们依道遵德而行之时，事物就稳定有序，发展成功，而当特权意识占上风，打破权利和义务的相对平衡之时，事物就会混乱失序，停滞失败。社会根基处的生产科研中的人们在与自然物质交往中，必须真实质朴地相互制约、对立统一产生共同利益之道，才能生产人类的必须物质；在权利基本平等的民众之间，虽有小的利益摩擦，但在没有上层特权介入的情况下，基本可以相互制约、对立统一，在权利和义务相对平衡的共同利益之道上。所以人类的生产科研才可以从刀耕火种发展到现代的高科技时代。与此相反，在因权利不平等，广大民众无法直接有效地制约统治群体，也就无法长期稳定地达成统一的社会各群体的共同利益之道，使权利和义务相对的严重失衡几乎成为常态，也使合道的社会法律规范失去统一的规范作用，常常被架空和因人而异。因此上层社会人治严重，起伏不定，社会常失序混乱，甚至各种战乱不断，所以同样的几千年，因社会共同利益无法持续稳定产生和落实，社会上层行政管理总是摆脱不了进一步、退一步的王朝兴衰周期率。这就是本章老子所说的“将欲取天下，而为之，吾见其不得已。天下神器，不可为也，不可执也。为者败之，执者失之”的最有说服力的事实说明。

第三十章

# 战争不符合社会共同利益之道，应尽量避免

以道佐人主者，不以兵强天下。其事好还。师之所处，荆棘生焉。大军之后，必有凶年。

善有果而已，不敢以取强。果而勿矜，果而勿伐，果而勿骄，果而不得已，果而勿强。

物壮则老，是谓不道，不道早已。

人类从产生之后，便一直伴随着战争，古今中外战争的阴影或远或近一刻也没有离开过人类，相应的战争文化也一直在激励着一代代人，一代代人在对爱国英雄的崇拜中成长起来，又传于后世。一个小小部族有英雄，一个方圆数十里，数百里的小国有各自的爱国英雄，到这些小国烟消云散统一之后成为泱泱大国还会有爱国英雄，有进攻开疆拓土的英雄，有保卫祖国免受外来侵略的英雄，有统一的英雄，有独立的英雄。有战争就有双方各自的英雄，就有各自的爱国主义。围绕战争的各种文艺作品浩如烟海，几乎没有一个人没有爱国情怀。有史以来，因为战争和时刻准备战争到底占有了多少人力物资？造成了多少鲜血生命和财产的损失？已经无法统计了。战争的目的到底是什么？什么人在战争中获利？什么人在战争中受害最大？这些问题多少仁人志士在思考，在探索，可又有多少人真正弄清楚、明白了呢？往往是一面呼吁和平，一面又身不由己地卷入战争硝烟之中。

老子所在的春秋时代，各国纷纷千方百计地争夺霸权，几乎所有的文人雅士都穿梭往来于各国君主周围，为争夺霸主和免受霸主侵略的战争出谋划策，当时，这是压倒一切的主流文化。但是，唯独老子敢于逆流而动，反对战争，反对以战争取得霸主地位，"善者果而已，不敢以取强"，反对杀人，反对以杀人为荣为乐的将军。为什么老子与众不同？因为众人是站在本国的单方立场上，站在被各国君主所局限的立场上，不关注民众利益，更不会去分清社会各群体的利益损益差别，人们或者因为古往今来英雄主义，或者为了战功奖赏的刺激，或者因为君主强势逼迫而主动或被动地绑在了各国君主争夺和保卫广土众民的战车之上；而老子是站在各国各群体共同利益之道的立场上看问题，这个交往范围内不但包括本国，也包括交战国和其他相关国家，不但包括上层君主及其附庸群体，还平等地包括广大基层民众，不但包括上层社会的所谓礼仪尊严，主要还包括人类自身存在根基的衣食住行等的身体的生理、心理诉求，因为人类一切活动真正的目的是如此，道是包容一切的，无弃人弃物的。这样横向地把眼光扩大到由不同君主封地建立的不同国家圈子内，就会发现各国民众间的共同利益是基本一致的，没有根本的利害冲突。可见这些常年的军备，连年的战争和无数人的牺牲，无数家庭的悲剧，庞大的物质财富损失和沉重的兵役和劳役，主要是因为各国君主个人的权力野心和尊严之争，与君王自己的真正生活需求关系也都不大，因为他们在当时条件下已经奢侈得无法再奢侈了。所以，老子认为这样的战争完全是不符合当时各国交往范围内，各国、各群体之间的共同利益之道。老子一贯鄙视斥责那些积极鼓吹君主攻城略地地争夺霸主地位，并为其出谋划策以换取个人宠幸的贤人们是无道的，短视而且不负责任的，主张"以道佐人主者，不以兵强天下"的思想，何况，一国即使胜利了，得益的也不是上阵厮杀、损失和牺牲最大的最下层的民众，而是战争期间也不会收敛其奢侈享受的君王及群体，并且胜利会激发起他们更大的扩张野心。往往战争一时平息了，但是却在两国人民，尤其是战败国人民心中深深地埋入了仇恨的种子，这是最大的社会安全隐患。一场大战过后，残垣断壁，尸横遍野，人民流离失所，惨不忍睹，田园荒芜，生活水平倒退很多年，所以老子说“其事好还。师之所处，荆棘生焉。大军之后，必有凶年。”

战争的目的并不是杀人，而是为了达到利益调节的目的，善于用兵之人达到目的即可，并不会恃强大的武力而无忌横行。达到目的后也不能目空一切地自负、显耀、骄横，应当认为战争是万不得已才会采取的手段，达到目的之后，不能因此而过分逞强，“善有果而已，不敢以取强。果而勿矜，果而勿伐，果而勿骄，果而不得已。”如果过分地追求武力霸权，肆无忌惮地损伤别人的利益是不符合各群体共同利益之道的，凡是不符合共同利益共识之道的事，是不可能长期存在的。

当几百年的春秋战国，通过战争的竞争与和平的交往交流，使中原各国民众在生产生活的方方面面的差异越来越小，同质化程度越来越高，各国民众间文化意识认同感越来越强，原来的邦国君王对本国民众文化认同感的保护作用和与其他国家交往的缓冲作用越来越小。分裂和战争令人们越来越难以忍受，各国君主的战争吁吁渐渐地弱于人们厌战的共识情绪。于是，建立一个统一国家以求得和平和减少各国战争和备战造成的民众负担，成为各国各群体的共同利益共识之道。对不断争战造成的“师之所处，荆棘生焉。大军过后，必有凶年”早以忍无可忍的民众，自然就放弃了不屈不挠的拼命抵抗。如老子说：“物壮则老，是谓不道，不道早已。”所以秦朝灭六国统一华夏，是当时交往范围内社会各国、各群体的共同利益共识之道，是必然的。真正灭六国的是经几百年混战早已基本统一的生产生活方式和文化所产生的各国人民各群体共同利益共识之势，而秦始皇只有顺应了这个共同利益之势。本来他应该是顺势而生，顺势而存的“善有果而已”，但他却严重地违背了成功之后“善有果而已，不敢以取强。果而勿矜，果而勿伐，果而勿骄，果而不得已，果而勿强”的共同利益之道。因为他不懂得自己是因顺势而胜，所以开始倒行逆施，从社会前进动力很快地转化为阻力，终于“物壮则老，是谓不道，不道早已”。虽然亡于胡亥，但根源在秦始皇，即使他本人不死，也难逃灭亡下场，因为助力其成功的是与民众共同利益的向心力，而他不顾民众承受能力的无限扩张的野心，和为达到野心采取的严刑酷法已经将民众推到生不如死的境地，到了此时，巨大的社会离心力共识共振之势，再加上一些各国贵族复辟之势就更不可阻挡了。所以秦始皇成于道又败于道。

## 第三十一章

# 用武装暴力杀人是不道行为

夫佳兵者，不祥之器，物或恶之，故有道者不处。

君子居则贵左，用兵则贵右。兵者，不祥之器，非君子之器，不得已而用之，恬淡为上。胜而不美，而美之者，是乐杀人。夫乐杀人者，则不可以得志于天下矣。

吉事尚左，凶事尚右。偏将军居左，上将军居右，言以丧礼处之。杀人之众，以悲哀莅之；战胜，以丧礼处之。

人类生活的本意是通过人们相互之间的有序合作生产，最大限度地满足人类生存需要的物质和精神产品，这是人类的根本利益。战争绝不是人类生活必需的，战争的目的是对生活物资、生产资料或者与此相关的势力范围的掠夺和反掠夺，控制与反控制。战争的起因几乎都是以打破人类各群体自然平等，占有强势特权为目的，这种特权是建立在违背阴和阳、权利和义务相对平衡的原则上，以少尽义务，少付出，或者不尽义务，不付出而多占有权利和报酬为目的。野蛮的战争行为可以说是人类进化后遗留的动物弱肉强食基因的体现，是和人类得以摆脱兽性的以交往范围内的共同利益之道完全相反的，是对人类文明进化的反动。特权群体之多得，必是其他群体之所失，必然会遭到其他群体的反对和反抗，这就产生了动用武力强制和反抗的必要，这种强制是全面的，可以是从肉体上完全消灭，可以是监禁，也可以是精神上的欺骗、误导、麻痹或强制灌输，战争和舆论两者是相辅相成的，因为凡是利用武力夺得强势特权的一方是决不允许被压制一方平等地辩论反驳的，决不允许公开真相的，会有许多限制忌讳和文字狱相伴的，也就是说，真正背后支撑的还是武装暴力。这种以武装暴力为后盾的特权占有群体，可以来自本国，也可以来自外国，也可以是内外并存。他们对基层民众权利上的剥夺，有时只有统治者个人因人而异程度上的不同，没有本质上的区别。这里说的组成社会各群体也包括统治群体在内，因为武器暴力是一把双刃剑，既然可以伤害人，当然也可以伤害最初的操纵者，在镇压民众的同时，也同时是悬在君主头上的达摩克利斯之剑，一旦这个利剑失控，首先伤及的是始作俑者本身，因为他占有大量的既得利益，足以产生巨大的争夺诱惑，也就是福祸相倚。古今中外以兵为祸的例子数不胜数，但凡社会动乱都起于武装暴力。这种感受，处于春秋时代各国争霸，民不聊生时的老子是十分深刻的，所以他说："夫佳兵者，不祥之器，物或恶之，故有道者不处。君子居则贵左，用兵则贵右。"但是老子并不是简单机械地反对一切武装暴力，而是实事求是地分析问题，对依靠武装暴力强势占有掠夺特权的群体，最有效的制约方式只有用更强的武装暴力，才可以夺回被侵占的权利，"反者，道之动；弱者，道之用"，只有如此才能保护各群体共同利益之道，老子只是说："兵者，不祥之器，非君子之器，不得已而用之，恬淡为上。胜而不美。"当武装暴力是为了社会共同利益之道时，必须以最大限度地减少社会和民众损失为宗旨，不能张扬武力，鼓吹暴力血腥，不以大量杀伤对方同是基层的普通民众为荣。合于道的正义之师最大的职责是以战止战，最大限度地保护双方民众和士兵的利益和安全。老子坚决反对动用武装暴力滥杀无辜："胜而不美，而美之者，是乐杀人。夫乐杀人者，则不可以得志于天下矣。"老子所在的春秋时期，统治者视民众如草芥，并不把民众生命看得多么珍贵，更不要说民众的财产。在这种背景下，老子能够提出保护双方士兵和民众的人道主义观点，不能不说是超前的反潮流的勇敢行为。老子并不是站在扫地不伤蝼蚁命的悲悯之心的立场上的，而是站在人类各个交往范围内的各方相互制约的关系中，指出“其事好还”的害人如害己的对立统一立场之上。以杀害对方士兵和民众以及对方发生的天灾人祸为快乐就是不懂得矛盾对立统一共同利益之道，既不懂得对立方，也不懂得自己的根本利益在于平等双赢的狭隘短视的表现。只有站在交往范围双方或多方整体的、长远的共同利益看待这个问题的人才能走出双方仇恨的陷阱，才称得上文明的体现。无论是过去、现在，还是将来，如老子所说，“乐杀人”都是幼稚、愚昧、落后、野蛮的表现。在社会治理中，真正起决定性作用的是道，是组成社会的各群体在平等的相互影响、作用、制约的对立统一中产生的共同利益之势，当统治者利用武力强势不给民众平等直接制约他们的权利，而严重打破权利和义务相对平衡的自然规律，残酷地侵害、分散弱势的民众利益时，无论多么强大的武装都镇压不住民众的共同利益反抗共振之势，这早已经被无数历史事实所证实。真正可以维持延续一个政权的是无形的各群体共同利益共识向心力之势，而不是武装暴力，更不可能是嗜杀如命的惨无人道。一个社会应当防止暴力倾向和弱肉强食、成王败寇思维方式的漫延，因为势是可以转化的，也就是可以以其人之道还治其人之身的，所以保护对方也就是在保护自己，只有保护一切人的生存权也才是真正保护了自己的生存权。平等包容、慈爱纯朴、淡泊宁静、少私寡欲才是一个社会得以稳定的思想意识基础。老子的这些战争观念历经两千多年，至今仍然具有十分先进的警醒作用，人们离开了对共同利益之道的理解认同，就不可能真正理解“言以丧礼处之。杀人之众，以悲哀泣之；战胜，以丧礼处之”这种将残酷的战争和和平时期的两种截然不同的社会状况用共同利益之道最大限度地连贯起来，尽量减少人格的冲突以及减轻给社会带来的扭曲程度。

第三十二章

# 只有依道而行万物才能和谐有序

道常无名，朴虽小，天下不敢臣。侯王若能守之，万物将自宾。

天地相合，以降甘露，民莫之令而自均。

始制有名。名亦既有，夫亦将知止。知止，所以不殆。譬道之在天下，犹川谷之与江海。

道是组成事物各方面在平等的基础之上相互影响、作用、制约的对立统一中产生的共同利益之势，不同事物有不同的道，道是无处不在，无时不在的，是一种可以制约各方的势，所以没有确切的名字。因为道是由真实的组成事物的各方在平等地相互影响、作用、制约的对立统一中产生的，所以是质朴真实的。虽然共同利益共识之势表面上看不见，显不出什么十分强大的力量，更不像由强大的武装暴力支撑的专制机构那样具有直接强制力，恍惚惚恍，你违背他，有时，也不会有立竿见影的惩罚和失败，似乎力量很小。但是因为道是真实客观的，是组成事物各方的利益契合点，所以是当下事物唯一对各方都有益的。对道的违背会在事物发展中逐步损伤各方面的利益，促使组成事物的各方，尤其是利益受损方的反作用和制约之势的逐步加强而进行利益的再平衡，因为这种“反者，道之动；弱者，道之用”来自事物内部包括强势者的长远利益在里面，只要这个事物要存在就是任何力量也无法阻挡的，这就是“道常无名，朴虽小，天下不敢臣”。一个农民去种田的过程就是一个通过自己的劳动和自然界的土地、种子、水分、养分、气候等方面平等地相互影响、作用、制约的对立统一产生丰收的共同利益之势过程。在这个过程中，必须都是真实认真的，你忽略和欺骗了任何一方，自己都将受到损失，甚至颗粒无收，等于是忽略和欺骗了自己，所以必须“朴”。没有人强迫你必须如何去做，获得丰收的无形的制约之势，“视之不见”“听之不闻”“搏之不得”又没有什么直接有形的强迫力量，你犯懒可以不去播种、锄草、收割，也没有力量明显制止你，所以，势的力量似乎很小，但是除非你不想收获了，不想养活自己了，否则，你就必须主动地去春种，夏管，秋收，冬藏，去平衡土地、温度、水分、肥料等方面的关系，使各方产生权利和义务相对的平衡、统一之后，才能得到共同利益的丰收。所以因为无形的道的存在，农民才会“民莫之令而自均”，主动地、起早贪黑地辛勤劳作，去学习请教，去认真仔细地观察，去真心实意地提高农艺能力，并且也可从中得到欢乐和丰收的喜悦，“天地相合，以降甘露”。农民虽不是手握生杀之权的侯王，但也在自己的生产领域内对各项生产元素有协调、改造、利用的自主权，尤其在间苗时，对每棵苗的存弃选择权更比侯王还果断厉害。所以，大到一个国家行政，小到农民种田，都必须依道而行，都“侯王若能守之，万物将自宾。天地相合，以降甘露，民莫之令而自均”，这就是交往各方平等自生的势，是“万物之宗”，任何暴力强迫也达不到这样的效果。这就是道，也就是合于自然规律的共同利益共识之势的“朴”，虽“小”，但却是唯一的，任何力量也无法替代的“天下不敢臣”。

同样，和农业一样，我们通过文字传导为主去学习知识，也是一个和各种知识产生共鸣的共同利益之势的过程，这是一个涉及面很广，又非常复杂的过程，可以是在学校学习或者自己看书自学，会有社会大环境、普遍的文化意识、家庭、学校、教师、同学，客观环境等各方面的参与，这些几乎都是自己无法摆脱而必须要面对的。当一个人随着各种知识的积累，有了自己独立的分析判断力之后，要想学习好，必须与自己面临的这些相互影响、作用、制约的各种条件综合在一起，并通过相互影响、作用、制约的对立统一，从中找出适合自己的共同利益认同之势来，这个势自然就会产生自己的学习兴趣。任何知识只有通过自己大脑皮层的兴奋，产生共鸣，才能高效地将外界的知识转变为自己可以综合存储、发挥应用的知识信息，而大脑皮层的兴奋则只能来自共同利益之势的学习兴趣。当一个人对某些事物产生强烈的兴趣时，大脑相应皮层会高度兴奋，产生强烈共鸣。此时，周围其他条件的干扰作用就会减轻，甚至消失，例如嘈杂的环境、炎热的天气、与老师同学的不快、家庭的琐事、别人的议论等，将会视而不见，听而不闻，这才是学习掌握知识的最佳状况，这些知识可能会终生难忘；反之，如果你的学习科目并不是你自主选择而厌烦，或者你的选择和社会、家庭、其他方的利益严重冲突，可能会伤害其他方的利益而受到强烈的反制甚至制裁，无法与其他方达成共同利益之势，这时你就不会产生学习的共同利益兴趣之势，大脑皮层不会兴奋，不会与你要学习的知识产生共鸣，也就不可能高效地将知识转化为自己的信息。此时，各式各样的相关条件都会严重地干扰学习的效率。可见，就是天下最复杂，受各方条件影响最多的学习过程，也是在受直接、间接的各方参与的共同利益之势的制约，只有与各方产生共同利益，才能产生学习的兴趣之势，才会体现出自觉、专注、勤奋、刻苦之德，才会强闻博记，举一反三，高效吸收，充分发挥利用。可见，兴趣之势是真实质朴的，容不得一点虚假的，虽然并不会直接强迫你，似乎力量很小，但他发挥的真实的势能是社会的压力、家长的打骂、威胁恐吓、哀求讨好都无法达到的，这就是“道常无名，朴虽小，天下莫不敢臣”。由此，也可以看出，人的学习兴趣之势来自其所处的交往范围内各方面在相互影响、作用、制约的对立统一中产生的共同利益之势，而每个人所处的社会存在的各种条件是不一样的，甚至是差别极大的，这必然会造成共同利益之势的差别，所以产生学习方向种类的兴趣也不会相同。如果强行划一地僵死限制，必然会使许多人丧失兴趣，不但严重地压制了他们的学习潜力，而且对他们的自信、尊严和社会评价产生严重的影响。其实，人与人之间智力差距并不大，只是学习兴趣点不同。任何人都有强势之时、之处，也都有弱势之时、之处。人与人自然本质上是平等的，不平等的结果是各种违道的人为压抑造成的。社会现实中存在着许许多多因素和差别，对每一个人的学习来说，并不存在必然的统一的共同利益之势，而在没有统一的兴趣之势的情况下，如果过分地强调统一标准，并不符合自然之道，如果再将这些差别和社会等级特权联系在一起，必然会造成对人类智力的浪费甚至压抑和摧残，以及由此产生的快乐和自信的缺失。一个社会的平等和共同利益共识之势的文化意识共识只能从孩子开始，从符合人类自然平等的共同利益之势，和此基础之上的兴趣之势的教育方式开始，这才会“侯王若能守之，万物将自宾。天地相合，以降甘露，民莫之令而自均”，使学习的压力转化为兴趣的“甘露”。

社会行政管理中，道同样也是无形的“无名”之势，看不出有多么大的力量，容易被人们我行我素的忽视，似乎可有可无的小，但是，道却可积聚社会各群体的无形势能，任何力量也无法超越它，支配它。负责行政管理的侯王如果依社会各群体共同利益共识之势行事，平等地对待弱势群体，建立各群体相互影响、作用、制约的对立统一的平台机制，在权利和义务相对平衡的基础之上，产生共同利益共识之势和体现无形之势的具体事物规范之德的法律法规、规章制度、公序良俗、合同契约等体现双方或多方共同利益的制约规范，这些制约规范就是“始制有名”。没有共同利益的道，德无从产生，同样，如果没有德的支撑，道也无法实现。所以只要侯王能够不谋求自己的特权而以法律规范为准绳来约束自己和民众，及时公正地惩罚不“知止”的行为，保障法律规范的令人信服的公正权威性，在法律面前人人平等，民众自然会各守自己的社会存在地位，相互制约而遵纪守法，社会的公序良俗可以自然实施，使天下秩序井然，“天亦将知之。知之，所以不殆”。在物质生产中人类和自然界之间和人与人之间的交往也会因权利和义务相对平衡而“天地相合”安定高效，社会各群体之间也依共同利益之道和谐相处。共同利益之道对社会的约束作用就像大川峡谷对江海的约束一样。

我们知道，道是组成事物各方面在平等地相互影响、作用、制约的对立统一中产生的共同利益之势，因为是平等的相互制约，所以必然符合权利和义务、报酬和付出相对平衡的自然规律，这就是组成社会的每个群体和每个人之间关系的定位标准，也就是所谓各自的社会坐标，这些坐标间相互影响、作用、制约，就像经纬线一样相互定位。一个社会，农民生产农产品，工人生产工业品，商人进行流通交换，行政管理人员进行社会的各项公共职能管理，各司其职，平等相处，就像一台运转的机器，每个零部件哪怕是一个螺丝钉都是不可或缺的。组成这个事物的每一个部分的应尽职能义务都会受到其他部分的制约，也同时制约着其他部分，任何部分的不尽义务、不作为都会影响到共同利益，任何部分的多占利益必然会侵害其他方的利益，从而引起混乱失序，激化矛盾。所以老子说：“始制有名。名亦既有，夫亦将知之。知之，所以不殆。”一个事物，一个社会的各组成部分、各群体都依权利和义务相对平衡的原则办事，不谋求特权才能产生成功和和谐的共同利益之道，每个人只有约束了自己眼前的、局部的小利益，才会得到长远的、整体的名正言顺的大利益，用老子的话这就是“无为为”。道的产生是一个参与各方平等的相互制约、对立统一的过程，就像太极图中阴阳两仪平等地相互制约组成一个整体一样。平等地相互制约是客观自然规律，是事物产生共同利益道的唯一方式。老子讲的“始制”，“始”和“制”意思不同，“始”指共同利益之道的义务和责任，“制”则指规范，合在一起就是以社会各群体共同利益之道为己任，设立事物和社会的管理体制，只有这样的体制才会“始制有名。名亦既有，天亦将知之。知之，所以不殆”，我们的家庭如此，工厂企业如此，社会也如此。依道而行则成功、和谐、安宁，否则则失败，动乱失序。社会和自然万物都只能依道之势才能生存和发展，就像溪水、小河、水流千遭归大海势不可阻挡一样。

除了上述的理解以外，还可以更深刻、长远地对老子的这段话进行进一步地引申。通过本章还可以看出老子指出的一个社会在一定发展阶段必须有两个社会管理方式在共同运行中的相互影响、作用、制约的对立统一中才能产生社会和谐稳定的共同利益之道，一个是“万物将自宾。天地相合，以降甘露，民莫之令而自均”的以公序良俗为主的民间自治方式；另一个是“始制有名。名亦既有，天亦将知之。知之，所以不殆”的以陌生人交往为主的社会行政管理方式。这两种社会管理方式先后产生，之后又相辅相成，在缺一不可的社会交往中并存，都产生自无形的人类交往范围内矛盾各方通过平等的对立统一产生的共同利益共识之势，也就是道。自治式共同利益之道以熟人交往，公序良俗为主，已经主导了人类几百万年。因为铜器的使用使各个封闭的群体生产力的提高，加大了向外扩展的能力，这才产生了各圈子之间逐步加强的接触和交往关系，同时也就产生了同质生产生活方式圈子之间的土地、水源争夺等矛盾纠纷；和不同生产生活方式、不同文明程度的种族矛盾冲突，这些都超出了圈子内自治的范围，因为圈子之间互不了解，没有直接的相互依存的关系，所以无法相互制约，也就无法直接产生权利和义务相对平衡的约束机制，只能恃强取胜，造成永无休止的圈子间的争斗和部族的血腥冲突，使大家谁也无法正常生产生活。这样严重的对立，物极必反地产生了各圈子利益统一的需要：由一个脱产的高于各个圈子和部族利益的第三方的行政机构，来主要管理各圈子共同的事物和调节各圈子间的矛盾，并且制定各种具体事物中符合权利和义务相对平衡的自然规律的共同利益认同之势的法律规范来制约各个圈子及成员的行为。这就是“道生一”。行政机构的权力是由众人供养，并具有一定强制性权威，而义务是实施和调节符合各圈子、部落群体共同利益的法律规范，维持社会平安有序；修建各群体无法建设的公共道路、水利工程等，以促进生产生活水平的提高，这个行政机构的权利和义务就是“一生二”。以国家方式出现的行政体制有自己的权利与义务后便具有了与其他群体不同的特殊利益之势，这个因不同的权利和义务产生的特殊利益之势就是“二生三”。但是这个特殊利益势由于其专业化常设，并且有强制性国家利器的存在，具有双重性，一方面可以代表各群体的共同利益，一方面又有自己区别于其他群体的特殊利益，当这个双重性得不到其他利益矛盾方的有效制约后便会产生两者混淆，造成公权私用的现象。所以在行政管理机制中，行政群体与其他群体存在不平等因素，当其他群体由于生产力相对落后而各自分散，无法形成经常性的主动对行政群体的制约之势时，必然会造成行政群体打破权利和义务相对平衡的自然规律的多占利益特权性越位和少尽甚至不尽、乱尽社会职能的失位现象同时发生，老子因此才会提出“侯王若能守之”的告诫，“守之”就是依社会各群体共同利益共识之道而行。但是事实上，在得不到有效的、强有力的相互制约的情况下，守住各群体共同利益之道是非常困难的，尤其是长期守住几乎是不可能的，这就成了社会动荡失序的主要原因。一旦发生这种由行政群体引发的侵权动乱，由各群体对立统一的共同利益之道则会利用利益受损的弱势群体的各种方式的反抗的“弱者，道之用”之势，去推动权利和义务严重失衡到相对再平衡的循环的“反者，道之动”。虽然道的力量是必然的和不可阻挡的，但一个社会从治到乱，再从乱到治的循环半径太大太长，在农耕时代则需要几十年甚至几百年。

人类早期产生的群体圈子和熟人交往公序良俗的自治方式，是人类在动物界，尤其是凶猛动物的伤害和捕捞生产食物艰难的共同压力下自然产生的唯一生活方式，是人类在个体生存能力远不如动物的条件下，以群体内的合作互补的一加一大于二的群体有序组合方式才能使人类从动物界脱颖而出，发展至今，也就是说，人类兴起就是交往范围各方在平等的相互影响、作用、制约的对立统一中产生的权利和义务相对平衡的共同利益共识之道及其统一行为规范的结果。在当时，没有人强迫别人必须加入群体，但是无论个人有多强，离开群体也无法生存，这就是势的“朴虽小，天下不敢臣”。到了农耕时代，圈子内因为土地局限的世代共同生活造成的相互了解，和在生产生活中相互帮助产生的相互制约关系，必然产生的主要限于内部熟人交往的公序良俗圈子道德的自治，也就是“万物将自宾，天地相合，以降甘露，民莫之令而自均”，并且形成民间自治方式和封建王朝的行政管理相辅相成的社会双重管理方式，当时生产力十分低下，人们无力承担过多的社会行政负担，官民比例很小，如果没有“民莫之令而自均”的圈子自治为基础，凭封建时代的那点官民比例，根本无法保证社会有序安宁。圈子自治也是人类生存的基础和最低保障，当各个王朝衰败的后期和连年战乱造成王朝无法正常行使行政职能时，是圈子的自治维持了社会最低生存的物质生产，这个圈子自治就像不倒翁的底部一样在维持社会晃动而不倒，这就是“万物将自宾。天地相合，以隆甘露，民莫之令而自均”。

所以当进入商品生产的社会大交往时代，原来的地域性小圈子被打破，圈子内的自治也受到严重影响后，全部社会交往管理几乎完全归到行政管理范畴，造成对行政监管力度的要求加大，这才造成公职人员的增加和官民比例的缩小。但过去圈子自治时是熟人之间，相互制约以诚信自律为主，而行政管理是通过对陌生人的法律规范管理为主，这就直接受到陌生人的诚信的制约，陌生人交往中因为相互不了解真相，无法判定其真实与否，这样就使行政管理面临极大的几乎无解的难题，就是由有限的公职人员去管理可以不诚信自律的陌生人和无时无处都发生和进行的无数事物，这是不可能管理好的职能。因为行政管理人员自身也需要严格的监管，这样势必会造成社会一定程度的失序混乱，进而使人们产生道德水平下降，普遍人心浮躁失根和行政监管不力的感觉。所以商品生产的全社会范围大交往时代，民间自治方式必须仍然同时存在，而且是扩大版的圈子内的自治方式，这首先是要建立相互了解的公开的诚信记录网络和相关社会行政信息的公开，通过人们自主地对于不诚信者的舍弃选择，使人们在趋利避害的本性下自治自律，如《道德经》第三章中“使夫智者不敢为也”，才可以“民莫之令而自均”。只有将真相公布于众，在阳光下运行，才能最大限度地去除人们心存侥幸的诱惑，这才是对守法自律的广大民众和有心危害共同利益者的最大爱护，也是产生共同利益文化意识共识之势的唯一方法。生产力前进后，虽然进入了大范围的以陌生人交往为主的社会，但是同时也具备了先进的生产力，使人们相对轻松地进行社会生产，并有了便捷的通讯交往方式，这时如果有切实可行的诚信网络机制的自治过滤，就为交往范围内各方在平等的相互影响、作用、制约的对立统一中产生权利和义务相对平衡的共同利益共识之道奠定了坚实的基础，也就是说，不同的生产力和生产关系决定不同的上层建筑，以熟人相互了解为基础交往的圈子道德必然被以大范围陌生人之间由诚信网络为基础的法律规范的公共道德所取代，唯此才可以“万物将自宾。天地相合，以降甘露，民莫之令而自均”。只有用全民平等的诚信来制约不依道遵德行为的产生，维护组成社会各群体共同利益共识之势的主动存在，才能使权利和义务的相对的平衡—失衡—再平衡的“反者，道之动”循环在法律规范下，在尽量小的半径内，在最小的交往成本下有序运用。只有有了这个社会交往范围内包括官员在内的诚信自治方式和法律规范为主的行政管理方式相结合，才能产生有效地制约行政机构的特权越位和行政职能的不作为失位，才有可能达到老子的“始制有名。名亦既有，天亦将知之。知之，所以不殆”的社会的和谐安宁。总之，社会离不开道的规范制约，就像江海离不开川谷沿岸的规范制约一样。

第三十三章

# 人最难明白的是自己真正需要什么

知人者智，自知者明。

胜人者有力，自胜者强。

知足者富。强行者有志。

不失其所者久。

死而不亡者寿。

老子考虑问题总是横向全面的，他认为世界上一切事都是互动的，交往中应该“知人”和“自知”，只有真实、客观、公正地认识双方才可能平等交往。在与人交往时，既要知道别人，也要全面真实地了解自己。其实了解自己往往比了解别人更难，因为每个人对自己和对别人的标准在有意无意之中是不一样的，往往会无意识地偏袒于自己。这个通病往往是人们相互交往中的重大阻碍，许多失败的婚姻，丧失的友情，丢掉的亲情，疏远冷淡的人际关系往往都因为此“病”。任何成功之事都是多方合力的结果，一个元帅再运筹帷幄，没有士兵的一刀一枪的血肉厮杀也只是纸上谈兵，成不了现实，而一些人事后却往往只关注自己的运筹；即使是一项发明创作，也必须在前人的基础之上，和必须得到社会的广泛认同才可以成为事实，否则，你抱着和氏璧又有何用？而对合作功绩的忽视，可以说是人与动物一样有正常的趋利避害本能的反应。而人能够取得高于动物的成功，就是取决于人们在相互交往中，能够在平等的相互制约、对立统一中，逐步自觉地克服和纠正这种有意无意的偏差和狭隘性，在没有等级特权介入的情况下，能够在相当程度上客观公正地评价自己和别人，进而平等地合作交往，有了平等地合作交往才能相互取长补短，相互借鉴激励，得以共同提高，所以老子说“知人者智，自知者明”，孔子则讲“吾日三省吾身”“己所不欲勿施于人”。要真实客观认识自己首先要有一个平等待人的立场，无此立场永远也无法做到真实客观。“知人者智，自知者明”并不仅仅是一个个人问题，而是社会发展的自然规律问题。一个人幸福的婚姻、友情、成功的事业，都是建立在自知之明的基础之上，也可以说，这是人的一种提升自己的能力。有了这种能力的人，才能“自胜者强”，善于和别人打成一片，善于理解体谅别人，能够努力寻求交往范围内的利益契合点，互为资源，以达到共同利益之道。有了这种能力，人一生中会减少许多误解和纠结，会心胸豁达，宽广坦荡。作为旁观者“知人者智”易，作为亲历者“自知者明”难。可唯有此难才能“上善若水”地溶于共同利益共识之势中，并顺势成功。一个社会如果普遍认同这种能力就更容易相互妥协，求大同存小异而产生权利和义务相对平衡的共同利益共识之道，而减轻相互制约的对立程度，使社会更和谐有序。

人的一生其实就是不断战胜自己的成长过程，从一诞生就开始一步步战胜自己的稚嫩幼小，懵懂无知，怯懦胆小；上学之后，只有战胜了自己由父母、长辈娇惯形成的顽皮散漫和注意力不集中等不良习惯后，认真听讲，才能继而战胜自己对知识认知的恐惧，在老师的逐步引导下，对知识产生了兴趣，才能变被动学习为主动地去探索知识，这一步步的战胜，对一个人一生来说是至关重要的，对社会也是非常重要的。许多人从顽皮散漫、注意力不集中的战斗中便败了下来，没有养成集中记忆力认真听讲的习惯，使不懂的部分和似懂非懂的部分一步一步积累，到一定程度便成了不可迈上的台阶，断档之后，新的课程几乎成了天书一样难以理解，从而对学习产生恐惧，逐步失去了兴趣。很多人走到不同的阶段，在不断累积的障碍面前，没有战胜自己而败下阵来，当然这里面还有许多其他因素，其中主要的是社会教育理念和方向以及家庭教育等。如果天下有幸运的话，那么一个人一生最大的幸运就是遇到几个有爱心、认真负责的启蒙老师。同样，如果说天下什么破坏力最深远的话，也只能是启蒙阶段的失误，因为孩子此时处在人生通向成才和失败的第一步，也是关键的三岔路口，对于没有清晰自我判断能力和自制力弱的孩子，此时推一推，拉一拉非常关键。如果说父母给了孩子有形的生命，那么启蒙老师首先是在引导孩子产生无形的注意力集中的能力，孩子们只有注意力集中了，才会产生兴趣，而兴趣是知识翅膀的根基，所以说启蒙老师是给孩子安上起飞翅膀根基的人，将来能飞多远取决于这个根基上能够展开多大的羽翼。只有能够战胜自己，人才有可能去战胜困难和对手，一个连自己都战胜不了的人是无法真正战胜困难和对手的。事实上不能战胜自己的人太多了，如各种恶习、懒惰贪婪、好高骛远、不思进取、极端自私等不良习惯与不良品质，其实从某种意义上讲，真正能够打败自己的只有自己。别人打倒了还可以坚强地站起来，别人还可以帮助，而自己心偏了死了，任何人也救不了。所以老子才说“胜人者有力，自胜者强”。

人的一生都会以周围的人为坐标而要求自己，在和别人的竞争中有两种方式，一种是“自胜者强”，想要战胜别人首先要战胜自己的不足，用实力去超过对方，在竞争中以超过坐标为动力，不屈不挠地克服各种困难，在竞争中共同提高，这是“强行者有志”；而“胜人者有力”中的另一种方式是纯粹打压对方，使对方失去长处优势而失败，这样自己不但得不到提高，还可能因手段问题而被诟病，自己也树立了许多敌人。在充满诱惑的社会，一个人最大的敌人不是别人，而是自己，能使自己真正一败涂地的只能是自己。如果一个人没有横向思维，缺少平等包容，考虑问题狭隘，目光短浅，就无法战胜自己的迁怒和嫉妒之心，容易采用过激的办法处理夫妻关系、同事关系、朋友关系、社会关系，干出些悔之晚矣的蠢事；而面对诱惑，无法战胜自己的各种贪欲，一失足成千古恨，这就是“胜人者有力”易，“自胜者强”难。

人性中最大的弱点就是贪婪。人的欲望是无限的，如天马行空，无拘无束，有些欲望只能存于精神中，权当是一种精神上的放纵和美好的心灵憧憬享受。但如果把一些不切实际，不符合共同利益之道的欲望当成既定目标，为了达到这些目标就不择手段，则树立敌人，收获仇恨不说，人也成了贪欲的奴隶，终生被贪欲压迫驱使，失去人生真正的由满足感带来的幸福感受和放松的安逸轻松感受。

“常有欲，以观其徼”，我们的身体也和其他事物一样是有限的，有制约的，不是可以无限扩展的。身体需要的蛋白质、脂肪、碳水化合物、维生素和矿物质微量元素是有科学配比和数量的，身体感觉器官和其他组织器官也是必须相互影响、作用、制约而平衡的，过度的追求感官欲望也是会危及人的身体健康和精神健康。人的身心到底真正需要什么？是健康，还是相互无休止的竞争攀比？是幸福安逸，还是功利主义的追逐躁动？老子在两千多年前就指出“知足者富”，富有不在功利，而在知足，因为身体有的“足”是有限的，而精神欲望的“足”是无限的，两者的相对平衡点只能由每个人自己掌握，越相对平衡，越感觉到富有，感觉到幸福，如果一个人自己没有能力将身体有限的需求和精神欲望无限的需求相对平衡起来，将只能在大千世界差异无限中去随波逐流地沉浮，永远也不会相对平衡，不会有自己富有幸福感的自由，只能生活在相互攀比的焦躁不安之中。所以当人们要归根质朴、少私寡欲、淡泊名利，用老子包容、平等的横向思维去追求组成社会各群体的共同利益共识之道时，仍然会遇到方方面面的阻力和不理解，这种流传几千年的无形世俗之势产生的文化意识共识之势，是十分强大的，要短时间内扭转是十分艰难的，必须要有镇定自若、锲而不舍、持之以恒的“强行者有志”的顽强精神。归根质朴之道是人类的真实本性，不打破权利和义务相对平衡的自然规律的“无为”和如婴孩般怀素抱朴，是人类生存的根基所在，是真正有永久生命力的，是“不失其所者久”的根基之“所”。凡是符合人类长远共同利益的根基所在，是不会随着强势者的打压而消亡的，是必然与人类共存，真正万寿无疆的，“死而不亡者寿”。同理，凡是强势下推行的不符合客观事物之道的事物和理论意识虽然可以得势于一时，但是不可能长存的。

## 第三十四章

# 任何事物的存在与发展都离不开道

大道氾兮，其可左右。万物恃之而生，而不辞。功成而不名有。爱养万物而不为主。常无欲，可名于“小”。万物归焉而不为主，可名为“大”。是以圣人终不为大，故能成其大。

道是组成事物各方在平等的基础之上相互影响、作用、制约的对立统一中产生的对各方都有约束的共同利益之势。上下左右，四面八方，天下所有事物内部、外部都存在着矛盾，都有矛盾的各方面，只有这些方面通过对立统一产生共同利益之势，这个事物才能产生和存在。车轮、器皿、房子，都是由几个方面组成，每个方面都有自己的特性，当把它们依据各自的性能组建在一起时，便产生了无形的共同利益之势能了，具有了车轮、器皿、房子的功能，也就是势，也具有了使用价值和交换价值。这个势由各个不同部分组成，反过来又对各方面都有制约和指标要求，这些部件离开共同利益之势就会失去其价值。也就是说，是共同利益之道才使参与其中的各方面产生了价值，同样当其中一些组件损伤之后，达不成共同利益的势能，这个整体也失去了价值，这就是组成部分和整体的有无相生的相互制约关系。可见，道并不直接主宰和占有事物，是事物各方通过平等的相互影响、作用、制约的对立统一的必然产生的势能，没有内部矛盾方的对立统一便没有势的产生。事物是由矛盾各方组成的，有矛盾就有对立统一，也就有道存在，道是事物自身的必然产物，并不以人的意志为转移。道是交往范围内各方一方面必须相互合作配合，取长补短才可以生存发展，而另一方面，各方又有自己的社会定位分工和各自的特殊性，也就是有各自的特殊利益，每个人的特殊利益就是自己的势，每个人凭借着自己的势去和别人的势去平等地相互影响、作用、制约的对立统一，在有序产生和存在的压力下，通过求大同存小异和相互妥协产生对各方都有约束力的共同利益共识之势，也就是道，所以道是事物存在发展过程中自生的，必然的，不可逃避的，又时时处处存在的，所以“大道氾兮，其可左右”。

在物质生产中和自然物质打交道时，一丝一毫的差错都不行，必须是真实质朴的依人类的生产力水平和自然物质特性的自然规律在相互影响、作用、制约的对立统一中产生共同利益之道，才能生产出人类的生活物资，生活物资的生产环节是人类生存的根基，是一切人类活动的基础。企业生产的产品必须符合企业和社会各群体共同利益之道，也就是符合市场需求的使用价值，才能产生市场交换价值，才能产生企业利润。如果企业产品没有市场需求，或者质量太次不符合市场需求，都不会产生交换价值；如果市场交换价值太低，企业无利可图，企业也不会生产。而在企业和自然界之间也存在着共同利益之道，如果一个企业生产中严重地污染自然环境，伤害自然界和人类的共同利益也无法存在。可见，一个产品从企业内部管理，产品生产，市场销售到自然环境处处都有相应各方在平等的相互制约、对立统一产生的权利和义务相对平衡的共同利益之道，及相应的行为规范之德。

有事就有道，无道天下将大乱，无法存在。道是万物产生价值的根源，是人类存在的基础，但道本身却不体现任何价值，也就不会有大小多少，得失取舍。道是超然于事中，并不代表任何一方，是各方相互制约、对立统一互动的必然产物，当互动的结果符合权利和义务相对平衡的自然规律了，就会产生共同利益共识之道，这时事物或交往范围内就会成功有序，反之如果因各方的不平等地位，无法相互制约、对立统一地互动，当然权利和义务也就无法相对平衡了，自然就会产生道的“反者，道之动”来推动从失衡向相对平衡的循环，而推动循环的势能必然来自利益受损的弱势群体的反制，“弱者，道之用”。如果推向平衡的循环阻力太大就会斗争不断，会使交往范围内失序混乱。即使强势一方强力压制，但是，天下并不存在处处时时的绝对强势，任何人都有其弱势之时，弱势之处，俗称老虎还有打盹的时候，任何的强势镇压是不可能持续和长久的，要想事物成功，交往范围内稳定、有序，就必然通过各方在平等的相互制约、对立统一中产生共同利益之道。所以事物或交往范围内道的存在是事物和交往范围的自身本性，所以“万物恃之而生，而不辞。功成而不名有。爱养万物而不为主。常无欲，可名于‘小’。万物归焉而不为主，可名为‘大’。以其终不为大，故能成其大”，道永存不败。

我们知道，共同利益之道是无形的势，因此必须通过具体有形的德显现出来，德也就是我们身边时时处处存在的法律规范、规章制度、公序良俗、合同契约等具体体现道的行为规范。每一个人如果在这个范围内活动，就不会伤害其他人和群体，符合各方的根本和长远的共同利益，各方会产生向心凝聚力，从而形成强大的共同利益势能。如果一个人或一个群体为了自己的特权贪欲，不遵守体现道的德，也就是法律规范、规章制度、公序良俗，去伤害相对弱势者或群体的物质利益或人格尊严，必然会引起受到利益受损方的强烈反对和制约，即使你足够强势，可以一时摆脱一切现有制约而得逞，但你却无法消除利益受损方因不满而引起的日益强大的反抗共识之势的聚积，形成不知何时，何处爆发的必来的灭顶之灾。同时，因为强势者带头打破了法律规范等社会行为制约，使这些制约因为因人而异，而失去了公平的权威性，而逐渐形同虚设，诱惑人们上行下效，使社会整体失序，人们会虚伪、狡诈成风，甚至充满暴力；另外，当强势者失去应有的制约后，也必然导致不尽义务的失位，和多占权利的越位，这样就会失去了在社会共同利益中的定位和存在价值。而且人或群体一旦失去制约就必然会像失去制动的汽车一样，随着贪欲无法遏制的膨胀而失控，必然滑向荒诞毁灭的深渊，喜剧性死亡。

因为任何社会都不可能允许其组成的各群体之间长期严重的权利和义务的不平衡存在，如载物的车船一样，发生了严重倾斜如不及时平衡纠正，必然会倾覆；也不会允许各群体的共同利益长期被践踏。所以虽然道产生万物，但不占有万物，并不直接干涉具体事物，看不见摸不着，但又是不可违抗的，更不可能长期违抗的。任何事物打破了权利和义务的相对平衡，引起事物或社会内部的矛盾各方的矛盾加剧，严重侵害其他方的利益会遭到利益受损方反制。

“常无欲，可名于小。”“小”在这里指道没有自己的私利欲望和似乎作用不大的意思。如果同样是市场行为，人们的主要大宗生活必需品短缺，但因各种强势垄断，造成市场无法根据平等的供需关系，遵照权利和义务相对平衡的自然规律自行调节时，使交换价值严重违背使用价值，使一部分人占有了大比例超过所尽义务和付出的权利和暴利，便会严重损伤弱势群体的利益，导致人们生活成本升高，生活水平下降，其他消费市场萎缩，会逐步造成社会经济发展各方面之间和各群体之间权利和义务的严重失衡，使贫富差距拉大，损害各群体共同利益之道，造成社会整体躁动不安和人们过分追逐权力财富的结果。这时，社会长远发展的共同利益之势必然会迫使人们进行调节，因为一个畸形发展的社会将不可能长期持续，也就是说，权利和义务相对平衡的客观自然规律是动态的平衡—失衡—平衡的循环过程，是不可长期违背的，循环半径的大小由组成社会各群体相互制约、对立统一来决定，也可以说由利益受损群体的忍受程度决定，总之垄断压力越大，利益受损方反抗的力度越大，再平衡的循环半径也就越大，而循环半径越大社会损失就越大，这就是老子所说的“将欲歙之，必固张之；将欲弱之，必固强之；将欲废之，必固兴之；将欲夺之，必固与之”大半径循环。

无论什么朝代，什么时候，什么事物，事物内各方的权利和义务的相对失衡，严重超过了利益受损的弱势群体的忍耐程度后，必然产生不可阻挡的再平衡之势。因为这个势，也就是共同利益之道，没有自己的特殊利益，才会公平公正而有力，所以是“万物归焉而不为主，可名为‘大’”，共同利益之道不是其中的强势群体的利益，不会损伤弱势方的利益，是各方向心合力，其势不可阻挡，所以是“是以圣人终不为大，故能成其大”，这个不可阻挡的必然，就是“大”。

第三十五章

# 道的向心凝聚力

执大象，天下注。注而不害，安平泰。

乐与饵，过客止。道之出口，淡乎其无味，视之不足见，听之不足闻，用之不足既。

“执大象”，按照道行事。在一个交往范围内，这个范围可以是一个家庭、一个村庄，也可以是一个小邦、一个国家。在这个交往范围内每个人、每个群体都平等相处，大家相互影响、作用、制约，通过对立而求大同存小异，相互妥协达成共同利益的契合点的道，根据共同利益产生出法律规范、规章制度、公序良俗的德来约束每个人的行为，根据权利和义务相对平衡的原则确立每个人和群体的社会坐标，相互制约而各尽其责。这样大家就可以“往而不害，安平泰”，丰衣足食，心情舒畅，幸福欢乐，“乐与饵”，并且会吸引天下人前来共同参与。这里，老子十分形象地把事物和交往范围内共同利益之道的向心凝聚力表达了出来。任何一个事物或交往范围如果没有共同利益之势，就不会平等地互不伤害，不会和谐有序，人们不但不会有向心凝聚力，反而会四分五裂，各怀鬼胎，相互算计，而这样的家庭、村庄、国家都不会和谐有序，即使生产力提高了，物质丰富了，也会因贫富差别过大，人们不会有发自内心的心情愉悦的“乐”。

“执大象，天下往。往而不害，安平泰。乐与饵，过客止。”“执大象”的道，是老子经过对大自然客观规律和无数历史成败治乱的事实，认真仔细地观察分析总结感悟出来的，而感悟道，从“道法自然”而来。举一个最自然，感觉最明显也容易对比和理解的例子——我们可以将封建社会管理体制和身体的自然本能的调节管理做一些简单的对比：封建社会上层做任何决策不会认真了解和咨询最下层民众，更不会接受他们的直接制约，但是人的身体可以吗？大脑发出人穿衣物防寒的指令能不因为最外层、最边缘的皮肤感到刺骨的寒冷感觉吗？社会下层民众的真正需要可以被忽视，被用谎言掩盖，被篡改歪曲，即使统治者知道，也可以麻木不仁，甚至可以质疑，被饿死的民众为什么不吃肉粥？但当人的肢体难以忍受火焰的炙烤时，人的神经可以不向大脑传导吗？大脑能不发出躲避的指令吗？当人的饥饿感引起肠胃的强烈蠕动时，大脑能不下指令去进食吗？统治者可以心血来潮地发布违背客观规律，不符合当下社会发展现实的命令，并且会强制推行，人的大脑敢向身体下达去跳过无法跳跃的山涧的指令吗？社会可以分等划级，有特权享受，可以减少弱势群体的福利，增加他们的负担，掠夺他们本就不足的财产，“损不足以奉有余”，身体可以任意将部分人体组织、器官的血液供给减少，给予自己宠爱的组织器官吗？统治群体可以玩忽职守不尽自己应尽的社会职能，也可以利用社会职能设卡寻租，身体各器官和神经系统能这样吗？社会的各项社会职能可以时松时紧，时动时停，全凭长官意志，身体的心脏和肺等器官可以时动时停吗？道是由组织事物各方面在平等地相互影响，作用、制约的对立统一，依据权利和义务、阴和阳相对平衡的原则而产生的共同利益之势，正是效法自然才得来的，我们的身体自然本能不就是这样吗？可见，组成事物各方全面平等地相互制约、对立统一，是道的精髓，也是不可违背的自然规律。从这些对比中可以明确地认识到老子所说的“执大象”的共同利益之道在事物或交往范围内的无形而无法替代的作用，也可以认识到几千年的封建社会的矛盾各方为什么一直对立严重，生产力发展受阻，广大民众生存艰难，还必然伴随着的阶段矛盾激化，无法调节改革而无解后，令人恐惧的毁灭性战争动乱的王朝兴衰周期率了。

人生活于世间，是身和心的结合，心是指人的尊严，尊严来自一个人的社会存在感，也就是一个人的社会存在的坐标。当一个人失去了自己的社会存在坐标，没有参与社会交往管理的权利，是最无奈和无助的，也是这个社会失去共同利益之道的开端和结果。一个人的社会交往中的参与感和自尊可以使人发挥出极大的主人公的能量和宽容忍让。这种参与感与物质水平高低没有必然联系，有平等的参与感无论生活条件多么残酷，人们也会充满信心和斗志而不可阻挡。反之，如果被人强制剥夺知情权、参与制约权，任人驱使，即使是生活条件很优越也会因失去主人公权利，无存在感和自我意识，会时刻产生怕被人伤害的戒备感，从而寸利必争，惶惑不安。也就是说，因为人不是动物，是社会的产物，既有身也有心，心就是平等、自主、自尊的心，一个有自尊心的人是不吃“嗟来之食”的，所以只有身心的全面存在，才是一个完整的社会人。老子在两千多年前就憧憬赞美“执大象，天下往”的社会，“往”是一种自觉自愿的自主行为。但是在封建等级特权时代，广大弱势民众总是时时处处被上层暴力所驱赶，或为生活所迫，或逃荒要饭四处流浪，无可憧憬之处和自愿去的“往”。

社会就像一部复杂的大机器，每一个大小齿轮和螺丝钉都各就其位，有自己的职责，得到自己相应的规格和保养维护，环环相扣，缺一不可，机器的运行是各部位的合力而成，各部位也得到了相应的关注，没有一个部件可以在规格上越位和功能上失位，更不会有毫无作用的物浮于事和机构臃肿，而是压缩成本的应减尽减，这就是人自然而然地在权利与义务相对平衡的自然规律下所设计的机器，也因此，这个产品才会产生使用价值和交换价值，无论是如车轮、器皿、房屋那样简单直观，还是计算机、航母、航天器那样复杂庞大的事物。为什么同样由人来设计，而机器，尤其是复杂到可以和人对弈，而封建社会制度却一直也达不到机器那样运转正常呢？因为人们在和物质交往时有道，可以一步一个脚印，勇往直前。而同样还是这些人，在人与人尤其是与所谓的社会上层相互交往中却仍然陷于垄断特权霸权、官本位、法律规范因人而异的沼泽地之中，艰难行进。同一社会交往群体，为什么会有如此大的反差，我们可以对自然物质和人两相对照，寻找差别。首先，物质真实不变，是有制约界限的，“常有欲，以观其徼”的，而人可以用“智巧”掩饰真相，而且会随个人利益关系而善变，令人难以琢磨；物质对一切交往对象平等、包容、相互制约，只要适应了其自然属性，不论是妇孺还是巨头权威都会一视同仁地顺从，而封建社会有因人而异的不平等等级特权；自然物质严守能量守恒等自然规律，没有特权和既得利益的坚强固守，而封建统治者可以利用各种垄断强势打破权利与义务相对平衡的自然规律；自然物质是柔弱地接受符合对立统一共性的任何改造和变革，所以问题只要一经发现，引起重视就可以立即修正，以最小半径、最低成本从失衡回归到平衡的“反者，道之动”的循环，而封建统治者因为有特权而固执地坚守既得利益不放，从而拒绝和破坏调节和改革，宁愿进行玉石俱焚、损失巨大的大半径循环，也不会放弃早已不合权利和义务相对平衡的自然规律的既得利益，就像从猎人设下的小口瓶子中抓到米的猴子，只要它们放下米，就可以抽出手来跑掉，但是，它们宁肯被抓住也不会放弃到手的米。可见，正是自然物质的真实质朴、平等包容、相互制约，坚持能量守恒等的自然规律，才会产生共同利益之道。而看不见、摸不着，但又真实存在的共同利益共识之道和人类物质文明的巨大跨度和撼天动地，探索宇宙的辉煌相比，是那么的“道之出口，淡乎其无味，视之不足见，听之不足闻”。但是万物在依道运行时就会发现，“用之不足既”的道的作用是无边无际，无所不包的，其势是无穷无尽的。

第三十六章

# 对立统一、物极必反是事物的发展规律

将欲歙之，必固张之；将欲弱之，必固强之；将欲废之，必固兴之；将欲夺之，必固与之。是谓“微明”。

柔弱胜刚强。

鱼不可脱于渊，国之利器不可以示人。

本章与上一章是相连的，上一章讲的是如果依道而行社会则会出现平安、和谐的景象，这是老子美好的愿望。但是这就出现一个问题，既然道这样好，为什么社会现实中有些事，尤其是在封建时代的统治中却大相径庭呢？这就必然会涉及矛盾双方的相互转化的辩证法问题。任何事物都有一个发展过程，一个从量变到质变的过程。道是组成事物各方在平等地相互影响、作用、制约的对立统一中产生的共同利益之势。可见道是在对立统一中，从矛盾双方的互动转化而来的。“杀人偿命”的法律规范就是人类共同利益之道的具体体现，是与道有无相生的规范之德。但是这个共同利益之道的规范的产生却经过了十分漫长的发展过程。在人类早期因为争夺食物、土地、水源，人与人之间，群与群之间相互残杀是经常性的，不可避免的，人与人之间相互残杀常常和打猎时与凶猛动物搏斗混在一起，并且常常将杀戮中的强者奉为英雄，是一种男子的荣耀，西方的决斗也在相当长时期被誉为是勇敢者的行为，被推崇。可以说这是弱肉强食、适者生存、逞勇斗狠的动物习气被传承、加强、抬举，给予了其极高的社会承认和荣誉。但是，随着人类生产力的发展和人类的繁衍，相互之间交往越来越多，矛盾也就越来越多，而且杀人武器和方式也越来越威力大，这就使逞勇斗狠、相互残杀的频率越来越大，杀人效率越来越高，相互之间仇杀延续的时间也越来越长，弱者借助火器也提升了反击能力。这种相互残杀严重地危害了无论强者还是弱者，甚至无辜妇女、儿童、老人等的安全，严重地危害到了整个人类各群体的共同利益之道，于是物极必反，人类首先在交往紧密的交往范围内开始严禁滥杀。至此，人类早期的相互残杀的行为因发展到严重违背各群体的共同利益共识的时候，从早期的传承、加强、抬举，承认变化为收敛、削弱、废除、严惩。如果没有前期的扩张加强使之到了忍无可忍的地步，也不会有后来的废除和严惩。这就是事物物极必反的发展过程，是产生道的相互影响、作用、制约的对立统一过程，这就是老子说的“将欲歙之，必固张之；将欲弱之，必固强之；将欲废之，必固兴之；将欲取之，必固与之。是谓‘微明’”的过程。歙和固，弱和强，废和兴，取和与是相对的，是相互制约、互动转化的，转化时，往往是需要明道的领袖人物及群体作为中流砥柱的坚守和积极催化、促进，逐步达成广泛共识，这就是老子在第十五章中所讲的只有“善为道者”才“孰能浊以止静之，徐清？孰能安以久动之，徐生？保此道者，不欲盈。夫唯不盈，故能敝不新成”，“敝不新成”就是转折点，这是产生共同利益共识之道的必然启动过程。当少数强势者损害大多数弱势者的利益时，是没有固定的侵害程度标准的，只能是双方势的相互制约的互动来决定，任何强势者的贪欲都是无止境的，只有遇到普遍强烈的反抗时，才会止步，这就达成一个相对稳定的界限，这就是阶段性的对立统一的相对临界点。也就是说，在不平等的特权社会，社会处于什么状况，主要是由多数利益受损的弱势群体对压迫的敏感程度和反抗共识决定的。而在社会现实中，有时会因为人们普遍的等级特权的功利主义思想意识的存在，降低了人们对不平等行为的敏感度，成了温水煮青蛙状态。

“柔弱胜刚强”，可见这个先张后敛，先强后弱，先兴后废，先与后取的循环是必然的和明显的，“是谓微明”的真理和自然规律。在这个循环过程中，推动循环改变的是在那些利益受到伤害的弱势受害者，是他们当自己的利益受到伤害后的强烈反击，才使强势者被迫让步妥协，才达成权利和义务相对平衡的共同利益共识之道。也就是说，共同利益的产生早晚，取决于弱势群体的忍耐程度。道是在相互制约中产生存在的，没有弱者认为忍无可忍的共识和对强者的强大的反制行为，就不会有强者的让步，也就不会产生防止和严惩强势者危害弱势者的法律规范的共同利益之道。这充分说明，共同利益之道的产生是由组成事物和交往范围内各矛盾方平等地相互影响、作用、制约的对立统一中产生的。制约越及时，力量越大，重新达成权利和义务的相对平衡，产生共同利益之道就越快，从失衡到再平衡的循环半径就越小，各方受损失就越少，从对立到统一的循环半径也越小。而这一切却从点点滴滴的人们对事物的认知共识积聚开始的，无论是我们周围的大事小情，市场行情涨落，还是王朝更迭血流成河，在看似轰轰烈烈的物极必反的过程后面，最大的推力来自人们普遍的共同利益共识之势，这个共识之势就产生于组成社会的人们头脑之中，看不见，听不到，摸不着，似乎是非常柔弱甚至渺小，但是，正是这个柔弱的认同一旦积聚成为普遍共识就会产生无法抗拒的势能，可以影响制约到时时处处，无孔不入，可以规范人们的行为举止，更可以物极必反，沧海桑田。所以老子才指出“柔弱胜刚强”。

官员与民众，相互之间既有统一的共同利益的一面，又因各自社会定位不同，权利和义务相对平衡的表现方式不同，所以有各自特殊利益的矛盾对立的一面，如果双方可以有效地平等地相互影响、作用、制约，则双方都可以在法律面前人人平等，依法办事时达到统一，此时无论是民众违法还是官员违纪都可以得到及时纠正，这样双方在错误的道路上走不了多远，因为双方的相互制约而得到及时纠正，权利和义务从失衡到再平衡的循环半径很小，代价也相对较小。但是如果，官员和民众没有平等的相互影响、作用、制约的平台机制，失去制约的官员的应尽社会职能就可能演变为强势的特权而用于寻租，官员因此可以用潜规则而大肆贪腐，利欲熏心而无法自拔；个别违法民众可以通过官员不作为的时机和向官员行贿而逃避法律的制约，或因社会不公的事情太多，各种事物矛盾激化而导致许多人严重犯罪。这样原来平等的相互制约的官民双方因失去平等的相互制约，双方都失去了各自的权利和义务相对平衡决定的社会定位，严重地破坏了社会共同利益之道。此时如果通过改革，由法律来及时将失衡回归再平衡，循环半径就大了许多，对社会和犯罪者本人的伤害代价也大了许多，这就是为什么许多获罪贪官在悔恨的同时都提到监督问题的原因，也是为什么说平等的相互影响、作用、制约可以产生各方的共同利益共识的原因，因为官员和民众相互制约可以最大限度地制止歧途，用老子的话就是“大道虽夷，而人好径”，保护双方的长远的根本利益。如果此时统治者坚守自己的既得利益，拒不通过改革使严重失衡的权利和义务再度相对平衡，使因特权而打破权利与义务相对平衡的犯罪得不到及时制止，社会上下竞相效仿，成为普遍社会风气共识继而成为逆道之势，社会则到了向朽木不可雕的失序的转折点，此后的社会共同利益之道，便逐步因人们对政权的失信而彻底失望的共识的达成，而由要求政权进行权利和义务相对平衡变革，演变为彻底改朝换代的共识之势，这种全社会性质的大半径循环中，社会各群体都将付出难以承受的惨痛代价。一个行政机构失控后，必定会随着机构逐步臃肿，人浮于事和享有特权的皇族等群体后代及其因利而不断前来附庸的“夫智者”越来越多，特权阶层的追名逐利思想越来越严重，甚至形成人人都觉得不正常，但又都不想改变而如蝇逐臭的意识共识之势，使他们在社会总物质财富分配中所占有的比例越来越大，特别是遇到严重的天灾人祸时，社会总体物质财富严重缩水，但是既得利益群体不但不会压缩他们的特权利益，反而会变本加厉，趁火打劫，使弱势群体所得到的物质比例更小，甚至不足以维持生命，这时，必定遭到因负担太重而忍无可忍的民众的此起彼伏的反抗。统治者为了延续维持自己的统治，对反抗压迫的民众，只能是动用作为“国之利器”的武装暴力去镇压，这样会激起民众更广泛、更强烈的反抗，会用同样的“利器”还治其人之身。而最终结局也几乎是天下大乱，玉石俱焚。造成这样的结局是必然的，因为没有社会各群体平等的相互制约、对立统一的社会制度，也就不会有长期存在社会各群体的共同利益之道。一个政权脱离了共同利益之道，就像鱼脱离了养育它的渊潭一样，是不可能存活的，所以老子才说“鱼不可脱于渊，国之利器不可以示人”。

“国之利器”是一把双刃剑，既可以伤人，也可以自伤。当“国之利器”为组成社会各群体共同利益共识之道所用时，伤的是极少数违道之人，会使社会和谐、有序，效果是社会整体向心凝聚力的加强和可持续。而当不受平等制约的特权群体自恃“国之利器”之威，而肆无忌惮地掠夺欺压弱势群体，占有一切可以得到荣誉利益的机会，无所不用地扩大“国之利器”为自己服务时，“国之利器”便从为各群体共同利益共识服务成了伤害各群体共同利益的利器，从而也就失去了其存在的基础。而被特权服务的“国之利器”一方面在为其服务利用，一方面纵容其失控荒谬而堕落入万劫不复的深渊，“福兮”“祸兮”。这个歙与张，弱与强，废与兴，取与与的物极必反，就是对立统一的“反者道之动”的权利与义务相对平衡—失衡—平衡的循环过程，也是事物的必然发展过程，只是在组成事物或交往各方可以平等的相互制约时，对立统一的循环半径小，代价小，而没有平等的相互制约时，对立统一的循环半径大，代价也大。老子讲“鱼不可脱于渊，国之利器不可以示人”就是指国家行政要在组成社会各方在平等的相互制约、对立统一中产生的权利和义务相对平衡的共同利益共识之道和与之相应的法律法规等行为规范之德的范围内行事，不能为了自己的特权而滥用国家权威。

第三十七章

# 真实质朴和道紧密相连，甚至同为一体

道常无为，而无不为。

侯王若能守之，万物将自化。化而欲作，吾将镇之以无名之朴。无名之朴，亦将无欲。不欲以静，天下将自正。

本章和第三十二章意思相近，都是在讲道在社会交往中的作用，可见老子认为组成社会各群体在平等的相互制约、对立统一中产生的权利和义务相对平衡的共同利益共识之道是唯一能使社会安定、有序的道路，“譬道之在天下，犹川谷之与江海”。

“道常无为，而无不为。侯王若能守之，万物将自化”，道是对立统一产生的共同利益共识之势，那么如何对立统一呢？以什么为标准呢？在各方权利平等的情况下，自然是以各方面对整体利益所尽义务和付出为标准，谁为大家生存物质、精神享受、安全管理等社会共同利益付出得多，谁可以多得一些权利和回报，这当然是一个动态的平衡，因为一切事物和其中各方都在不断地交往互动，不断地相互影响、作用、制约。国家的各方面也是动态的互动，当粮食生产紧张时，就应当向农业倾斜一些，而当工业产品紧张时，就向工业倾斜一些，当国家安全受到威胁时，就向国防倾斜一些，而一个社会，进步的最大促进力是科技创新，这是必须坚持不懈地倾斜的部分。还有一个最关键的部位，就是文化教育和舆论宣传，这是一个社会的灵魂和未来，是直接反映和影响人们达成普遍共识之势的方面，是反映和影响社会向心凝聚力，还是离心破坏力的软实力之势的方面。如果人们从生到死，都受到弱肉强食式的个人功利主义和等级特权观念的教育引导和各种文化艺术熏陶，再加上侯王们实施的铁一样的等级特权事实佐证，社会就会自然形成这种普遍的无形的文化意识共识之势。这个势将在有意无意间，或明或暗中产生着社会离心破坏力，于无形中左右制约着社会的发展动向。同样，如果“道常无为，而无不为。侯王若能守之”，侯王在社会行政中处处依道而行，用事实体现共同利益共识之道，人们从生至死，都受到只有人人平等地相互制约、对立统一，在权利和义务相对平衡的自然规律基础之上产生共同利益，人人都遵守体现道的法律规范之德的教育引导和各种文化艺术熏陶和铁一样的依道遵德事实佐证，社会将会形成普遍的无形的依道遵德的文化意识共识之势，这个势也将在有意无意间，或明或暗中产生着社会向心凝聚力，无形中左右着社会的发展动向。社会实践中平等的相互制约机制重要，而教育和文化引导无形的文化意识同样重要，这就是为什么人们都会以各种方法影响和左右舆论的原因。为什么有的社会交往领域，清楚明白的平等的对立统一，权利和义务相对平衡的自然规律，会被人们忽略边缘化，或者总是仅仅停留在口头上，而无论从中受益或受害的人都不认真对待呢？因为这个社会，还没有达成包括广大利益受损的弱势群体为主的社会普遍强烈的共同利益的文化意识共识，自然也就不会产生强大的制约人们等级特权行为的无形之势了。

组成社会各方对社会整体共同利益的义务和付出是不可能绝对平衡的，各方在社会运行中所处位置不同，发展也不会绝对平衡，对整体共同利益付出不同，所以各自所得权利和回报也是相对动态变化的。如老子在四十二章所说“万物负阴而抱阳，冲气以为和”，“冲气”指动态的，相对的，“和”指平衡。为什么必须要权利和义务相对平衡？因为如果一方的权利远远大于义务和付出后，其他方的利益必然受损，必然引起人们的反抗和争夺，从而会引起激烈的矛盾冲突和社会的不稳甚至动荡。对最容易造成权利和义务严重失衡的行政权力的争夺，贯穿古今，占据了几乎全部历史记载，汇集了人类几乎全部手段，和当时全部的高科技。有史以来，文字记载最多的就是千军万马挤行政权力的独木桥，甚至不择手段，用尽一切手段，直至陷害谋杀，害得天下百姓跟着流血牺牲，生不如死。通过以上可以看出来，古往今来的社会的一切的一切，都离不开人们的生存物质的生产和分配，也都离不开权利和义务相对平衡的自然规律，和与之有无相生的共同利益之道。阴阳相互制约的两仪平衡是中国人古老的太极图中的人类智慧的结晶，是万物之根的自然规律，只有不打破“万物负阴而抱阳，冲气以为和”的权利和义务相对平衡的自然规律，社会才会稳定、有序和发展。而要达到这个相对平衡，只有各方达成共同利益之道的共识，坚定不移地坚守体现道的法律规范、规章制度、公序良俗、合同契约等规范，社会才能稳定有序，才可持续发展。这才是本章老子所说的“道常无为，而无不为。侯王若能守之，万物将自化”，“无为”指不违背权利和义务相对平衡的自然规律，也就是说，只有不打破这个自然规律才可以事业成功，社会才能安宁、和谐、有作为，因不受直接制约而最有能力得到特权的侯王如果带头坚守和依道遵德行政，天下万物，臣民苍生自然会和谐、有序。

如果有人或群体要违背共同利益之道，而寻求自己少尽义务或不尽义务而多占有权利的“化而欲作”的“有为”行为，对付他们最有效的方式，就是“吾将镇以无名之朴”，就是实事求是地公开真相，将各群体和个人应当担负的社会义务和所得权利的具体细节坦然于世，以曝光这个最质朴的方法，达到相互了解、相互制约来压制违反权利与义务相对平衡的行为。“朴”是道的基础和特性，“道常无名，朴”“无名之朴”也可以说就是道，也就是将真相公布于众，将一切放在阳光之下面运行。权利和义务相对平衡的自然规律并不复杂，表面上简单的对错利害由各种规格衡量，每一个思维正常的人都可以拎得清，而深层次复杂的利害关系也难不住可以以纳米级计算的高科技，如果各方清楚明白地了解了各方的权利和义务相对平衡的真实状况后，相互制约、对立统一达成共同利益共识就有了坚实的基础，就成了自然而然了。权利和义务相对平衡是世界万物存在的基础，没有这个基础世界将无法存在，为贪欲而严重打破这个平衡，夺得特权是一切矛盾激化、斗争升级的根源，人们通过战争等各种方法争夺强势的目的也是如此。每一个人，每一个群体都有自己由权利和义务相对平衡决定的社会存在，也就是社会坐标，只有大家都力保自己的坐标合乎共同利益共识之道及显现的行为规范之德，这样事物才会成功，社会才会稳定长久。

朴和道自然一体，因为道是从事物各群体平等的相互影响、作用、制约的对立统一中来，没有质朴的真相，人人都带着假面，一切操作于潜规则的暗箱之中，像变魔术一样，如何相互影响、作用、制约？共同利益之道又从何而来？又如何以共同利益之势去直接制约各方面呢？事实中，凡是可以公开真相的地方，都是权利和义务相对平衡的地方，也就是说，凡是符合各群体权利和义务相对平衡的共同利益共识的地方，都是敢于公开、透明、质朴、诚信的。家庭为什么是人类一切交往范围中最稳固，最亲切，最有归属感的呢？因为家庭内不但有血缘亲情，而更主要的是相互之间是最真实了解的地方，甚至比自己对自己的了解都深，知子莫如父，莫如母。只有相互了解才能清楚地显露各自在各个方面的权利和义务相对平衡的状况，才有了相对准确的定位，才能有效制约互动，便于产生共同利益共识之势，才能长期和谐相处。人们在家庭生活中有意无意地相互交谈询问，自觉不自觉地观其形听其言，甚至辩解吵闹、无言冷战，其都是相互了解、制约，在对立统一中寻求共同利益共识的过程。除了家庭相互了解，相互制约以外，次一级的就是相对固定的熟人交往圈子，有时这种圈子的作用更大一些，因为家庭亲属成员无法自主选择，有时会很无奈，但熟人圈子可以相互了解，相互选择，正是这种相互选择才会制约人们约束自己损害他人利益的行为，而达到更纯的共同利益共识之势，这就是圈子道德的自治可以和谐有序，“万物将自化”。而进入更大范围的以陌生人为主的交往范围后，如何平等地相互了解就成了相互制约、对立统一产生权利和义务相对平衡的共同利益共识之势的首要瓶颈，以陌生人为主的交往范围也因此成了不平等特权产生的顽固领域。正因为真实质朴和道的这种紧密相连的关系，所以老子才说：“化而欲作，吾将镇以无名之朴。”“作”指打破权利和义务相对平衡的自然规律，违反合道的行为规范之德的作为。

老子本章中将道和朴的直接关系揭示出来，告诉人们要得共同利益之道，先要有实事求是的真实、质朴的真相，也只有有了真实、质朴的真相才能确保各群体之间有效的相互了解、制约的对立统一，权利和义务相对平衡的共同利益共识之道才能产生和存在，也才能使社会有序、安定，“无名之朴，亦将无欲。不欲以静，天下将自正。”

## 第三十八章

# 老子宣扬的道德和统治者宣扬的仁义道德

上德不德，是以有德；下德不失德，是以无德。

上德无为，而无以为；下德为之，而有以为。

上仁为之，而无以为；上义为之，而有以为。

上礼为之，而莫之应，则攘臂而扔之。

故失道而后德，失德而后仁，失仁而后义，失义而后礼。夫礼者，忠信之薄，而乱之首。

前识者，道之华，而愚之始。是以大丈夫处其厚，不居其薄；处其实，不处其华。故去彼取此。

要理解本章，首先要分清“上德”和“下德”的区别，“无为”和“有为”的区别。“上德”和“下德”并不是程度上的区别，而是性质不同，来源不同。老子讲的“上德”是指因道而生的德，“孔德之容，唯道是从”，德与道是有无相生的关系，道是无形的共同利益共识之势，而德则是此势在具体事物中具体的体现，也就是现实社会中合道的法律规范、规章制度、公序良俗、合同契约等符合双方或多方共同利益的制约条款，道和德与事物有各不相同的关系和作用。“道生之，德畜之”，“畜”是规范管理的意思。道是组成事物各方面在平等的对立统一中产生的共同利益之势，而任何事物的产生是因为有了共同利益的需求，也就是说有了使用价值，才会有人去生产，生产了才会有交换价值，例如，镰刀的产生是因为人们用连根拔起的方式收获谷物又累又慢，才产生了一种既轻便又好握，而且锋利的工具的需求。这样，镰刀是共同利益之势的需求，而既轻便又好握，而且锋利就是体现道的德，即规范，符合了这个规范就达到了道的需求。没有道的需求，德无从谈起，例如现在收割不用镰刀而用联合收割机了，关于镰刀规范的德也失效了，同样，没有德的规范，道也无法显现落实，这就是道和德的有无相生关系。德是事物中各方共同利益之势的产物，势对各方的约束行为是由德来显现的，例如一个企业内部，各方共同利益共识之势的德则是以规章制度方式显现出来；一个社会，各方共同利益共识之势的德则是以公序良俗的方式显现出来。可见，老子说的“上德”是与具体事物有直接关系，是在组成事物各方在相互影响、作用、制约的对立统一中产生的，和道一样无时不在，无处不在，随着事物的变化而变化，随着事物不同发展阶段而变化。“上德”是人的行为规范，是由许许多多不允许的制约规范出来的一块区域，例如对于一个人的社会规范是由不许杀人放火、抢劫偷盗、卖淫嫖娼等法律以及不许违反企业规章制度等诸多不许所围成的一个法不禁止的区域，在这个区域内活动就是遵德，就是社会正能量，活动能量越大对共同利益之道越有利，出了这个区域违反了哪个不允许都是不德，你活动量越大对共同利益之道伤害越大，是负能量。所以老子所说的德与人们平常认为的仁义道德礼教并不是一回事，这个德是对各种违背共同利益的制约，而不能成为人们升官的阶梯和敲门砖，也不能以此去炫耀，去高人一等。老子说的德和历史上法家宣传的法制也完全不同，因为法家的法的目的是为统治者利益服务的，首先服从统治者及其强势群体的利益，甚至损伤弱势群体的利益，为利用“国家利器”镇压民众的各种方式的不满和反抗提供法律依据。这样的法律通常有两部分内容，一部分符合共同利益之道，有保持弱者利益和谐，稳定社会的意义，而另一部分则以保护统治者权威为主，并不会受其他群体有效制约的条款。这样，执行法律时就必然会产生在法律面前不能人人平等的因人而异的结局，一方面在执法过程中，产生衙门口八字开、有理没钱莫进来的弱势民众有冤无处诉的结果，助长推进社会上恃强凌弱、攀附权贵、追名逐利的风气成为主流意识；另一方面，执法人因人而异，这就有了民众口中的清官、贪官、昏官的区别，同一个案子不同官员审理结果会大相径庭。正因为历代法律规范的这种与社会共同利益之道不符，甚至矛盾的状况，才使社会各群体的人们都对法律规范不以为然，强权者无畏惧感，而视之为无物，我行我素；弱势者得不到保护，甚至反而受害，无亲近感，只有畏惧感。总之所有人对法律规范都有异己感，而没有共同利益之德的感觉，也就使人们都漠然置之，甚至唯恐避之不及。正是因为人们不认识理解老子所讲的真正的道德，不依道遵德，甚至极力掩盖、避开社会各群体的阴和阳，权利与义务相对平衡的关系，只空谈与实际事物脱钩，并无实际衡量尺度，无约束作用的仁义道德才造成了人们思想意识的混乱，也才促成了社会的失序混乱。老子在第二章就指出“天下皆知美之为美，斯恶已；皆知善之为善，斯不善已”，也就是说天下没有绝对的美丑善恶，这些都是在实事求是的相互比较的制约中动态产生、存在的，仁义道德同样也必须在“常有欲，以观其徼”的具体行为规范制约中才能显现，脱离了当时当事各方在平等的相互制约、对立统一中产生的共同利益共识而谈道德是无本之木，无源之水。

而老子本章所说的“下德”的仁义道德的产生，与无处不在、无时不在的具体事物的共同利益之道没有直接关系，与先于天地的道相比，与几百万年人类群居形成的圈子道德的公序良俗的德相比，历史也极短。早期人类的上层意识主要是因对自然界的敬畏、无知产生的占卜观星象，随着人类交往的增加，生产力的提高，行政管理机构的分工产生以后，夏、商、周统治者逐渐认识到人与人之间交往作用比天象更现实直观，作用更大，所以在占卜观星象的同时，而一手扶持和推广仁义道德、礼仪教化的思想意识和行为规范，这是为了巩固统治者的等级特权和垄断思想意识便于控制上下级官员而促成的，这是一套由各王朝帝王逐渐增加完善的仁义道德、礼仪教化行使地从思想意识到衣食住行各种行为的规范体系，是以建立和维护王权统治和等级特权为目的，是以龟板、骨头、青铜鼎等器具为载体用文字传播的，规范以社会统治群体利益为主的行为和思想意识。这就是孔子所说的“克己复礼”的来源。也可以说，仁义道德的核心并不是孔子首先发明的，孔子只是当群雄割据，民不聊生，这些统治者所制定的仁义道德、礼仪教化在那些权力不受制约的诸侯王面前早已经失去制约作用，成为霸权争夺的工具，用孔子的话就是礼崩乐坏时，为了社会的安定和民众的利益，试图用其整理出的历代事件教训和道德礼教去游说各国君王约束自己的行为，克己复礼。当他四处碰壁不得志时，转而向社会中上层为主开始比较系统地传播仁义道德、礼仪教化的思想观念，希望形成一种文化氛围去直接或间接影响和制约上中层为主的群体。孔子成为将只供君主大臣群体垄断的道德礼教文化向社会中上层传播的开拓者，并为社会中上层文化精英和统治者相互利用提供了“学而优则仕”的基础和通道。由于后世帝王为了自己统治的长治久安对孔孟之道的拔高利用，使人们一提起道德，马上就会联想到孔子的仁义道德。后世的封建统治者为了利用一些社会文化精英为自己服务，把当初孔子为了和谐社会和仁爱民众而宣扬的克制贪念回复道德礼教的思想转换为人们夺取功名，占有“千钟粟”“黄金屋”“颜如玉”的工具和敲门砖，使相当一些人可以终身以此为生，但这些人同时也完全可以和春秋战国时期争夺霸权的各路诸侯一样不受其制约，所以有些饱学之士“满口仁义道德，满肚子男盗女娼”，这样的矛盾现象和孔孟传播的仁义道德、礼仪教化大相径庭，完全是统治者对孔孟仁义道德的歪曲利用。而老子本章中所指的仁义道德是统治者所主张宣扬的，和孔子无关，因为此时孔子的社会影响力还远远不足以引起社会普遍重视。

再说“无为”和“有以为”。“无为”就是不违背共同利益之道的阴阳相合，也就是权利和义务相对平衡的自然规律，而“有以为”就是承认等级特权，违背道的权利与义务相对平衡的自然规律，利用某些强势特权去不尽或少尽义务而多占有权利，从而侵害弱势者的利益的行为。

现代人们想搞清楚“上德”和“下德”之间的区别和关系，有一个人或者说两个人是绕不过去的，就是孔子和孟子。这也是为什么几千年来文化社会中往往忽视共同利益之上德，而专注于上层统治者所宣传推崇的仁义道德礼仪的下德的问题？客观实际中，老子认为的道的“上德”比仁义道德的“下德”包括范围要广得多，历史要远得多。道的范围包括世间万物，整个世界人类的生存发展都离不开共同利益之道，也离不开与道有无相生的德的显现，也就是合于道的法律法规、规章制度、公序良俗。世界历史上相互隔绝的各国的历史进程几乎相同，产生的历史不同发展阶段的国家形式、法律规范几乎大同小异，这充分说明老子的共同利益之道是人类通用的。而不同国家地区的宗教文化信仰又有多少呢？他们之间表面上看差异很大，但也有其共性，绝大多数宗教信仰都是在宣扬社会交往范围中的共性，而约束人们不利于社会交往的极端个性。实际上是从另一角度来助推人类社会交往各方在对立统一中产生的共同利益共识之道。那么，能够明确接受仁义道德礼教的范围又有多大呢？不要说全人类，即使是在我国历史上，那些处于社会根基处、占人口绝大多数的民众，在几千年里，谁组织过他们，谁给他们认真讲解传授过仁义道德礼教呢？那些管理他们的官员又有多少是仁义道德礼教的表率呢？反而是将虚伪、狡黠、贪婪、智巧的投机风气和个人功利主义、官本位等级特权价值观逐渐污染了一些基层民众，使基层民众纯朴的相互制约的共同利益，公序良俗受到干扰；虽然大多数民众是对仁义道德礼仪教化不甚了了的庶人，但民众们必定会在一定程度上了解与自己相关的法律规范、规章制度，尤其是了解自己时刻生活其中的相互制约的公序良俗，并且时时处处自觉不自觉地在践行着。这种社会上层文化和处于社会根基处民众的认识差别是有其深刻的历史根源的，真正的孔孟之道和统治者所推崇利用的孔孟之道是有很大区别的：统治者侧重于推崇忠孝节义、三纲五常的等级观念，倾向于维护统治者的利益；而真实全面的孔孟之道则侧重于压制个人贪欲，维持社会的稳定和秩序的整体和谐。因为与当时生产力发展阶段相适应的农耕社会自给自足的小农生产方式阶段，绝大多数人们都生活在一个个相互独立的圈子内，主要依靠圈子内的道德规范在以自治为主地生活，所以可以执行社会职能的政权都来自用武装暴力夺得的王朝家天下，广大基层民众无力也无意主动制约强势的统治者，更无力阻止社会上层对权力的争夺，在这种情况下维护统治者的嫡子正统传承和等级制度权威是唯一站在文化领域、减少社会各群体对政权争夺战乱的方法，在一定程度上符合当时社会各群体的上层社会治理的共同利益之道，所以孔子当时关于等级礼仪的推崇是必然的。而与上层社会治理不同的是，在当时社会根基处的生产活动中，人与自然物质的交往和劳动者相互之间的交往中存在平等的相互制约的对立统一关系，所以可以产生老子所说的可以制约各方的共同利益之势，因此才可以通过圈子道德自治基本维持人们低水平的生存。这样社会上下层的对立统一关系就形成了，下层向上层提供生活物资、兵源、劳役，而上层调节各个相互独立的圈子之间和圈子内重大的矛盾，维持社会秩序，执行保卫疆土、兴建公共工程建设维护等公共职能。但是由于地位差异不平等关系就形成了无法产生直接主动的相互制约，所以也就不可能产生完整的社会共同利益之道，为统治者不受制约的违背权利和义务相对平衡的自然规律，侵害民众利益留下了发展余地，而且在当时甚至是必然的。在这种情况下，孔孟之道中维护社会整体利益的“克己复礼”“和而不同”“仁者爱人”“己所不欲勿施于人”“吾日三省吾身”“有教无类”等强调维护社会共同利益的自我修养、自我约束就成为当时从文化层面唯一减轻民众压力，维护上层社会相对稳定的方法。这就和老子所讲的社会底层平等的相互制约产生的圈子道德自治相辅相成构成了封建王朝时期的现实的社会治理方式。在这个社会，老子是以对立统一自然规律为基础指明了共同利益之势对万物的横向作用，以上德通过法律法规、规章制定、公序良俗侧重于制约规范的方法去影响、作用、制约社会活动；而孔子是在当时历史发展阶段的现实基础上，从上向下纵向地通过仁义道德礼教文化意识，以侧重于支持鼓励个人道德休养，积极参与的方法去影响、作用、制约社会活动。两者以不同的方式维护社会各群体的共同利益。将孔孟之道回归到当时的历史客观环境中，使统治者为了自己统治而片面推崇利用的孔孟之道回归全面的孔孟本意之道，我们才会真正认识我们的历史瑰宝。

老子本章的目的就是要区分与道共生的有制约作用的被人们忽视而隐性之“上德”和与道不同的被统治者极力推崇的显性之仁义道德的“下德”，告诉人们如何分辨取舍。

上德不显露仁义道德，是与道共生的具体行为规范之德，而下德显性仁义道德，但不是与道共生之德，“上德不德，是以有德；下德不失德，是以无德。”

上德是由组成事物的各方在平等的基础之上由相互制约而产生的，是权利与义务相对平衡的，是限制特权自私行为的行为规范，是言行一致的，不但口头上讲“无为”，而且在具体的行为规范下也不能“为”，所以“上德无为，而无以为”；而下德可以口口声声讲为民为国的道德的“无为”，但由于他们的道德是等级道德，并非实际事物中相互制约产生，他们不会讲，也不受权利和义务相对平衡的自然规律的制约，所以可以名正言顺地在讲为民仁义道德的同时，占有自己的特权私利的“有以为”，这就是“下德无为，而有以为”。

“上仁”也是不以权利和义务相对平衡的自然规律为基础的，反之，是以维护等级特权为前提的，是只浮在社会上层书斋和文章中，与社会现实事物并无必然联系的，实施不实施并无限制和标准，因人而异，“上仁为之，而无以为”，也就是说，因为不受制约的仁可以仅仅停留在口头上的“为”，却在贪欲下无法落实实施，尤其是那些拥有特权的既得利益群体，更是只说不做。

“上义”则把等级特权圈子化，在圈子内讲义气是为了谋求实际的相帮得利，例如《水浒传》中的梁山好汉，对内讲求义气，对外滥杀无辜，闹江州劫法场，李逵双板斧开道，以致很多无辜民众丧命，但他被称为是侠义英雄，所以“上义为之，而有以为”，讲义气不但要共同讲，还必须要敢于两肋插刀地去做。

“上礼”是当仁义道德化的礼教，没有人认真遵守，群雄争霸，并起不到维护统治群体内部和社会团结稳定时，索性把套在统治头上的仁义道德礼教的伪装也撕下来抛弃，以实际的权力等级取代虚假的仁义道德，通过强势权力强行把人分成三六九等，强调绝对服从的忠，通过严酷立法严惩僭越者，借以维护等级特权的威严，“上礼为之，而莫之应，则攘臂而扔之。”

可见，统治者在脱离了社会各群体在平等基础之上的相互制约、对立统一中产生的共同利益之道后，只能用空泛无根的“下德”来掩饰自己的特权和蒙骗麻痹民众社会“故失道而后德”；当“下德”也被人们识破其虚伪性后，统治者又用泛泛地空谈与实际事物无必然联系的“仁”来企图减少、弱化相互之间的争权夺利引起的混乱失序，“失德而后仁”；当大谈“仁”也无济于事之后，又用可以在不同强势圈子内共享一定程度的特权的“义”来笼络人心为核心人物卖命，以减少一些内部权利争斗，“失仁而后义”；当“义”也挡不住圈子内部人们对特权的追逐争斗之后，干脆就用强权的手段以“礼”的方式把等级特权固定下来规范人们的行为，权大一级压死人，不容置疑，这里没有权利和义务的相对平等，只有不容僭越，也无理可讲。在等级特权面前，人们是无法实事求是和诚信的，有的只能是低头称是，不能讲理，更不能追求权利和义务的相对平衡。正是这些礼教等级特权成了败坏社会诚信风气，产生社会离心破坏力、争名夺利的社会动乱，撕裂和弱化社会的最大诱因，所以老子说：“夫礼者，忠信之薄，而乱之首。”一到动用强权压制产生的等级特权之礼，必然只仅存于表面形式，无多少忠心和诚信，只有察言观色，违心讨好，宠辱若惊，欺上瞒下，一旦有时机便会图谋取而代之。

有了以上老子对“上德”和“下德”以及对仁义礼教的剖析，也就可以理解为什么老子说“前识者，道之华，而愚之始”，因为历代统治者对社会治理是以保住自己的统治地位为主要目的，并不是如其宣扬的为了天下苍生，所以必然会以表面上的冠冕堂皇的以忠为主的仁义道德为标准来确定人的优劣而加以利用。封建统治者早期以门阀出身，官员举荐为取仕标准，官员群体几乎被几大权势家族世袭垄断，在不断造成社会治理混乱无能后，才向社会中下层的地主阶级为主的读书人打开了一扇门，但是仍然以与具体社会实践，尤其是和社会根基处民众几乎无直接联系的仁义道德为进入仕途的敲门砖，以“书中自有黄金屋，书中自有颜如玉”为诱惑垄断了文化为统治者服务，把孔孟之道克制私欲的“己所不欲勿施于人”的社会和谐中庸之道变成了以忠君为前提的追名逐利的工具，所以相当一些满口仁义道德、被委以重任的“前识者”们，一旦权力在手，在没有矛盾对立面的民众的常规有效的直接制约的情况下，只对上负责，不对下负责，甚至欺上瞒下，很快抛弃了披在身上的虚无的仁义道德外衣，而还原了十年寒窗来挤独木桥追逐“黄金屋”“颜如玉”的本来面目。这种以似乎严谨的仁义道德考核先入为主地确定一个人在今后几年，甚至几十年在各种具体事物中依然能够实行没有具体标准的虚华的仁义道德，是十分荒谬的，所以老子说“前识者，道之华，而愚之始”，历史事实也完全证实了老子这个论断。以选拔所谓仁义道德的“前识者”来代替时时处处在具体事物中矛盾双方平等的相互制约、对立统一的自然规律是违背科学的迷信。任何共同利益共识的产生只能来自各方平等的相互制约、对立统一，不可能来自虚无的仁义道德的“前识者”的赏赐，尤其长期赏赐。靠“前识者”治国，重形式选拔，否定具体事物中矛盾双方的实是求是的平等的相互制约、对立统一，实际上是人治理念，也就是老子在第三章中所说的“尚贤”治国，表面上看荣光华丽，而必然造成社会上的沽名钓誉，对虚名实权的追逐，脱离实际社会实践，危害社会的风气盛行，所以老子认为“前识者，道之华，而愚之始”。

“上德”的产生来源于一切事物的组成各方在平等的基础之上相互影

响、作用、制约的对立统一中产生的共同利益之道。所以道无处无时不在，作为与道共生的德也无处无时不在，有其无比深厚的现实基础，与社会万事、自然万物息息相关，而且是动态的，会随事物各方变化而变化，有无限的生命力。因为“上德”与道的有无相生关系，是无形的万物之道的有形体现，所以显现为具体客观的自然规律、法律法规、规章制度、公序良俗、合同契约等行为规范，是条理清晰厚重和朴实无华的，人们可以清楚明确地衡量和理解应用，与万事万物息息相关。所以，老子将能依道遵德、实事求是、务实质朴的“处其厚，不处其薄；处其实，不处其华。故去彼取此”的人称为“大丈夫”。

第三十九章

# 道决定着万物的存亡兴衰

昔之淂一者，天淂一以清，地淂一以宁，神淂一以灵，谷淂一以盈，万物淂一以生，侯王淂一以为天下正。

其致之，天无以清将恐裂，地无以宁将恐废，神无以灵将恐歇，谷无以盈将恐竭，万物无以生将恐灭，侯王无以正将恐蹶。

故贵必以贱为本，高必以下为基。是以侯王自称孤、寡、不穀。此非以贱为本耶？非乎！故致誉无誉，不欲琭琭如玉，珞珞如石。

“一”在这里指道。天下万物时刻都在变化，是矛盾的对立统一的不断变化，但千变万变，作为天下万物共同利益的道是唯一不变的。本章讲述了道在自然界和人类社会等万事万物产生、存在、发展中的作用。用天、地、神、谷、物、王为代表指出了道的无处不在，其用意主要是通过道对万物的决定性作用来讲述人类的行政管理方式，是对上一章的所谓“前识者”以仁义道德为治平国家天下的主旨的进一步的反驳。

关于共同利益之道对万事万物的兴衰治乱的决定性作用，这一点通过本章所举的巨大存亡兴衰反差证明，已经毫无疑义了。老子在列举了天地自然和人类社会行政得道则兴，失道而亡之后，又究其原因，指出如何避免出现逆道而亡的现象，老子给出了“故贵必以贱为本，高必以下为基”的答案。纵观人类历史就会发现，所有的兴亡决定权都在社会之“本”和“基”的民众手中，只要行政机构依道而行，依照权利和义务相对平衡的自然规律得到的社会定位，认真执行自己的各项社会职能，基层民众就安居乐业，百业兴旺，成为太平盛世；而如果作为“贵”和“高”的行政机构打破权利和义务相对平衡的自然规律，舍弃自己的社会定位，在应尽社会职能上无利的不作为失位，有利的多夺越位，这就从因共同利益共识之道而生的行政机构，成了破坏社会的统治者，他们的社会职能也成为不受制约的特权，利用特权对贫穷的“贱”和无平等制约权的“下”的民众的各种剥夺，必然会造成“狭其所居”“厌其所生”的民不聊生。根据对立统一自然规律，这必然会造成民众的反抗，从开始的不满和小冲突，逐渐因为不满的共识普及和长期的不予纠正调节改革，使社会中层人们的利益也受到冲击，每况愈下，而使各群体民众对统治者“信不足焉，有不信焉”的彻底失望，从不满的共识转变为无路可走，继而产生彻底推倒重来的共同利益共识之势，这无形之势具有强大的向心凝聚力，一旦爆发则摧枯拉朽，不可阻挡，这就是“侯王无以正将恐蹶”。也就是说，历来的社会问题最终是如何对待“贱”和“下”的“本”和“基”的民众的问题，一个社会兴亡问题就是如何保护社会根基处民众的利益不被损害的，是如何根据权利和义务的自然规律约束“贵”和“上”群体“有为”的特权问题。在老子生活的时代，多数人主张用仁义道德教育来使“贵”和“上”的强势者自我约束，善待民众。而老子则认为推动历史前进的是“天下皆知美之为美，斯恶已；皆知善之为善，斯不善已。故有无相生，难易相成，长短相形，高下相倾，音声相和，前后相随”的平等的对立统一的自然规律，主张“挫其锐，解其纷，和其光，同其尘”的平等的相互制约，产生阴和阳、权利和义务相对平衡的共同利益共识之道。老子主张应该认识到“反者，道之动；弱者，道之用。天下万物生于有，有生于无”，这在下一章讲述，使“贱”和“下”的弱势民众有平等的权利，通过有序的对立统一来主动地推动权利和义务相对平衡—失衡—平衡的社会交往成本最低的小半径循环。

能不能将贵贱、高下平等地对立统一包容在一起，这正是道的关键所在，是人们在这一点上的差别导致两种截然相反的结果。“上善若水”地全面包容是产生道的首要基础，任何事物和交往范围都是由主要、次要、强势、弱势、显性、隐性等多方面组成的，正是这多方面的相互制约的对立统一的组合才构成了事物和交往范围。如果缺少其中一部分就不是原来的事物和交往范围，例如，我们所见到的太阳光是由七色光组成，如果去除其中一种，太阳光就会失去原来的光彩；车轮去掉销钉，器皿去掉底托，房屋去掉地基就会立即失去了原来的共同利益势能，也就是使用价值，使所有的无论多贵重、多显眼、多高大的组成部分全都失去了价值。人在与自然物质交往中，组成事物的各方必须在全面平等地相互制约、对立统一中产生共同利益之道，和显现无形道的各种自然原理、科学知识规范之德行事，否则就无法产生人类所需的各种物质。正因为在人与自然物质交往中道的必然存在，人类在物质生产中才可以突飞猛进地发展到今天的水平，但是，同样的道理到了人与人之间的交往中，尤其是存在等级特权或隐性等级特权的社会行政管理范围就行不通了。

社会由广大民众组成，这是一个生生不息无法选择的整体，人类要生存就必须有生活物资的生产，而封建社会，处于社会根基处进行生产的广大劳动人民因为自给自足的小农经济的分散性，无法对有组织的行政机构形成强有力的直接制约，不到万不得已的情况下连制约的意识都没有，所以必然在经济和政治上处于弱势，被统治者从心里认为是软弱可欺，低下卑贱的。但是正是这些低下卑贱群体在承载着社会的生存重任，没有他们便不会有上层社会的一切享受和威仪，更谈不上什么文治武功。但是，平等不仅仅是社会交往思想意识范畴的东西，而是无法逃避的自然规律，一个社会，一旦失去了平等的共识意识，则每个人都失去了平等公正的地位，必然会无一幸免。因为天下万物都不是同一的，会有差别的，每一个差别都可以成为相对的强势和弱势。也就是说，每个人都有自己的局限性，在有自己强势的同时，都有自己的弱势之处，而社会交往只能是强弱互补，才能人人自由和谐。任何强势的存在只有得到相对弱势者的基本认同，才可能有序存在，否则是不会有序存在，更不可能长期存在的。如果相互之间不平等相待，不相互配合、取长补短，人人都有可能被别人歧视、欺压、戏耍。不平等的文化意识共识是每一个人的陷阱牢笼，平等包容的共识是每个人的福音助力，平等包容不是人的道德问题，是“知常容”的不可违背的自然规律，这就是老子指出的“故贵必以贱为本，高必以下为基”的平等包容的自然规律。对于这一点任何有理性的人应该都明白，“是以侯王自称孤、寡、不穀。此非以贱为本耶？非乎？”

当人与人交往中，尤其是一方拥有特权，弱势一方无法用这些规范去制约强势群体时，依权利和义务相对平衡的自然规律形成的各群体定位，也就是行为规范就会失效。一个各群体失去符合自然规律的定位和各种合道的行为规范之德的社会肯定会如老子所说“万物无以生将恐灭，侯王无以正将恐蹶”，所以即使侯王想“贵必以贱为本，高必以下为基”，但是在基层民众没有直接有力制约的能力和主动意识的共识之势的强有力压力情况下，靠自律也无法长期保持自己及群体和后代群体坚守权利和义务相对平衡的社会定位和在合道的法律规范之德内行事，因为规范必须有强大的共同利益共识之势的支撑，失去势的支撑，作为德的法律规范就可能成为一张纸，就像大楼失去地基的支撑就会塌陷倾斜，水失去支撑必然流向洼处一样。所以，不明道的强势者千方百计地想打破共同利益规范，去掉别人对自己的制约而达到垄断霸权，而明道之人千方百计地寻找共同利益的规范制约，以使自己在制约的规范下才不会失衡变质，“天长地久。天地所以能长且久者，以其不自生，故能长生。”天下没有绝对的事物，摆脱对立面的制约便会失去自己的存在，就像星球相互之间失去了吸引力和排斥力的相对平衡会偏离运行轨道一样。

产生符合自然规律，形成组成社会各群体的相互制约、对立统一的权利和义务相对平衡的共同利益共识之势的社会行政制度是必然的，不可阻挡的。弱势的群体不会永远也不具备直接主动制约强势等级特权群体的势能，不会永远要通过痛苦的王朝兴衰周期率来达到权利和义务相对平衡的大循环。因为即使可以人为地利用各种强势将人们划分等级，进行各种歧视，但实际上人们相互之间的平等影响、作用、制约却是任何人、任何势力也无法阻挡的，而且随着社会生产力的前进和社会分工的不停细化，使人们相互之间合作的交往紧密程度越来越大，这使每个人对社会群体的影响力比过去要大上很多倍，同样，每个人对社会群体的破坏力也同时增加很多倍。这就要求社会各群体必须通过平等地相互影响、作用、制约的对立统一产生共同利益共识之势，尽量减少因权利和义务相对不平衡造成的不和谐因素，从社会的“本”和“基”上解决问题，利用合道的法律规范切实保护民众民主参与社会行动管理的权利。

物质有物质的“本”和“基”，我们在生产中会十分注意，例如我们设计建设一栋楼房，会先打实地基，在各部分的建设时会真实平等地对待每一个部分，决不会随意忽略甚至抛弃，会根据其承受的压力和功能而决定其质和量，尽量做到功能和投入的相对平衡，绝不会造成严重的不足和浪费，这是依自然规律的共同利益之道行事。社会有社会的“本”和“基”，人们也开始充分重视用自然规律来设计和构建符合各群体共同利益共识之道的社会制度，那么作为社会的每一个细胞，我们每个人美丑善恶、五彩纷呈的身心有没有“本”和“基”呢？每一个人的本和基和整个社会又有什么关系呢？同样，“贵必以贱为本，高必以下为基”的问题当运用到我们的物质生活和身体时，人们往往并不敏感，好像我们真实的身体物质需求可以无止无休，永不满足，没有边界一样。当我们抛开世间一切繁杂争斗，平心静气下来，去感悟《道德经》，就会认识到，一个社会或一个交往范围的共同利益之道是受人的真正身心需求制约的，其有直接联系。身是我们的有形的物质需求，而心是无形的欲望，其实人真正生理需求是有限的，受身体自己各组织器官的相对平衡的共同利益之道制约，当人们的各种感官刺激打破人体的生理平衡之后，人的身体也就会出现各种不良反应性疾病，所以人的生理需求不是无限的，是有其临界点的，这个临界点是由人类生存的自然环境和几百万年的身体进化产生的身体、生理在对立统一中形成的，老子在《道德经》开篇就指出来："常无欲，以观其妙；常有欲，以观其徼。"人无形的精神意识的欲望是无限的，永远也无法满足，即使多年前的幻想成为今天的现实，新的幻想又会出现，永远会无止无休。而有形的物质都有其边界，不是无限的，人的身体同样如此，不是无限的，这一点已经被人们的身体现实所充分证实，而且现在越来越多的健康生活方式都是在提倡一定程度上限制人们的感官刺激，保持身体各组织器官之间的相对平衡。这说明我们现存物质条件已经在相当部分接近甚至超过了身体生理临界点。那么在无拘无束、无休无止的精神欲望中有与身体相适应的基点，也就是根吗？有。"吾所以有大患者，为吾有身；及吾无身，吾有何患？"可见，人的精神欲望的根是人的身体。而身体的根又是什么呢？"故知足之足，常足矣""躁胜寒，静胜热，清静为天下正"，可见，人的无形的精神欲望也不总是无边无际的，人的欲望是受外部人文环境影响和刺激而动的，在务实、质朴、诚信的人文环境中就会平和、宁静、务实；而在一个不择手段地追求个人名利，周围是充满野心家的蛊惑于浮躁的社会人文环境时，人的精神欲望就容易不着边际，甚至异想天开，生出许多不顾别人利益的想法来。但是抛开外部人文环境干扰，人真正无形的心理需求最根本的常态也十分简单，是清静、和平安逸、平等和谐、轻松自由。其实这些心境一直与人类相伴，如影相随，只是个人功利主义在一直刺激着我们，像打了鸡血一样燥热不安，将内心的放松、清静当作软弱无能而强行排除在外，甚至在一个急功近利浮躁的社会环境下，就仿佛有无形的功利鞭子在心头不停地挥舞着，催促着，不能有片刻放松，甚至畸形到只有无路可走了，才会回归身心根本。当人们对前途越来越迷惑，卷入无限竞争的漩涡，越来越无法脱身时，应当听一下老子在两千多年前说的"贵必以贱为本，高必以下为基""至虚极，守静笃。万物并作，吾以观其复。

夫物芸芸，各复归其根。归根曰‘静’，是谓‘复命’”，认真寻回人们的身心，明白自己到底需要什么，怎样才能使自己静下来。

人类一天认识不到作为社会交往中的共同利益之道的根本基础是人的生理真实、科学的需求和心情的轻松自由，就会仍然被放飞的贪欲驱使，舍本弃基，与社会有序、和谐、安宁和心情的轻松、自由背道而驰，也正是脱离身心之本之基的人们的心灵贪欲的躁动在拨动着社会不和谐的琴弦，引发着处处的暗中较劲到明火执仗的各种形式的争斗，使大家都无法回归身心相对平衡、放松安逸的本和基。

在现代生产力和生活水平基础之上，人类共同利益之道并不一定是人们普遍不断追求的片面的高精尖的纵向发展，而应当首先是横向、务实、和谐、均衡的发展，应当是世界范围的和平、和谐地依道遵德。在没有世界交往范围内的各文明群体平等地相互影响、作用、制约的对立统一中产生的共同利益共识之势的约束下，这些高精尖会被巨头霸权所垄断，成为他们占有垄断的超高利益的工具，甚至成为危害全人类的利器。一味追求武力霸权是世界动荡之源，使“天无以清将恐裂，地无以宁将恐废，神无以灵将恐歇，谷无以盈将恐竭，万物无以生将恐灭，侯王无以正将恐蹶”。

道是万事万物顺逆、成败、治乱的根本原因。世上的一切事物都离不开其存在的基础，一所房屋无论豪华或是简陋都不能没有根基，人无论伟大或是渺小也都离不开身心健康；判断一个富豪是否有真正的社会价值，不是看他富豪榜上的排名，而是看他对社会共同利益的贡献，和基层民众的认可的直接、间接受益情况；判断一个社会是否强大，不是看其宣传展示什么物质成就，而是看这个社会上下对以权利和义务相对平衡的自然规律为基础的共同利益之道的认同程度，这才是一个社会的向心凝聚力，是不可抗拒的软实力，是于艰难险阻中真正不衰的本源和根基。而一个平平常常之人同样如此，一个人最高的荣誉不是获得奖状、奖金，而是家人和周围交往范围内人们的无言的认同和佩服，这些无言的长期积累发散对一个人和交往范围今后的生活将带来无穷的助力，所以老子说“至誉无誉”，

“至誉”是最高的荣誉，“无誉”是无形的，是已经无法用表面的荣誉和称赞来表达，敬仰早已深入人心，虽然朴实无华，但令人念念不忘，甚至“死而不亡者寿”，会令后人常常追思感念，这就是“不欲琭琭如玉，珞珞如石”；而对于一个社会而言，可持续发展潜力，不在形式上的高精尖，而是横向追求朴实、无华的社会各群体的共同利益共识之道的有序、和谐、宁静。

第四十章

# 推动权利和义务平衡—失衡—平衡的循环是道的主要功能

反者，道之动；弱者，道之用。天下万物生于“有”，“有”生于“无”。

我们知道，道是组成事物各方面在平等地相互影响、作用、制约的对立统一中产生的共同利益共识之势。但任何事物也不是僵死的，一成不变的，是在不断地运动发展的，所以会在相互影响、作用、制约中也会体现出来，使原来相对平衡的各方权利和义务逐步失去平衡，当失衡达到一定程度时会引起原有秩序的混乱，就需要根据眼下的矛盾各方在相互影响、作用、制约的情况，进行调整产生新的平衡。这个从平衡—失衡—再平衡的循环就是“反者，道之动”，正是这个不断失衡又不断平衡的反复循环的过程在推动着事物的存在和发展。每一次循环都是以达到组成事物各方的共同利益共识之道为目的，而推动循环的势，一方面来自组成事物各方中原来的相对弱势的新生力量的崛起，因在崛起后，其所尽义务和付出远远大于他得到的权利和回报，出现了严重的不平衡，从而通过自己对矛盾各方的作用和制约来增加自己的权利和回报，以达到新的相对平衡；另一方面是由于某种利用强势特权不尽义务或者少尽义务而多占有权利，在总收入固定的情况下，他们的多占必然会侵害弱势群体的利益，就像切蛋糕一样，有多切的就必有少得的。而且任何不受权利和义务相对平衡制约的特权都会得陇望蜀，欲壑难填，对弱势者和群体的利益侵害会越来越重，当这种权利和义务严重失衡超过弱势方的忍受程度之后，弱势方会利用各种对立制约手段夺回自己应得的利益，最后达到新的权利与义务的相对平衡，这就是“反者，道之动；弱者，道之用”，也就是说，事物是在阴和阳、权利和义务相对平衡—失衡—再平衡的循环中存在和发展的，共同利益共识之道的功能就是推动这个循环，而推动循环的势能来自因权利和义务严重失衡而利益受损的弱势一方，这就是一个对立统一的过程。当在权利和义务失衡中得到既得利益一方能够柔性地同意依权利和义务相对平衡的自然规律在相关规范内进行调节改革时，这个循环半径就小，代价也小。反之如果既得利益一方固执地坚守不调节改革，那么就会因矛盾激烈冲突而进入彻底推翻的大半径的循环，代价也就太大了，例如历史上的王朝兴衰周期率。在这个循环中可以看出来，人们最终争夺的都是有形的物质，而推动这个循环的却是无形的共同利益共识之势，而且这些有形的物质的产生、存在都必须符合无形的共同利益需求共识之势，这就是“天下万物生于‘有’，‘有’生于‘无’”，有无相生是一切事物存在发展的基础。

任何事物都有其组成的各方，这些各方不但包括内部，也必然包括外部，因为任何事物都不是生活在真空之中，所以组成事物的各方必然包括其周围环境，老子的道首要条件就是“水利万物而不争”的全。每一个家庭，都会随着岁月流逝，不断地进行孩子长大成人，接替父母承担生活重担，同时也在养育自己的孩子的循环，这是人类生存之道，是循环繁衍之道；一个工厂的人员、设备、技术等各方面，都必须因为不断地随着社会各群体共同利益共识的需求变化而研制自己的新产品，从而必须不断地调整自己的思路和产品，以达到新的共同利益平衡，而推动这个调整的势来自新生的或者以前的相对弱势的需求倾向。一个社会也会因为社会的生产力发展过程中，组成社会各群体之间因力量发生变化，而在相互制约中根据权利和义务相对平衡的原则而调整平衡共同利益共识之道，从农耕到工业化到高科技时代，就是不断地由新生的弱者的推动之势才到达的。“天下万物生于‘有’，‘有’生于‘无’”，天下万物都是由物质的有制造和生产出来的，受能量守恒制约，不可能无中生有，但是，有形的物质如果不符合无形的社会共同利益的需求之势就没有使用价值和交换价值，也就不会有人再去生产，许多有形的被现代生产生活方式淘汰的物品，例如过去日常生活的石碾石磨、补袜板等因为失去了无形的社会需求共识而失去了使用价值，再没人去生产了。

我们只有理解了老子的“反者，道之动；弱者，道之用”，才能在我们的各项事物中争取主动权。无论是个人、家庭、企业、国家，还是世界，所有交往范围，要想得到主动权，都必须对交往范围内所有矛盾方面，尤其是新生的，目前处于弱势地位的人、技术、科技、群体等事物的动向力争了解清楚，因为这些方面才是力量发生变化潜力大的方面，从而会产生共同利益共识发生变化之势。谁能先期及时顺势调整自己的决策，使之符合这种新的共同利益之道，谁就掌握了主动权而得到自由权。明道者能够在事物的权利和义务一开始失衡时，就开始关注，并去及时调整改变，而不是等既得利益一方做大和利益受损方怨声载道的矛盾激化时再被动进行，这是最主动有序、代价最低的“反者，道之动”的平衡到失衡再平衡的循环方式。如果因一时强势和占有既得利益而故步自封，盲目自信，不去时刻关注新生事物、人才、科技、外部环境的潜在变化，或者对待变化采取视而不见式鸵鸟政策，不去主动客观地寻求各方的共同利益共识之道，就会失去强势和主动权，处处被动而失败。而这些会催生事物发生变化的新生的或者原来处于弱势而今压迫已经危及其生存，而必须要变革的势都主要来自社会或事物下层和原来被忽视的弱势的边缘部分，如果不能理解和掌握老子上一章讲的“故贵必以贱为本，高必以下为基”，只将眼睛盯住上层表象和已经过去的成绩和荣誉，而不与时俱进全面包容地看问题，就会陷于被动，甚至成为社会前进的阻力。所以，只有能够客观全面、务实求真、诚信质朴的人才能真正掌握道的变化。

“反者，道之动；弱者，道之用”用在中国历史王朝的周期率上是最有说服力的。从王朝的兴起到衰亡是一个完整的周期，在这一周期内，统治者敬天法祖，追求祥瑞，非常注重阴阳风水，一切祭祀礼仪都细心经办；信佛求道，大兴土木，广建寺观；对孔孟之道更是敬奉有加，以孔孟之道作为取仕标准，对自己的子弟从小就紧抓道德伦理教育，对皇储的选择更是慎之又慎；从表面上看似乎是从君王培养到官员选拔再到社会文化教育都面面俱到了，朝野上下也笼罩在仁义道德说教之中，无可挑剔了，似乎可能如其所愿千秋万代，江山永驻了，可为什么仍然其兴也勃焉，其亡也忽焉呢？这是由当时的社会生产力和生产方式造成的，既有作为统治者特权的贪欲占有既得利益的因素，又有主要利益受损的自给自足的农民，处于分散状态，无力量也无主观愿望直接制约统治者，而统治者也不承认和压制民众的平等制约权力的因素，这就违背了老子讲的“有无相生，难易相成，长短相形，高下相倾，音声相和，前后相随”“贵必以贱为本，高必以下为基”的对立统一自然规律。任何事物失去了对立面的制约，自己也失去了原有的位置和意义。封建统治者失去民众的直接有力规范的制约后，对自己来自共同利益之道的社会职能定位，也会产生不作为和借机寻租的乱作为的机会，产生赢者通吃的违背权利和义务相对平衡的自然规律的危害，会因为统治者的君王本人和权臣对社会共同利益共识之势的威力认识而变化，如果有如李世民等明智君主“水能载舟，亦能覆舟”的清醒认识和掌控能力，为社会长远利益考虑，则对民众利益就会考虑得多一些，而尽量少侵害民众利益，于是社会上下相对合于道而兴盛安宁有序，成为太平盛世。但是，在没有强有力直接规范的民众制约情况下，这种自律是很容易被打破的，所以即使所谓的明君忠臣的行为也不能事事合道，更不可能始终如一，由此也更证实了老子推崇的对立统一的自然规律的决定性作用。失去对立面制约的王期兴衰循环有其必然性，开国君主的权力表面上是一人独尊，实际他的权力从小处说，来自一个共同打天下的群体，只有控制了这个群体才能控制上层社会局面，而要控制这个群体就必须有君主在他们心中的权威和自己现实的利益，开国君主一般具备这个权威和给予利益的能力；另外一般开国都会经过多年战争，赤地千里，无主土地增加，人口减少，这使前朝因土地兼并引起的土地矛盾得以缓解，而且新王朝的君主和新贵们都是由于战乱从民间或对民间有充分了解的群体中产生，因为如果他们在夺权战争中完全不顾及民众利益也不可能获胜，所以这些人刚掌权后对民众和基层还有了解和感情，还没有完全被手下为了争宠而千方百计吹捧愚弄的软刀子剥去人的真实本性。所以这时还能基本尽其应尽的社会职能，社会也就成为盛世而兴。从大处和根本上说，尽社会共同利益的职能才是这个王朝的真正存在基础，由君王主导施行各项社会共同利益职能，是封建社会普遍的文化意识共识。其实，人们真正所崇拜的不是君王这个人，而是他所代表的组成这个社会各群体的对立统一产生的共同利益共识，是代表这个共识的社会公共职能，是人们对有序的生产生活环境的企盼。那些忠臣良将所维护的也是这个势，忍辱负重所惧怕的也是破坏这个相对平衡之势后所引发的无穷无尽的权力争夺而产生的战乱和生灵涂炭。所以，真正的正统不是血统，而是组成社会各群体在相互制约、对立统一中产生的共同利益共识之道，及其显现的各项社会规范职能。一个政权只有尽了自己应尽的社会职能的义务，才能得到共同利益之道给予的相应的享受权利。

“反者，道之动”的权利和义务平衡—失衡—平衡的循环，在人们尤其是上层社会交往中阻力是十分巨大的，给予一个人好处容易，但是如果好处已经长期到手，而且自认为是天经地义的东西再拿出来，就十分困难了，有时会伴随着腥风血雨的拼死搏斗。这就是为什么社会要时时坚守合道的法律规范之德的原因，因为只有权利和义务不断地小半径调节循环，才不至于到积重难返的到不可收拾的大半径循环的地步。“反者，道之动”的循环只有由利益受到严重损害的弱势群体的强大的共同利益共识之势支撑下才能完成，这就是对立统一。这个对立统一是必然的，因为一旦权利和义务相对平衡的自然规律，在没有利益受损方及时的强有力的反对制约而被打破之后，事物也就失去了标准尺度，得到既得利益的强势一方会无所顾忌地扩大自己的利益，直到将利益受损的弱势群体逼到生不如死的“不畏威”而达成反抗共识之势，玉石俱焚为止。这种因得到大小不同的既得利益群体的产生，是无形的封建社会弱肉强食式等级特权的功利主义思想意识相当普遍的共识之势的有形产物，也可以说是必然的，因为是势之所为，众人会随势而动，其亡也忽焉，并不是几个明智之人的清官廉吏，哪怕是皇帝权臣所能阻挡的。所以，历史上封建王朝多少次由上而下的变法没有真正成功，因为变法的受益基层群体没有制约既得利益群体，夺回被侵占的利益的平台机制，所以再英明的君主权臣也得不到民众的直接支持，只想头疼医头、脚疼医脚的他们也不敢要民众起来支持，而当时生产力和生产关系下的基层民众的普遍意识共识也是等级特权功利主义的共识，在没有各群体平等的相互制约、对立统一产生权利和义务相对平衡的共同利益共识之势的支撑下，这些改革是不可能真正成功的。

王朝兴衰周期率是因社会不存在各方平等的有序直接、相互制约、对立统一，弱势一方不能在体制内平衡得到自己应得利益的情况下，而通过忍无可忍的拼命造反的方式推翻失去社会职能也就失去共同利益之道中的社会定位的王朝统治的必然产物。此时便充分显示出真正的正统是社会以基层民众为主的各群体共同利益共识之道，而不是统治者所宣扬的血统。新的王朝产生后，当生产力不变，生产生关系不变的情况下，还无法产生全社会各群体主动、常规、平等的相互制约下对立统一的共同利益之道，所以这种被动的损失，巨大的大半径循环还得继续，这就是“反者，道之动”，而推动这个循环的势来自利益严重受损的弱势群体，这就是“弱者，道之用”。人们得以生存是由有形的物质来支撑的，离开有形的物质一切归零，但是，有形的物质的获取必须有相应的付出，是有其制约限制和边界的，不可能取之不尽、用之不竭，而且获取有形的物质必须是通过组成交往范围各方在互补合作之中才能完成，所以任何违背阴和阳、权利和义务相对平衡的自然规律的共同利益共识的事物都不可能长期存在，无形的共同利益共识之道才是万物产生和存在的根，是任何事物也替代不了的，“天下万物生于‘有’，‘有’生于‘无’”。

第四十一章

# 不同的社会存在决定对道的不同态度

上士闻道，勤而行之；中士闻道，若存若亡；下士闻道，大笑之。不笑，不足以为道。

故建言有之：

明道若昧，进道若退，夷道若类。

上德若谷，大白若辱，广德若不足，建德若偷，质真若渝。

大方无隅，大器晚成。

大音希声，大象无形，道隐无名。

夫唯道善贷且成。

这里的上士、中士、下士的划分并不代表社会地位和财富的等级，而是以对道的态度来划分的。被上层社会认为的卑贱者，是处于社会最根基处的民众，他们处在社会生产实践第一线，可以直观质朴、真实客观地认识事物，他们因为受到自然物质和与自己平等的卑贱者的相互制约，必须依权利与义务相对平衡的规律“无为”行事。但为什么他们自己和大家都意识不到道的存在呢？因为社会文化舆论几千年来，一直被上层社会所垄断。基层民众处于矛盾之中，在劳动和科研实践中他们必须要寻求天时、地利、人和的相对平衡的共同利益，这样才能生产生活物资供养整个社会。而基本占主流的封建社会价值观却是弱肉强食式的功利主义的个人奋斗、赢者通吃的等级特权思想，而劳动者地位低，这就使基层社会民众生活在一面为社会生存发展贡献一切物质条件，一面被中上层甚至是自己所轻视、鄙视的尴尬境地，所以就不会有自觉的权利和义务相对平衡的共同利益共识之道的感觉，更不会理直气壮的自信、自尊。由于处于与自然物质和平等民众之间切实存在的相互制约之中，他们只能依权利和义务相对平衡办事，在与上层交往中往往是权利和回报少于义务和付出的被剥夺，他们没有自己的特权贪欲和既得利益，所以在面对事物各方面发展而进行共同利益调整变革时，会以柔弱的态度进行适应和调整，而不会像既得利益者那样强硬地抵制反对，他们是社会公平进步的最大受益者和推动权利和义务相对平衡的动力来源，因为他们的唯一出路就是平等地获得共同利益共识之道，所以在对待组成社会各方面在平等地相互影响、作用、制约的对立统一中产生的权利和义务相对平衡的共同利益共识之道时，处于社会根基处的民众是欢迎并“勤而行之”的“上士”。

而“中士”则是指处于社会中层的群体，他们有各式各样的优势或一些特权，可以是官员，可以是知识分子学者，可以有产业，可以有一定的社会声望……他们比社会基层民众有自己的优势或特权，但同时也受到权力和财富上层的挤压，上层的各种垄断的加剧会首先伤害到他们的利益，或者被边缘化甩到下层，他们是各群体中最矛盾，最紧张，心理压力最大，也最浮躁的群体。由于他们所处的社会地位优势，和上下群体都会有千丝万缕的联系，往往会成为社会变革的砝码。所以历代统治者利用“尚贤”和科举等方法拉拢利用他们。由于他们的社会地位决定，他们对于社会各方之势的变化比其他各方都相对敏感，对于社会各群众平等地相互制约、对立统一，以权利和义务相对平衡原则为基础的共同利益共识之道是矛盾心理，当他们接近上层时会有对特权的渴望，但现实中又被特权所挤压，所以他们也分为各有侧重的几部分，大多数仍然倾向于共同利益共识之道，但是总体他们更倾向于谨慎观望地随势而动，所以是对道既迎且拒，“若存若亡”的“中士”。

而老子指的“下士”则是各种强势在握，特权在手，居于权力，行业、财富等各种垄断地位之上，有大量的既得利益，可以不受或少受其他群体直接有效的制约的封建统治者们。所以他们在对于社会各群体在平等的相互影响、作用、制约的对立统一中产生的共同利益之道是反感的、嗤之以鼻的，尽管口头上仁义道德、天下苍生喊得比谁都欢。所以当真有人向他们说权利和义务相对平衡的自然规律为基础的共同利益之道时，他们会嗤之以鼻地大笑，认为这是与虎谋皮的异想天开，所以是“下士闻道，大笑之。不笑，不足以为道”。

因为道的首要条件是“全乃天，天乃道”，是“善者吾善之，不善者吾亦善之”，是“圣人常善救人，故无弃于人。常善救物，故无弃物”，是全面平等地包容组成社会的一切群体的，所以道既是各群体和每个人的，又不是各群体与每个人的；道里面既有自己的利益，也不全是自己的利益；既有支持自己的一面，又有约束自己的一面；既可以制约别人，也必须受别人的制约；既要平等地包容别人，也会受到别人的平等包容。人的不同的社会存在对道的态度不同，同一个人不同时期，不同环境下对道的态度也不同。所以就必然产生对道和与道有无相生的德显现的法律法规、规章制度、公序良俗等为达到共同利益的各种行为规范的因人而异、因时而异的各种理解和态度，和空泛的每个人都可以大讲上一番的仁义道德的同一性不一样。人们普遍对于实际上真正最有利于自己长远利益的法律规范之德有一种异己感，使具有多占利益的强势者或准强势者因受到一定约束、制约而有一种天然的异己感，抵触感，而弱势群体也因无法时时直接感受到保护的亲切感，在自己犯错、犯罪时也会有强烈的异己感，抵触感。对于道和德的态度正因为不同社会存在，不同人，不同时期感受不同，而又必然和每个人，每个时候都若即若离，恍惚不定。而另一方面，封建社会使人们，尤其是广大民众处于行动和意识，与下层交往和与上层交往中处于完全相反的矛盾之中，广大民众在社会根基处生产劳动，生活交往时和自然物质与同为民众的人们交往之中必须相互制约，依权利和义务相对平衡的共同利益共识之势行事；而在与上层社会交往中，便没有了平等的相互制约，更没有了权利和义务相对平衡的自然规律，有的是弱肉强食式的功利主义思想意识，这就必然使人们产生了老子所说的道和德的“明道若昧，进道若退，夷道若类。上德若谷，大白若辱，广德若不足，建德若偷，质真若渝。大方无隅，大器晚成。大音希声，大象无形”的反映。共同利益之道是在交往各方的互动中产生存在的，当然会受到参与交往的各方的认知水平制约，人们对事物和人的真相的认识必须有一个听其言、观其行、去伪存真的观察辨别过程；一个反对或者拥护的广泛认同成势互动的过程；一个矛盾双方较量角力的过程；一个在矛盾尖锐的对立后，为了有序存在和生存下去而相互妥协，求同存异达成共同利益共识的过程……所以，人们的共识有一个发展变化过程，一开始并不可能就是十分确定、明确、正确的，甚至可能因为假象误导而出现倒退、含糊不清，甚至错误的自伤等令人不解的现象，但是，有一个自然规律是不可违背的，就是太极图中的阴和阳、权利和义务相对平衡的自然规律，人们会在混沌不清中据此来不断地去粗取精，去伪存真，寻找权利和义务的相对平衡，哪怕一时还达不到，也会逐步清楚是谁在压迫剥削着自己，不断达成更广泛的共识，积蓄更大地推动“反者道之动”的力量。我们生活中的哪一件事不是在人们互动中，经过许多曲折、误解，甚至错误才能逐步产生大家在当时客观条件下的共同利益共识之道和相应的行为规范呢？人们的一生不就是一个不断与亲人在家庭交往，与朋友、同事在熟人圈子交往，与陌生人在社会交往，与行政机构行政交往的相互影响、作用、制约的对立统一中产生权利和义务相对平衡的共同利益共识之道的过程吗？不就是一个不断“反者道之动，弱者道之用”的过程吗？道是势，所以是无形、无声的，又无处无时不存在，也就没有常名，是只可悟不可见，更无定型的。“道隐无名”，虽然道是每一个人的，又不全是每一个人的，因人而异，大家有些认知差别，是正常和可以理解的，也正是这个原因才使人们每天和共同利益之势相伴而行，却一直也没有准确感知的原因。但是，只有人人都认识到权利和义务相对平衡的共同利益之道是唯一可行，不可抗拒的，才能少因贪欲而节外生枝，少曲折，主动依道遵德；才能维护大家的根本利益；才能可持续发展。所以“夫唯道善贷且成”才是对万物的爱护和成全。

# 第四十二章

# 道与万物的关系

道生一，一生二，二生三，三生万物。

万物负阴而抱阳，冲气以为和。

（人之所恶，唯孤、寡、不穀，而王公以为称。故物或损之而益，或益之而损。人之所教，我亦教之。强梁者，不得其死，吾将以为教父。）

这一章是《道德经》核心的一章，是前面一系列关于道的描述和产生条件铺垫后，才进入的精髓部分，而以后则主要讲道的作用和应用了。本章主要是讲述组成事物和交往范围的各方在平等的对立统一中产生的共同利益共识之道是“玄牝之门，是谓天地根”，决定着一切事物的产生、存在、发展；讲述事物的产生、存在、发展的程序；讲述衡量和主导一切事物的产生、存在、发展的阴和阳，权利和义务相对平衡的自然规律。阴阳、权利和义务相对平衡是一切事物的社会存在的坐标标准，离开这个衡量一切的标准，万事万物将无法存在，这是道的存在根本功能，“反者道之动，弱者道之用”，就是在推动权利和义务相对平衡—失衡—平衡的不断循环，这个循环是万物存在和发展的客观规律。几乎所有的科学知识，包括现代的计算机和纳米等高科技都是权利和义务相对平衡的自然规律直接或间接地派生出来的，并为其服务。太极图用阴阳两仪的平等的相互制约、对立统一关系诠释了权利和义务的相对平衡关系。

我们知道，道是组成事物各方面在平等地相互影响、作用、制约的对立统一中产生的权利和义务相对平衡的共同利益之势。任何事物都会有内部矛盾和外部条件，由这些矛盾的总合才能组成事物，其也才能存在。所以矛盾无处不在，无时不在，道也就无时无处不在。万事万物，生生灭灭都源于道。从猿人最早的石器时期到现在的无处不在的自动化机械的一切物质的产生都源于道，都必须是符合了人们共同利益共识的需求，才会具有使用价值，也才能有了社会交换价值，从而大量生产，促使人们不断地进行科学研究，不断地根据权利和义务相对平衡的自然规律去设计改善，去发明创造，故而成为产业。一切现存的事物都是由不同交往范围的各群体的共同利益之道共识产生的，都有其产生和存在的条件，一些事物都会随着交往范围的共同利益共识之势的扩大而发展扩大。如果这个事物不再符合现实交往范围和发展后的共同利益共识之道，就会被废止、遗弃或打击以清除。例如，过时的石器等工具和许多陋习等等。总之，万事万物的生死存亡皆源于共同利益之道，这就是“道生一”，“一”指新生事物。

一个新生事物产生之后，紧接着就是其的阴和阳，也就是权利和义务两方面，尽不了义务，这个事物就没有使用价值，也不会产生；而产生了使用价值的义务，如果没有相应权利，也就是相应的报酬，这个事物也无法存在，因此“一生二”的“二”不是指矛盾双方，因为任何事物内部、外部的矛盾方面都不是两个，而是多个，如果只是主要矛盾平衡了，其他矛盾不相对平衡，事物也发展不了。唯有阴和阳、器质和功能、权利与义务是任何事物都必须有的两个方面。太极图中阴阳两仪也昭示着，世间万物都必须有阴和阳，任何事物要产生和存在也只有权利和义务对立统一的相对平衡，这是不可违背的客观自然规律。这就是“一生二”，“一”指事物，“二”指阴和阳、权利和义务。

一个事物有了自己的权利和义务后，必然会有了与其他事物不同的特殊利益，这个特殊性就是这个事物在这个交往范围内的定位，也就是现实社会中的社会存在，并以此定位与其他方面去相互影响、作用、制约，去在对立统一中产生共同利益之道。这个相连的特殊性的第三来源于权利和义务的“二”，“二生三”。

事物有了“三”这个特殊性以后，便会在与其他事物交往中产生相互影响、作用、制约的关系，这些关系会派生出与之相关联的许多事物来。例如，当社会行政权力这个“一”的社会分工产生后，有了自己的权利和义务的“二”，自然会产生出与社会其他群体不同的特殊利益的“三”，而“三”便会派生出自己领域的军队、司法、户籍、工程等许多事物，而军队又要派生出武器制造、士兵征集、训练等，在同一范畴内可延伸出许许多多的派生事物和相互关联的交叉事物来，这就是“三生万物”。

有了万物，又如何相互交往呢？必须得有一个原则作为相互衡量定位的基础，这个原则基础就是“万物负阴而抱阳，冲气以为和”的自然规律，这是“一生二”中阴和阳、权利与义务关系对事物决定性的进一步说明；阴指器质，也就是权利，而阳指这个器质的功能，也就是应尽的义务，任何事物都必须有这两方面，否则无法存在。而且这两方面必须相对平衡，相对指动态的平衡，不是绝对的平衡，天下也没有绝对的平衡，这个相对动态就是“冲气”，“气”是最形象的动态，“冲气以为和”就是动态的相对平衡。天下事物都是组成事物各方在发展中，权利和义务的相对平衡，失衡再平衡的循环过程中前进的。

一个人、一个群体不尽或少尽义务，多要权利，超过利益受损方的忍受程度之后，必然会引起矛盾冲突，所以阴和阳，权利和义务相对平衡，是一切事物不可违背的客观自然规律。事物只有权利和义务相对平衡才能存在，如太极图中阴阳两仪的首尾相连，平等的相互制约。一个人或一个企业能够得到财富，是以为社会贡献了符合社会共同利益之道的产品和服务为前提的，只有这样，这个社会才是和谐有序和可持续的。“人之所恶，唯孤、寡、不穀，而王公以为称。”要想得到特权贪欲就不能受阴和阳，权利与义务相对平衡的制约，而想不受权利和义务相对平衡制约，就必须摆脱与社会其他群体的直接的相互影响、作用、制约关系，要摆脱直接的相互制约关系，就必须打破平等关系，而利用各种强势占领垄断地位，有封建帝王对政权的垄断，有各种经济巨头垄断，而这两者往往会合在一起产生相互利用的关系，而孤、寡、不穀正是各种垄断的顶点。而这种垄断是侵害其他群体利益的，为众人所厌恶、反对的。

“故物或损之而益，或益之而损。人之所教，我亦教之。强梁者，不得其死，吾将认为教父。”阴和阳相互制约，权利和义务相对平衡是共同利益之道的基础。事物要先尽义务后得到权利，先投入而后产出，例如，农业要先耕作投入，与天时、地利、人和达成共同利益后，才能收获农作物；工厂要先投入原料、机械、人工、技术、资金，生产出符合社会需求的有使用价值的产品后，才能产生交换价值，得到利润；而科学研究则投入的人员精力、资金设备更艰巨，甚至成败未知，要付代价更大；一个人收获爱情是先付出精力、爱心、耐心和执着；获得学历要经过认真学习；发表论文要经刻苦钻研、探讨，有了自己于公共事业有益的真知灼见；获得财富要为公众创造更多的财富和服务；一个人获得各种社会荣誉要其长期坚守为社会共同利益之道的奉献……这一切都是一步一个脚印，踏踏实实，真实质朴，宁静无言，无为而为，顺理成章的，这些都是合于道的先付出后收获，先尽义务后得到权利，阴和阳、权利和义务相对平衡的“损之而益”。这才是道的大路，虽然要付出艰辛，但踏实稳重，无可非议，不会反复颠倒，进退失据，这才是一个人，一个事物，一个企业，一个社会，一个国家的生存发展持续之道。

什么是“益之而损”？“益”在这里就是超越过程直取结果，少付出多占利益，少尽甚至不尽义务，光要权利，不要过程只要结果，这种功利主义行为和意识，古今中外时时处处存在，一直以贪欲为形象，作为共同利益之道的阻力和负数在时刻伴随着人类，一句话，他们财富的暴发式聚集不是因为给社会创造了财富，做了付出，尽了义务，而是以损害弱势群体利益为前提。这些不付出，不尽少尽义务的“益”的方式，一直是造成社会混乱失序的根源。这些人和群体不但给社会造成损失甚至灾难，自己也因失去制约而失去相应的社会定位，而逐步滑向不可控的荒谬，同时必然会因严重损害其他人或群体的利益而遭到反制而不会有好下场，这就是“益之而损”。

组成一切事物的矛盾各方在发展中都会发生变化，不断会有新生力量的产生，使原来的权利和义务的相对平衡被打破，通过相互之间平等的相互影响、作用、制约的对立统一的调节改革达成新的平衡，这个平衡—失衡—平衡的循环过程，也就是老子说的“反者道之动”，而推动这个循环的势，则主要来自利益受损的弱势群体，“弱者道之用”。这个循环半径最小，社会交往代价最小的方式，就是遵循无形的共同利益共识之势的有形的德，也就是具体的法律规范等来完成，才能取得双赢多赢；但是如果既得利益者宁肯固执坚强地抗拒，也不愿柔性地相互妥协，求大同存小异，就必然会引发矛盾。这是历史自然规律之道，所以是不可阻挡的，这是老子作为历史见证者的“吾将以为教父”的主要观点。老子本章告诉我们，道是一切事物产生、存在、发展的根本，告诫我们坚持阴和阳、权利和义务相对平衡的自然规律，正是为了以最小循环半径和最低社会交往成本地使社会和谐安宁，有序持久。

第四十三章

# 顺应权利和义务相对平衡的调节之势对天下是最大的益处

天下之至柔，驰骋天下之至坚。无有入无间。吾是以知无为之有益。

不言之教，无为之益，天下希及之。

本章接上一章讲的权利和义务相对平衡的自然规律和违背这个规律会“益之而损”，严重固执地坚守既得利益者的“强梁者不得其死”，继续讲述人们应该以什么态度对待权利和义务的平衡问题；指出，顺从无形的平衡之势而动的柔，一定会战胜固守已经打破平衡的既得利益不放的坚。随时调节权利和义务相对平衡，而不违背的“无为”，是顺应平衡之势的自然而然的“不言之教”，这样顺从自然规律是对天下最大的益处。

首先要弄清楚什么是柔，什么是坚。柔，柔弱，柔韧，顺势而为；坚，固执不动，逆势坚守。共同利益共识之势是柔韧的，表面上“道之出口，淡乎其无味，视之不足见，听之不足闻”的无棱无角，柔弱无力，但是却是“用之不足既”，有用不完的力量，可见其似弱而韧，不可抗拒；水也是似弱而韧，不可阻挡的，“故几于道”。石头是坚硬的，但水可使石头变形，可劈开峡谷，为什么？因为水是在顺势流动，当遇到坚硬的石头后，会自然地改变其原来的直行，顺势绕行而过，通过无尽的冲刷，终于在双方的相互影响、作用、制约下，水使石头变形退让，水流越来越顺畅。这里的柔与坚的关键区别在于动与不动，变与不变，柔弱的水顺势而行中，不断地调节策略，适应变化，但唯顺势不变，也就是说“无为”而行，所以可以将坚硬的石头冲刷变形让路，而如果水在遇到坚硬僵化的石头后，同样也坚硬僵化，不再流动了，那么石头还会变形吗？可见是水的顺势而为的流动势能才可以改变坚硬的石头的形状，这就是同样是水和石头，为什么溪流、江河里有鹅卵石和变形巨石、切割劈开的峡谷，而大海大洋底部却没有鹅卵石和圆润变形的巨石的原因。为什么溪流江河的水会不停地流动，即使遇到山崩滑坡阻塞了河道，也会不断地聚集形成堰塞湖，抬高水位后也要冲出一条河道继续下行？因为无形的不平衡之势，因为低的一面无法顶住高的一侧的水压，使失去对立支撑的水失去了平衡，无法定位，所以必须顺平衡的调节之势而行，当流入大海后，水的两侧压力相对平衡了，也就失去原来的地势平衡之势而进入新的洋流潮汐等平衡之势的流动之中，总之，水是顺势而动的，似弱而韧的，但又力量无穷不可阻挡的。小草是柔弱的，大树是坚强的，但当一场特大风暴过后，小草依然挺立，而大树却折断了，为什么？因为小草的柔弱使它顺势而为，选择了放弃原来的姿势，正因为它的放弃，才使它又重新直立起来。而大树的坚强固守，使它丢掉了重新直立的机会。但柔而不失其根，不是随波逐流，根就是权利和义务相对平衡的共同利益共识之道。失去了道就不是柔。老子所说的“柔”是顺势而为，是舍得和放弃，是对严重打破权利和义务相对平衡的自然规律的既得利益的减少或放弃，是“无为”；而“坚”则是逆势的固执坚守，是对早已不符合共同利益共识之势的既得利益的坚守和对为了再平衡而进行的变革的抗拒。共同利益之势看似是柔弱的，但却可以是无孔不入而不可阻挡的，因为柔性变革的因素和动力，就在事物内部，利益严重受损的创造生活物资的弱势群体如不推动权利和义务的相对平衡将无法生存，社会整体也会因此而失去生存物质而崩溃，这不但是社会根基处民众不想看到的，即使明智识道的中上层人士也是不能容忍的，这就自然会产生社会各群体的无形的改变现状，使权利和义务相对平衡的共同利益共识之势，进行“反者道之动，弱者道之用”的改革甚至革命。所以，看似柔弱的顺势一定会战胜逆势的坚强，故“天下之至柔，驰骋天下之至坚。无有入无间”。

老子的道是组成事物各方面，在平等的基础之上相互影响、作用、制约的对立统一中产生的共同利益共识之势。正因为事物是由多个矛盾方面组成的共同利益之势，所以当作为其中一方时，即使自己不动，并不等于其他方也不动，尤其是原来的弱势一方肯定是要动，要改变他们的弱势，这样，即使在一方不动的情况下原来的共同利益之势也会发生旧有的权利和义务相对失衡，而必须调整以达到新的平衡。这时如果不动的一方顺势而为，舍得放弃不符合权利和义务相对平衡的自然规律的既得利益和贪婪的欲望，“塞其兑，闭其门，挫其锐，解其纷，和其光，同其尘”，在相互妥协，求同存异的对立统一中则皆大欢喜又顺利地达到了新的相对平衡，这个调整会以极低的成本完成。如果原来强势的一面强硬地坚守自己的既得利益不放，而且尽一切手段去阻止这种共同利益之势的再平衡，那么就会发生极大的冲突争斗。用老子的话说，顺势而为，舍得放弃既得利益，遵从权利和义务相对平衡的原则就是“无为”，因为这是自然而然的事，就像水遇到巨石而顺势改道，就像小草遇到狂风而顺势放下身段一样，实事求是，真诚质朴，所以并无须什么掩饰做作，虚张声势地阻挡什么，自然是无言简洁的。例如，在农业生产、工业生产以及科研工作中常常会发生各种内部和外部条件产生变化的情况，这时的农民、工人、科技工作者都会顺势而为，因势利导地进行调节而达到新的平衡，失败是成功之母，因为在科研中，失败是常有甚至是必然的，这就是人类和自然物质在平等的相互影响、作用、制约的对立统一中达成的共同利益之势和显现自然客观规律之得的过程。所以在这里柔性地调节、舍弃和不断接受教训而改正是自然而然的，无言简洁，无可争议的，否则，如果固执地坚守将一事无成，也就是说，柔性地随共同利益之势而动，才是事物成功的基础。在社会根基处与大自然物质交往时，没有人和物质享有自己的特权既得利益，也就无须阻挡调节变革，所以，这种无为的顺势的作用是天下什么事都比不上，是事物在没有强权干扰下自然而然的过程。因为只有这样才能使事物在成本最低、最安静有序、最顺畅的情况下得以顺利发展成功，所以“吾是以知无为之有益。不言之教，无为之益，天下希及之”。

老子在前一章重点讲了阴阳“冲气以为和”的权利与义务相对平衡的关系，又讲了“物或损之而益，或益之而损”的辩证关系，以及下一章与本章加在一起，三章相互联结，可以看出，老子是在连续讲事物发展过程中根据权利和义务相对平衡的原则进行调节再平衡的问题，主要讲了要柔弱地顺应共同利益之势的变化，要知止，知足，要舍得放弃与共同利益之势不符的既得利益，不能固执地阻碍变革，这样才能长久，也就是说，只有顺势变革才可以可持续发展。老子在《道德经》中主讲的就是道和无为、不争、无言、柔弱、福祸相倚等等，都是在围绕权利和义务相对平衡的调节再平衡问题。为什么？因为任何事物的发展都是不断平衡—失衡—再平衡的，必须不断调节变革的；纵观人类的日常生产生活，其实就是一个不断柔弱地根据相关事物或交往范围各方相互影响、作用、制约的情况调节变化的趋利避害的过程，历史也是一部不断失衡再平衡的不断变革的过程。天下唯一使人迷茫、固执、死硬坚守的是到手的既得利益，因为既得利益是已知的，已到手的，而变革后就意味着真实的减少，因坚强阻挡改革带来的灾难和顺应将得来利益还都是一个未知的，所以人们习惯上都会固执地坚守已知的不放，既得利益越大，舍弃越难，守护得越坚强。大多数人总是会计算和抓住现有的利益，而不去计算和重视如不改变会失去的利益和受到的伤害，就像用手从细口瓶子中抓到米的猴子一样，只要它们放下米，爪子就可以从细口瓶子中抽出来，但是它们宁肯被猎人捕到也不肯放下到手的米。虽然是笑话，但类似的事还少吗？如果事物中柔弱的顺势而为多一些，事物的发展就顺畅一些，改革代价就小一些；反之，刚强的不舍、坚守既得利益不放多一些，事物发展就复杂、艰难一些，改革的代价就大一些。所以，组成事物和社会的各方面权利和义务相对平衡的共同利益之势是不可阻挡的，只是循环半径大小不同，代价不同罢了。这就是本章老子要主要讲的“天下之至柔，驰骋天下之至坚”。“无有入于无间。吾是以知无为之有益”，因为一切事物都是由矛盾各方组成的，有矛盾就有对立统一，而对立统一能产生共同利益之势，所以，无形的共同利益之势是无处不在，无孔不入的，不可阻挡的，只有柔性地依从权利与义务相对平衡的原则的“无为”才是对各方都有益的。“不言之教，无为之益，天下希及之”，柔性的顺势而为，顺应变革调节，达到新的平衡是自然而然的“无为”之道，所以无须多言，无须大费口舌，这是对事物各方发展的最大的支持和促进，没有什么比这更有利的了。

应该注意的是，老子说的柔是和不打破权利和义务相对平衡的“无为”相连的，既得利益如果是“无为”所得，则坚守不让强势者侵占，是应该的，反而是一种柔的体现，因为如果人们都不坚守自己的应得利益，必然为强势者提供更多的“有为”的既得利益，促使他们对权利和义务失衡的调节改革抗拒力量更大，改革的阻力也越大，社会代价更高。

第四十四章

# 识道之人才知进退

名与身孰亲？身与货孰多？得与亡孰病？

甚爱必大费，多藏必厚亡。

知足不辱，知止不殆，可以长久。

本章其实还是在根据第四十二章权利和义务相对平衡的自然规律的延伸，是“强梁者，不得其死”和上一章“天下之至柔，驰骋天下之至坚”的顺势而为，不能因坚守既得利益引发大规模社会动乱，危及人们的生命安全，而得不偿失，“多藏必厚亡”，指出得失的辩证关系。

名利和身体的关系一直是一个十分纠结的问题，每个人都会有不同的处境环境，也就会有不同的态度。人没有名利无法生活，也保全不了身心，同样，如果没了身心，名利又有什么用？这其实就是一个有无相生的问题，不能片面地强调一方，而忽略了另一方。真正的答案还在共同利益之道中去寻找，去权利和义务相对平衡的自然规律中去寻找。因为人是从动物进化而来，每个人都或多或少地，或明或暗地显现出动物的弱肉强食、赢者通吃的基因，为什么？因为在食物匮乏不稳的环境中不如此是无法生存的，这是对食物强烈的多多占有的排他性。这种基因可以说人类一直存在，从几乎人人都或明或暗地存在对压倒别人的强势的追求上体现出来。从儿时要什么有什么的宝物，从敬畏一言九鼎的皇帝，从虚拟无所不能的神仙，从崇拜打遍天下无敌手的至尊英雄，从塑造无所不能的飞人，等等一切以占据压倒一切而独占鳌头的故事、事迹和电子游戏都是最令人振奋的事，为什么？因为这些可以引起人们弱肉强食、赢者通吃的动物基因的共鸣，所以才会产生兴奋和欢愉感，这是大自然的产物，也可以说是人类的原罪。为什么在动物来说是生存根本，正常的自然本性，而对人来说就成了原罪呢？因为动物的贪婪是有其生理制约的，无论多么凶猛强悍的动物对占有的猎物，也只是自己或同幼崽饱食而已，它不可能去无限地去捕杀，去圈占积累，这就给弱势者留下了生存繁衍的空间和时间，自然界再用不同的生育能力加以区分限制，就可以维持动物界生态链的循环稳定，“没身不殆”了。所以，动物无论多强势，可以凶狠残忍，但却不能贪婪。因此，它们的生态平衡如果没有人类的强势介入，也会永远保持下去。而人呢？贪婪的强势者可以动用武力无限制地掠夺；也可以通过占据统治权力，通过明的等级制度多占，通过潜规则寻租多得；更隐蔽和有利的是，强势者群体可以通过占据垄断地位而设立各种障碍门槛和游戏规则，利用各种杠杆绕过真实的物质生产，使在产生一线的物质生产者、财富创造者和所尽义务相应的权利相对平衡的联系越来越小，在社会财富的分配上被边缘化，遍身罗绮者不是养蚕人；而拥有各种垄断特权的人可以在与有形的物质生产没有直接联系的情况下于无形中飞速地聚积财富，更可以资本巨头和行政权力相结合，形成划分国内外各种势力范围的霸权。当动物的强势贪婪仅饱腹而已时，人的强势贪婪却可以将全世界的财富聚积到极少数人手中，成为他们从政治、经济、文化意识等各方面制约甚至奴役弱势群体的实力。这就是，同样的动物性压倒一切而取胜的强势，动物与人的根本区别在于权利和义务的相对平衡的区别，那么是什么造成人类的这种财富可以无限聚集呢？是无形的势。是人们心中还残留的弱肉强食式的等级特权的功利主义思想意识的普遍广泛的共识之势！当一个社会整体普遍忽视共同利益，而认同个人功利时，当一个社会普遍忽视权利和义务相对平衡的自然规律，认同不择手段的赢者通吃时，这种广泛的违反自然规律，违反社会各群体共同利益的共识之势就会逐步吞噬人类的和谐有序和安宁，那么，胜者王侯、败者贼的两极分化则永远是弱肉强食意识共识的必然结果。那么，为什么人在如此可怕的贪婪作用下还能生存繁衍至今呢？人是如何一时克服了人类贪婪的呢？还是无形的势；是当弱势群体被两极分化剥夺的“狭其所居”“厌其所生”彻底失去了人格尊严和生存条件时，才逐渐积累形成的打破现状、夺回权利的共同利益共识之势；是“反者道之动，弱者道之用”在人们自觉不自觉地推动了各种交往范围内的权利和义务平衡—失衡—平衡的不断循环。只有组成交往范围各方平等的相互制约、对立统一中产生权利和义务相对平衡的共同利益共识之势才能使社会产生无比强大的向心凝聚力，才可以彻底战胜和摆脱动物的弱肉强食、赢者通吃的兽性和各种方式的垄断和霸权。只有人们达成广泛的权利和义务相对平衡的共识，才会“知足不辱，知止不殆，可以长久”，才能解开“名与身孰亲？身与货孰多？得与亡孰病？”的疑问，才可能彻底解决“甚爱必大费，多藏必厚亡”的问题。

在日常生活中，我们每个人都不是孤单独立的，是从属于不同交往范围的，有不同的定位，并通过这些定位与其他人相互影响、作用、制约，并必须承担自己的责任，也就是应尽的义务，同时得到相应的权利。在家庭中，我们首先的定位是父母的儿女，有得到父母养育的权利，但同时也必须担负起孝敬供养他们的义务；其次是夫妻定位，要相互爱恋、忠诚，通过相互影响、作用、制约的磨合达到都对两个人和孩子在内的家庭共同利益从而尽自己的义务，和得到温暖天伦之乐的权利；再者是孩子的父母，同样有抚养教育子女的义务，和享受他们孝敬供养的权利。同时一个人还必须是社会的一员，必须和周围的同事、朋友、上级、下级、生意对象、生意对手，和许许多多不相识的人进行交往，在不同的交往时间，与不同的交往对象，不同的交往环境通过相互影响、作用、制约产生出各自不同的共同利益之道，而这些小范围的道还组成更大的交往范围，并在这个范围内与其他群体平等地相互影响、作用、制约的对立统一中产生共同利益共识之道，要维护共同利益之道必须受与道有无相生的德的显现——各种法律规范、规章制度、公序良俗、合同契约等体现共同利益的制约规范，这就是一个基本完整的社会，每个人都有自己的不同定位，有自己不同的权利和义务。决定每个人在不同交往范围是否合格的是每个人权利和义务是否相对平衡。如果一个人在交往范围内所尽义务和权利相对平衡，会得到别人的尊重和相应的名誉，这就是这个人的社会定位，这是他的身心和共同利益之道的统一，是一个合格的儿女、另一半、父母、同事、朋友、合作伙伴和社会公民。如果一个人在交往范围内甘心情愿地多尽义务，少得权利，自然会得到其他人的尊敬和荣誉；如果过分地追求自己的名誉地位，企图无限地拔高，过分地追求财富积累，不知足，不知止，而又没有能力尽相应的义务，只能依赖某些强势和欺骗智巧、阴谋诡计来欺世盗名，侵吞别人的应得利益，违背共同利益之道，必然会遭到利益受损个人和群体以及全体人的反对，而身败名裂。“甚爱必大费，多藏必厚亡。”所以老子在前两章讲了权利和义务的相对平衡和“物或损之而益，或益之而损”，以及人在面对利益调节平衡时要柔弱顺势，不为固守既得利益而成为共同利益之道的阻力和敌人。这一章更进一步讲了在名利面前要在权利与义务相对平衡的基础之上量力而行，“知足不辱，知止不殆”，不能为了贪欲而牺牲了自己的身心，更不能伤害共同利益之道，只有这样才可以长久地保有在自己各个交往范围内的定位和名誉，受到尊重，“可以长久”。

老子的话是告诫我们明白且牢记自己在不同社会交往范围内的定位，也就是每一个活着的人都有自己应尽的责任、义务和相应的回报与权利，在关心自己的同时必须知道自己真正需要的是什么，不能把贪欲当成目标，而丢失了自己真正的有形的生理需求和无形的心理需求。其实一个人当融入共同利益之势后，生活并不复杂和躁动，十分简单明了，只是个人功利主义价值观的污染才使我们的生活复杂、浮躁起来。人只要记住一个不可违背的自然规律——阴和阳、权利与义务相对平衡，就会减少许多烦恼和无妄之灾，也就是我们常说的君子爱财，取之有道，就可以“知足不辱，知止不殆，可以长久”。如果社会上每个人都这样因无为而柔弱顺势，继而善知进退，并且产生主流共识之势，那我们将会普遍得到相对轻松的生活和精神上的安逸。

## 第四十五章

# 万事万物都是相对的，双赢才能清静、稳定

大成若缺，其用不弊。

大盈若冲，其用不穷。

大直若屈，大巧若拙，大辩若讷。

躁胜寒，静胜热，清静为天下正。

在认识道的过程中，人们出现“大成若缺”“大盈若冲”“大直若屈”“大辩若讷”的感觉是十分正常的，任何一个事物都是由各种条件和利益不完全相同的多方面组成，这些方面各有各的特性，各有各的特殊利益，也就是说各有各的社会存在，所以在对同一件事的态度上就会有不同的反应，是相对的，如果认识不到这一点，总想得到，只能是徒劳的多事多言的躁动不安。因为即使是久旱无雨，当大雨来临之时，还会受到行路之人和晒货之人的埋怨。道同样如此。因为道是由组成交往范围各方面在平等地相互影响、作用、制约的对立统一中产生的共同利益之势。所以，道既是各方的，又不全是各方的，道既代表了各方的共同利益，也否决了各方一些次要的与其他方尖锐冲突或者不符合权利与义务相对平衡原则的利益，对于这些人来说共同利益是有缺失的，因为没有完整地代表其自己的利益，

但是如果全面完整地代表了他的利益，就必然会损害其他人的利益，也就会损伤包括这些有怨言人的主要利益在内的整体利益，这样做只能是因小失大。老子在开篇不久的第四章便指出，道的产生是“挫其锐，解其纷，和其光，同其尘”的过程。例如，企业和工人即有矛盾对立，又有共同利益的统一，只有相互妥协找到最大的双赢契合点，才能持续下去，如果只依从一方的利益，那么另一方无法得到应有的利益，矛盾激化的结果是造成企业亏损，甚至倒闭，故双方都受害。对立统一是自然法则，统一的只能是双方共赢的部分，不可能是全部，如果都站在自己立场上看问题，自然会“大成若缺”“大盈若冲”，只有站在全局立场，以双方共同利益为出发点，才会感觉到“大成”的作用之重要。也就是说，天下并没有完全一样的人，完全一样的事，也就从来不可能百分之百地完全符合所有人的所有利益的事情，所以要干成一件事，和有序地稳定社会，就必须坚定不移地站在由各群体平等的相互制约、对立统一中产生的符合权利与义务相对平衡的共同利益立场上，顺共识之势而为，并坚定不移地执行体现共同利益之势的法律规范、规章制度等制约规范，不畏惧强势特权，只有不迁就极少数人的不合法利益的“缺”和“冲”，才能真正做到在规范面前人人平等的“成”和“盈”。只有对极少数违法者的无情，才是对依道遵德的大多数人的有情，也同时是对那些有违法违纪欲望之人阻止的有情。天下万物没有绝对，从来不存在百分之百，有得有失才是自然规律。如果企图四面讨好，八面玲珑用智巧调节，只能是陷入无谓的纷争之中不能自拔，到头来会丢掉所有人的共同利益之势，而处处得不到好。只有站在各方长远根本利益之上审时度势，坚决果断地依合道的规范之德行事，才可以成就事物。这就是老子的“大成若缺，其用不弊。大盈若冲，其用不穷”。

共同利益的道理大家都懂，但又有多少人能够超出自己的利益站在对方和全体的共同利益上客观地看待问题呢？正是因为艰难不易，人们才总是以自己利益为出发点处理问题，事物才必然有一个通过相互制约引发的一些利益冲突的过程，会走许多曲折弯路，甚至受到许多损失后，才无可奈何地在权利和义务相对平衡的自然规律基础之上，“挫其锐，解其纷，和其光，同其尘”，相互妥协，求大同存小异，又回归共同利益的直道上来。这种弯直—直弯的变化是正常的，这就是人们常说的事物的对立统一的方式，没有弯就不会有直，没有直也就没有弯，这是权利和义务相对平衡—失衡—平衡的“反者道之动”的过程。没有这些对立，大家都低头忍受至死也不反抗，没有了弯和直的对立，那么就永远也不会有各群体的共同利益的直。弯和直的辩证关系，实际上就是老子的“大直若屈”的直由屈生，屈由直存的关系。只有貌似弯曲的对立，才会产生共同利益之道，才是真正的直道。所以封建统治者等强势群体从来也是压制民众和弱势群体的反抗，而不允许双方有对立的机会和平台，这样没有对立，何来统一？只有弯，何来直？无论是社会大事，还是日常小事，有矛盾就有曲折弯曲之争。要直达自己的目的，就必须先扩展一下眼光，看一下交往范围内包括其他方在内的共同利益，这就是一种弯曲，但是若不考虑包括其他方在内的共同利益的双赢，自己的直达也无法成功，即使因为动用权势或阴谋智巧侥幸成功，损害了其他方的利益，也不会清静、安定、可持续，甚至会“益之而损”，这就使共同利益的直行看上去是“大直若屈”；而有的人虽然动用权势智巧一时成功，但却得不到清静安宁，和人尖锐对立，得不偿失，真正的巧反而是共同利益的共赢之拙，这就是“大巧若拙”；自己为了片面直行，不顾他人利益，甚至损害剥夺他人利益，为了不引起直接冲突，必须动用三寸不烂之舌欺骗蒙蔽别人，但是事实胜于雄辩，所以往往会机关算尽太聪明，反误了卿卿性命，费尽心机的狡辩还不如依权利和义务相对平衡的自然规律的规范之德，循规蹈矩地纳言而行，所以真正的“大辩”反而是“讷”言的不辩。

因为道并不能代表各方的一切利益，尤其是人们不符合权利和义务相对平衡的利益，所以才造成了各方在表面上依道而行时，可能要倾向于自己私利的情况，例如，有等级特权的官员会将自己和群体的特权利益塞入全面的共同利益之中的官本位行为；同样，社会上一些急功近利之人，也想尽各种办法绕过法律规范的制约，而干一些侵害共同利益的事；而要防止这些分裂现象最好的办法就是大家共同坚守符合共同利益之道的各项规范之德。例如一个企业，只有能够根据共同利益市场需求脚踏实地地进行研发、试验，把控好质量的生产、销售、反馈、再调节等环节，才能有坚实的社会存在基础，有强大的抗击打能力，才能可持续发展。另一方面，企业内部包括工人、企业所有方、经营方、科技方等各方也必须平等地相互影响、作用、制约，坚守在对立统一中产生的共同利益，制定出相应的规章制度，并且一视同仁地认真落实，企业各种矛盾就会相对减少、减轻，从而稳定地发展。如果自认为强势的一方为了自己的私利而取巧地不顾共同利益之道，不认真执行规章制度，而自认为动用智巧，既可占有了各种特权利益，又可以四面讨好，八面玲珑，以权势者个人的远近亲疏，因人而异地处理问题，看似亲近乖巧，但没有不失败的。因为天下没有绝对的强势，一切强势都是在其他方认可的情况下才能存在，一旦失去了各方共同利益之根，受到别人的反击则强势就会消失。任何规范不被人认可也会失灵，一旦失灵工人可以罢工，科技人员可以消极怠工……一切强势都是一时的，有存在条件的，所以执一时之强去走失德捷径，投机取巧，只会“益之而损”，害人害己。任何事物如果一旦失去了看似僵化笨拙，甚至被认为有些不近人情的行为规范，则会徒生出无数枝节，就像盖房失去准绳，体育比赛没有了裁判规范一样，到了这一步，任何团体企业也难以正常运转。封建王朝的皇权过分集中就会产生因权废法，而使社会失去统一规范而产生危机，造成朝堂之上忠奸之辩永不停歇。绝对权威，只会造成绝对混乱，这就是老子指责的“以智治国，国之贼”。只有一视同仁、一丝不苟地执行看似僵化呆板，甚至有时有点不近人情的合于共同利益之道的法律规范、规章制度、公序良俗、合同契约等制约的行为规范之德，整体社会才能“无为”“无言”，和谐有序，这就是“大巧若拙”“大辩若讷”。因为只有用统一的规范尺度去衡量评判各种相关事物的是非曲直，才可以做到公平服众，这就像游泳运动员比赛在各自赛道内进行一样简单明了，同时也杜绝了相互之间的干扰。

事物或交往范围内各方有离心力是正常的，而向心凝聚力则来源于相互制约，只有有了相互制约的自主权的人们才能有主人公的归属感，有自主精神，才会心甘情愿地相互妥协而达成共识。有凝聚力的共同利益之势无处不在，无时不在，势是在相互制约中产生的，既充盈有力，但又空虚无形。在一个交往范围内，人们相互制约，又相互依赖，既对立又统一。相互制约的方式可以是主动地，当面明确地，强硬地抗争、辩论；也可以是被动地，柔弱无言地规避、闪开、放弃。而柔弱地规避和放弃往往威力更大，因为无言地避开使人无法辩解，无法挽回。例如，对一个人，当你的朋友因你屡屡自私欺骗，而对你失去了信心，而不再理你，也不见你，这是最不好转还的，无奈的；对一个企业，当消费者们一个个在你的商品面前不置可否地转身离去，渐渐无人光顾；对一个社会的管理者，当人们对你敬而远之，怕而离之，不置可否，三缄其口，直至重足而立，侧目而视，这平静下面不断积聚的无形的反抗之势不知何时、何处突发而至，不是最危险，最无奈，最令人寝食难安的吗？柔弱地绕行，视而不见，不交往，不接触是一种无言的制约，这就是“大辩若讷”。选择性规避的纳言，也就是一种有力的缺失之势，这个无形的势和各种明确的弯曲抗争之势一起在制约着人们在大小不同的交往范围内对共同利益之道的敬畏，这不就是“大成若缺，其用不弊。大盈若冲，其用不穷”吗？

天下最平坦的道是共同利益之道，最巧的是朴。真实质朴，一是一,二是二,一步一个脚印，不反复，不会进一步退两步。实事求是看似是对自己的直接制约，但恰恰又能成就自己，就像一个学生遇到难题，不走抄袭之路以求高分，而是通过自己的努力非弄懂不可；就像商人宁可商品卖低价，也不弄虚作假欺骗顾客……他们在世俗人眼中是拙笨，傻瓜，但他们得到了扎实的知识，良好的信用和内心的踏实清静。这才是真正的智巧，不用智巧的智巧，因为他们得到的是对人来说最重要、最珍贵的心安，不做亏心事，半夜不怕鬼敲门的坦然清静，这是用钱买不来的，是一个人真正的心理需求。任何辩论的目的就是要使人信服自己，而真正令人信服的是事实，是无言的。因为事实都是简单明了的，不需要多少语言描述的，而一个谎言是要由无数的谎言来圆的，所以必须口舌如簧；一条法律是简单的，但一个违法的经过却需要许多掩盖误导和欺骗的谎言；获得真正爱情的是发自内心的挚爱，往往是由一点一滴的行动体现出来的，是发自内心的关切，虽无言却是深沉、真诚、稳固的；而空洞地讨好，做作的行为，往往是一种不稳定、不冷静的燥热，往往来得快，去得也快，难得一生相濡以沫。所以滔滔不绝不等于真理在手，真理都是与事实紧密相连的，是无须多言的，“大辩若讷”，就像破案的关键是冷静沉稳地搜寻事实证据，而不是精彩的演讲一样；就像科学试验要甘于坐冷板凳，最终要靠可重复的试验结果说话一样；就像工人、农民要拿出社会需求的合格产品和成果一样……无须多言。

现实生活中，往往当人们想到一件会给自己所带来的超常利益的事之后，会使人兴奋不已地躁动，恨不得马上去干，坐卧不宁，夜不能寐。可一干起来才会发现，远远不是那么简单，这里面困难重重，甚至是上当受骗，盲目地跳进了陷阱。因为当初做决定的时候，并没有全面冷静地考虑，没有将与此事相互关联的其他矛盾方面充分地考虑进来，忘记了任何事情都有其社会定位，而这个社会定位是由四周许多不允许和忌讳所设定的区域范围，你一旦迈出这个定位区域就会受到各方的制约和制裁，这就是每件事都存在不同的共同利益之道的威力，也是人们常说的隔行如隔山。如果当初能够冷静地站在尽量全面地从各方共同利益之上考虑问题，站在权利和义务相对平衡的自然规律之上考虑问题，就会想到，天下没有免费的午餐，只有一分付出，一分收获，只有遇事冷静、全面地思考才可以避免不必要的损失。这样的事并不在少数，因此而受到损失的人也不在少数，甚至于有人因为这山看着那山高，不断躁动跳槽，又不断地三天热气一过而放弃，静不下心来沉下去将事干精，只有在事物表面上跳来跳去，不断地交无知的学费，结果终生在浮躁中度过，必定一事无成。人们只有在自认为是超常的利益面前才会失去理智，而狂热躁动地去盲目投资，去贪污受贿，去报复伤人，去上当受骗……人只有懂得和时刻牢记共同利益之道和权利与义务相对平衡的自然规律，才会冷静地、全面深远地思考问题，才会不为超出所尽义务的贪欲所动，才会内心清静、稳定。如果人人都如此，天下会减少多少因贪欲狂热失智造成的损失、犯罪和上当受骗？又有多少人因人们普遍冷静、理智、无贪欲而无法行骗，从而减少了整体的社会犯罪？

正大光明，公正无私，简单明了，故纠纷少，是非少，也就很少有争执的躁动和追逐贪欲特权的狂热，使人们处于冷静、理智、有序、清静的状态。所以只有依道而行才能“躁胜寒，静胜热，清静为天下正”。

## 第四十六章

# 道是消灭战争的唯一方法

天下有道，却走马以粪；天下无道，戎马生于郊。

罪莫大于可欲，祸莫大于不知足，咎莫大于欲得。故知足之足，常足矣。

老子本章主要讲了道和战争的关系，指出战争的最初起源都是因为没有组成交往范围各方平等的相互制约、对立统一中产生的权利和义务相对平衡的共同利益共识之道，这才造成了“戎马生于郊”的惨状。什么和权利和义务相对平衡的自然规律联系最大、最极端？战争，战争可以以最极端的方式打破相对平衡，也可以推动达到相对平衡。一切战争都是围绕权利和义务相对平衡的状况进行的，引起连环战争的起因都是对领土、人民、资源、财富等利益的掠夺开启的，也就是老子所说的“祸莫大于不知足，咎莫大于欲得”。

一直与人类如影相随的战争和准战争以及备战给人类所带来的灾难和物质、精神上的压力是人类生存发展的最大障碍和阻力，这有目共睹。战争问题一直是困扰人类的最大问题，与之相关联的是利益集团、国家、领土，再与之相关联的是爱国主义、卖国主义的意识纷争。在这些关联中，人类的物质、精神、鲜血、生命交织在一起，各方有各方的理由，各有各的英雄，分分合合，合合分分，纷繁复杂，剪不断，理还乱。对这个人类最大的难题，如果站在各自一时的立场上，这些问题永远也纠缠不清，永远谁也说服不了谁。老子在第三十、三十一、四十六、六十一、六十八、六十九章中明确讲了战争与国家和道的关系问题，从这些论述中应该知道，老子坚决反对战争及杀戮，认为只有认识到道和依道而行才能使人类摆脱战争、杀戮的阴霾。对于令人迷茫的战争双方的宣传，只有通过老子的道来分析这一切，始终站在交战范围内各国各方，主要包括弱势的广大民众的共同利益之道的立场之上，才可以厘清其中的是非曲直。首先必须承认，世间时时处处都存在矛盾，有矛盾就有共同利益之道，人有人体的道，家庭有家庭的道，企业团体有企业团体的道，社会有社会的道，国家有国家的道，不同国家区域有不同国家区域的道，世界有世界的道，每个大一级的道都是由下一级的道构成，并在平等的基础之上相互影响、作用、制约的对立统一中产生。可见，上一级的道既由下一级的道产生，代表其中各部分的共同利益，又制约各部分。战争无论是发生在国内还是国际，是大规模还是小规模，都与道有关，受道的直接和间接制约。“天下有道，却走马以粪；天下无道，戎马生于郊。”也就是说，当依道而行时就不会发生战争。因为任何战争都是参与交往范围内各方的利益的调节的极端的相互制约手段。古今中外多数战争是由于在交往各矛盾方中占据强势的一方，为了自己和群体的赢者通吃的名利贪欲而用极端手段去直接剥夺敌对方占人口多数民众的利益所引发的，他们不但企图剥夺对立方民众的利益，还必须把本国民众也强行绑在了战车之上，一切牺牲和苦难由他们承担，但战胜后的成果却永远也没有他们的份，他们只能承受得到霸权后的权势者的更加强大的压迫力量。为什么会这样？因为他们发动战争的目的是扩大可供自己剥夺统治的广土众民，所以对他们来说凡是弱者都是剥夺的对象，先占后占，不同群体，不同种族，不同肤色没有根本区别，即使出于巩固统治的考虑，为了对被统治者分而治之，故意设置一些歧视区别，但是所有的弱势群体在一个没有平等的专制社会，终究都是可供随时剥削的奴隶，区别只有高一点低一点而已。但是由于历史的长期传承形成的等级特权观念作祟，人们往往更看重相对，而忽视绝对。这是一种普遍的等级攀比思想意识的选择，也就是往往人们更关注的并不是我有什么，而是我比别人多了什么，正是这同为奴隶但不同等级的优越感认知所引起的弱势群体内部的矛盾和争斗，将统治者推到了中间裁判决策的地位，从而掩盖了他们对全体弱势者权利剥夺的真相，也因此在一定程度上维持他们统治的稳定。

一个依道遵德的无为、无特权私利的政权首先应该考虑的是，有矛盾对立的群体或国家的各方民众的共同利益之道，而无论何时何地，民众的共同利益之道最主要的就是平等、和平，不到严重威胁到以双方民众为主的各群体共同利益之道时，为了以战止战，以战除暴，绝不轻言战争。老子所说的“祸莫大于不知足，咎莫大于欲得”的这种由强势群体为了名利贪欲不顾民众死活，引发的战争是违背道的，也就违反了交战各方当前的以权利和义务相对平衡的自然规律之道，必定会受到道的直接和间接制约，这种制约力量主要来自“弱者道之用”的利益严重受损的弱势多数群体。所以，我们如果认真观察古今中外历史，就会发现，凡是在战争中能长期占据优势和最终取得胜利的，都是因为懂得尽量照顾本集团内部各群体，其他社会群体，尤其是广大民众利益的方面，也就是在当时条件下能尽量站在社会各群体共同利益之道上，尽量平衡各方关系，照顾人民生存条件的一方，这一方面可以激发人们保卫自己认可的生存条件的斗志，另一方面，因为任何社会的生存都离不开生活物资，战争成败更是直接受物资供应的制约，而保障物资供应的民众的生存条件是必须的，也是最基本的道。所以战争中各方成败和维持时间长短与决策者所考虑的利益范围大小成正比，决策者维护的利益圈子越大，成功维持时间越长。那些只考虑自己享乐权势而抢占地盘的军阀割据势力死得是最快的，因为他们只把利益圈子划在本集团群体的少数上层，虽可疯狂挣扎一时，但终因不合于道而被双方民众所抛弃；能够适当照顾各自小国民众利益的尚可维持割据一段时间，例如，历史上如三国等出现的多次分裂局面，但这种分裂导致的连年征战，从而造成的民众各方面的牺牲和负担难以长期承受，并不符合超越交战双方或多方的大交往范围的各方共同利益之道，所以最终会以大范围统一为结局。这就是道在战争中的决定作用。

关于道与战争的关系，我们又引申到一个十分敏感的话题，国家之间的关系。根据共同利益之道的原则，任何交往范围都有矛盾，有矛盾就有对立统一的共同利益之道。国与国的交往范围中，也就必然会有这个交往范围的道，而这个道既由参与国家的各自国内的道组成，又是这些国家之间平等地对立统一中产生的共同利益，这个共同利益就是根据权利和义务相对平衡的原则来调节变化的。国与国的交往主要有两种方式，即老子在第七十七章中指出的合道共赢的“天之道，损有余而补不足”和违道霸凌的“人之道则不然，损不足以奉有余”两种。战争中，前一种有时有文明差异较大时，落后一方趋利避害，追求向上的野蛮方式；后一种方式就是“祸莫大于不知足，咎莫大于欲得”的追求贪欲的野蛮方式。这两种方式可单独出现，也可同时出现。这两种方式的表现和生产力发展阶段有紧密关系，当生产力低，战争中以冷兵器为主时，相对生产力水平低的群体在战场上比较容易一时占上风，所以变相的“损有余而补不足”的性质的侵略战争更多；而当生产力提高到热兵器尤其高科技时代，生产力水平高的一方容易在战场上一时占上风，所以“祸莫大于不知足，咎莫大于欲得”的“损有余以奉有余”性质的侵略战争更多。

不同国家所处的不同地理自然环境和人文条件下，发展是不平衡的。历史上各国间的“损有余而补不足”的战争往往以冷兵器时代，个人勇敢占主导地位时的生产力水平低的群体通过掠夺、占领而被同化的方式侵害和靠拢生产力水平相对较高，文明程度相对较高的群体，这种被动所表现出的“损有余而补不足”，是处于经济文化水平弱势的一方必然要向经济文化水平高的一方靠拢和索取，以追求相对平衡，也就是人们常说的“水向低处流，人往高处走”。这种生产力和生活质量低水平向高水平的靠拢平衡的势，历史上有时表现为处于经济文化弱势的一方，在其向往更好生活的动力下的勇敢甚至野蛮地形成军事上的强势来占领和掠夺经济文化强势的一方，而且这种野蛮的掠夺的财富主要也为发动战争一方的统治者所占有，大多数民众也只是承担流血牺牲的作用，明显，这是不道的。真正符合双方民众长远共同利益之道的解决方式是双方平等协商通过加强交往，取长补短，互通有无为主，和一定的经济援助和技能传输而提升弱势一方达到相对的平衡之道。

根据老子组成事物和交往范围内各方平等地相互影响、作用、制约的对立统一中产生共同利益之道的原理，国家，只是在各国之间的相互交往中，促进双方通过平等交往，相互取长补短，共同提升之后，求大同存小异地达到共同利益之道的融合，双方才能“知足之足常足矣”而和平相处。因为任何交往范围内各群体差别越小，共同利益共识越多，越能和谐相处。这是减少大量物质、人力、精力浪费于战争和军备上，是去除与人类如影相随的战争阴云的唯一方法。国家的功能是当敌对方来进行野蛮杀戮抢掠时要坚决还击，保护本国民众利益，当双方需要各种沟通交流时也应积极促成，保卫自己的目的应当是为了今后平等地交往，而不应当是凌霸，因为凌霸的结果只能是两国民众仇恨的无限延续。各国间最大的和平保障是相互了解、沟通，缩小文化意识、生活方式的差距，因为任何国家的广大民众的根本利益都是在平等的相互制约、对立统一中产生的共同利益共识之道，都生活在权利和义务相对平衡的自然规律之上，各国民众间不存在根本的利益冲突，是可以通过和平交往而同质化、和平相处与逐步融合的。国家的统一是以“天之道，损有余而补不足”的相对平衡道为前提的。如果经济强势地区和地理自然环境优越的地区对相对落后和自然环境恶劣的地区和民族，不但不进行补偿和扶助，反而进行“人之道，损不足以奉有余”的侵略损害，那样就不可能靠武力长期统一，必然会遭到利益受损方的激烈反抗而不得安宁，稍有机会就又会分崩离析，这样的分分合合还少吗？也就是说，光靠强大的武力，不寻求双方的共同利益之道，占领了也会失去，也不会有这个大交往范围内的各群体共同利益之道的和平稳定。这就是老子的战争“祸莫大于不知足，咎莫大于欲得”“善者果而已，不敢以取强。果而勿矜，果而勿伐，果而勿骄，果而不得已，果而勿强。物壮则老，是谓不道，不道早已”。其中能攻心的不是阴谋诡计，不是巧舌如簧，只能是“无言”的双方的权利和义务相对平衡的共同利益之道的双赢，才能消弭战争因素，得到持久和平。

两千多年前老子和孔子等先贤们不同程度地，就从不同范围、不同角度构建了以组成事物各方在相互影响、作用、制约的对立统一中产生的共同利益之道为主的，天时、地利、人和、中庸、修身、齐家、治国、平天下的和谐之道的社会框架的构思设想，中国人就对共同利益之道的认识和实行有着得天独厚的领悟和潜移默化地接受，形成了隐忍包容、宽厚无为的潜在意识底蕴，成为世界上的大国典范。

世界各国人民的和平发展方向只能是以普通民众为主的各群体的共同利益共识之道，是各国在平等的基础之上，相互影响、作用、制约的对立统一中产生的共同利益之道。各国通过“天之道，损有余而补不足”方式达到取长补短，相对平衡，相互促进，共同发展。如果一味追求自己的特权利益，打压相对落后国家的发展，拼命加大贫富差别，甚至于不惜穷兵黩武，则永远也达不到各国人民共同利益之道，也达不到世界和平，霸权国家的少数巨头统治群体也会永远站在包括本国民众在内的世界人民的对立面，为饱受战争苦难的包括本国民众在内的世界人民所痛恨的千夫指，最终自己的利益也时刻处在危险之中，因为世间万物只有相对平衡之稳，之静，而从来也不存在严重失衡的稳和静。例如，有大落差的大江大河永远也摆脱不了洪水和决堤的危险，而水流千遭融入大海后再无此患。以自我为中心的霸权和拒绝交往的隔离墙只会加大各国之间的差异，更加剧因各种差距巨大所引发的矛盾冲突。国家的作用只能是各国交往中因经济、文化等各种差异过大而矛盾尖锐时，对本国以民众为主的各群体的保护器和相互沟通交往时的矛盾缓冲器。如果改变这个功能，使国家成为少数强势巨头群体压迫本国和别国民众的暴力机构，那么带来的只能是无休止的战争和玉石俱焚的毁灭，尤其是在高科技的今天。人类要摆脱“其事好还。师之所处，荆棘生焉。大军之后，必有凶年”“天下无道，戎马生于郊”的战争，就要首先认识到老子的各国包括所有群体的共同利益之道是什么，尤其是广大民众对此要达成共识，认清权利和义务相对平衡的自然规律是一切社会有序安宁存在的基础，无论家庭、团体、国内、国际任何交往范围都如此。只有作为弱势群体的民众有了共同利益之道的普遍共识，才会产生共振之势，才有能力阻止强势群体，无论国内还是国际的由“祸莫大于不知足，咎莫大于欲得”所推动的战争，才能彻底摆脱从人类产生以来一直伴随着的由少数强势者贪欲引发的野蛮杀戮，无辜牺牲，而得到和平安宁，也就是说，永久和平的到来只有通过人类对自己各群体长远共同利益的文化意识认知共识形成的共同利之势，才能真正“故知足之足，常足矣”，世界人民只有普遍有了组成交往各方平等的相互制约、对立统一中产生权利和义务相对平衡的共同利益共识之势，才能最终自己解放自己，消灭“戎马生于郊”的战争。

## 第四十七章

# 依道遵德才能明事理、易成功

> 不出户以知天下，不窥牖以见天道，其出弥远，其知弥少。
> 是以圣人不行而知，不见而明，不为而成。

这一章和下一章“为学日益，为道日损”实际上是相连的，都是在讲知识和道的关系。不出门便可以知道天下，不从窗户向外观看就可以了解天道，看似是不合情理也不可能的，即使一个人饱读诗书也不可能了解真实的世界，更何况那些都是经别人在当时各种条件下所认知感受的，而今各方条件稍有变化，便行不通了，如果单单理解这段话，几乎无法认同。但是如果从《道德经》的主旨去看，就可以理解了。一个人从生到死能够直接接触多少事物？能亲自研究、探讨多少知识？能经历多少失败？能得出多少教训？而又能取得多少成功呢？恐怕是一生坎坷阅历丰富的人在大千世界茫茫众生的万事万物面前也渺小如沧海一粟吧？可见，供人们杀伐决断之用的一生绝大多数的文化知识、经验教训都是从前人历史知识中学习借鉴而来，从与各个不同交往范围各方平等的相互影响、作用、制约的取长补短，相互竞争甚至逼迫促进的互动中来。每个人都是在群体中自觉不自觉地与他人平等地相互影响、相互作用、相互制约的对立统中一产生权利和义务相对平衡的共同利益之道中生存发展的。任何人的存在发展都离不开纵向的历史发展积累和横向广泛的群体交往互动，一个人之所以能“不出户以知天下，不窥牖以见天道”是因为认同群体的共同利益之道，并且在平等的交往中不断相互学习和实践互动之中，以权利和义务相对平衡的共同利益共识之道为标准去去粗取精、去伪存真，才能知道群体智慧结晶的生产生活中的客观自然规律，知道社会存在发展变化之根。凡是有知识有作为，有利于社会的人都是能够“上善若水”“怀素抱朴，少私寡欲”“处无为之事，行不言之教”的人。其实我们每一个人在面对外界的万千事物时，心中都自觉不自觉地存在着我们自己的认知标准，也可以说是世界观，并且以此为标准对我们所见所识的东西去不同取舍，也正是无形的认知标准的不同在决定着每一个人一生的基本顺逆成败。老子将人的认知标准，也可以说是世界观主要分为两大类，一类是“无为”的“天之道，损有余而补不足”，一类是“有为”的“人之道则不然，损不足以奉有余”。前一类就是老子所说的道，道是真实质朴的，是可以产生向心凝聚力的，如果一个人在和别人交往时，真实质朴，平等待人，以自己的利益与别人相互制约，相互妥协，求大同存小异，产生权利和义务相对平衡的共同利益共识之势，和体现无形之势的行为规范之德，并且会随着事物各方的不同发展的变化，柔性地依权利和义务相对平衡地调节改革，自然就会得到众人认同和助力而会不断地在互动中补足自己知识阅历等能力方面的不足，扩展提升自己，依自然规律的“天道”而行。纵使没有人们片面追求的功名利禄，也会一生坦然平安。一个人如果依道遵德，可以产生向心凝聚力而集众人之力之智，故而“不行而知，不见而明，不为而成”，这就是“同于道者，道亦乐得之”，这就是为什么老子说“不出户以知天下，不窥牖以见天道”，“天道”指自然规律。而相反的另一个“有为”的“损不足以奉有余”的世界观，是弱肉强食式的封建社会等级特权的功利主义，是离心离德，相互拆台而日渐狭隘的，别说不出户而得到别人认同相助，就是同室也会操戈，他们只想个人名利特权，根本不会顾忌自然规律的“天道”，更不会去实行。如果一个人以此世界观去走遍天下，去与别人交往又如何呢？首先他不会平等待人，而会趋炎附势，欺软怕硬，看人下菜碟，因为他总想千方百计，不择手段地多占权利少付出的“有为”，必然会损伤弱势者的应得利益，所以绝不会真实质朴地坦诚待人，将自己真实的动机示人；在自己占据强势之时，一定不会允许别人平等地制约自己，与自己对立，更不会柔弱地主动放弃自己的既得利益而妥协，也决不会认同权利与义务相对平衡的自然规律的“天道”，不会主动地求同存异地去达到共同利益共识。这样的人走到哪，分裂到哪，多言多事到哪，被人识破反对到哪，到了哪个交往范围也和谐安宁不了，可以说是动乱曲折之源。他们自己也“其出弥远，其知弥少”，越走越孤立，狭窄，越迷茫，忘了自己到底为了什么，失去了身心之根，甚至一败涂地，锒铛入狱，悔之晚矣，“同于失者，失亦乐失之”。“无为”和“有为”，“天道”和“人道”是两种不同的处事方法和世界观，同样会有两种不同的结局，老子认为这是必然的，这就是道的“玄牝之门，是谓天地根”。孔子讲“己所不欲，勿施于人”，没有任何人愿意和不讲诚信，专门不付出而通过各种强势和智巧多占权利，损害别人利益的人交往。所以只有依道遵德的世界观才是人一生行为的人间正道，胜利顺遂之道。

有时，“出户”“窥牖”是为了得到外面信息和知识，但是这些信息和知识是只有客观的存在，中性的，无所谓好，也无所谓坏，区别在于每个人如何选择利用，用于何处。人一生下来会接受各种各样的信息、知识、智巧，如果说，这些知识、信息、智巧过去是汗牛充栋的话，那么现在就是汪洋大海。现在这些信息的获取和老子的春秋时代不同，当时必须要“其出弥远”地去寻访才能得到，而如今只要手机在手便可将天下信息尽收眼底。这些信息和知识，就像我们面对的各种可吃的物质一样，并不全都是我们身体必需的，对我们身体有益的，有一些甚至是有害的；信息和知识、智巧中也有许多诱惑人和毒害人的，例如色情、暴力、凶杀等。而在我们周围至今充斥着无数类似的信息和所谓的知识与游戏智巧，有些东西通过网络在人们不知不觉中占据了人们的头脑和精力，看完之后与实际生活没有什么益处，也没有什么印象，只是麻醉了大脑，占据了时间，甚至有些信息近乎垃圾，使人们丧失了自主思维能力，盲目地被牵过来，扯过去，浑浑噩噩，误人误时，自我迷失，害人匪浅。古代许多人成了读书死、死读书的孔乙己之类的书呆子，信息知识在他们那里类似是不经消化的呕吐物，并未吸收有益于自己和社会的知识，终成社会的寄生虫。可见并不是什么可食之物都可以吃，也不是什么信息和知识都可以接收的。人的食物选择有食物选择的道，那就是人体所需的各种如蛋白质、脂肪、碳水化合物、维生素、矿物质等营养物质通过普遍客观规律和因人而异相结合的配比达到相对平衡。人在食用物质时只有依此道而行，才能最大限度地保持身体的健康。同样，人在接收信息和知识智巧时也有道，这个道就是要有利于人在不同交往范围内各方平等地相互制约、对立统一中产生的共同利益之道。只有明白且依从道的信息和知识、智巧才能使人确立自己的社会定位，知道自己在这个社会中应尽的义务与应得权利之间的相对平衡，才能和别人关系融洽，相互信任，相互激励，共同提高，成为对自己、家庭、社会有益之人。人在食物摄入时，凡是符合人的营养之道的食物的适量摄入都是正能量，相反，那些不符合人营养之道的食物都会引起人身体的不适反应，或引发疾病，成为负能量。所以人在食物方面要具备相应的食物选择知识和能力，才能成为一个健康的人。人对信息和知识的接收同样如此，那些符合交往中共同利益之道的信息和知识是对自己、家庭、社会的正能量，而那些不利于道的信息和知识或者演变为智巧出现的东西都会成为自己、家庭、社会的负能量，这些信息、知识、智巧越多，能量越大则负能量越大，对社会危害越大，离道越远。万物的存在、发展都离不开各方对立统一的共同利益之道，心中无道就像干事没有标准尺度，也就无法对事物辨别取舍，无论有用无用，有利无利统统装入筐，到头来，辛苦一场也不知如何用，甚至利用错了，反而为害。心中无道会像变色龙一样，近朱者赤，近墨者黑，成为根基极浅的墙头草，随风倒。在这种情况下，也必然“其出弥远，其知弥少”。

那些为自己贪欲违反共同利益之道的智巧之徒得到的信息、知识、智巧越多，能量越大，离共同利益之道越远，造成的社会危害也越大。而对大多数人来说，最容易被人们忽视的危害是：大量的垃圾信息和投机、智巧占据人的大脑，不断地刺激，使人精神麻痹，丧失自主思维，产生对各种杂乱信息的依赖性。这种迷离状态会使人们对真正有用的共同利益之道漠不关心，并隔离性淡化疏远，这就是为什么老子说“其出弥远，其知弥少”“慧智出有大伪”，因为他们南辕北辙，背道而驰，跑得越快离正道越远。所以人在接收信息、知识、智巧时也应该有一个过滤标准，这个标准就是道。老子所说的“不出户知天下”的知，是以道求知。所以提到的“不出户”是在一定信息知识积累的基础之上，分析悟出其中各交往范围之道后，就应该依道而行，进入现实社会，为共同利益之道尽自己应尽的社会义务，成为一个知行合一的，对社会有实际贡献，有益于家庭、社会之人。万物要存在和发展都源于道，所以人们获取历史知识是为了求道，而趋利避害，扬长避短，古为今用；人们获取自然科学知识是为了在物质生产中和大自然取得更多的共同利益契合点，达到生活物资丰厚回报；人们获取生理卫生知识是为了达到人体感官刺激和身体组织器官相对平衡的健康之道……所以只有悟出道以后，才可以利用当前的知识信息去寻找现实生产生活中的各个不同交往范围的各组成群体的共同利益之道，并依道遵德而行，以道求知是行为的核心，这样才会有的放矢，少走弯路，事半功倍。只有依道而行才可以通过知识信息的作用得到人的身心健康，外围和谐，这样自己得到的知识信息才会各得其所，这样既不愚昧无知也不深陷知识信息中，盲目积累到无以为用。现实社会中的类似现象并不少，为读书而读书、不断进行无谓的累积探讨的人，为了一些早已被历史长河所淹没的无关紧要的细节，反复考证争论，越走，离共同利益之道越远，越走越窄，费力耗时之所得，于道之用越小，终其一生在螺蛳壳里做道场，误人误己误社会。这也是一种“其出弥远，其知弥少”。

一个社会的存在和发展，都必须有道存在，只是道之势我们不自知罢了。我们每时每刻进行的物质生产和科学研究如果不符合自然规律，达不到人与自然的共同利益平衡能有成果吗？在社会底层民众间如果不能相互制约而产生共同利益之道，能平等地相互交往吗？社会底层的生产、交换能有序进行吗？“不出户以知天下，不窥牖以见天道”，我们要知、要见的包容天下的道也就是势，其实一直在身边左右伴随着我们，虽然势在眼中不可见，但与共同利益之势有无相生的德在显现：以法律法规、规章制度、公序良俗的方式一直都存在。这些法律法规中除了统治者为了自己的等级和特权所强加上的条文以外，其余的基本都是符合人类共同利益的基本规范，这些都是人类产生几百万年以来，从口口相传，到文字相传，历经无数的失败教训反复验证而得来的，早已不用再去探索寻找的。现实中只要大家都坚守依道遵德的底线，坚持法律面前人人平等的原则，这个社会就能基本安宁有序地存在和发展。这些体现共同利益之道的法律规范、公序良俗等就在人们身边，只要你不想利用强势占有特权违反法律规范，何用“其出弥远”去寻找？社会有了个人、家庭、团体、社会、国家等不同交往范围的共同利益之道与德的存在，一切有序进行，就可以对今后的事物发展有了预测，“是以圣人不行而知，不见而明，不为而成”。

社会最大动乱失序之源是强势的统治者把共同利益之道的显现之德的法律规范，置于装饰而不用，利用各种潜规则、高低门槛将清楚明白的事物弯来绕去，使之藏头露尾，远离真朴，引入远离法律规范的歧途，“其出弥远”，使弱势群体对于保护自己合法利益的各项法律规范“其知弥少”，这样才使法律规范执行起来幅度变化很大，往往会成为因人而异的骗人的摆设；由于封建统治者不尽自己应尽的职能义务，甚至拿职能义务去寻租，造成社会上黑恶势力或智巧骗术横行，使各项规章制度和公序良俗也屡屡被破坏，使社会失序。破坏近在眼前的德之体现的法律规范，为了私利特权而把简单的事物复杂化，把真朴的事虚拟化，把真实利害关系用仁义道德装饰化，这也是一种“其出弥远，其知弥少”。

本章的“不出户”“不窥牖”是以“知”和“见”共同利益之道为前提的，没有道的“不出户”“不窥牖”会无用的。“其出弥远，其知弥少”的远和少也是与共同利益之道的距离越远，对共同利益的了解越少，事物成功可能性也越小。但是如果明白和遵行符合事物发展自然规律的共同利益之道，不去四处为了争名夺利、贪欲奔波，甚至碰壁而走弯路，就可以“不行而知，不见而明，不为而成”，此处的“不为”是不违背权利和义务相对平衡的自然规律，而不是不作为。

第四十八章

# 成功的捷径是无为

为学日益，为道日损。损之又损之，以至于无为，无为而无不为。

取天下常以无事，及其有事，不足以取天下。

本章和上一章是紧密相连的，都是在讲道与社会上广泛存在的各种信息、知识、智巧、学说的关系问题。从人类有了文字以后，就开始逐步累积各种信息、知识、智巧、学说，不但会有许多编织杜撰的神话传说产生，还有无数代表各种不同生存环境、生存方式、发展水平、社会习俗的信息和观念产生。几千年的王朝更迭、家族兴衰的文字记载形成了一个十分庞大复杂、真伪难辨的可以令后人深陷其中的信息、知识、智巧库存，这些信息知识都是不同时代、不同社会存在的作者们根据自己的思想意识截取、加工的，也可以说是他们当时的思想意识的显示和延伸，多数是当时占统治地位的胜者王侯败者贼的弱肉强食、赢者通吃的等级特权主流文化的组成部分，必然会有其历史条件的局限性和对社会文化意识产生一定的无形势能。现代人们如果不加区分地照单全收，或者没有自己稳定务实的科学世界观，那思想意识就很容易被误导，使身子虽然已经进入从陌生人交往为主的平等法制的现代社会，但心却走不出古人的等级特权的个人功利文化意识的局限性，使当今的行为受到影响制约，而不能与时俱进。自给自足小农时代的熟人圈子以道德为主的封建时代的等级特权的功利主义思想意识的退出和现代商品社会大范围以陌生人交往为主的人人平等的法律规范为主的公共道德思想意识的主流化还任重道远。

而近些年来的互联网更是使知识和信息呈爆炸形态势。真正是“为学日益”了，可以说通过现代互联网可以将全世界的知识智慧汇聚在一起，供人们参考，这种方式改变了过去的学习方法，减少了许多人们去搜集、探讨的时间和精力，这就是时代的进步。但同时在面对招之即来，甚至不招即来的无数知识信息时，必须提高人们区分筛选、去粗取精、去伪存真的能力。此时如果不知取其精华、去其糟粕地全盘接收地“为学日益”，会被这些东西所淹没，不辨东西南北，而被知识信息所奴役，失去了自己的自由。遇事三思而行，在无比繁杂的信息诱惑面前，用“损之又损”的最简单明了的权利和义务相对平衡的共同利益共识之道及其行为规范之德去鉴别衡量，“归根曰静”“取天下常以无事，及其有事，不足以取天下”，这样才可以得到自己应有的权利和回报，得到一个人的信誉尊严，家庭幸福，同时也会得到周围交往环境的友好和助力。

我们一事当前，应该先去全面地观察、分析组成事物各方的实际特性，各方的权利和义务相对平衡的状况，并且以群体的共同利益之道作为衡量标准，才能认清当时的这些变化规律，才可以在纷繁杂乱的事件中去粗取精、去伪存真，回归到素朴真实的事物根基之上；只有“为学日益”和“为道日损”相结合，既有广博的知识信息，又有共同利益之道的接收标准和定力，才可以事半功倍。道的真谛就是去除事物表面上的各色浮华而归根，“夫物芸芸，各复归其根”，抓住事物本质的不违背权利与义务相对平衡的自然规律的“无为”。也只有这样，一切事物才能平衡存在和发展。根对于树来说只有一个，万物之宗的道在万事来说也只有一个，因为道是组成事物或交往范围各方平等的相互影响、作用、制约的对立统一中产生的权利和义务相对平衡的共同利益共识，所以在当前条件下是唯一可以和谐、有序、可持续发展的，任何的增减改变都会影响共同利益的共识之势，这就是“损之又损，以至于无为，无为而无不为”。只有认识了“损之又损”简单明了的万物之根的人才能“乱云飞渡仍从容”地面对各种信息诱惑误导，始终保持清醒的头脑，而立于不败之地。也就是说，因为只有不打破权利和义务相对平衡的“无为”才可以和谐、有序地成就共同利益共识的成功作为。

人们时时刻刻生活在不同的交往范围内，有生产中的与自然物质的交往，有家庭中的交往，有团体圈子内交往，有圈子外陌生社会交往，无论在什么交往范围内都应当依道遵德而行，在自然规律和法律面前人人平等，保障法律规范的严肃性，不能为了满足自己无止境的贪欲而无故生出事端来。老子为什么一贯主张“无为”“不言”“无事”？因为现实生活中，无论是以陌生人为主的社会交往，还是熟人之间的圈子交往中，不制造出各种事端来把水搅混，使人迷惑而不辨真伪，如何把明明白白的权利和义务相对平衡的利害关系掩盖下去，让受害人或群体在一种无形的从众势能的裹胁下，无可奈何甚至自投罗网式把利益让出来和把钱交出来？例如，骗子们不隐瞒利害关系真相，不布置好曲折弯曲的迷魂阵，谁会心甘情愿地将钱交出来？凡是想少尽义务，不尽义务而多要特权的事，除了明火执仗的抢劫以外，都必须通过多兜圈子，多言欺骗，多生事才可以把本来简单明了的“损之又损，以至于无为”的权利和义务相对平衡的自然规律使人们忽视、忘掉，但是，这样做最终只会造成自己和社会走弯路，多受损失，以至于双输、多输，“益之而损”，因为没有人可以逃避“万物之宗”的简单明了的，任何人也不能骗过所有的人，更不可能长期骗下去，一个利益长期被严重损害而不知警醒的社会是不可能长期存在和发展的，所以老子说“无为而无不为。取天下常以无事，及其有事，不足以取天下”，只有依道遵德的“无为”成为社会主流之势，社会才会“无不为”地和谐、有序，人们也才能事业成功。

第四十九章

# 天下没有抽象的“善”“信”之人

圣人常无心，以百姓心为心。

善者，吾善之；不善者，吾亦善之，德善。

信者，吾信之；不信者，吾亦信之，德信。

圣人在天下，怵怵焉，为天下浑其心。百姓皆注其耳目，圣人皆孩之。

“圣人无常心，以百姓心为心。”这里说的圣人可以是一个君王，可以是一个官员，可以是一个团体的负责人，也可以是一个平常的人，但他们都有一个共同点，就是都认同自己的利益必须服从组成交往范围各方的共同利益。“百姓心”就是共同利益的共识。一个人要服从共同利益，首先应该承认自己的根，也就是，人之所以能够区别于其他动物是因为人的平等的社会属性。在人们的不同交往范围内每个人的一言一行都会影响制约到别人，同样，别人的一言一行也都会影响制约到自己。人的社会属性的产生是复杂的，因为人类要生存不但要采集捕获现成的自然植物和动物，还必须要自己选育生产，驯化饲养自然界有利于自己的动植物才能稳定生存，这就必须制造无数的生产生活工具，必须进行一系列的合作交往和后续再分配活动，而这些过程必须相互合作才能完成。生产力越发达，尤其进入商品社会以后，参与的人越多，分工越细，交往的范围越大，人们对合作的依赖性就越大，人们的社会属性越强，交往的人们越彼此陌生，人的个性受各方影响、作用、制约越多。一方面，共同利益似乎离个人越远，越有异己感，但是另一方面，每个人对共同利益的依赖程度更强，因为交换范围越大，越陌生，个人的力量越渺小，社会属性越强。这就产生了公与私关系的认同问题。明智的“圣人”清楚个人利益和交往范围各方共同利益的相辅相成的统一关系，而认真关注和尽力参与其中，维护共同利益；而不明智的人则主观切断个人和交往范围各方的统一关系，而仅仅看到对立的一面，一切以自己的利益为出发点，甚至不惜破坏共同利益及其行为规范，以达到自己个人的私利，这就是造成一切社会争斗混乱失序的主要原因。

公和私，组成交往范围各方的共同利益共识之道和个人利益矛盾的焦点在于权利和义务相对平衡的自然规律上。多得利、少付出是每一人的本性，无可厚非，甚至在某种程度上是一切发明创造的动力来源。但是多得利、少付出必须是建立在创造财富上，而不能建立在分配财富时损害别人利益之上。这就自然生成了人们平等的既相互制约又相互依存的对立统一产生权利和义务相对平衡的共同利益共识之势，在共同利益之势里有每个人的主要利益，一个人或群体伤害了别人的利益，同时也就会伤了共同利益，而伤了共同利益也就同时伤了自己的利益。这样共同利益之道就有了制约每个人的势能，而具体体现这势能的就是人人应当遵守的德，也就是自然规律、法律规范、公序良俗、合同契约等制约规范，也就是说有一个可行和不可行的范围的社会定位约束。人与人之间的对立统一关系和动物的弱肉强食的关系完全不一样，人与人之间，群体与群体之间，必须在平等的相互制约、对立统一中产生有约束力的共同利益共识之势，才能有序生存。也就是说，大自然将如何有序稳定生活的选择权交给了人类自己的平等的相互制约、对立统一。人类生产生活交往中环节增多了，复杂得多了，生存链也就长多了，所以其中的变数也就多了。人类可以无限聚势，可以无限聚财。而动物界的存在基本是以个体为主，无法无限聚势；从强者捕杀弱者，到吃饱后主动弃之而去，也无法无限聚财。动物的生存链很短，加上动物的捕杀能力和繁衍能力呈反比，所以动物界弱肉强食本性反而是必须的，只有弱肉强食才能基本维持动物的生物链的长久相对平衡。而人类和动物是两种完全不同的生存方式，生存链长短不同，聚势聚财能力完全不同的情况下，如果通用动物界的弱肉强食规则，对人类就是毁灭性的。所以从人类产生那一天起，就是处于不断的各种方式的相互制约的争斗中，不断的共同利益之道占胜弱肉强食的兽性及其变种的极端个人功利主义的赢者通吃的思想，尤其是人们在生产科研中和基层民众平等的相互交往中。而上一章的“取天下常以无事，及其有事，不足以取天下”和本章的“圣人常无心，以百姓心为心”就是在告诫人们，如果不抛弃、违反共同利益之道的极端个人功利主义的赢者通吃思想，如果不依人的社会属性生活，还保留动物的弱肉强食习性，最终将害人如害己。所以，一个明道之人就自然知道自己的利益和群体利益的关系了，以自己的利益服从于共同利益，不会把自己的利益摆在群体利益之上了，更不会制造各种事端去强行实施自己的贪欲。君主和各级官员的权力也来源于群体的共同利益之道的社会分工，是因其尽多项社会公共管理职能的义务和付出，才得到相应的权利和报酬的，和农民种地、工人作工本质上是一样的，理论上只是这些分工不同的各个群体各司其职而已，所以依道而行的君主和官员会“圣人常无心，以百姓心为心”，以组成这个社会各方的共同利益为自己的根本利益。

善和信是人在交往中所必需的品质，没有善和信的社会就像大自然没有了太阳，无法产生社会属性，人类也无法以最低交往成本，最便捷有效的交往存在，所以从人类产生文化以来，人们一直在呼吁善和信，希望每个人都善良相处和诚信交往，这一直是人类美好的愿望，是我们教育和提倡的，因为只有善良和诚信才能使人类社会和谐、安宁、有序地生存发展。

但是，人们的愿望是不能代替社会现实事物的客观发展规律的，就像我们的其他的许多欲望不能成为现实一样。因为事物是由多方面组成的，各个方面都有自己的特殊利益，而且事物是不断动态地发展变化的，所以一切事物都是相对的，善和信同样是相对的，见仁见智的，正因此，如何达到统一抽象的善良和诚信，才成了几千年来的永久话题。其实，天下正如老子所说，并不存在绝对的善和信："天下皆知美之为美，斯恶已；皆知善之为善，斯不善已。"善和信都是相对的，有其存在的前提和条件的，也就是说，如果我们以主观愿望出发，非善即恶、非信即不信，以此来将人们划分开，来管理社会实践是行不通的，就像苦学孔孟，十年寒窗，千挑万选上来的可以称得上仁义道德饱学之士的贤士们，当上官员后又表现如何呢？他们如他们所学所说的那样，善了吗？信了吗？就像我们许的愿并不能代替真实的事物一样。所以，老子才会说："善者，吾善之；不善者，吾亦善之……信者，吾信之；不信者，吾亦信之。"那么，是不是老子就善与不善不分，信与不信不分了呢？或者干脆就没有善与信了呢？不是！老子提出要"德善"与"德信"，善和信前面加上德，就给善和信加上了存在的前提和条件，使善和信不再是一个人人都可以自我标榜的抽象的观念，一个可以盛气凌人地指谪别人的工具了，而和每个人，每时每处存在的不同交往范围内的共同利益之道的具体行为规范联系起来了。因为道和德是有无相生的关系，德生于道，道通过德在每一个具体事物中显现自己：以自然规律、法律规范、规章制度、公序良俗、合同契约等规范方式体现出来。"德善""德信"就是要人们依道遵德而行，实事求是地以人们对每件事的行为规范来衡量是否"善"和"信"，而不是某个人是否"善"和"信"。道是通过事物各方在平等的基础之上，相互影响、作用、制约的对立统一中产生的共同利益共识之势，同样，善和信也必须在相互制约中才能产生和存在。天下没有绝对的、抽象的善与信，也就没有脱离道和德的相互制约的绝对的善与信的人。

"圣人在天下，怵怵焉，为天下浑其心。百姓皆注其耳目，圣人皆孩之。”明白道的人，会约束收敛自己的贪欲，“怵怵焉”收敛之意，使自己务实浑朴，依共同利益之道而行，做以德行事的表率，因为人民大众都在关注着上层人物的一举一动，一言一行，上行下效。权势者只有自己先诚信质朴，才能使百姓“皆孩之”的纯真质朴。如果上层人物能够遵纪守法，在法律面前人人平等，社会各群体因为相互制约而各司其职，各得其利，权利和义务相对平衡；“德善”“德信”成为普遍的社会风气，“使夫智者不敢为也”，那人们才能都如婴孩般纯真朴实，社会才会和谐。这一章重点讲述了没有抽象的绝对的“善”和“信”之人，只有具体合道的遵守法律规范、公序良俗、合同契约规范之德衡量评定的“善”和“信”之事。一个社会要想人们都像孩童一样善良、诚信、质朴，首先要社会上层率先依从各群体对立统一产生的权利和义务相对平衡的共同利益共识之道，率先遵守显现道的行为规范之德，做到在法律面前人人平等。

## 第五十章

# 以人为本，和谐相处，珍爱生命

出生入死。生之徒十有三，死之徒十有三。人之生，动之死地十有三。夫何故？以其求生之厚。

盖闻善摄生者，陆行不遇兕虎，入军不被甲兵；兕无所投其角，虎无所用其爪，兵无所容其刃。夫何故？以其无死地。

本章讲述的是人们并不时常提到的关于人类生死的问题，充分显示了老子以人为社会根基之本的观点。老子认为，人类社会的一切活动最终目的都是为了人本身的和谐生存发展、繁衍。老子所处的时代，生产力落后，农业生产靠天吃饭，广种薄收，劳动条件极其繁重艰苦，人们的生活物质短缺，营养不良，医疗卫生条件更无从谈起，几乎处于自生自灭状态之中，人们的生命各项保障极少，造成婴儿死亡率极高，稍有先天不足或体质较弱的将很快被淘汰，只有体质强壮的孩子才可能在经历了天花等各种疾病考验后存活下来。但活下来得以寿终正寝的也是少数人，这就是老子所说的“出生入死。生之徒十有三，死之徒十有三”，所以，人口问题一直在困扰着人类，而许多时候，侯王们会强行规定女孩的早婚年龄，强迫提早生育繁衍以增强国力，但这些是为了他们争夺霸权服务，并非为民。一方面，人类能够成年是一件十分不容易的事，平均寿命很短，而另一方面因为强势群体的不知足的贪欲，争夺特权利益而发动的战争和各种繁重的劳役，又在大量地吞噬人们的生命，甚至出现战争过后白骨遮平原，千里无人烟的现象，不得不从战乱相对较轻的地方向人口稀少的地区迁徙人口。所以老子反对战争，主张“以道佐人主者，不以兵强天下”，即使是非打不可的自卫战争，也要适可而止，“善有果而已，不敢以取强”，不能“乐杀人”，即使战胜了敌人，也“胜而不美。”对待被杀戮的敌人“以悲哀泣之；战胜，以丧礼处之”。老子的战争观点之所以和人们普遍的战争观点不同，源于他和人们站在不同的立场上，大多数人们只会站在自己一方的立场上，尤其是统治者所宣扬的立场上，只关注事物中矛盾双方之中自己一方的利害得失，以至于大多数民众也只是站在蒙蔽自己的统治者的立场上，为他人作嫁衣；而老子站在全人类，站在矛盾冲突双方民众的共同利益之道的立场上看问题，站在人道主义的立场之上，所以才极力反对造成以牺牲基层民众为主的生灵涂炭的战争。

除了为了争夺物质利益和霸主名誉的战争会造成大量人类伤亡外，还有一些人因为过分追求口舌之欲和感官刺激，打破了人身体各组织器官之间的平衡之道，违背了人类生理客观规律而致病，导致不必要的死亡，“人之生，动之死地十有三。夫何故？以其求生之厚”。每一个人，尤其是一个成年人的生命并不完全属于自己，因为他们为人子、为人女，为人夫、为人妻，为人父、为人母，他们都是一个家庭、家族、团体、社会的一员，肩负着自己应尽的义务和责任。为了自己的感官刺激的贪欲和各种不良嗜好而伤害自己和亲人是一种不负责任的自私行为，人常说的“作死”，就是指这种“人之生，动之死地十有三”的行为。在日常多数情况下，一个人最大的敌人不是别人，而是自己，面对别人的打击陷害还有反抗申诉的机会，会得到亲人和别人的支持和同情，早晚会真相大白。但是如果一个人认识不到家庭和社会的共同利益之道，认识不到自己的责任和义务，我行我素，为了自己的贪欲侵害别人的利益，从而到处树敌，人人痛恨，令人欲除之而后快；为了自己的一时感官刺激而放纵自己的各种不良嗜好，能不“人之生，动之死地十有三”吗？又有什么价值和意义呢？如何应对依靠自己和自己依靠的亲人、朋友、社会呢？

老子指“善摄生者”不但指善于养生者，而更指在社会交往中的识道者，因为“动之死地十有三”之中，有相当一部分是在社会交往中因利益之争而死的。所以，如果一个社会、一个人能够依道而行，按照权利和义务相对平衡的原则“无为”行事，能够全面双赢地看问题，遇事“知其雄，守其雌，为天下谿。为天下谿，常德不离，复归于婴儿”，如孔子讲的“己所不欲，勿施于人”，那么不但不会遭到别人的敌视伤害，还会得到亲人和与之交往的周围人们的相互助力、相互保护、共同提升，自然就如老子比喻的“盖闻善摄生者，陆行不遇兕虎，入军不被甲兵；兕无所投其角，虎无所措其爪，兵无所容其刃。夫何故？以其无死地”。为什么会如此？老子以上列举的各种伤害是泛指各种外界的伤害，而对人伤害最大的原因几乎都是因放纵贪欲和利益之争，都是在围绕权利和义务相对平衡的自然规律。如果一个人时时处处依道而行，他的行为存在，一不伤害自己的身心，二不伤害自己的家人亲朋，三不损害与之交往的对象，四不伤害社会，那么他与生活交往的环境自然良好，因此因个人原因受到外界伤害的可能性就小。另外他也会坦然放松，精神压力小，而这正是人体自身调节功能发挥作用的最主要条件，精神放松。他的存在有利于自己、家庭、朋友、交往对象、社会，所以会得到与之相关的人的保护和爱戴，这种相关人员的认同感，就形成一种无形的势，围绕在他周围，即使有别有用心的人想伤害他，但发现伤害他会触犯众怒，陷自己于不利境地，也会望而却步。这也是老子说的“以其无死地”的一种。

## 第五十一章

# 道和德与万物的关系

道生之，德畜之，物形之，势成之。是以万物莫不尊道而贵德。道之尊，德之贵，夫莫之命而常自然。

故道生之，德畜之，长之育之，成之孰之，养之覆之。生而不有，为而不恃，长而不宰，是谓“玄德”。

本章十分清楚地讲明了道、德、物、势的关系。道是组成事物各方平等地相互影响、作用、制约的对立统一产生的共同利益之势，任何事物的产生都是因为有了共同利益的需求，例如，社会的第一次分工产生专职的社会职能管理机构，就是在生产力发展到一定阶段，私有财产的产生，随着人口的增加，内部矛盾纠纷的增加，公共道路、水利设施的修建和管理，与其他外来群体由于各自扩张而导致的矛盾冲突加剧……这些事物如果由全体参与管理，则会效率低下，浪费大量精力和时间，此时大家的共同利益就是需要产生一个将大家不便于直接共同参与管理的各个社会职能，交由一个大家信任的人为首的专职机构去进行管理，这就是“道生之”。

大家的共同利益之道是无形的势，必须通过各种具体有形的德的方式才能显现出来，才能对组成事物或社会各方进行规范管理的“畜之”，德与道有无相生，没有共同利益之道，德无从产生，没有德，道无法显现。道无时无处不在，德在不同的事物显现也不相同，这些德都在一定时期，一定环境条件下代表了组成事物或各种交往范围各方的共同利益共识之道，是在当时各种客观条件下的各方利益契合点。事物是会发展变化的，共同利益之道也会变化，德也必然会发生相应调节变革。我们举一例子，在人类早期农业生产的某个阶段，当人们要将收获的农作物收集在一起的时候，十分费力，这时便会产生一种既轻便、锋利又好握的收割工具的共同需求，因此而生的镰刀便是“道生之”；而打制镰刀的轻便、锋利，又好握及各种规格、技术参数等，就是共同利益共识之道的具体规范显现的，“德畜之”；镰刀是物化有形的，“物形之”，而镰刀符合人们共同利益的使用势能是无形的，“势成之”，另外，生产镰刀的生产者一旦尽了付出的义务，也必然会有得到相应报酬的权利，根据权利和义务，报酬和付出相对平衡原则来得到相应的交换价值。这样制造镰刀这个行业，便有了不同于其他行业的特殊利益，也就是自己的势，并且以此势再和其他方面平等地相互影响、作用、制约的对立统一产生更大的共同利益之势，依农产品、畜牧品、其他工具制造等各方相互影响、作用、制约的关系，去不断上下浮动交换价值等利益问题。

即使是宇宙各星系也有他们的相互影响、作用、制约的对立统一平衡之势，也才会各自按照自己的轨道运行；也就是自己依平衡之道运行的客观规律之德；每一个星系、星球及其轨道都是各方平衡之力的体现；各星系、星球通过相互吸引和排斥之力的势的相对平衡来保持各自的运行轨道。自然万物都有组成各方的对立统一产生的相对平衡之势，也就必然有其体现这些势的客观规律之德，只是还有太多我们至今不能掌握。

一个人、一个家庭、一个团体、一个社会、一个国家都有组成自己各方面的共同利益共识之势，也同样必然通过具体的有无相生的德来显现。一个人身体的各组织器官的相对平衡的共同利益之道的德是一个人不过分追求身体感官刺激的各种良好的生活习惯；一个家庭的德是夫妻间、与长辈子女之间平等的相互影响、作用、制约中逐步建立起来的符合各方共同利益的家规家教；一个团体的德是符合组成这个团体各方共同利益的规章制度；利益交往双方的德是符合利益双赢的合同契约；一个社会的德是符合社会共同利益之道的公序良俗；一个国家的德是符合组成这个国家各群体共同利益之道的法律规范；同样，世界各国之间交往的德是符合各国民众共同利益之道的各种条约规范；在人类和自然界的交往之中也同样存在共同利益之道和相应的德，就是各种客观的自然规律和维护人类生产力与自然界相对平衡的自然保护规范。

通过道、德、物、势的关系可以看出，天下万物的产生存在都离不开这四方面：没有共同利益之道的需求，便不会产生使用价值，更不会有交换价值；无形的共同利益共识之势必须由德的有形的具体规则来显现出来，才能制约组成事物的各方面；共同利益之道是无形的，只有具体物化后才能体现实施；物化后便会有不同于其他方面的，自己的权利和义务的特殊利益，也就是势，再和其他方面之势，相互影响、作用、制约的对立统一产生共同利益之势。例如，第十一章中所说的车轮“三十辐共一毂，当其无，有车之用”，只有大家都有载人运物的需求的共同利益之道，才会有人去制造车和车轮，车因此才有了使用价值和交换价值，这是“道生之”；而制造车轮、车辆需要各种技术标准和组装工艺，这就是“德畜之”，“畜”是管理规范之意，这就是道和德的有无相生关系；人们需求的共同利益之势是无形的，而制造车轮的各种具体技术标准和组装工艺之德却是具体可见的，没有道，也不需要工艺之德，而没有工艺之德，道的需求又体现不出来。有了需求之道和技术标准和组装工艺之德，便可以依道遵德制造出车轮和车辆，这就是“物形之”；于是物化的车轮、车辆不但有了使用价值的运人载物的无形势能，还产生了权利和义务相对平衡的交换价值，也就是制造车轮、车辆的人与其他生产群体的特殊利益之势，这就是“势成之”。从人们产生运人载物的共同利益共识需求到生产出车轮、车辆，并通过交换而流通于世的这个完整过程，就是“道生之，德畜之，物形之，势成之”

的有无相生的过程。这也是我们一切发明创造产生和发展壮大的过程。现在人们使用的手机，就是在人们为了便于远距离交流的共同利益共识之势开始的，而对手机的具体的各种规范要求就是“德畜之”，而人们依从这些规范要求生产出有形的手机实物则是“物形之”，并且根据共同利益共识之势的需求和规律要求，不断地改进形体和增加功能；有了手机后，手机也产生了无形的势能反过来影响、作用、制约人们的生活方式，使之发生非常大的变化，手机和互联网的结合使人类生活发生了翻天覆地的变化。手机的产生、发展和对人类生活的反作用的过程，正是见证了老子组成事物和交往范围各方平等的相互影响、相互作用、相互制约、对立统一产生共同利益共识之势的自然规律过程。离开了“道生之，德畜之，物形之，势成之”的过程，世间就不会产生出手机和互联网等现代高科技，人们也不会在各方相互影响、作用、制约的对立统一中不断前进。而这个过程是自然而然各方互动的产物，完全是因社会内部的需求、设计、生产、交易流通自然产生的。同车轮车辆、手机、互联网一样，天下万物都是组成事物和交往范围内各方的共同利益之道产生的，由德规范管理的，所以“万物莫不尊道而贵德”，道和德的无与伦比的尊贵，并不是天地鬼神、君王圣贤给予的，而是事物和交往范围各方自己在运行中对立统一互动中必然产生的，是组成各种事物和交往范围的各方，平等地相互影响、作用、制约的对立统一客观自然规律决定的，所以是不可抗拒的，这就是“道之尊，德之贵，夫莫之命而常自然”，“夫莫之命”是事物自己的意思，“自然”的就是不可违背的！所以老子说“道法自然”。

无论是我们前面提到的镰刀还是车辆、手机的产生、设计、生产、流通的一个个流程，都是道和德的一步步显现的过程，是一个自然互动的“长之育之，成之孰之，养之覆之”的不断产生、发育、成长、完善、收益、维护的过程。虽然万物产生、存在、发现都离不开道和德，但道和德却不会占有事物，“生而不有”；不会因为自己的作用而在事物中有自己的特权，“长而不恃”，道和德不会直接主宰事物，是由事物内部各方的相互制约来自然进行的。例如，车轮中幅条、中轴、轮骨等组成部分的各自材质和比例的产生，是在行走势能约束下的，各部分的材质和比例是依自己所承受压力，也就是所尽义务决定的，不足，易损坏，无法形成运人载物的“当其无”的势能，过量，则浪费，而成本提高，利润降低。所以必须依各方之作用进行调节。手机、互联网则更是由交往范围内各方反复不停互动竞争的产物，这就是“长而不宰”。由此可见，道和德对于事物的产生和衣养作用是奥妙而玄远的，这就是:“故道生之，德畜之，长之育之，成之熟之，养之覆之。生而不有，为而不恃，长而不宰，是谓‘玄德’。”

第五十二章

# 个体只有摆正和群体之道的关系，才能成长、提高

天下有始，以为天下母。既知其母，复知其子；既知其子，复守其母。没身不殆。

塞其兑，闭其门，终身不勤；开其兑，济其事，终身不救。

见小曰“明”，守柔曰强。用其光，复归其明。无遗身殃，是谓“习常”。

本章讲的是共同利益之道和其产生的万物的关系和人们如何依道而行的问题。老子讲的母是指共同利益之道，而子则是由道产生的万物。天下万物产生于道，所以以道为母，以万物为子。例如，我们的农作物生产，必须是在天时、地利、人和各方面的共同作用下才能有收成，所以，我们明白农作物来源于各方共同利益之道这个“母”，“既知其母，复知其子”；知道了农作物的来源后，就会在生产劳动中，继续根据天时、地利、人和各方的相互影响、作用、制约的对立统一来产生相对平衡的共同利益之道这个丰收之“母”，“既知其子，复守其母”；只有这样才能连年丰收，“没身不殆”。其他事物的各方之“子”也如此，都是产生于共同利益的需求之

“母”，只有如此才具有使用价值，而有了使用价值，才会产生交换价值。有了社会广泛的市场需求的共同利益共识之势这个“母”，我们的厂商才能生产和销售这些产品之“子”，这就是道与万物的母子关系。但是如果只有一味地去生产销售这些产品之“子”，而不了解这些产品之所以能够销售，是源于社会共同的需求利益之“母”，那么一旦社会共同需求发生变化而萎缩，就会造成滞销损失。只有依据老子的“既知其子，复守其母。没身不殆”行事，认识到现在的产品这个“子”之所以有交换价值，产生利润，是因为这个产品符合了社会上全部或一部分人的共同需求利益这个“母”，只有时刻关注社会各群体的共同需求利益这个“母”的变化趋势，并且以此为依据随时调节自己的产品这个“子”以适应市场需求，才能保持市场销售份额，企业营利，从而不败。产品由市场共同需求产生，但一个新的产生也会反过来创造新的市场需求，例如蒸汽机、手机、互联网的出现，对人们的共同市场需求都产生了极大的促进和飞跃作用，会再产生新的产品，只有这些反复互动才能长久不衰，这就是“既知其子，复守其母。没身不殆”，可见，组成事物各方和各方组成的共同利益共识之道的关系和母子关系一样，是相互影响、作用、制约的互动关系。企业时刻关注市场需求变化，发现哪怕是一些微小的需求变化或特殊群体的需求，立即进行相应的调节，生产适应这些特殊需求的新产品的行为，就是老子所讲的“见小曰‘明’，守柔曰强”。“守柔”指善于调节变革，不固执守旧，不断顺势而为才能够成功强大而且可持续。“用其光，复归其明”和上句“见小曰‘明’”相连，就是说只有从小处时刻认真观察事情发展变化的实事求是的“明”，才能不断柔性地调节，才能不断地“复归”共同利益之母。只有不断地互动，才能不会失败受损，这就是自然规律。“用其光，复归其明。无遗身殃，是谓‘习常’。”“习常”，习惯常识，指客观自然规律。

产品和市场需求存在母子关系，而每一个人又如何呢？人同样和其长期的交往范围存在母与子的关系，这个圈子可以是一个家庭，一个家族，可以是一村落，一个团体，也可以是一个国家、社会。在这些圈子内，人们平等地相互影响，相互作用，相互制约，对立统一产生利益契合点，也就是说共同利益共识之势，这个势由许多个人共同产生，又不同于每个人，这个共同利益可以制约每个人，而每个人的行为又可以不同程度地影响到这个共同利益之势，也就是说，个人和共同利益之势的关系是个性和共性的互动关系，是老子所说的母子关系。共同利益之势是看不见摸不着的，会以文化意识共识表现出来，如家风、族风、村风、国民性，其是一个个参与其中的人的多方利益和行为的契合点，虽然每个人之间有差别，但总体上会因长期在一个圈子交往，会因相互影响、作用、制约而受到共同利益共识的潜移默化的影响而趋同，尤其是家庭更是如此。作用、制约，对立统一产生共同利益共识的过程。如果这个交往范围内普遍个体水平不高，总体的共同利益之势也高不到哪去。所以要想提高自己首先要想到的是整体的提升，而不是以己之长比人之短，目空一切，自我感觉良好，而目光短浅，不知人外有人，天外有天，这就是老子所说的“既知其母，复知其子；既知其子，复守其母”的强将手下无弱兵和一叶知秋。还有一种交往范围把这种共性和个性，母和子的关系表现得更为充分，就是一个人的朋友圈子。因为家庭、家族、村落、工作团体、国家是无法选择的，是被动参与其中去相互影响、作用、制约对立统一的。而朋友圈则是自主的物以类聚，人以群分产生的，所以这些长期紧密的圈子内的人趋同性更强，而这个圈子内的共同利益文化意识共识性的制约之势更大，因为其可以自由流动，不认同的可以随时退出，话不投机半句多；而有强烈共识的可以随时加进来，相见恨晚。这种长期紧密的朋友圈子的强烈共性约束性，就为人们约束自己和子女达到一定目标提供了一个渠道，即加入自己想要达到的人生目标的圈子，去从中潜移默化地用圈子共识影响、作用、制约塑造自己。当然，对于任何外来的影响，自己都要有一个接受适应过程，有时甚至会因违背自己个性而痛苦，所以主动入圈也要有自知和定力，而防止因一时放纵滑入其他圈子，这就是以母求子。同样，“既知其母，复知其子”可以为寻找男女朋友，交往对象提供一个侧面的参考条件，去了解他加入的相对长期紧密的朋友圈。因为一个人与圈外人交往会极力将符合对方爱好习惯的一面展现出来，而克制压抑自己为人所不适的一面，而令人一时难辨真伪，而他的亲密朋友们则不存在这种压力，会依然我行我素，可供参考。

我们知道任何事物的产生和存在，都是这个事物外围环境和内部各矛盾方面平等地相互影响、作用、制约的对立统一产生共同利益之道为前提的。有了相互制约的对立才能使各方依据权利和义务相对平衡原则确定各自的社会定位，也就是说一个人、一件事物的定位点由其他交往各方制约程度来确定。一个人在一个团体内的位置，在排除外部权力干扰的情况下，应该根据权利和义务相对平衡原则，由其和周围其他人对共同利益的相对贡献程度决定。一个人或群体对各群体共同利益的贡献如果长期高于或低于所得利益，形成严重的不平衡，都会造成矛盾和不安，最终会影响到整体的共同利益之道，所以道是在组成事物各方相互影响、作用、制约的对立统一中才能产生，是动态的可以调节的势。一个人如此，一个社会群体如此，一个产品也如此。一个产品的交换价值是动态的，由这个产生从原料到生产设备、技术、劳动力成本、市场供求关系，整个社会消费水平等诸多方面的共同利益之道决定，其中任何一方的变化都会引起其他方相应调节变化，最终会影响到产品的交换价值和厂家利润。在人们的社会交往过程中，如果其中各方都能关闭贪欲门径，压制自己的贪欲之心，平等地与其他方相互影响、作用、制约，依权利与义务相对平衡原则“无为”行事，就能使各方的共同利益得以顺利落实，“无为为”，既和谐无言又可以双赢多赢，事半功倍，这就是“塞其兑，闭其门，终身不勤”，“兑”和“门”指贪欲的口和门，“不勤”在这里指不会有严重烦扰而相对安逸。反之，如果组成社会交往的各方或其中一方，放纵自己的贪婪之心，不顾其他方的利益，利用强权、垄断、欺骗等手段逼迫和误导其他方就范，只要权利而不尽或少尽义务，严重地侵害其他方的权益，就无法产生共同利益，那么这个事物或交往范围是不可能稳定和安宁，注定会失败解体，这就是

“开其兑，济其事，终身不救”，“兑”指贪欲之门，“济”指行动。

事物是动态的，不断发展变化的，道也就是动态的，这是由于组成事物各方是在不断变化的。所以要想干好事情，就要依道而行，而要依道而行，就必须认真观察组成事物外部和内部各矛盾方的动态，哪怕是潜在的趋势，“见小曰明”；这样就可以在变化的早期主动柔性地调整自己的应对策略，而不至于僵化被动，错失良机，“守柔曰强”；因为能够因势利导地抓住共同利益之道就会立于不败之地，“用其光，复归其明。无遗身殃”。凡是成功的个人，成功的企业都不是仅凭一己之力，必须是借力而为，所谓借力就是借各方为了共赢双赢之力，而不可能是伤害别人之力，因为那样只能得逞于一时，定会遭到强烈的反制，而得不偿失。我们常说人要靠运气，其实运气并不是虚无缥缈的东西，运气就是一种势，运气就是当自己的利益与共同利益的主流之势相符合，而搭上了各方共同利益之势的顺风车而已。所以，凡是所谓一帆风顺的人，都是不会放纵自己的贪欲，强硬地固守私利，不顾及共同利益之势的人，并会不断积累提升自己并且主动地寻求适应参与共同利益共识之势，柔性、顺势调节自己的行为，借势而行，永远在共同利益共识的共赢之道中壮大提升自己，才会“没身不殆”。这就是“见其小曰明，守柔曰强。用其光，复归其明。无遗身殃，是谓‘习常’”。

第五十三章

# 天下最大的悲哀就是脱离正道误入歧途

使我介然有知，行于大道，唯施是畏。

大道甚夷，而民好径。朝甚除，田甚芜，仓甚虚；服文采，带利剑，厌饮食，财货有余，是谓盗夸。非道也哉！

“使我介然有知，行于大道，唯施是畏。大道甚夷，而民好径。”老子用人走路来比喻人的社会行为；用“大道”比喻组成不同交往范围的各方平等的相互制约、对立统一产生的权利和义务相对平衡的共同利益共识之势；用“径”比喻利用各种强势和欺骗智巧打破权利和义务相对平衡的自然规律而得到个人贪欲特权的行为，“径”是超小路、走捷径的意思。而一个有道之知的人，在社会活动中，会依道遵德而行，最怕的就是不能时时顺共同利益共识之势而为，走上邪路，“唯施是畏”。老子这里用的是“而民好径”，可见，这是一种泛指，不但包括统治者等强势者，也包括被统治的各种弱势群体，也就是说“而民好径”的思想意识是普遍性的存在，甚至可以说是人的趋利避害的本性。趋利，是个人为了生存和更好生存的动力，也必然会汇集为社会动力，所以趋利是一个人正常的心理，无可厚非。避害，首先，就是因为个人要生存就必须和自然物质交往，也就必然会受到自然物质特性的制约，只有适应自然物质的特性和规律才能和自然物质达成对立统一的共同利益之道，才能获得食物和用品等，反之违背了自然客观规律就会受害；在人们和自然界交往中同时也离不开人与人之间的交往，没有群体内的相互配合与不断细化的分工合作，人类也无法生存和发展，这就必须产生参与交往范围的各方平等的相互制约、对立统一的共同利益之道，一个人或群体如果违背了共同利益之道，损害了别人的利益也必然会受到别人的反击伤害。这就是人性中趋利避害的必然，趋利是人的前进动力，避害就是制动刹车，两者是相互制约的对立统一关系。当利大于害时，人们就趋前，当害大于利时，人们就自然刹车退后。当刑事案件破案率高时，社会犯罪率就低，反之，当破案率低时，刑事案件的发生率可能增高。既然有利有害，那么人们为什么更倾向于“而民好径”呢？首先趋利是人的动力，是首先采取的行为，而避害的制动刹车是只有感觉到害大于利时才会采取的行为，这中间有一个反应过程的时间差，从先损人趋利而遭到利益受损方的反制之害，会有一个受损各方逐步感知、达成反对共识、聚势对立反击的过程，有延后性，也就是老子说的有一个“将欲废之，必固兴之；将欲夺之，必固与之”的矛盾转化发展滞后期，这个矛盾转化发展滞后期就像一个个陷阱一样，使多少离开共同利益共识的大道，误入认为是谋取个人贪欲的捷径的人掉了进去？这些陷阱使个人和社会都蒙受巨大的损失，同时浪费和破坏了大量的社会资源。要避开趋利避害的矛盾转化滞后期的陷阱，只有老子所说的“使我介然有知，行于大道，唯施是畏”，“施”指歧途邪道。人不能离开诚信质朴的思想意识，不能离开组成交往范围的各方平等的相互制约、对立统一产生的权利和义务相对平衡的共同利益共识之大道，而人最怕的是自己禁不住名利诱惑，走了歪门邪道，一失足成千古恨。最有能力打倒自己的只有自己，几乎所有的失败者都是自己先打倒了自己，露出了短板和破绽，别人才有机可乘的。所以老子才说“唯施是畏”。

为什么会“而民好径”呢？这可以追溯到人们质朴纯真的童年，孩子们面对大千世界一无所知，还不知道利害关系，如果让他自己一一真实体会各个趋利避害的过程，是十分危险的，所以不论是人还是低级、高级动物都有一个养活和教育后代的养育功能，教育就是一个教授趋利避害的过程。人类在教孩子防止冷热水火、高低平凹、有害动物、植物的自伤他伤时，可以说是尽职尽责的。但一到要教育孩子如何和人交往时就复杂多了，会受到家长、社会普遍文化意识共识、社会现实中占强势的社会管理方式和实际情况，教师引导等各方的相互影响、作用、制约的，如果这些各方形成的社会普遍文化意识共识是封建社会的个人功利主义和官本位等级特权观念，那么孩子们从懂事开始就不断地接收出人头地，个人功利，弱肉强食，赢者通吃等趋利避害的信息，当这些孩子长大之后自然会在自觉不自觉中受到这种文化意识共识之势的影响和制约，结果不言而喻了。反之，如果孩子从懂事开始耳濡目染的趋利避害信息，是组成事物或交往范围的各方平等的相互制约、对立统一产生的权利和义务相对平衡的共同利益之势和具体体现的法律规范、规章制度、公序良俗、合同契约等体现共同利益的德，和社会上普遍存在的公正公开，诚实守信，法律面前人人平等的社会现实，那么人们的这些共识将形成人们对社会上的不平等和不诚信，违反权利和义务相对平衡的自然规律的行为，如芒在背，无法忍耐的排斥去除之势，只有这个共识之势才可以制约社会上下普遍依道遵德，这个社会的主流走向自然而然就是平等、法制、和谐、有序，自然会大幅度压减“大道虽夷，而民好径”的意识和行为。人们的趋利避害本性也同样是由组成社会各方共同利益之道产生和影响制约的，合于道的各种法律规范就是人们趋利避害的最有力的警示和分界线，也是一个社会和谐有序的基础。

人们为什么放着组成交往范围内各方共同利益的双赢多赢大路不走，而非要去干一些违背共同利益之道的总体上和长远上讲都得不偿失的违法之事的小径弯路呢？首先我们知道共同利益之道是从平等的相互制约的对立统一中才能产生的，也就是说人们必须直接参与其中，有方便地参与对立统一渠道才能相互制约，参与得越充分，对立统一过程越平等，达到的共识越多，认同感越强，就越会接受共同利益之道的制约，也就越不会“大道虽夷，而民好径”了。人类的主要交往方式有三种，一是家庭交往范围，二是生产生活圈子范围，尤其是农耕时代的土地水源形成的交往圈子，这两个交往范围都是熟人交往；而第三个交往范围则是以陌生人交往为主的社会交往。我们知道，家庭中的德主要是家庭默契共识产生的明确或不明确的家风家规；圈子范围的德主要是人们比较明确共识的公序良俗；而陌生人为主的社会交往的德主要是明白清楚的法律规范。根据相互熟知程度和参与程度的不同，人们会表现出不同的共识程度，产生轻重不同的“大道虽夷，而民好径”的程度。为什么？因此共同利益共识之道产生于组成事物各方平等的相互制约之中，只有平等地参与才能相互制约，才会阴阳平衡，权利和义务相对平衡，所以平等地参与，相互制约是共同利益共识之道产生的必要条件。而平等的相互制约的形成是交往范围越小，越直接，越直观，越容易形成。例如，我们为什么都以家庭为依托，为放松的港湾呢？因为这里有父母亲情、夫妻爱情、兄妹亲情作为缓冲剂，使相互之间的直接影响、作用、制约可以随意，而不至于太尴尬，还彼此非常了解，容易坦诚相见，非常便于平等地时时相互制约，相互磨合、适应，产生共同利益共识；而这个过程就时时刻刻伴随着每一个正常的家庭，小到一个手势、一个眼神、一努嘴、一个冷笑、一个鬼脸，大到唠叨、争吵、冷战等都是在表明自己的态度，在相互影响、作用、制约着，也正是通过这个过程才能一次次在生活下去的共识压制下去相互妥协中达到共同利益共识之道，并以此产生的行为规范约束家庭成员的行为，也才能存续亲情，才能给人以温暖和助力，才能同心同德，把在外面不便于说、不敢说的话倾诉出来，寻求慰藉和帮助，共同承担，以减轻个人的痛苦，这才是一个令人向往，可以随时回到避风的港湾，一个永远令游子们魂牵梦绕的港湾。因此，也就不容易产生“大道甚夷，而民好径”。同样，为什么在自给自足的农耕社会，会产生范围很小的圈子道德？为什么到了如今的社会范围的大交往了，人们还离不开对各种圈子的依赖？因为在圈子里人们参与度高，可以相互了解、相互制约，容易对立统一达到局部的共同利益之道，并以圈子道德的方式约束规范人们的行为，人们也不容易“大道甚夷，而民好径”，当然，圈子道德有很大的局限性甚至破坏性，尤其进入社会化大交往后，但是在以陌生人为主的社会还没有成熟健全的诚信网络供人们参考时，在法律面前不能人人平等，因人而异时，人们就不得不在一定程度上借助熟人圈子的相互利用，去助力与外界陌生人的交往活动。因为人们一旦进入不容易相互了解、相互制约、对立统一的以陌生人交往为主的交往范围，就不容易产生共识之道，则对由共同利益之道产生的德，社会层面的法律法规、公序良俗等社会各群体共同利益的体现，就比较隔膜，比较陌生，似乎与自己关系不大。这就是为什么要重在参与，为什么要民主的原因。这种因为不便参与，没有直接相互制约、对立统一产生共同利益共识之势，就会造成对法律规范的异己感，就容易造成一个情和法的冲突。

人们在不同交往范围内不同的“而民好径”的态度，是因为不同交往范围的共同利益之道与人们能否直接相互制约、对立统一参与的程度的不同，越能直接相互了解，相互制约产生的共同利益之道，被人们自我认可程度越大，就越不容易“而民好径”。本章老子所说“大道虽夷，而民好径”就是容易发生在交往范围较大，相互了解、相互制约不直观、不容易的情况下，造成对大范围的共同利益之道的认同感低，而且相互制约也因对公共利益的损害往往没有具体对象，损害方式多样隐讳而使人们敏感度减弱，特别是在社会行政机构不作为，甚至自身成为侵害主体时，人们更容易为了一时的私利而侵害社会公共利益，而并不觉得对不起谁，因为公共利益没有直接受害人，甚至有人愚蠢地认为对包括自己和家人在内的公共利益的侵害，是对行政机构的报复。这种普遍的公共利益的异己心理现象的产生是必然的，是人们从过去小范围受土地局限，甚至以水井、水源为中心的圈子交往大部分解体，进入商品时代全社会大交往后的一个普遍心理现象，这也是一个生产力升级后，从熟人社会交往为主向以陌生人交往为主方式的转变，是过去的社会自治的相互了解制约的圈子方式已经相当程度解体，而包括全社会所有人的诚信网络相互了解制约的社会自治方式还没有建立起来的必然现象。此时尤其应当重视老子的“使我介然有知，行于大道，唯施是畏。大道甚夷，而民好径”。现代商品时代，包括社会基层民众在内的全体人员，在社会交往范围快速扩大后，人们摆脱了小圈子的直接相互了解制约，对于大范围的共同利益之道的不适应，不认同，产生的大范围的轻重不等的失序现象，也就是人们说的道德滑坡的严重的“大道甚夷，而民好径”。因为此时的共同利益大道还没有民众亲自参与并相互了解、相互制约、对立统一的平台机制，所以社会的公共财物、公共利益、公共秩序似乎还是异己的东西，就不会得到普遍的珍惜和保护。

“朝甚除，田甚芜，仓甚虚；服文彩，带利剑，厌饮食，财货有余，是为盗夸。非道也哉！”指的是当封建统治者背离了产生自己的社会共同利益共识之势的大道，一方面不尽自己应尽的社会职能，朝政腐败不作为，致使农田荒芜，仓库空空如也，另一方面，利用行政权势掠夺民众财富而乱作为地越位，使自己穿锦绣衣服，佩戴锋利宝剑，享受美食，占有大量财富。由保护民众，尽多种社会职能的行政管理机构分工的大道，进入了欺压社会民众的强盗的斜径。为什么会如此？因为在历史发展的一定阶段，受生产力和生产方式限制，组成社会的其他群体还不具备直接了解社会各方面信息的条件，也不具备直接制约行政机构的体制和能力，也没有主动参与社会管理、监督制约的明确意识。这样，行政机构脱离其他群体的直接有效制约后，就可以失去权利与义务相对平衡的定位，利用他们的应尽社会职能越位去攫取自己的私利特权，从而由组成社会各群体共同利益之道产生的行政机构蜕变成为统治者。由于统治者所拥有的至高无上的特权诱惑，历史上就充斥了政权内外对统治权包括战争在内的各种争夺方式，这种对统治权的争夺与社会各群体在利益严重受损后的反抗，争取利益平衡的战争，往往会搅在一起，相互影响，相互作用。历史上的统治者都是以战胜者的面目出现，赢者通吃，似乎是天经地义。这就掩盖了行政机构是由组成社会各群体共同利益之道产生和存在的真相，也就是老子说的

“甚夷”的“大道”的真相。但是，任何社会群体无论有多么强大，都必须生活在与其他群体交往之中，必然会与其他群体发生相互影响、相互作用、相互制约的关系，尽管这种相互关系不为封建制度所承认，但却是会平等真实的存在，只有主动和被动的区别。尽管历史上明智的统治者能够认识到“水能载舟，亦能覆舟”这一点，一定程度上约束自己的贪欲，对民众做一些让步，减轻民众的负担，使共同利益之道得到一定程度的体现，营造一个相对的太平盛世，但是，由于缺乏平等的制度性主动的相互制约、对立统一，所以这种状态往往会人亡政息，会“而民好径”地逐步脱离“大道”，使统治者群体逐步进入与体现社会各群体共同利益之道的法律规范相悖的潜规则状态。一旦这种群体的潜规则状态固化后，即使表面上拥有至高无上权力的帝王对此就也无能为力了，因为他没有得到受害民众的支撑的平台和渠道，是真正的孤家寡人。所以，尽管有大量的有识之士向帝王啼血疾呼，并也有权臣试图改革，但由于得不到民众支撑和制约的改革，会被各级官吏等既得利益群体化于无形，甚至走向反面。所以在组成社会的各群体没有平等的主动的对立统一来制约权力时，只能任由代价极高的被动的制约平衡方式的历史周期率反复发生。当一个行政机构进入失控的贪欲小径，就会朝政腐败，田地荒芜，仓库空虚，而统治者们却穿着华丽的衣服，佩戴象征权力的利剑，吃腻了山珍海味，占有大量的社会财富，这样，他们已经与杀人越货的强盗无异了，“是谓盗夸”。这时，这个行政机构不但失去了社会各群体共同利益之道的功能作用，反而成为共同利益之道的敌人。所以老子说“非道也哉”，回到本章的开头，“使我介然有知，行于大道，唯施是畏”，一个人，一个团体，一个社会最大的悲哀就是“非道也哉”。

## 第五十四章

# 形成共同利益共识之道要从自己做起

善剑者不拔，善抱者不脱，子孙祭祀不辍。

修之于身，其德乃真；修之于家，其德乃余；修之于乡，其德乃长；修之于国，其德乃丰；修之于天下，其德乃普。

故以身观身，以家观家，以乡观乡，以国观国，以天下观天下。吾何以知天下之然哉？以此。

这一章人们普遍理解为善于建树者不可拔除，善于抱持的不可以脱掉。问题是，人们要建树和抱持的是什么？在一个万物不断地产生变化的动态世界里，没有什么是永恒不变，需要固化的永存的。唯一不变的只有道，道是无形的势，无处不在，无时不在，是貌似柔弱地随着组成事物各方面的发展而不断复杂地组合变化的，永远都是惚兮恍兮的，是任何人也不可能全面掌握的，永远是一个人们必须不断感悟、搜寻、探索的努力方向，被人们牢固地固定和抱持是十分困难的。如果老子的本意是建立和抱持的意思，那么就是和前一章中的“使我介然有知，行于大道，唯施是畏。大道虽夷，而民好径”是连贯的，老子所说的“善建”和“善抱”是相对于“大道虽夷，而人好径”的轻易出轨易径而言的，如果是这样，那么这两章就应归为一章，才容易理解。

另外我斗胆认为还可以有另外一种解释，将这一章和老子一贯主张的"知其雄，守其雌""无为"直接联系在一起。人们为什么要"知其雄，守其雌"呢？这是因为人的本性是趋利避害，人们自然而然地会趋向和追求对自己有利的东西，只有当趋向和追求对自己有利的东西的利益少于因此行为带来的危害时，才会克制和压抑自己趋利的欲求，这是相对平衡、对立统一的。同样，社会上也自然存在两种相互对立统一的势，一种是强势方为了最大限度地趋利，拼命追求权力和财富、文化意识上的强势，另一种是处于弱势方为了保护自己的利，想尽办法消除强势者趋利的势，这两种势的对立是相对的，因为有统一的存在基础，那就是都想相对安宁有序地生存下去，所以双方会平等地相互影响、作用、制约、对立统一产生权利和义务相对平衡的共同利益共识之势，和体现势的法律规范、规章制度、公序良俗、合同契约等规范之德。也就是说，道和德的产生存在必须是在趋利避害的对立统一之上。所以，对于刑事案件的高效及时的破获惩治，才是最有效的法制教育；对贪腐行为的零容忍，才是最有效的反腐；对不尽社会职能的不作为人员的零容忍，才是最有效的行政动力；对涉及公共利益的不诚信行为的零容忍，才是最有效的诚信规范。人们只有知道强势违道的害处大于得利时，才会"知其雄，守其雌"，这就是为什么老子反复强调矛盾双方的对立统一是道的产生基础。道是平等的矛盾各方相互制约、对立统一的产物，没有害的制约就不能有效地抑制人们对不当得利的追求。然而，在现实生活中，这种害的相互制约并不可能时时处处存在，在社会行为中，利益受损方的制约有一个认识、共识、积蓄、反击的发展过程，也就是滞后期，这才有了"将欲弱之，必固强之；将欲废之，必固兴之"的过程，这个制约越弱，来得越晚，回归共同利益之道时间越长，贪婪者的侥幸心理越强，回归阻力越大，给交往范围内各方造成的损失越大，交往成本越高，尤其是在以陌生人交往为主的大范围的社会交往中。在现实交往中弱势者会主动地寻求共同利益之道和法律规范之德对自己利益的保护。能否在法律面前人人平等永远是强势者和弱势者纠结的焦点，也是一个社会是否特权占上风的真正的风向标。

但是，由于事物和交往范围是由多方面组成的，不断发展变化的，所以，每个人都有自己的局限性，一切强势都是相对而言的，是十分复杂多样的，有长期，有短期，甚至于是一刹那的突然袭击；可以是权势，可以是财富，可以是强壮的身体，可以是美丽的容貌，可以是身上的武功，可以是学到的技能，可以是知识，可以是狡诈，可以是文质彬彬，可以是野蛮粗犷……总之，无论何人只要你想用某些强势去谋取一点个人利益，每个人都会有机会。人们一方面必须生活在与人交往之中，有相互熟知的人，有陌生的人，而另一方面，如果每个人都如此利用和创造强势来谋求私利，那么，每天，甚至每时、每刻人人在算计别人的同时，又无法避免地被人算计，人们还谈什么幸福？什么生活？这个社会的交往成本之高，人们能够承受得了吗？所以通过相互制约来求得共同利益共识之道和各种行为规范之德是唯一的减少矛盾和降低人际交往成本的方法，只有这样，社会才能在低交往成本的和谐安定、天下太平中运行。

我们知道最不容易依道遵德的是各种强势者，也可以说，实现共同利益之道的主要阻力来自各种相对较大较长期稳固的强势者，也就是人们所说的有钱有势可以打破权利和义务相对平衡的自然规律的群体，所以贯穿《道德经》的是“无为”“不争”“不言”“知止”“柔弱胜刚强”“物或益之而损，或损之而益”“祸兮，福之所倚，福兮，祸之所伏”等等，几乎都是对强势者的反复利害说明和谆谆告诫，其中多数是对君王权贵的告诫。而有时，对社会根基处的民众思想意识共识影响最大的是身边的强势者，本章则主要是对民间强势者的告诫和希望，如果是这样，本章的“善建”中的“建”字就应该是“剑”字。善剑者，指剑术武功高强之人；善抱者，指摔跤高手，古代摔跤都要上身赤裸，类似于相扑；这两项都是古代社会最早普遍流行的，被人们认可的个人武力强势。“善剑者不拔，善抱者不脱”，指有剑术武功的人和摔跤高手，不拔出利剑和脱掉上衣，也就是不显露自己的强势，更不会以此欺凌弱者，而横行乡里。这也是历代人们达成的剑客猛士武德的共识，是社会共同利益共识的一部分，是“知其雄，守其雌，为天下谿”的“无为”。而对于人们和社会最有利和真正需要的是法律面前人人平等，认真遵从法律规范、规章制度、公序良俗、合同契约则是共同利益之道的具体显现之德，是“无为为”。

老子在本章就是以善剑者和善抱者来代表可以压制弱者的一切民间强势者，指出如果强势者依德而行，不恃强凌弱，“无为”而行，则对各个不同交往范围影响极大。因为无论是在一个家庭，一个乡里，一个国家，还是世界范围之中，强势者的能量都是很大的，如果他们能够“知其雄，守其雌，为天下谿。为天下谿，常德不离，复归于婴儿”，世代传承，带头依道遵德，是家庭、乡里、邦国天下各个交往范围内和谐有序的最有力、最直接、最低成本的支撑。所以老子才说如果子孙后代都延续此风，家风淳朴，乡风淳朴，民风淳朴，都依道遵德而行，造福社会，就会受人敬重而兴旺不绝。每个人虽然约束了自己的暂时的贪欲，好像是牺牲了自己的一些利益，放弃了些自己虚伪的依仗强势的出人头地的机会，但是却得到了各个交往范围内的经济上的共同提高，精神上的轻松安逸、欢乐幸福和人与人之间的和谐相处的大环境之势。一个在法律面前人人平等的社会，一个规章制度、公序良俗得到主动遵从的社会，是一个人与人之间交往成本最低的双赢多赢的社会。这种个人约束一时贪欲，成就长远共同利益，就是老子说的“无为为，无事事”，不进行打破权利和义务相对平衡的作为，才能有所作为；不为了贪欲而节外生枝的多事，才能成事。

“故以身观身，以家观家，以乡观乡，以国观国，以天下观天下。”这是一个共识之势逐渐形成普及的过程。有制约力的无形之势就是由共识产生的，也就是说，只有对有共识的人才能产生无言无形的制约的势能。共识之势其力量也不可思议的强大，这个共识之势和行为规范一旦生成，会使相当多的人们就会不问所以，人云亦云地盲目从众，而且习惯成自然，不易改变。任何共识都会受到生产力生产关系发展阶段的制约，受人们的生产力和生产关系水平和相应知识水平等各方的制约，所以有时共识之势并不一定是平等包容、相互制约、对立统一，符合权利和义务相对平衡的自然规律的，更不一定是科学正确的道，但是却同样具有逐步漫延传播的共识强迫之势，例如，中国古代妇女缠足行为。其他诸如文化意识、生活习惯等都是无形的普遍共识之势，这些共识之势虽然无形，但却都可以与人们的现实生活不停地互动，在制约着人们的生活和社会发展阶段，而社会就是由方方面面的势组成的。

共识之势是由多种原因造成的，但任何共识虽然都潜在于人们的心里，都是从一个点引起共鸣开始的，是需要宣传引导的，是要有一个“合抱之木，生于毫末；九层之台，起于累土；千里之行，始于足下”的积蓄传播过程，人们从封建社会的等级特权功利主义的共识向“善剑者不拔，善抱者不脱”“知其雄，守其雌，为天下谿”的依道遵德的共识转化，同样如此。正因为是共识之势，也就是说是每一个人的事，任何强迫暴力也无法取代和赋予，即使是惊天动地的改朝换代也取代不了人们心中潜在的意识，这就是人们常说的江山易改，禀性难移。所以老子才认为从组成社会的每一个人开始，人人不能攀比观望，只能从自己做起，从自家做起，从本乡做起，从本邦做起，以此影响作用于天下。“修之于身，其德乃真；修之于家，其德乃余；修之于乡，其德乃长；修之于国，其德乃丰；修之于天下，其德乃普。”任何事物各方面不能一律求齐，总有先后，所以老子提出的圣人就是首先悟道，身体力行的人，本章讲的“善剑者不拔，善抱者不脱”就是指首先悟道从德，引领影响众人的圣人，就是识道的引领者。只有当个人、家庭、乡里、各邦、天下都达成平等的相互制约、对立统一的权利和义务相对平衡的共同利益共识之势，才会通过强大的无形势能，来制约人们遵守各种行为规范之德，从而和谐生活。“以身观身，以家观家，以乡观乡，以国观国，以天下观天下”来相互影响、作用、制约成共识之道，如此才能使人们少去生存发展中的许多曲折和无谓的争斗损失。天下一统，也就居一室而知天下了。“吾何以知天下然哉？以此。”

第五十五章

# 依道遵德的人才会得众人之助，从而活力四射

含德之厚，比于赤子。毒虫不螫，猛兽不据，攫鸟不搏。骨弱筋柔而握固，未知牝牡之合而朘作，精之至也。终日号而不哑，和之至也。

知和曰常，知常曰明。益生曰祥，心使气曰强。

物壮则老，谓之不道，不道早已。

上一章讲的是大家都不恃强凌弱，依道遵德对本人、后辈儿孙、家庭、乡里、国家乃至天下都有益处。本章则重点讲依道遵德对于个人的益处。“含德之厚”，如果一个人时时处处在与人交往中关注共同利益之道，所说所做都从共同利益出发，不去追求超出所尽义务的个人利益，也就是说不违背“万物负阴而抱阳，冲气以为和”的原则，其个人的成功和大家的成功是统一的关系，只有其在个人利益上的“无为”才会因共同利益的成功而有所作为，“无为为”。因为他能“知和曰常”，“和”是“万物负阴而抱阳，冲气以为和”，也就是权利和义务相对平衡的自然规律，自然规律就是“常”。“知和曰常”就是依权利和义务相对平衡的自然规律，平等待人，办事公道，也就没有什么可以隐瞒，更用不着去用谎言欺骗，也就无须不断地绞尽脑汁地去圆谎。这样的人就如同婴儿一样，坦荡、真诚、质朴，不会动用所谓的智巧谋略去算计别人，所以也不会有太多的别人的算计和陷害。因为其没有自己贪欲的既得利益，所以不会强硬地阻止合道的变革，表现出柔性的因势利导。其会得到与之交往的人们的尊重和支持爱护，当其遇到困难时，会得到别人的帮助，当其遇到非难时，会引发大家的愤慨和共同反击，因为其代表着共同利益之道，遵从共同利益之德，所以其表面上是一个人，力量单薄，但实际上代表着一个个交往群体，背后有组成交往范围各方共同利益共识之势的支撑，是强大的不可战胜的，所以这样的人“含德之厚，比于赤子。毒虫不螫，猛兽不据，攫鸟不搏。骨弱筋柔而握固，未知牝牡之合而朘作，精之所至。终日号而不哑，和之至也”。古今中外一个个从各方面为民谋利，为民请命，勇敢地捍卫社会共同利益的英雄们，为世代人们所敬仰，不容亵渎，不正是因为他们“含德之厚，比于赤子”吗？

“知和曰常”，一个人应当知道“万物负阴而抱阳，冲气以为和”，懂的权利与义务相对平衡是不可违背的客观自然规律而长期坚守，“常”就是客观规律，是道的基础；“知常曰明”，只有长期坚守利益与义务相对平衡这个客观自然规律的人才是一个明智的人，才不会去利用某些一时强势去占有超出自己所尽义务的特权贪欲；“益生曰祥”，因为不放纵自己的贪欲，不追求过分的感官刺激维护了身体的阴阳和谐之道，心平气和，老老实实地依道遵德，不侵害别人的利益，和交往各方互利互益，利人利己，自然就因精神放松而身体健康，平安祥和；“心使气曰强”，一个人只有充满了对生活的信心，才能产生出不屈不挠的勇气去奋斗，才能产生出一定的强势。“气”和“势”是相连的。一个人没有赤子般的“精之至也。终日号而不哑”的信心和勇气就干不成事，这就是所谓的人争一口气；“物壮则老，谓之不道，不道早已”，如果个人或群体利用奋斗得来的某种强势，“知其雄，守其雌”“含德之厚，比于赤子”“知和曰常”就会造福自身和交往范围，“益生曰祥”。但是，如果利用强势，只要权利而不尽或少尽义务，虽然聚敛了大量财富，可以一时“物壮”，极大程度上满足了自己的名利贪欲，但却严重地损害同一交往范围的其他人或群体的利益，失去了人们无形的认同共识之势，造成严重的利益失衡而破坏共同利益之道及其相应的德，使事物失序，这种状况是必然遭到反制而不会持久的，许多人自己也因失去社会定位而滑向失控的荒谬荒唐，终为人所不齿。

本章是和上一章紧密相连的，上一章讲的主要是如果坚守“善剑者不拔，善抱者不脱”的“知其雄，守其雌”，为了共同利益之道，克制自己的强势而柔弱行事，对个人和周围环境的无比益处；而本章则继续讲述如果依道遵德，即使柔弱似婴孩，因为和大家的共同利益之势的一致融合，也会得到各方帮助，充满无限生命力而战胜各种困难。反之如果用贪欲野心谋得强势，“心使气曰强”，利用强势占有特权谋得大量既得利益，就会一方面招至众人觊觎，而另一方面会因坚守既得利益而阻碍调节变革，成为众矢之的，而被要求回复权利和义务相对平衡的共同利益之势所推翻。

“物壮则老”，而老和“物壮”有关系吗？有！这里老并不指年龄，而指失去活力。物壮是外在的各种名利积累多年而占有太多，反而成了压力和束缚，使人更加固执而患得患失，斤斤计较；人占有越多，交往方越多，需要动用的智巧越多，需要掩盖的污点也会越多；因为贪婪和外界矛盾越多，明暗敌人越多，真心朋友越少，心理压力越大，疑心越大，心胸越窄，坦荡创新、奋斗拼搏的活力就越小，为“物壮则老”。同时人经常的情绪波动越大，神经和内分泌等调节越紊乱，日常吃饭、睡眠越失常，人老化就越快，会逐步严重超过了人体自身的调节能力而衰竭，“物壮则老”也包含了人身体在其中。而反观老子举例的婴孩，一方面由于新生而生命力旺盛，一方面没有名利积累的负担，没有因争名夺利种下的宿敌，一身轻松，一张白纸，纯净无瑕，一切会随势而动，柔弱可调。但愿成年人自己“知其雄，守其雌”，坚持不过分执着名利，进退自如，潇洒舍得，真实纯朴，尽量给自己减负。而为人父时，尽量在婴孩的一张白纸上不写或少写个人功利，多写合力之道，尽管减轻他们一生中的曲折和压力，尽量不覆上代的人为贪欲的“物壮则老”之辙。

第五十六章

# 平等相待才能互利共赢

知者不言，言者不知。

塞其兑，闭其门，挫其锐，解其纷，和其光，同其尘，是谓“玄同”。

故不可得而亲，亦不可得而疏；不可得而利，亦不可得而害；不可得而贵，亦不可得而贱。故为天下贵。

本章再次详细地论述了组成事物和交往范围各方平等的相互影响、作用、制约、对立统一产生权利和义务相对平衡的共同利益共识之势，也就是道的产生过程。一开始“知者不言，言者不知”就讲明了共同利益共识之势是“不言之教”，势是看不见，听不到，摸不着的，是组成事物或交往范围各方达成了共同利益共识之后，为了守护和实现共识，所产生的对各方有制约作用的压力势能，所以是语言所无法表达的。而能用语言表达的就不是势了，所以“知者不言，言者不知”。人们通常用语言可以表达的是势显现出来的在具体事物中的行为规范之德，也就是不同交往范围中的法律规范、规章制度、公序良俗、合同契约等维护共同利益共识之势的制约规范。无形的势和有形的德是有无相生关系，没有势无法产生和落实规范之德，而没有规范之德，共同利益共识之势又显现不出来。如果共同利益共识普遍性不大，不迫切坚决，则势能小，就无法制约各方遵守各种行为规范之德，可能造成有法不依、执法不严和执法因人而异的后果；如果行为规范之德屡遭破坏，失去权威信用，也会导致人们对共同利益共识的轻视放弃，使势能进一步减弱，而进入恶性循环。

“塞其兑，闭其门。”要塞和闭的是贪欲，也就是不符合权利和义务相对平衡的自然规律的欲望。正常的欲望是人的生存本能，是不能塞和闭的，能塞和闭的是不正常的贪欲。这是老子在指出，只有在权利和义务相对平衡的自然规律的基础之上才能平等的对立统一，人们与只要权利而不尽义务或少尽义务的强权垄断者是不可能产生这方面的共同利益共识的，双方只能是压迫者和被压迫者的关系。

“挫其锐，解其纷”是指组成事物或交往范围的各方去掉会伤害到别人利益的诉求，解决各方的矛盾纠缠，这是一个平等的相互制约、对立过程。

“合其光，同其尘，是谓玄同。”“合”和“同”指统一，也就是说，在平等的相互影响、作用、制约的对立之中，在各方都希望有序生存的共识压力下，相互妥协，求大同存小异产生统一的权利和义务相对平衡的共同利益共识之势，和相应的行为规范，形成完整有序的事物或交往范围的共同利益共识的强大的向心凝聚之势，“是谓玄同”也就是道。

“故不可得而亲，亦不可得而疏；不可得而利，亦不可得而害；不可得而贵，亦不可得而贱。故为天下贵。”“可得”指客观存在。“玄同”指任何交往范围，家庭、团体、社会、国家、世界都是一个客观的在共同利益共识之势制约下的一个对立统一的整体。其中各方都是平等的客观存在的，无论你愿意不愿意，相互之间都会产生相互影响、作用、制约关系，都会通过对立统一产生一定程度的共同利益共识之势，只有这样这个交往范围才可以相对安宁有序。所以，人们不能只站在自己个人或群体利益的立场上，对客观存在的其他方划分亲疏、利害、贵贱关系，并以此来决定自己的交往态度，这样做只能造成交往范围的分裂，加重对立，对立越严重越不容易产生统一的共同利益共识，一个没有共识或共识很少的交往范围必然是离心力大和危机四伏，这样，就会事与愿违，不但自己的利益得不到，反而会失去自己存在的根本长远利益。所以老子才说平等地对待其他方，交往范围才会和谐有序，各方也会因共同利益共识之势的双赢而得利，“故为天下贵”指平等包容的共赢。

任何交往范围都是由平等的各方组成的，每一方都因自己的付出和义务得到自己的回报和权利，也就是社会存在的坐标，所以每一方都有不同于其他方的特殊利益的势能，并在交往中通过自己的势能去与其他方平等的相互影响、作用、制约的对立统一产生共同利益共识之势，这就决定，共同利益共识不可能是各方的全部利益，只能是对立统一后的一定程度上的共同利益共识。这就决定了家庭、团体、国家、世界任何一个交往范围内，各方差异越小，共同利益共识占比例越大，交往范围向心凝聚力越大，越和谐；反之，各方差异越大，共同利益共识占比例越小，离心力越大，矛盾越激化，失序不安，甚至解体。如果一个家庭，夫妻双方连平等的相互尊重的生活的基本共同利益共识都没有了，就只能是解体了；一个社会，如果因为违背权利和义务相对平衡的自然规律而贫富差距过大，造成双方矛盾加剧，共同利益共识程度减少，如果减少到认真落实法律规范的共识都达不成了，社会就会逐步失序混乱，离心力加大，对立矛盾激化，将造成社会各群体共识进一步减少，减少到连保护财产安全也达不成共识了，社会就会出现强势者明目张胆地巧取豪夺和忍无可忍的弱势群体哄抢劫掠等后果……所以老子主张应当“上善若水”的平等包容，“不可得而亲，亦不可得而疏；不可得而利，亦不可得而害；不可得而贵，亦不可得而贱。故为天下贵。”只有平等相待，不去划分亲疏贵贱等级分裂社会，社会才能安宁有序，贵重存在。先圣孔子也说“不患寡，而患不均”，因为严重不均会无法达成广泛的共同利益共识，所以社会矛盾激化动荡并不一定是因为饥寒交迫，就如夫妻离婚并不一定是因为吃不上饭一样。

道的产生过程必须有平等的相互制约、对立统一过程，也就是“塞其兑，闭其门，挫其锐，解其纷，和其光，同其尘”的过程，这样才会产生“是谓玄同”的共同利益共识之道。如果在组成事物或交往范围内的相对强势一方，没有“塞其兑，闭其门”，也就是说没有塞住贪欲的孔窍，关闭贪欲的门径而不平等地压制住其他方的影响、作用、制约作用，以自己和本群体的利益得失来决定与之交往的人们的亲疏、利害、贵贱，从而制订一些分等划级享有特权的有利于自己贪欲的法律法规，例如封建王朝时将等级特权加入法律法规之中，这些不符合共同利益之道的东西也就不成其为德，是造成权利和义务严重失衡，引起社会动荡不安的源头。也正是这些不道的纠纷才促生了用大量的谎言欺骗来掩盖真相的“言者不知”，所有的贪欲特权都必须用大量的谎言宣传、掩饰、欺骗、诱导、洗脑，必须动用大量心机智巧、阴谋诡计，不断地扯谎，不断地圆谎；反而是质朴认真诚实地依道遵德的人们因顺应客观规律，互不相伤，和谐共赢，安定无争而无须多言，无须辩解，也就“知者不言”“行不言之教”了。

## 第五十七章

# 治理国家应当依道遵德，无为而治

以正治国，以奇用兵，以无事取天下。吾何以知其然哉？以此：天下多忌讳，而民弥贫；民多利器，国家滋昏；人多技巧，奇物滋起；法物滋彰，盗贼多有。

故圣人云："我无为，而民自化；我好静，而民自正；我无事，而民自富；我无欲，而民自朴；我无情，而民自清。"

本章连接了上一章的人们应该遵守通过"塞其兑，闭其门，挫其锐，解其纷，和其光，同其尘"的对立统一产生"是谓玄同"的共同利益之道，在办事时不能因亲疏、利害、贵贱而区别对待的原则，指出如何用这一原则去治国。

老子"以正治国"中的"正"字，包含以下含义：

其一，公正。要用权利和义务相对平衡的自然规律规范社会，起坚决抑制谋取个人和群体的贪欲特权的作用"以无事取天下"，也就是"处无为之事，行不言之教"。

其二，正大光明。如果行政管理群体没有自己的特权私利，就没有什么可隐瞒的，也不必用潜规则行事，公开行政"浊以止静之，徐清""见素抱朴”“复归于婴儿”的质朴诚信。

其三，正规完整。要全面包容所有组成交往群体的各方，大家共同参与；政令统一，不能一地一法，一人一法，朝令夕改；亦不能由少数人闭门造法，无实际操作性，重颁布轻落实；更不能说归说作归作，表面上轰轰烈烈，实际中一切照旧。应当从政令产生到落实反馈，全体利益相关者以不同方式全程参与，首尾相连不留盲区。“知常容，容乃公，公乃王，王乃天，天乃道”就是老子所说的“以正治国”的“正”。

“以奇用兵”，而如果是用兵打仗则与为政治国相反，兵不厌诈，虚虚实实，真真假假，不能按常理出牌，才能在变化之中聚己之势而破敌之势，此消彼长，以最小的代价取得最大的胜利。

“以无事取天下”，“事”是有所指的，而不是泛指，因为如果天下人谁也不干事了，那么人类如何生存呢？这多的“事”是什么事呢？是“多忌讳”“多利器”“多伎巧”“法令滋彰”，要去掉这几多，才能以“无事”治理天下。要使社会安定有序就要顺应组成天下各群体的共同利益共识之道，也就是顺应事物阴阳相合、权利与义务相对平衡的客观发展规律，只有顺从事物的自然规律顺势而为，不为了自己的名利贪欲特权生出事端而打破阴阳相合的平衡，造成动乱不安，才能做到“以无事取天下”，“无事”指和谐有序。

“吾何以知其然哉？以此。”我怎么知道的以上这些呢？因为以下几点：

“天下多忌讳，而民弥贫”，忌讳是什么？是不可触犯的东西。而什么才是不可触犯的呢？老子这里讲的能使“民弥贫”的忌讳，当然不是民间人们各种习俗的忌讳，只能是统治群体各种垄断特权派生出来的潜规则之类的东西，这些东西是不能公开讲的，既见不得人又不合法律规范，但却又通过等级特权实实在在地左右着一切，作用要比法律规范大得多，是只可意会不可言传的，所以只能是以“忌讳”的形式出现。无论古今的贪官们所聚敛的财富都是绕过公开的法律规范，通过这些潜规则的“忌讳”得来的。统治群体或者说社会行政机构成员的俸禄或工资是基本根据他们所应尽的社会职能，应该得到的公开的收入报酬，这是合于共同利益之道的社会法律规范的。但是统治者要想得到自己个人和群体超过因尽社会职能应得的权益的特权利益，就必须要绕过公开的法律规范。因为他们不能自己直接去创造财富，就只能从其他群体创造的财富中剥夺一部分，最便捷的方法就是各个利益部门自成山头，利用各项社会公共职能，设立各种明的暗的、能讲不能讲的忌讳门槛，要想通过就要交费，设立的门槛越高，忌讳越多，通过越难，民众直接间接付出的代价就越高，社会交往成本也就越高，弱势群体利益直接和间接受损越大，社会财富的畸形聚集越严重。这些所谓的忌讳就只是权力部门通过管人升降和设卡多事的捞钱的手段，对社会各群体共同利益是一种极大伤害，因为他们个人或群体寻租得到的财富最终会经由跑事的个人，跑官的官员和企业作为交易成本转嫁到全体民众头上，不但造成了民众负担的加重，而且会严重破坏社会风气，引发上行下效的“民多利器，国家滋昏；人多技巧，奇物滋起”的社会普遍性的利用各种或长期或一时的强势去打破权利与义务的相对平衡牟取特权贪欲之风的漫延，这就是老子说的“天下多忌讳，而民弥贫”，这也是引起“民多利器”和“人多伎巧”的根源。

“民多利器，国家滋昏。”“利器”在这里是指什么呢？指可以伤害别人身体和利益的工具和行为。除特殊时期的民众起义造反以外，利器主要是指坑蒙拐骗等欺诈和流氓土匪等不法暴力手段。这些利器是专门用来夺取不尽义务的利益特权的，这样的人和群体历史由来已久，这是由民众圈子道德自治交往范围力所不及，才排除舍弃在外的群体，也就是人们常说的刁民，主要是惯偷惯骗、地痞无赖、村匪路霸、黑恶势力和土匪等危害社会整体利益的群体。镇压他们，也是产生专职行政管理机构的社会共同利益之道的原因之一，打压消灭这些破坏社会行为的“利器”，成为行政管理机构的一项主要日常社会职能之一，这也可以说是检验一个政权执政能力和性质的标准。每当一个政权坚持自己应尽的社会职能，依法律规范秉公执法，不畏强暴时，这些人中的大部分就会从良，这些“利器”基本上销声匿迹，而社会也趋于正能量更多，民众社会自治能力加强，民风淳朴，有序安宁，社会行政机构的治安压力也会相应减小，这就是民众之间相互制约的自治和行政机构的行政执法管理的相互制约、对立统一的关系。而当一个政权管理机构因失去制约而可以失位不作为，放松甚至放弃自己只受累不得利的社会职能时，这些“利器”之人就会趁机裹胁许多生计困难或好吃懒做的人们，逐步滋生强大起来，填补社会基层权力的隐性真空，横行于世，欺侮百姓，牟取暴利；而当官员贪赃枉法时，这些人会立即利用各种手段拉拢利用官员充当保护伞，甚至沆瀣一气、坐地分赃、官匪一家，社会失序，乌烟瘴气。当天下大乱时，他们就会蜂拥而起，抢占地盘，鱼肉百姓，祸乱国家，这就是老子说的“民多利器，国家滋昏”。可见，“民多利器”和行政机构不作为的失位和乱作为的越位是紧密相连的。

“人多伎巧，奇物滋起。”社会上许多“奇物”的产生，首先是社会贫富差距拉大后的必然产物，没有强大的财产支撑，不会有什么打破常规认知的“奇物”产生，主要是由于统治者为首的各种权势者和无良富户利用特权和各种圈钱技巧相互勾结，取得享用不尽的财产后，穷奢极欲，寻求刺激，从而催生出来的。这些任其挥霍的财富的得来绝不会是通过权利与义务相对平衡的劳动和发明创造得来的，并没有为社会尽相应的义务与贡献，而是通过寻租特权、巧取豪夺的“技巧”在畸形社会环境下得来的不义之财。而不义之财的获得者则会内心空虚，然后走上极尽挥霍之路，从而又造成社会上许多与正常生活方式大相径庭的奇物的滋生成风。另外，当一个社会的统治者在受不到民众直接有力的制约之后，必然会为了自己的特权私利而置社会共同利益于不顾，更会为了得到超过所尽义务的特权，而舍弃权利和义务相对平衡的自然规律。而作为衡量各个群体、各个人的社会价值和定位的标准一旦失灵，社会，尤其是远离社会物质生产的上层社会将会失序而混乱。当潜行于世的远近亲疏、明争暗斗、结党营私、争宠献媚的各种“技巧”的偶然性，战胜公开平等的权利与义务相对平衡的自然规律的必然性以后，使人们不得不去盲目地信神、信鬼，信大仙，同时伴随各种令人无法探寻真相的忌讳和神秘技巧，使社会上行下效，严重失序，故“人多伎巧，奇物滋起”。一个社会的最大悲哀莫过于人们不相信，不追求实事求是的权利和义务相对平衡的必然性，而相信和追求各种歪门邪道的偶然性。

“法令滋彰，盗贼多有。”“滋彰”这里有随意增减、轻重无度的意思。法令应该是十分严肃的事，应当体现在一定客观条件下组成社会各群体的共同利益之道。但是，一旦在制定法令的程序中没有各群体的实际有效的参与制约，就不会充分体现出各群体的共同利益之道，更不会有真正切实可行的体现道的法律规范的落实实施，就会为社会的存在和发展留下加剧矛盾冲突的隐患。法令的制定参与方，越少越不全面，尤其是排斥广大民众参与后，根基越窄，代表性越小，隐患危机就越大；如果法令的制定者仅仅为统治者，则随意性大，变化大，常常会任性荒谬，自相矛盾，上下矛盾，前后矛盾，缺乏操作性，轻重失据，因人而异，令人无所适从，甚至弱势群体动则获罪，失去了惩治规范社会的作用，变相地纵容罪犯们乱中取利，对社会共同利益危害极大。

国家的法律规范必须充分体现组成国家的各群体的共同利益之道，才是德，社会才会安定有序。而占据社会相对强势的群体如果依道遵德，在合道法律规范面前人人平等，恪守权利和义务相对平衡的自然规律，无为而治；不因谋求个人名利贪欲而标新立异，不利用潜规则去徒生事端，寻求社会有序、和谐、清静、无为。作为相对弱势的广大民众则因为事事有法可依，而规范有序；民众利益得到保障而富裕安宁，人格得到尊重而舒畅放松，社会平等和谐；上下依道遵德而真实质朴，这就是“故圣人云：‘我无为，而民自化；我好静，而民自正；我无事，而民自富；我无欲，而民自朴；我无情，而民自清。’”这里的“无为”“好静”“无事”就是依道遵德，只有如此行政管理，民众才会“自化”“自正”“自富”。

# 第五十八章

# 祸福转换并非无凭

其政闷闷，其民醇醇；其政察察，其民缺缺。

祸兮，福之所倚；福兮，祸之所伏。孰知其极？其无正。正复为奇，善复为妖。人之迷，其日固久。

是以圣人方而不割。廉而不害，直而不肆，光而不耀。

本章连续上一章讲社会行政管理的问题。“闷闷”，表面上是昏昏昧昧，宽松懒散的样子，其实这种样子的前提是其管理范围内的平稳有序，无波无澜，才会呈现出闷闷的样子，那么怎么样才能行政平稳有序，无波无澜呢？只有其政是代表组成社会的各群体的共同利益共识之道时，各个群体因为行政法令做到了权利和义务的相对平衡，从而赏罚分明，各群体衷心认同，而且在执行这些法令时，行政执法者一视同仁，功过分明，坦然无愧；受罚者无怨领罪，甘愿受罚；而旁观者也认同此理，而接受警醒，克守本分。这样无人喊怨，无人不平，顺乎民意，理所当然，社会就能够平静、无言、无奇，而宽松闷闷了。唐代李世民曾放四百死囚回家探亲，待秋后全部自行回来待斩，而后，四百人一人不少，全部归来。这一方面是因为这些死囚真心悔罪，甘愿领死，一方面是社会风气诚信质朴，死囚如不履约为世人所不容，无法偷生，为势所迫。如果社会无诚信质朴之势，谎言欺诈盛行，黑白颠倒，赏罚无据，李世民敢放死囚吗？死囚能回吗？可见，“其政闷闷”和“其民醇醇”是相互制约，相辅相成的关系。

“其政察察”的“察察”是严厉苛刻之意，这样的法令不是代表组成社会的各群体共同利益之道的，因为没有人愿意生活在无所适从，动辄获罪的恐怖之中，谁也不愿意失去自己的应得利益和人格尊严。但统治者在谋求自己的名利贪欲特权时，必须会受到利益受损民众的不满和反抗，为了镇压反抗必须要用苛政厉法来恫吓镇压民众，动辄株连滥杀，使人人自危，整日生活于惊恐之中。还有一种察察与不受制约的懒政结合在一起，一些官员执行社会职能时，先失位，不作为，从而失序混乱造成重大损失和影响后，为了逃避自己以前不作为造成的社会乱象的责任，又采取进一步的懒政，不实事求是，不分青红皂白，一刀切的一律禁止，不顾民众和社会无辜损失，总之认为保住自己官位的个人利益大于民众的社会利益。一切利益、理由、荣誉都在他们一方，而他们不作为、乱作为造成的一切损失与他们无关，民众不但承担全部损失，还承担所有罪名，这就是“其政察察”。这样失去了合道规范的社会治理方法必然是迫使民众为了脱罪避祸而不得不相应地不按规则出牌行事，从而“其民缺缺”，狡黠不满，欺骗使诈，钻营斜径，甚至纷纷被动或主动地通过走门路拉关系，自降身份，丢掉人格、尊严去讨好权势者，行贿傍权，乘机作乱。这“察察”之政使社会是非颠倒，黑白颠倒，严重败坏社会风气，必然会使社会失序混乱。

“祸兮，福之所倚；福兮，祸之所伏。”老子在“其政闷闷”和“其政察察”之后讲祸福和“或损之而益，或益之而损”有相近的意义，祸福损益的转化看似偶然。“孰知其极”，问到底为什么呢？其背后都有其一定的必然性，老子答因为“其无正”，因为没有上一章所说的“以正治国”，也就是不顺应共同利益共识之道及合道的行为规范。“其政察察”，严苛残暴，则社会就会矛盾激化，社会风气就会普遍“其民缺缺”，狡黠多变，所以人们也就祸福损益无常了。“正复为奇，善复为妖。人之迷，其日固久。”人和社会环境是互动的，相互影响、作用、制约的，当社会上各群体平等的对立统一产生的权利和义务相对平衡的共同利益共识成为普遍主流之势的“其政闷闷”时，强大的共识之势会制约各群体和个人服从法律规范、公序良俗等规范之德，社会就会有序安宁，人们的祸福损益也就基本可以顺理成章，有规律可循；正奇，善妖分明，人们也就不会太迷惑。但是如果一个社会的强势者“其政察察”，执强不尽或少尽义务，而多占权利，不择手段地损害弱势群体利益，贪得无厌地聚敛财富，严苛残暴地镇压反抗，使社会活动失去权利和义务相对平衡的自然规律的制约，“其无正”，则会人妖颠倒，善恶不分，沉渣泛起，没有最坏，只有更坏。此时，祸福损益将变化无常，往往令人匪夷所思，“孰知其极”“人之迷，其日固久”是“其政察察”的必然结果。

人生祸福一直是人们谈论最多的话题，而求福是人们的一致共识。但是寻找“孰知其极”的根源，并且把祸福损益背后的共同利益共识之道的制约作用和“其政闷闷”“其政察察”联系起来却是老子的首创。古今中外，因祸福转换的事太多了：宋辽对峙时，宋辽缔结澶渊之盟，宋屈辱地每年向辽贡银十万两，绢二十万匹，这表面上损了财，丢了面子，为祸，但却换来了百年基本和平，双方往来密切，互市互利，双方百姓马放南山，安居乐业，既促进了辽的汉化发展，为以后的中华各民族统一的文化意识共识做了准备，也成就了历史上经济文学顶峰的大宋王朝，此为因祸而得福；而百年的和平使宋辽都放松了武备，文恬武嬉，宋徽宗失其定位，专事舞文弄墨，搜集天下奇石珍宝，贪图安逸，结果宋辽双双都败于后起的相对落后的金之手，此为因福至祸；司马迁因受腐刑而著史记名留千古……这些都是祸福的相互转化。这种祸福转化就是对立统一的表现方式，时时处处与人们相伴，虽然程度不同但是都与组成交往范围各方对立统一产生的权利和义务相对平衡的共同利益共识之道紧密相连，得道多助，失道寡助。这种福祸转换的辩证关系时时处处存在，表面上似乎偶然，其实是“反者道之动，弱者道之用”的权利和义务相对平衡—失衡—平衡的循环在无形中主导着“人之迷，其日固久”的转换。不但社会大事如此，日常琐事更如此。人常说有事要摆平才能无后顾之忧，所谓摆平其实就是权利和义务相对平衡的双赢，只有眼光放宽、放远的双赢，才会最大限度地摆脱人为的因福致祸。

福祸相互转换，但又似乎没有立竿见影的规律，有时转换，乐极生悲，苦尽甘来的事常有；而有时又不转换，穷者愈穷，而富者愈富；但即使表面上看穷富分明，但真实之中，又各有自己欢乐和苦难，家家有本难念的经，没有人事事顺心，也没有人处处烦恼。总之“人之迷，其日固久”。人们对祸福无常的困惑，由来已久了。怎么才能趋利而避害，避祸而得福呢？老子的答案是“是以圣人方而不割，廉而不害，直而不肆。光而不耀”。“方而不割”依规范行事的方正而不生硬、固执，守护自己应得的权利标准之“方”，但又会随着权利和义务相对平衡的变化而柔弱、调节，不固守既得利益；“廉而不害”，有棱角而不伤害于人，作为人是需要自尊的，也就是应该坚守自己权利和义务相对平衡的社会坐标，不能为了自己的利益去极端地伤害别人的利益；“直而不肆”，直率而不粗暴放肆，既以真实质朴待人，又讲究方式方法，不能随心所欲，不顾别人的感受；“光而不耀”，光亮而不炫耀、刺眼，一个既坚持原则又懂得追求共同利益共赢的人，必定会得到众人信任而瞩目，此时更应该坚定务实，不能骄傲、炫耀，忘乎所以地凌驾于众人之上，而因福致祸。总之，当自己居于相对弱势，利益受损时，不过激，讲究策略依法抗争，不能由有理的受害者成为无理的害人者；当对自己的收入不满足时，不自卑，不迁怒，不嫉妒，而是奋发图强，增加自己的知识才干，以自己各项素质的提高为全社会共同利益多尽义务，来提高自己的报酬和获得大家认同的名誉，因为自己得到的利益是以贡献了有益于社会的财富为前提的，自然会得到绝大多数人的认可；而当自己处于权力、财富或知识信息强势时，不借机放纵贪欲，不通过不法手段去侵害弱势群体的权益，不去藐视弱者，不认为自己出人头地而耀武扬威，肆无忌惮地抖威风，避免遭受利益受损方的报复而因福致祸。只有

“方而不割，廉而不害，直而不肆，光而不耀”才能双赢、共赢，而少激化矛盾徒生事端，福祸有序。

只有平等待人，尊重别人的人格而得到大家的真心认同，当遇到困境或灾祸时凭借自己的坚韧努力和别人的好感帮助，才能因祸而得福。如果认识不到共同利益之道，不认可权利和义务相对平衡的原则的人当处于贫困和遇到灾祸时，不反省自身的不足，不促进自己提高，反而怨天尤人或破罐子破摔，或用不法手段谋利甚至犯罪，则会因祸得祸。而一个有权有钱有知识信息的居于福地的强势者与其后代如果能够时时处处依从于社会各群体的共同利益之道，依权利和义务相对平衡的原则办事，以为社会尽义务、做贡献为前提求得自己的应得利益而同时造福乡里和社会，就会因福得福，因为其无不义之名利，得到了大家普遍认同而又无尖锐对立的敌人，会如第五十章中所讲的“以其无死地”，故不会因福致祸，可见，祸福并非全无凭据。任何人也不可能一生平安顺利，不会没有弱势、低谷、困顿甚至灾祸，只有依道遵德，加强自身各项素质能力，恪守权利和义务相对平衡的底线，顺共同利益之势而助各方，会得各方之助，也可以闯过难关，因祸而得福。其实老子讲的共同利益共识之道的实质就是各方平等的双赢、共赢。一个事事追求双赢、共赢的人能不避祸得福吗？一个人人追求共赢的社会能不避祸而得福吗？因为其最大的福不在外界，而在其“知足不辱，知止不殆”的内心，这种放松静定之福是任何人也夺不去的。

第五十九章

# 向心凝聚力是成功的根基

治人，事天，莫若啬。

夫唯啬，是谓早服；早服，谓之重积德；重积德，则无不克；无不克，则莫知其极；莫知其极，可以有国；有国之母，可以长久。是谓深根固柢，长生久视之道。

“治人”，指治理、交往人。人泛指所有的人，既包括富人也包括穷人，既有官也有民，既有农也有商，不同民族、不同信仰的所有之人。

“事天”，指在生产活动中遵从自然规律，天，就是指大自然的一切。“治人，事天”就是包括自然环境在内的人类生产生活交往范围中的一切。

“莫若啬”只能用爱惜、养护、积蓄的方法。“治人，事天，莫若啬”，就是在人类包括自然环境在内的交往范围内的各组成方面只能通过平等地相互爱惜，养护的共赢方法，才能产生强大的向心凝聚力来积蓄势能，也就是说要积蓄共同利益共识之势，打牢无形根基。

“夫唯啬，是谓早服；早服，谓之重积德。”只有积蓄了深厚的共同利益共识之势基础，才具有了做任何事的准备。这个准备就是不断建立和完善、维护并体现共同利益之势的统一的行为规范之德，只有有了统一行为规范才能形成可以厚积薄发的无形势能。通过老子的“早服，谓之重积德”可以看出，老子强调的“啬”主要不是物质上的节俭，“早服”的准备也不主要是物质上的积累。“重积德”是通过爱惜民心，遵从民意，并且统一规范而形成社会或交往范围内强大的共同利益的共识的向心凝聚力。

“重积德，则无不克；无不克，则莫知其极；莫知其极，则可以有国。”交往范围内各方面有了共同利益之道，各群体就会紧密地团结一心，再加上有统一的规范就会步调一致，从而产生威力巨大的共振之势，任何艰难险阻也无法阻挡这种摧枯拉朽的共振之势。有了这样的威力才可以建立和担负管理国家社会的重任。“有国”指建立和管理国家之意。

“有国之母，可以长久。是谓深根固柢，长生久视之道。”“有国之母”的“母”指组成社会各群体对立统一产生的权利和义务相对平衡的共同利益共识之势，有了无形的共同利益共识之势的母，便会生产出充足的生产生活物资的子来，但老子本章讲的主要不是物质。因为当年秦始皇横扫六国，聚天下财富为己有，并不缺乏物质，但其视民众为草芥，苛刻残暴，失去了无形的社会共同利益共识之势，令天下共诛之，二世而亡；而饱受战乱的刘邦接收的社会千疮百孔，有形的物质极度贫乏，但他爱惜养护顺应民意，无为而治，终以大汉之威而传世几百年。可见，有了共同利益之道为基础的向心凝聚力，有了体现道的行为规范之德的步调一致，作为立国之本，天时地利人和，国家就会长治久安。以“啬”的不断爱惜养护积蓄而成的深厚的各群体共同利益之道为立国根基，就是可持续发展的长远之道。

老子在这里讲了道在立国和管理国家、创业和建业中的决定性作用，当然国家如此，企业、家庭同样如此，都应当爱惜、养护、积蓄自己交往范围的共同利益共识底蕴，有合于共同利益的行事规则和文化意识共识，使各方产生共同利益的向心凝聚力之势，也就具有了一种待发之蓄势，这样在遇到机会、困难和不可避免的争斗或竞争时，就会主动而有力，可以将自己的力量发挥到最大极限。如果平时不爱惜积蓄共同利益共识之势，则会内斗不断，钩心斗角，更没有统一有效的规范之德，遇到发展机遇无法调动力量发展，遇到困难灾害无法全力抵御，遇到争斗竞争没有战斗力和竞争力；遇到大事无“早服”而临时抱佛脚，仓促应战往往会因内部心不齐，无法统一步伐而内耗严重，影响力量的发挥。

无论个人的身体健康，家庭的和睦生活，社会的和谐有序，国家的强大昌盛，都不是一朝一夕的事，必须有一个持之以恒、日积月累的过程。一个人，一个家庭，一个国家都不可能是一帆风顺的，在突发灾难和战争动乱面前，有的轰然倒塌，有的如人们祈祷的那样逢凶化吉，遇难呈祥，这里面可能有偶然因素，但更多的是平时有没有“治人，事天，莫若啬。夫唯啬，是谓早服”。长期一贯的充满爱惜保养的“啬”而蓄势早服，虽然看不见，摸不着，但其厚积薄发的势能却是无法阻挡的，是一切事物成功和可持续的捷径和保障。

第六十章

# 能使人们双赢的只有道

治大国，若烹小鲜。

以道莅天下，其鬼不神。非其鬼不神，其神不伤人；非其神不伤人，圣人亦不伤人。夫两不相伤，故德交归焉。

首先老子用“治大国”的“治”字确定了国家是组成这个国家各群体平等的相互影响、作用、制约、对立统一产生权利和义务相对平衡的共同利益共识之势的性质，“以道莅天下”和纯粹的武装占领的军阀、土匪进行了区分。虽然他们的占领权通常都是通过武装暴力得来，但治理方式不同，国家治理属于行政管理，必须代表各群体的共同利益共识，并且有统一的法律规范制约，包括行政机构在内的每个人，王子犯法与庶民同罪；而军阀、土匪则主要代表自己群体的利益，更不会有统一的法律规范和法律面前人人平等。也就是说，一个国家的行政权力只有代表各群体共同利益共识时，才成其为国家，如果其打破权利和义务相对平衡的自然规律，严重地损害共同利益共识之道就不是“治”，而是和军阀土匪无异的占领，成为官匪一家。老子用一个“治”字给国家定性并且和“烹小鲜”联系在一起。

治大国和烹小鲜是风马牛不相及的事，但是老子却将它们连在了一起，为什么？这正是老子的高明之处，第一句是“治大国，若烹小鲜”，接着马上就讲“以道莅天下”，可见，老子在用最简单、直观的烹小鲜来比喻复杂而内部矛盾争斗不断的社会治理。道是无处不在的，治国要有道，烹小鲜同样需要道。一个大国由许多群体组成，士农工商，有外部的自然环境，安全环境，有内部的军事、政治、生产等事物；而烹小鲜也要有灶、锅、燃料、小鱼、佐料等等；虽然组成方面数量、体量相差悬殊，但道理一样，要治好国和烹好小鱼，都必须平等地寻求组成各方的共同利益之势。首先是全，治国忽略任何一个组成群体都不行，哪怕这个群体数量极少，哪怕这个群体地位卑微；士农工商就更不要说了，每一个群体都有自己存在的条件，都是可以变化和转换的，有自己能量的，也就是势能的，是可以影响到共同利益之势的，甚至在特定环境下可以起极大作用。一个社会就像一个庞大的机器，一辆机车，一个航天器，每一个零部件都有自己的功能，不可或缺，哪怕是一颗小小的螺丝钉。

再就是平等治国，虽然君王用强权规定了许多特权等级，但是之所以需要强制性地划分和规定出许多等级来，恰恰说明事物和人本质上是平等的，整体都是一样的，不平等的只是一时一地的局部，而且是可转化变动的。自然规律是凡是组成事物和交往范围的各方在现实当中都可以，也必然发挥相互影响、作用、制约时，都是平等的，刀可杀民众，同样可杀君王；军队可以镇压民众，同样可以诛杀推翻君王。组成社会的各群体虽然可以表面上被划为三六九等，但在社会现实中却是平等的，是缺一不可的，任何一方的利益都不能长期被忽视侵害，否则必然生乱，影响全局。所以不平等的特权是违背自然客观规律的，看似弱肉强食的动物界，还有其严格的生物链来平衡，才可以长期共存。凡是违背共同利益之道的，造成发展不均衡，利益严重不平衡，必然是引发激烈甚至血腥争夺的源头，是社会动荡的主因。平等对待各参与方，老子利用简单直观的烹小鲜就更明显而不用说了，忽视烹小鲜所用的任何一种物质的作用，都无法烹出美味的小鲜来。用烹小鲜所组成各方的不可或缺的平等作用来比喻治大国时各群体不可或缺的平等作用恐怕是只有老子才有如此以小喻大、以简喻繁又无法辩驳的智慧。

治国要国泰民安，就要尽量减少激烈的争夺和动乱；要最大限度地减少争夺，就要尽量保持社会各群体利益的相对平衡；要利益相对平衡就必要有一个衡量原则，就是要“万物负阴而抱阳，冲气以为和”，要权利与义务相对平衡。社会和谐的基础是公平，而不是靠强力镇压令人一时噤若寒蝉，更不是不执法不作为纵容黑社会滋生。任何一个群体超出所尽义务的权利，都会引发其他群体的反对而引发矛盾争夺，特权越大争夺越激烈，就像马克思论资本一样：资本有百分之十的利润就会到处使用，有百分之二十的利润就会活跃起来，有百分之五十的利润就会铤而走险，有百分之百的利润就会践踏一切人间法律，有百分之三百的利润就敢犯任何罪行，甚至冒被绞死的危险。几千年封建统治形成的官本位等级特权，使多少人，十年乃至半生两耳不闻窗外事，一心苦读圣贤书，千军万马来挤官员这个独木桥，甚至有些人不惜丢掉尊严人格用各种方法讨好献媚，请客送礼，行贿受贿，买官卖官，不知这是马克思所说哪一个利润档次？可见，权利和义务相对平衡时，鬼变成人，“其鬼不神”不会伤人，严重不平衡时人变成鬼，鬼神都会伤人。所以不符合权利与义务相对平衡的原则就不会产生全社会共同利益之势，就不会国泰民安。而烹小鲜也必须充分利用灶、锅、燃料、小鱼、佐料的特性，物尽其用，各司其职，把各方面组合在一起，火候不大不小，不咸不淡，形成平衡之势，才会成为美味。而如果偏爱其中任何一样，例如火候、盐、醋等多加多放，打破平衡之势，都会令人难以下咽，而做不成美味小鲜。

老子将“治大国”和“烹小鲜”联系在一起还有一个共同点，也就是行政管理方式和烹小鲜的火候问题。烹小鲜是把各方面因素平等地综合考虑进来以后，关键还有一个火候问题，火太急外面糊了，里边还生，成了夹生；火太慢了，长久熟不了，味道不鲜，也误了事，失去了烹的意义。同样的道理，在行政管理中如果各组成群体还没有达成广泛共同利益共识时，利用国家利器强行推进，也会遭到各方抵制和反对，甚至好心办坏事，欲速则不达。同样，如果一个事物已经严重地打破了权利和义务相对的平衡，损害了弱势群体的利益和长远的共同利益时，也就丧失了国家治理的功能。烹小鲜的火候的意义和人们达成广泛共识一样，凡是达成广泛共识的就会成为必然的。

治国要有共同利益之道，而道是无形的，只有通过与事物相关的具体的德才能显现并发挥制约作用，德就是合于道的法律规范、规章制度、公序良俗、合同契约等维护道的规范制约，道通过德来确定交往范围内各人各方的权利和义务定位，这些定位是相互制约的，打破任何一个定位都会影响到别的定位，从而牵动整体利益的平衡关系。所以，治国不能凭自己的主观愿望，朝令夕改，忽左忽右，前后矛盾使下级官吏和民众无所适从，导致各方定位混乱，社会失序。烹小鲜同样是要掌握火候的相对平衡，不能随意翻动的，否则，鱼还没熟，早被翻烂了。这样一比就会知道治大国和烹小鲜都需要道，因为道无处不在，无时不在，万物生于道，长于道。物各异，而道相同，所以治大国和烹小鲜才会连在一起。

知道了共同利益之道，也就可以知道为什么“以道莅天下，其鬼不神”了。老子所说的鬼神并不是两种不同的事物，而是同一体的有无相生的两面。历来人们认为“鬼”是伤人性命的，而这里指损人利益，是代表组成交往范围内各方中，利用某些强势，可以挑起事端，损人利益的具体有形的张三、李四，某个人或某些人，而“神”是指社会各群体共同利益共识的势能，也就是说人们说的神力，势是无形的，但具体的人却是有形的，例如，皇帝这个职位的存在定位是执行符合社会各群体共同利益共识之势的各项公共职能，这就是其神势，但当皇帝的人是不断更换的，某人当了皇帝有其势和权威，而下了台便没有其“神”的势和权威了。反之，当一个人无权势时，依道遵德是个人，但一旦歪曲利用共同利益共识神势使之成为不受制约的特权，可能变成损人利益的“鬼”。可见，社会存在的势能法力之“神”是固定的，而具体的“鬼”是相对可变的。老子指出在社会治理中如果采取弱肉强食式等级特权压迫、剥削弱势群体，用功利主义思想意识诱惑民众的社会治理方法容易使人变成损人利己的“鬼”。而如果似烹小鲜那样“以道莅天下”，以各群体平等的相互影响、作用、制约、对立统一产生权利和义务相对平衡的共同利益共识之道来治理天下，则“其鬼不神”。只有组成社会的各群体平等的对立统一，产生权利和义务相对平衡的共同利益共识之势，才能使合道的行为规范之德落到实处，使社会和谐有序，做到“非其鬼不神，其神不伤人；非其神不伤人，圣人亦不伤人”，不是鬼没有伤人的权威之势了，而是共同利益共识之势追求双赢从不伤人。如果人们都依道遵德行事不违法，即使有小错也会及时地依法纠正，以最小的社会代价平衡利害关系，非但鬼怪不伤人，就连圣人也不会伤人。

当交往范围内共同利益之道存在并主导时，各方平等的相互制约、对立统一，权利和义务相对平衡，各方的主要利益都能在共同利益之道中体现出来，所以各方平等地相互制约，安定不闹事，“夫智者不敢为也”，也就无令人憎恶之鬼了。但如果无道，强势者只要权利不尽义务或少尽义务，权利和义务严重不平衡，就会产生大量的严重侵害了弱势利益的贪欲恶鬼，而社会中下层也会有老子说的“夫智者”们借机上行下效，于是社会便会魑魅魍魉一起出动，群魔乱舞。而另一方面，由于弱势各方的利益严重受损，忍无可忍也会反抗，造成社会混乱失序，此时社会的共同利益之道就因为弱势方聚集达成打击强势特权的共同利益共识之势，通过暴力去再度平衡已经严重失衡的权利和义务关系，这就是“反者道之动，弱者道之用”。只有在社会各方都依道遵德，法律面前人人平等，都依权利和义务相对平衡的规则行事，各尽职能，各安相应定位，社会才能安定，人们互不相伤，在德之法律秩序下安居乐业，“夫两不相伤，故德交归焉”。老子本章利用最简单直观，人们经常做又都不以为然的“烹小鲜”，揭示了应该全面平等地对待组成事物和交往范围各方，及时平衡各方利益，随各方互动变化的火候也就是平衡之势而动，不冒进，不滞后，不随意翻动，不朝令夕改，不只说不做，更不能说一套做一套地治理国家。

第六十一章

# 国与国交往中只有依道而行才能和平双赢

大国者下流，天下之交，天下之牝。牝常以静胜牡，以静为下。

故大国以下小国，则取小国；小国以下大国，则取大国。或下以取，或下而取。大国不过欲兼畜人，小国不过欲入事人，夫两者各得其所欲。大者宜为下。

前几章主要讲的是在一国之内的道与德，本章则讲国与国、邦与邦之间的道与德。在老子看来，道是一切事物的根本，所以不论大国小国都是因道而生，必须从于道。这里讲“下流”指大国应当像江河的下流顺势流淌一样宽阔、包容、平缓。“牝”是“玄牝之门，是谓天地根”的道，指道的母性包容、雌柔、平和、安宁，“大国者下流，天下之交，天下之牝”指大国应当像江河一样居于低下处包容、平缓，像雌柔包容的母亲一样，这才是万事万物合于道的交往方式。“下”在这里指“水善利万物而不争，处众人之所恶，故几于道”，也就是以“下”喻道，这是老子的一贯主张，所以多次提到“下”字。“牡”则指雄性强势攻击性强，一个国家是“牝”，还是“牡”，是平等、包容、有序、安静，还是特权、霸权的强势者主导，都与这个国家是否有主流各群体共同利益共识之道来决定。也就是说，一个国家的雌柔安静是有条件的，只有当一个国家各群体相互制约，权利和义务相对平衡，产生共同利益共识之道，这个国家才会因各群体间和谐而雌柔安静，与外界交往也才会“为下”。“牝常以静胜牡，以静为下”，如果一个国家的强势被对自己的对内对外的既得利益“不知足”的统治者的雄强野心所利用，就会对外发动欺侮小国的“欲得”的“损不足以奉有余”的战争，对内部的弱势民众加大压迫力度并对不满和反抗者也会进行残酷镇压，这样国家就无法和谐安静了，自然就不如以道治国的平等包容的雌柔可持续发展了。而且，那些不道的战争会严重地损害交战双方民众的财产和生命安全，胜了，得利的是既得利益群体，而民众收获的只有苦难和“其事好还”的仇恨；败了，民众不但要承担苦难和牺牲，还要承担不尽的屈辱。所以老子主张在国与国、邦与邦之间也应当全面平等地包容，“大国不过欲兼畜人，小国不过欲入事人。”两国依权利和义务相对平衡的原则互通有无，从无形到有形的文化经济全方位和平交往，“夫两者各得其所欲”，在这个过程中，作为相对强势者的大国的态度尤为主要，只有当大国尊重双方民众的共同利益，抑制自己的名利贪欲，采取平等包容的谦下态度时，才能与小国和平共处，所以“大者宜为下”，而大国能否做到谦下，由这个大国国内各群体共同利益共识之道是否占主导地位来决定。因为无论何时，占人口大多数的民众的最大利益都是和平有序，是权利和义务相对平衡，也就是老子所说的“是以圣人欲上民，必以其言下之；欲先民，必以其身后之。是以圣人处上而民不重，处前而民不害”的共同利益共识之道。至于由谁来进行社会行政管理并不是主要的，重要的是这个王朝统治者能否依道遵德地尽自己的社会职能。

春秋战国、群雄争霸几百年，多少邦国，多少曾经激动人心的爱国主义英雄演绎，随着共同利益之势一统中华都成了一家人。可见国家只是道的一个工具，因道而生，因道而亡，因道而大，因道而小。多少可雄强一时，势不可挡地占领辽阔疆域、统领亿万子民的雄主，终因社会各群体之间无共同利益共识之道的向心凝聚力，陷入无休止地内外争夺，而在相对短期内又不可阻挡地四分五裂，灰飞烟灭。而又有多少小邦小国多民族因有共同利益共识之道的向心凝聚力，而逐步聚集在一起成为统一大国，邦国聚散均取决于道。春秋战国几百年，一方面连年征战，民不聊生，民众普遍不堪重负的厌战，一方面通过几百年的战争与和平的交往使中原大地各小国的生产力、生产方式和风俗习惯越来越趋于同化，小邦小国失去了对本邦国民众特殊性的保护作用和国与国之间交往的缓冲作用，而一个更大的统一国家可以减轻民众日常经济负担，减少小国相互之间战争及备战的负担和损失，可以更有利地抵御来自不同生产力、生产方式、文化意识差别更大的国家的袭扰侵略，和与之相互交流沟通的缓冲，正是这些无形的共同利益共识之势才造就了秦朝统一。而秦始皇所看到的只是有形的武装力量的强大，物质的聚敛集中，其认识不到真正起主导作用的是无形的中原人民共同利益共识之势。其不但不继续顺各国民众共同利益共识之势而为，反而把统一的功劳完全归结于自己的文治武功，忘记了可以横扫六国是由本国基层民众齐心协力一刀一枪拼出来的。但是秦始皇只看到积聚的有形的七国物质财富和武装力量，而无视真正决定王朝命运的无形的七国人民的共同利益共识之势，从而忘乎所以，视民众如草芥，无视民众生死，以苛刻残暴的高压手段危害民众休养生息以及民众的根本利益。失去了社会的向心凝聚力，离心离德，虽然占有各国财富无数，国力雄厚，但终于在尚有相当的武装力量存在时，二世而亡。而汉王朝初期虽然战争摧残造成一片残破，物质方面国力衰微，百废待兴，但是汉高祖刘邦及文帝、景帝能够适当约束自己的特权享受，顺应民意之道，无为而治，休养生息，终于以大汉闻名于世界，而成就汉王朝兴起的真正力量不就是无形的组成社会各群体要求和平统一、休养生息的共同利益共识之道吗？可见国家的物质国力并不是一个国家存亡兴衰的主要决定因素，而决定国家聚散兴衰的主要是由组成这个国家的各群体相互制约、对立统一产生的权利和义务相对平衡的共同利益共识之势而定的。老子本章开头便说“大国者下流，天下之交，天下之牝”，“天下之牝”是指包括各国民众在内的天下共同利益之道。而“大国者”能够“知其雄，守其雌”地“下流”，是在大国内部占支配地位的组成这个国家各群体能够平等地相互制约、对立统一产生的共同利益共识之道的情况之下才可能达到的。

那么道因何而生国呢？在人类发展早期，生产力低下，农耕、游牧、狩猎多种不同的封闭生活方式，因交通不便，地域阻隔，产生了生产力的差别，生活方式的差别，和不同的语言、文字、宗教信仰、文化习俗、科学技术等相互之间的无形的文明共识差异，因为这些大的差异在各群体相互交往中极易产生激烈矛盾冲突。这样，当生产力逐步前进，因原来相互隔绝的不同文明的各群体的相互扩张，使交往成为不可避免的事，而矛盾冲突也不断加剧，为了保护自己的物质和文化意识文明，各国间减少冲突，缓冲矛盾，相互交流了解，逐步求同存异，更利于共同发展的需要，才产生了国家的对内保护、对外交往沟通职能。也就是说，国家的对外职能是作为不同文化共识、不同生活方式的群体的利益在交往中的保护和缓冲器的功能出现的。

在不同文明的交往过程中，当双方经济文化各方面差异大，矛盾大时，国家的保护作用就强；当双方差异因包括战争、竞争在内的多种交流方式而逐步缩小，同质化增强时，矛盾就会逐步缓和，此时国家的保护作用就会逐步减小。当双方差异微小，逐步同质后，原有国家就会消失，像春秋战国时期的多国。现存国家无论大小，几乎都是由历史上多个曾经独立的小国、小邦、部落因共同利益共识向心凝聚而成的，只是因为年代久远，人们不敏感罢了。这足可以证明国家因道而生，因道而亡。

无论现代国家之间矛盾多么复杂激化，但生产力和生产方式已经通过全球化把全世界各物质发展水平不同由此造成的有文化意识差别的各群体越来越紧密地联系在了一起。实际上，无论各国之间表面上有多么大的差距，但是根基处的“万物负阴而抱阳，冲气以为和”，也就是权利与义务相对平衡的客观自然规律是同一的，寻求各个交往范围内各群体相互制约的对立统一的共同利益之道才能和和谐稳定的客观自然规律是同一的，由不同国家群体共同利益之道显现的具体之德的法律规范、规章制度、公序良俗、合同契约等约束性是大同小异，本质上基本相同的，都是在体现交往范围内的共同利益共识之道。这些就足以证明，只要对立统一的自然规律还在，人类命运共同体的产生就是全人类必然的共同利益共识之道。

事物的对立统一是有一个必然的反应过程，各方力量的分化组合达成共识之势同样有一个过程，交往范围越大，参与交往方越多，相互之间差异越大，达到共同利益共识的分化组合过程就越长，但这个共同利益共识的产生是必然的不可阻挡的。因为虽然表面上看这个共同利益之势“视之不见”“听之不闻”“搏之不得”似有若无，但“执古之道，以御今之有”可以“柔弱胜刚强”，为什么呢？因为“鱼不可脱于渊”，万物不可失道之根，无论鱼有多大多强，离开水也活不了，而统治者无论多么强势，背离了社会各群体共同利益共识之道，即使动用物质力量或是强大的“国之利器”压迫人民，也不会达到目的。因为真正起决定性作用的，只能是看似无形的组成交往范围各方的平等地相互制约、对立统一产生的权利与义务相对平衡的共同利益共识之势，而且随着相互交往的广泛深入，各方共同利益共识的契合点会逐渐增多而趋同，虽然人们可能短期内感觉不到，不敏感，但是这却是不可违背的自然规律，如老子所说“玄牝之门，是谓天地根”。

第六十二章

# 一个有道的社会才是和谐共赢的社会

道者，万物之奥。善人之宝，不善人之所保。

美言可以市，尊行可以加人。人之不善，何弃之有？故立天子，置三公，虽有拱璧以先驷马，不如坐进此道。

古之所以贵此道者，何不日以求得？有罪以免耶，故为天下贵。

“道者，万物之奥。”道是万物奥妙之根，任何事物的产生和存在发展都离不开共同利益之道。“善人之宝，不善人之所保。”这里的“善”并非善恶之善，而是善于的善，指在生产、生活、学习、科研等的各项技能水平差别。

道是由组成事物或社会交往不同范围的各方面平等地相互影响、作用、制约的对立统一产生的共同利益之势。所以必须全面包括，不但包括善于生产技能，善于知识文化，善于社会沟通交往，善于武装格斗，善于谋划算计，善于统领三军等各式各样的具有一定一时强势的人和事，也必须包括不善于这些的人，因为每个人都各有所善，也各有所不善。善于和不善于都是在一定条件下，一定时间段上的一个特定点上的相对而言，例如作为学问大家的孔圣人与目不识丁的老农就各有所长所善，所以孔子才说：

“三人行，必有吾师”。现实社会更是复杂多样的，是一个包罗万象的综合体，这些不同事物，不同社会群体，不同的人都各有自己权利和义务，也就是自己的特点，可以与别的事物，别的群体，别的人产生相互影响、作用、制约的对立统一关系，并且必定产生共同利益之势。这个势看不见，听不到，摸不着，但是如果依共同利益共识之势及其显现的各种行为规范之德，事物或社会或各个不同交往范围就基本顺遂安宁有序，否则就会混乱争斗无序，这也是老子为什么说道是“万物之奥”“玄之又玄，众妙之门”了。在依道的交往范围内，不论是善于不善于，强势弱势，都平等相待，根据每一件具体事物中的权利和义务相对平衡的标准来行事，在不断互动中调节利益关系。这也是为什么不断细化的分工可以提高生产力，因为如此可以令各有所善的人最大限度地发挥作用，这就更显现了平等的分工合作、相互取长短的共同利益之势之道的万物之根的作用。由参与交往范围各方在平等的相互制约中，依据权利和义务相对平衡的自然规律共同制约侵害别人利益的“挫其锐”，求同存异的“解其纷”，达成共同利益之势的“和其光”，并以行为规范之德的方式显现出来的“同其尘”。在各个交往范围内，因为各方地位平等，就会相互尊重，有权利和义务相对平衡的原则所倚，所以真诚质朴，拥有共同利益共识的人们因为能够相互制约，所以才会同心同德，互助友爱。这就是以共同利益之道平等交往的“善人之保，不善人之所保。美言可以市，尊行可以加人。人之不善，何弃之有”。人类也正是因为这种合作互补才产生的共同利益共识之道，才可以远远超过那些单打独斗占优势的动物的，也就是说，是“上善若水”的包容产生的共同利益共识之道这个“玄牝之门”产生了人类。

“故立天子，置三公，虽有拱壁以先驷马，不如坐进此道。”天子、三公、拱壁、驷马，就是君王、官员体系、威仪、武器力量，这代表一个完整的国家的行政管理体系。用现在的话说，这只是一个硬件，如果没有正确的软件也无法运行。行政权力不论是如何得来，必须尽组成这个国家的各个群体的共同利益之道的社会职能才可能稳定有序存在。如果封建统治者以赢者通吃的态度，放纵自己的贪欲，严重损害其他群体的利益，不但会遭到利益受损方的激烈反抗，也会因不付出而可得到巨大利益的诱惑而诱发权力集团内部的血腥争夺，使君主时刻不安地生活在达摩克利斯剑下，社会也会动荡不止，最终伤及自身，“福兮，祸之所伏”，所以只有这个行政机构真心认识到组成这个社会各群体平等的相互制约、对立统一产生的权利和义务相对平衡的无形的共同利益共识之势，才是这个行政机构存在的基础定位和坐标，只有认真执行合于道的各项行政职能，在合道的法律规范内行使权力，才能有自己和各群体的有序安宁的共赢。“始制有名。名亦既有，夫亦将知之。知之，所以不殆。譬道之在天下，犹川谷之与江海。”“始制”指因道而生的行政职能规范，“知之”是指不为了自己私利而违背行为规范。也可以说，有形的人员、场所是硬件，而无形的共同利益共识之道是软件，是灵魂，两者是有无相生的关系。所以“故立天子，置三公，虽有拱壁以先驷马，不如坐进此道。”

人的作为是会受到无形的意识共识环境影响和制约的。人是社会的产物，从一出生受到父母和各种家庭条件产生的相应意识的影响制约，以后会受到同学、同事、朋友和整体社会意识环境的影响制约。“不尚贤，使民不争；不贵难得之货，使民不为盗；不见可欲，使心不乱。”在这样的环境中，在乱世时曾经左右摇摆、随波逐流的人们都会自然而然地趋向依道遵德，而即使是过去的贪婪之人大多数也会自觉不自觉地克制自己改变过来。“美言可以市，尊行可以加人。”平等友好的语言可以使人人都得到最宝贵的尊严，共同利益双赢的行为会产生强大的向心凝聚力，吸引人们“天下往”。在依道遵德的大环境里，大家平等相处，相互关爱，相互尊重，团结互助，没有等级特权社会的歧视挖苦讽刺，每个人都有因自己所尽义务相应的权利决定的社会定位，也无须再仰人鼻息，看人脸色，可以坦然地表达自己意见，去和别人讨论，相互借鉴，相互制约。当民众有了平等的“挫其锐，解其纷，和其光，同其尘”的相互制约，对立统一的平台机制，可以时时处处直接主动参与推动权利与义务相对平衡—失衡—平衡的半径小、社会代价少的循环，就可以做到包括广大弱势群体在内的整体社会的和谐有序，从而极大地减少犯罪诱惑和过激犯罪。“古之所以贵此道者，何不日以求得？有罪以免耶。”也就是说，当一个社会依道遵德的“无为”成为社会主流之势后，人为势所迫，不易犯罪，即便犯了罪，受到惩罚后，由于主流环境好，也好回归主流。这就是不同的无形的共识之势所形成的制约势能对人们言行的制约作用。

封建统治者所订立的与道有无相生的法律规范之德只是一些告诫人们不要触犯的忌讳，以此圈定一个法不禁止既可行的合法区域，所以这个区域的划定非常重要，如果统治者因为自己特权利益考虑划的区域漏洞太多，界限不清，落实时可以因人而异，使人无所适从，使一部分“夫智者”有空子可钻，达不到防止犯罪，建立有序、公平的社会的目的；划的区域过小，使人们动则获罪，使多数人不同程度地都有罪，使法律规范失去了守卫共同利益之道的本意。根据权利和义务相对平衡的自然规律产生的法律规范之德是一个社会的方向盘和稳定器，不容偏差。如果一个社会个人功利主义和官本位等级特权价值观成为文化意识主流后，人们会受到各种贪欲的诱惑，往往不择手段地追逐名利，损伤他人利益，并不觉为耻，反而为荣。而且会因为辛勤劳动的穷和固守法律规范会被人认为是刻板，是愚蠢，是守着金碗讨饭吃，甚至是不思进取，没出息，而被人所轻视，蔑视。所以当人们顶不住这种价值观文化意识共识的强大压力后，极其容易脱离道的大路而滑向贪婪的小径而犯罪，而且，受到惩罚之后，也不容易回归于遵纪守法的共同利益之道，因为占社会主流的文化意识是个人功利主义价值观，所以才有了老子的“古之所以贵此道者，何不日以求得？有罪以免耶，故为天下贵”。“求以得”的“以得”可以理解为是人们根据权利和义务相对平衡的自然规律应该得到的有形的生活物质和无形的不能任意侵犯的人格尊严，这是人们身心健康的基础。但是，在封建社会，官吏豪强可以横征暴敛，弱势群体不交出自己的“以得”就是犯罪，稍有不满和因共同利益共识而聚集就是犯罪，进行反抗更是会被残酷镇压，苛政猛于虎。

如果社会依共同利益之道，遵守合道的法律规范办事，这些不合道的无辜之罪自然也就“有罪以免耶”了。而且生活在法制健全又能真正落实的环境中，和谐双赢，矛盾不易激化，人们犯罪率也低，即使犯了罪也能得到教育宽恕，给予出路，而且也便于误入歧途的人们改邪归正，所以，“有罪以免耶”。因为人们，尤其是弱势群体都能得到道的直接庇护，所以人们都“贵此道”。

第六十三章

# 行道也要讲求方式方法

为无为，事无事，味无味。

大小多少。（报怨以德。）图难于其易，为大于其细。天下难事，必作于易；天下大事，必作于细。是以圣人终不为大，故能成其大。

夫轻诺必寡信，多易必多难。是以圣人犹难之，故终无难。

上一章讲了道的“为天下贵”的好处，而本章和下一章则主要讲述如何在日常生活中依道而为，认真实践。道无处不在，无时不在，是万物之宗。我们每天就在道与不道，成功与失败中穿行，只是人们不曾明确认识到，“不识庐山真面目，只缘身在此山中”。我们在日常生活交往中依权利和义务相对平衡的共同利益共识之势办事就双赢，合则两利；当起了贪心，想少付出多占有就会斗则两伤。当一个人时时处处依道遵德地与人交往，就会“美言可以市尊，美行可以加人”，从而得到与之交往各方的认可和赞誉以及人们的支持助力而顺利；而当一个人时时处处以个人利益划线，侵害他人利益，就会受到众人的疏远、憎恶、反对而独立无援，处处不顺。本章就是以人们身边的“大小多少”，难事、易事、大处、细处的事来讲述道和人们日常生活的紧密不可分割的关系，我们不能认为道太大，离我们太远，并不是我们无权无势的百姓所考虑的事。因为可以摧枯拉朽之天下大势必须由每一个人日常生活中的共同利益共识汇集而成，“合抱之木，生于毫末；九层之台，起于累土；千里之行，始于足下。”“天下难事，必作于易；天下大事，必作于细。是以圣人终不为大，故能成其大。”达到天下和谐安宁有序的唯一路径就是：每个人从身边“大小多少”开始感悟道，依道遵德行事而汇聚成全社会平等的相互制约、对立统一产生的权利和义务相对平衡的共同利益共识之势，才可以最终“故能成其大”地成为无坚不摧的社会主流。道是万物之宗，也必须由万物主动参与才能产生。

“为无为”。道无处不在，无时不在，“万物负阴而抱阳，冲气以为和”也无处不在，天下没有免费的午餐，种瓜得瓜，种豆得豆，一分耕耘，一分收获，这些话自古广泛流传，也就是说什么事都要权利和义务、回报和付出相对平衡，只有这样，事物和社会才能存在，这就是“为无为”。“为”就是打破权利和义务相对平衡的自然规律的只索取不付出。如果大家都如此，任何事也无法产生和存在；因为如果一部分人多索取，少付出甚至不付出，由另一部分承担他们少付出不付出，多索取的损失，这个社会将不会有序安定，一定会冲突不断，甚至升级为动乱。这个道理谁都懂，也会说，也无可辩驳。但是具体到每个人、每件事、每个具体细节上，人们往往又会自觉不自觉地想多点权利、回报，少尽点义务和付出，这就是懒和贪的来源。懒和贪性质不同，懒一般情况主观恶意不大，少干少得，结果自己承担，常与穷连在一起；而贪则不同，贪是自己不尽义务，不付出，但是要通过一定的不受制约的强势和智巧占有别人的应得利益，不穷反富，这就是老子说的“大道虽夷，而人好径”了。这种作为对社会破坏作用十分巨大，会引起利益向强势者聚集，造成利益受损者的贫困，贫富差距加大，引起利益被损群体的不满和反抗，甚至会引发社会动荡。财富聚集本身并不可怕，在权利和义务相对平衡的情况下，得到财富的同时必须以为社会各群体共同利益尽了相应义务为前提，个人财富的聚集同时增加了社会财富，从而使社会各群体直接或间接得利。但是如果这些人的财富聚集是通过权力的垄断，权钱交易，假冒伪劣，各种炒作，诈骗，传销等等只要权利不尽义务的方式得到的，也就是并没有为社会贡献物质和服务及精神财富，只是通过权力和智巧将别人口袋里的钱掏出来，装进自己的口袋里，这些人的行为就是老子说的“有为”。他们的财富来源于直接、间接对弱势群体利益的剥夺；来源于显性和隐性的垄断；来源于民众无法避开的生活必需品的使用价值和交换价值的严重脱节；来源于通过各种资金杠杆的资本炒作；来源于引起的社会民众普遍投机浮躁心理为基础的传销诈骗……要识别这些繁杂的社会现象必须以组成社会各群体的长远的共同利益之道和“万物负阴而抱阳，冲气以为和”，也就是权利和义务的相对平衡的自然规律为分水岭，不能短视地只看眼前的数据指标，而忽视了长远的发展以及社会民众无形的共同利益。怎样才能“为无为”？唯有依道遵德，唯有相生相克，相互制约，对立统一，似太极图中阴阳两仪首尾相连，整体循环一样，也就是说，“为无为”是在相互制约的对立统一中才能达到的。

“事无事”，做事时应尽量简化，少曲折。“为无为”是真实质朴，简单明了，自然会“事无事”。但是如果要打破权利和义务的相对平衡，变相地把别人的钱掏出来，装进自己的口袋就不能真实质朴、简单明了，因为这必定会遭到利益受损方的明确反制。也就是说，凡把无事变成多事的，能公开的事不公开的，几乎都是目的不纯的。只有严格依从共同利益之道，遵守权利和义务相对平衡的自然规律，以公开公正、真实质朴、简单利落的方式办事，才是事半功倍的办法，才会“事无事”。

还是几种使人多事的情况值得我们注意，在我们的日常生活中，每个人都想“事无事”尽量减轻压力，但又无法做到，几乎每个人都感觉到一天到晚，忙忙碌碌，甚至十分疲惫，但仔细想一下实际意义又都并不大。其实静心一想，真正的衣食住行的需求并不十分复杂，可以简单易行，往往是特权的介入和我们自己也受特权诱惑的贪婪和虚伪狡诈，把生活变得曲折而复杂和沉重化了。

一个多事原因，是人们的无形的特权贪欲观念造成的。社会无论行政方面还是经济、生活交往各方面都会有些强势者存在，甚至可以说，每个人都有自己的强势之处强势之时，就是对本乡道路熟悉，对外地人来说也可以成为一种强势。如果大家都“知其雄守其雌”依道而行，平等相待，依权利和义务相对平衡办事，则社会就无事顺畅。

还有一个多事原因是关于社会诚信范畴。名誉信用，是一个人在交往圈子内因自己言行，得到的评价和定位，也可以说是一个人的无形的势，对一个人在圈子内生存来说至关重要，丢掉名誉将被人遗弃疏远，在必须相互合作才能生存的社会，将寸步难行。良好的信誉也是和外界交往时的一个通行证，所以人们视自己的名誉为生命。在自给自足的小农经济时代，人们被土地相对固定在一个小的交往圈子内，在这个圈子内，人们世代居住和生活在一起，彼此相互了解，因而名誉定位清楚，伪装也没有用，都量入为出，有多少米做多少饭，真实质朴。但是，当这些固定圈子因进入商品社会，被逐步扩大的交往范围所打破后，进入以陌生人交往为主的社会，人们彼此的了解越来越少，名誉也就越来越与真实脱钩，可以用假象来博得虚假的名誉，也就是可以造势或借势。这就必然催生人们普遍地以表面现象维持和抬高身份、名誉、信用的造虚假之势以及社会攀比风气，而且这种风气一旦流行，必然会深入社会生活的每一个角落，后果可想而知。

还有一种现代人特有的多事，就是对信息不加筛选的盲目全盘接收。收集自己周围信息是人类生存所必需的能力，只有有了尽量全面的信息，人们才可以了解自己周围和各种交往圈子的信息，才可以通过相互影响、作用、制约而产生共同利益之道，才可以普及先进经验，吸取经验教训，通过相互借鉴比较来共同提升，才可能提高自己的势，所以对相关信息的搜集积累是人类必不可少的生存能力。但任何事都不是绝对的，是有度的。当互联网使全世界面积的广和全世界历史的纵的立体的所有一切，都可以时时通过手机呈现出来时，便与人类的真实需求和掌控能力发生了矛盾，大大超过了人类的需求和掌控能力。实际上无论信息也好，故事游戏也罢，细分下来，也就是大同小异的那些情节种类，只不过是不断变换时间、地点、人物名称而已，作家们虚拟的故事情节的产生也就是依此规律。如果不加区分，盲目全收，人会成为信息游戏的奴隶，每天被动地积累，根本无法主动地吸收利用，沉浸其中，丧失主动思考能力，使大脑思维能力麻痹退化，脑子里全是别人的东西，被别人牵着鼻子走，占用时间，耗费精力，浪费生命，极其悲哀。表面上得到了信息自由，但由于不会筛选利用，反而失去了时间和精力的自由，自愿进入麻痹的被囚禁状态而不觉。

在这么多多事原因下，想“事无事”是十分不容易的，必须要有一定的清醒和定力，知道自己本质上需要什么，不需要什么，不为社会风气所动，不为周围人干什么所动，由自己掌握生活的算盘，在繁杂多事中学会做减法和舍得放下，学会难得糊涂。从小处，细处做起，该花的钱，多少都不心疼，不该花的钱一分钱都不花，自己认为对的事，别人都不做，也去做，认为不对的事，别人都去做，也不做。客观、真实、质朴地去生活，减少不切自己实际的贪欲，才能生活在幸福之中。幸福是感觉，是期望与现实的平衡，不切实际的期望值越多越高，离幸福越远。茹毛饮血时代的人们有幸福感，刀耕火种时代的人们也有幸福感，激烈竞争的物质条件极为丰厚的今天，人们也不见得多了多少幸福感。富人有幸福感，穷人也有幸福感，真正的幸福是一种无形的人类特有的感觉能力，是以无为和无事为前提的。“事无事”是一种向往，也是一种定力和能力。

“味无味”和第十二章“五色令人目盲，五音令人耳聋，五味令人口爽，驰骋田猎令人心发狂，难得之货令人行妨。是以圣人为腹，不为目。故去彼取此”是一个意思。“味无味”代表了不能过分追求各种感官和贪欲刺激的意思。人体也有人体的道，也存在各组织器官之间的相对平衡关系，过分追求感官刺激不仅会使人沉迷于酒色财气，玩物丧志，也极易为了满足于享乐的开支而走上犯罪的斜路，即使腰缠万贯，自己的身体也受不了。人的营养需求是有限度的，超过了限度反而成为伤害，现代人的多种富贵病和过度肥胖已经在严重地影响人类的健康，再加上其他追求感官刺激的不良生活习惯就造成对人类生活质量的严重威胁和极大的医药负担，这就是过犹不及了。在两千多年前生产力低下，生活物资匮乏时，老子主要是对当时的权贵们的警告，今天却具有了普遍的社会意义。通过老子“为无为，事无事，味无味”的告诫，我们应当认识到，科技发达，自动化程度越来越高，劳动强度越来越小，物质越来越丰富的现代人们真到了认真思考老子的告诫，反思我们究竟需要什么，什么才是和人体的道和社会的道相适应的生活方式的时候了！

“大小多少。(报怨以德)”。大小多少，泛指一切事物，“报怨以德”的“德”是本句话的关键。人的一生会遇到各式各样的人，各式各样的事，这些都需要人们去面对而无法逃避。同样的人，同样的事，有人不但成功获利还得到各方认同的名誉，而有的人则失败而丢利丢名，为什么？在于处事的方法。损人利己固然不对，会遭到别人的反击而失败；那么面对别人的欺侮伤害之怨能忍则忍，能让则让，行不行呢？同样是错的。因为你这样做不仅是直接伤害了自己，也间接伤害了造成怨恨之人和广大无辜之人，因为你的无规则底线的忍让纵容了他的贪婪，使他在错误的道上越走越远，他会伤害更多无辜之人，这是一种对自己和社会共同利益之道不负责任的行为。人们一方面有多一事不如少一事的思想，另一方面也有对老子“报怨以德”的错误理解，有人理解为以好心善意甚至于牺牲利益的忍让去应对别人对自己的伤害，去感化作恶之人，这是不可能的，是完全不符合权利和义务相对平衡的自然规律的，是会扭曲双方人性的。当一个人损害别人利益时，没有人反对制约，只有利而没有害，他会主动收敛贪欲而收手吗？人们生活在社会中，必然会受到方方面面制约，这是“长短相形，高下相倾”的对立统一的自然规律。平等地相互制约、对立统一是每一个人和群体在社会交往中唯一的生存方式。那么老子的“报怨以德”是什么意思呢？关键在“德”字上，什么是德？一般人们认为的德是空泛的，无具体标准的，而老子的“道生之，德畜之”的意思就是用德去规范管理的意思。老子“报怨以德”的意思是以显现道的具体的法律规范、规章制度、公序良俗、合同契约等规范之德为标准，去解决与别人的怨恨和矛盾对立，也只有这样办事才进退有据，才能取得双赢共赢的成功。这和孔子的“以直报怨”有相同之意，“直”有准绳的意思，实事求是，也就是不因有怨而特别加害于其，而是秉公执法而行。虽然老子历来是主张“上善若水”，但也从来不是毫无原则的，而是主张要“万物负阴而抱阳，冲气以为和”的权利与义务的相对平衡，主张“物或损之而益，或益之而损”的辩证关系。以老子对立统一的观点也不会去主张用无原则的所谓的仁义道德去回应别人的严重伤害，如果人们都这样无原则地忍让，只能在平等的相互制约、对立统一中才能产生存在的共同利益之道又如何产生存在？天下万物又如何产生和存在？

“图难于其易，为大于其细。天下难事，必作于易；天下大事，必作于细。”人生在世，谁都想干成大事，羡慕英雄和有作为、成功的人，这是人类不断前进的动力。如果每个人都安于现状，苟安于一时，不去变革，那么人类如何一步步发展呢？识道的人们知道要有所作为，就首先要“为无为，事无事，味无味”，有了这种精神还不够，多少人空有一腔壮志，也有牺牲精神，但忙碌一生，一事无成。为什么？因为想干事还必须有正确的方式方法，老子在这一章和下一章都是在讲具体做事的方法。远大目标必须和科学的方法相结合才能达到，只高喊口号，没有方法是空喊轻诺。事物的发展也有一个由小到大，由少到多的过程，如果我们不从小处做，就会失去做大的机会，如果不关注细节，就会不全面，丢掉一些有发展前景的东西，任何新生事物萌芽在产生时都是微小的，不起眼的。目前可以说是无处不在，统领全世界的计算机、互联网大数据，不是也历经从电子管、晶体管、集成电路一步一步从慢到快，从简单到复杂的过程？不关注小的新生事物萌芽不行，遗漏了小的隐患同样不行，会造成千里大堤溃于蚁穴的悲剧，美国挑战者号航天飞机就是因为一个小零件的失效，而造成包括七名宇航员生命在内的无比沉痛的损失，可见，事物是没有大小之分的。有时，对一小事的处理，对一个小案件的审理，会影响到整个社会的走向。

不忽略小事，易事才能成就大事难事。所以“图难于其易，为大于其细。天下难事，必作于易；天下大事，必作于细”。

“是以圣人终不为大，故能成其大。”“大”的是什么？一般认为，是用眼可见到的物质成功，用通过各种垄断得来的不受制约的特权，而这些其实并不是真正的大。真正的大是看不见，听不到，摸不着的，是无形的共同利益之势。无论是斗转星移、地动山摇还是王朝的倾覆，其背后的动力都是无形的共同利益共识之势。但是，共同利益共识之势的产生和形成却是靠从事物根基处的小处、细处一点一滴不断累积而成的。我们看事情往往更多是关注表面现象，其实任何一个事物的核心都不在于有形的表面现象，而在于在无形中起作用的势。也就是说，这是一个人的身体和精神灵魂的关系。势是无形的，是由交往各方在相互影响、作用、制约中不断累积中产生的，共识之势不仅仅是其本人一方如何做，还必须得到交往范围内其他各方的一致认可才行，例如许多历史伟人及一系列对人类有贡献的科学家、艺术家，他们的势，是任何人任何势力也剥夺不了、诋毁不了的。因为那些势是他们一点一滴从小处、易处、细处持之以恒的坚持，从而逐步得到他们交往范围内人们的公认和交往范围以外人们的无限景仰，他们的势，在他们死后，别人尤其是传于后人的认同共识还在，才使他们如老子所说“死而不亡者寿”，而永远流传不衰。势是由事物的多方面构成，是由无数细小甚至琐碎无趣的事物反复磨砺、久经验证、严密结合的相互作用构成的认同共识，必须有一个逐步发展、积累、传播的过程。

无形的势是软实力，是不可战胜的，因为这是从真实的小处细节日积月累的共同利益共识之势。国家大事如此，一个人，一个企业团体也如此，要想成才，成就事业必须有相应的无形的共同利益共识之势。表面物质的东西有时达到并不难，例如有些人一夜暴富，但是他的举止修养之势却无法短时期得到，因为势是在全面的点点滴滴的自己作为和别人认可的相互影响、作用、制约过程中积累而成。这其实就是一个由生活细节的一点一滴，小处细处在“大小多少”的各种交往中通过各方相互影响、作用、制约的对立统一，逐渐积累和扩散的互动共识过程。

有的人一生忙碌，干了许多小企业，但却一事无成。为什么？他太急功近利了，干一件事刚成不久，因为不赢利或不理想而放弃，又开始干别的事，屡屡交学费。因为他不知道，任何一件事都需要共同利益共识之势，既然是共识，就不仅仅是自己的事，需要有一个多方互动、认同、扩散的过程，事越大势越大，而势越大，事越大，任何一件事都是由许多大大小小方面构成，这些方面都会在相互影响、作用、制约中不断变化磨合，你对别人的影响要得到别人的反馈、承认才会确立和扩散，才可以逐步与别人因长期相互影响、作用、制约的对立统一而形成较稳定的互补互利的共同利益共识之势，这个共同利益共识之势扩展越大，事业才会越大。对于一个人来说，有共同利益共识的人越多势越大，可影响、作用、制约的人越好扩大。但是，这种势的扩大扩散不但需要你的“为无为”的态度，还必须有一个与方方面面的小处、易处、细处全面磨合的过程才可以，这就是事物的必然发展过程。而有些人干对了事，态度也端正，也准备“为无为”的人，还一事无成，就是因为忽略了势的形成扩散过程，当他因为失望而放弃时，虽然他还没有得到利润，但他已经初步掌握了相关的信息知识，有了一些相关的人脉，有了产品对市场的一些影响和作用，这些都是看不见的势，这些是钱所买不来的，如果认识不到“天下难事，必作于易；天下大事，必作于细”的道理而放弃了刚刚开始积累的无形之势，就前功尽弃，白交了学费。因为他的眼中只看到有形的物质，只看到了辉煌的成就，而制定过高的指标，看不到从易处、小处、细处的共识之势的产生和积累要有一个过程，故一事无成。所以老子说“是以圣人终不为大，故能成其大”，不会干事的人两眼只盯住有形的物质和表面的业绩报表，而真正会干事的人会主要关注来自方方面面的无形之势的变化平衡，去因势利导，因为任何成功，尤其是可持续的成功，只能是在交往范围内的共同利益共识之道的基础之上。这也是对“无名，天地之始；有名，万物之母。故常无欲，以观其妙；常有欲，以观其徼”的实际应用。

还有的人，易于动感情，而常立志，但又从不踏实地坚持从小处、细节做起，常立志等于无立志。有的人，不认真调查，不了解实际上的困难有多大，认为用力度可以代替过程，用意志代替实际，喜欢大张旗鼓，轰轰烈烈，结果，这些事因为不符合共同利益共识之势，民众不理解，不配合，无可操作性，无法落实，形成不了共识的势能，因此指标无法完成。

所以老子认为要干事必须充分全面地了解实际困难，做好充分准备，不但关注表面的物质现实，也要从易处、小处、细节之处下手，以逐步在与多方交往中通过平等的相互影响、作用、制约的对立统一中产生共同利益共识之势，并逐步扩展交往范围形成更大的共同利益共识之势，才能以势推事，顺势而为，引而不发跃如也的“无为为”，不必显露，也无须张扬，似大江之东去，这才是第十七章中讲的“太上，下知有之”的办事的最高境界，以势行事，自然而然，才可成就相应的大事，取得表面上物质的利益。“是以圣人终不为大，故能成其大。”也就是说，任何事物表面上的最后成功，都是由前期积累和十分广大的无形之势的基础为前提的，就像海上漂浮的冰山一样，人们看到的露出表面的部分要远远小于水下支撑部分。所以干什么事只有从小处、细处着手，毫不松懈地依道遵德，一步一个脚印地老实质朴地以“啬”蓄势而“早服”，才能取得人们看得见的物质成功，“是以圣人犹难之，故终无难”。

第六十四章

# 依道遵德才能善始善终

其安易持，其未兆易谋；其脆易破，其微易散。为之于未有，治之于未乱。

合抱之木，生于毫末；九层之台，起于累土；千里之行，始于足下。

（为者败之，执者失之。圣人无为，故无败；无执，固无失。）

民之从事，常于几成而败之。慎终如始，则无败事。

（是以圣人欲不欲，不贵难得之货；学不学，复众人之所过。以辅万物之自然，而不敢为。）

本章和上一章一样是以讲述做事的行为方式为主，因为只认识道还远远不够，老子写《道德经》的真正目的是不仅人们要知，还要去做，去落实，去以实际行动来“浊以止静之，徐清”“安以久动之，徐生”“敝不新成”去进行社会实践，这才是真正对自己、对社会都有利的事，才不是纸上谈兵。人们能够认识到事物，并不等于会实践，而实践的方法是非常重要的，是成败的关键。老子本章主要讲的就是通过自己对事物发展的规律的观察和经验提出，要做成一件事，从事前，中间管理，到最后完成这样一个完整的流程。这件事可以是君王对一个国家的管理，也可以是一个人，一群人对企业的管理，道理都是相同的，都是既要依道遵德还必须讲究方式方法。

我们在干一件历时较长的事情，例如管理一个国家，办一个企业前，要先认识一下客观事物的自然规律。我们用第四十二章中的教导，来逐步分析认识一下：

第一步："道生一"。我们所要干的事或生产的产品，必须符合社会各群体的共同利益共识之道，才会有使用价值和交换价值，也可以说是合法的，可行的。

第二步："一生二"。这件事或产品是对社会所尽的义务和付出，只有能够得到与之相应的权利和报酬时才能去做和生产，否则谁也承担不起。义务和权利是"二"。

第三步："二生三"。这件事或产品既有了自己的权利和义务，就有了和别人不同的特殊利益，不但和其他类型的事和产品不同，和同类产品也有不同，这个不同便是自己的势，并且通过这个势，去和相关各交往范围内的各方之势产生相互影响、作用、制约的对立统一的共同利益之势，共同利益共识之势并因此产生相应的德，也就是法律规范、市场规律、游戏规则等具体体现共同利益共识的制约。

第四步："三生万物"。任何事情或企业都会直接或派生出许多事物和部门来，需要许多人直接，或间接，再间接参与和关联，而且各有分工。这些事物无论多么复杂有两点是相同的：一、因共同利益共识之道而生；二，产生自己的权利和义务相对平衡关系，各有自己的特殊利益，也就是自己的势。怎样才能把这些特殊利益统一起来？怎样使这些方方面面的势通过平等地相互影响、作用、制约的对立统一产生出共同利益共识之势呢？这就引出了第五步。

第五步："万物负阴而抱阳，冲气以为和"。万物都因道而生，有自己的职能义务，也都要同时具有自己的权利和报酬，而阴和阳、权利和义务必须相对的平衡，“充气”指动态浮动，“和”指平衡。这就是使事物或交往范围能相对平衡、稳定和存在发展的唯一自然规律，舍此自然规律万物无法统一，世界也无法存在，这是客观的自然规律，也就是说老子说的“常”（第十六章）。打破这个规律就是“有为”，遵从这个规律就是“无为”。社会的经济和政治其实本质上都是在围绕着这个问题在转。所以要想办好每一件事、每一个企业这都是根本。知道了事物发展的自然规律后，我们再来看看老子讲的事物发展的事前、事中、后期三个阶段。

事前，“其安易持，其未兆易谋；其脆易破，其微易散。为之于未有，治之于未乱。”在干事和办企业之前，因为还没有具体运作，所以相关交往范围内各方的权利和义务相对平衡的关系产生的矛盾还没有出现，处于“未兆”的潜伏安定时期，即使有些规划设计方面的矛盾也还处于萌芽的脆嫩和微小阶段，这也是好解决的，这时应该充分借鉴前人的经验教训，做好预防今后可能出现的矛盾的准备工作，把问题解决在矛盾没发生或未激化生乱以前。如何做呢？根据“道生一，一生二，二生三，三生万物，万物负阴而抱阳，冲气以为和”的自然规律，用平等协商、对立统一的方式，尽量使全面的相关各方，通过相互影响、作用、制约在权利与义务相对平衡原则上通过对立统一方式产生出共同利益共识之势，并且根据这个无形之势的精神，与具体事物相联系显现为有形的德，也就是用尽量严谨的法律规范、规章制度来将各方的权利与义务相对平衡的原则物化、细化，使人们干什么事都有章可循，有法可依，责权利清楚，奖惩分明，确保在法律规范、规章制度面前人人平等。这样做就像划定了一个明显的区域，在区域内就合规，出了区域就违规，这个区域越清楚明白，对人们的贪欲诱惑就越少，对人们所限制的同时保护的能力就越大。但是，有时我们往往忽略了这些，把主要精力放在具体事物上，例如资金筹备、机械厂房等方面，有的讲哥们儿义气，不屑于谈具体利益，好像谈利益就远了；有的不愿在这上面投入过多时间和精力，马马虎虎规定个大概，不仔细也不具体，为以后发生问题后各有各的解释留下了伏笔，这样会使矛盾激化不好解决，所以应尽可能地详尽规定，是干一件事、一个企业的先天之本；甚至有些占有某些强势者，为了以后占有特权侵害别人的利益，故意模糊关键点，留下缺口，为日后解释歪曲留下余地。老子之所以讲事前充分准备就是为了确保以后组成交往各方的共同利益共识之道的落实打下坚实的基础，有了这个基础，事情和企业才有了存在发展的最根本保障，为以后解决矛盾占据了有章可循的主动权。

事中，“合抱之木，起于毫末；九层之台，起于累土；千里之行，始于足下。为者败之，执者失之。圣人无为，故无败；无执，故无失。”这有两层意思，一层用于发展和对外为主：一件事或一个企业要办好，首先要做的是踏踏实实，一步一脚印，从最小处、易处、细处做起，也就是说“治人，事天，莫若啬。夫唯啬，是谓早服；早服，谓之重积德；重积德，则无不克”，“啬”指爱惜呵护。任何事都不可能一屋不扫，而扫天下，都从爱惜呵护“微末”起始，才能为进一步发展准备充足的基础。从现实效果不大的基础研究抓起，为日后发展变化做好物质准备，并使依道遵德、实事求是、踏实认真、一丝不苟成为人们普遍的文化意识共识，“有无相生”是达到“无不克”的基本功。要真正做到不论商品价格高低，都要使消费者放心，只有以这样的精神去发展，企业才是坚实的，不败的。事情无大小，哪怕一个小螺丝钉、一个小垫圈都可造成损失；岗位无轻重，人员无高低，各司其职，任何一环出了问题都会影响到整体的共同利益，总之，走好每一步，干好每件事，认真对待每一个细节，如老子在第十五章所述“与兮，若冬涉川；犹兮，若畏四邻；俨兮，其若客；涣兮，若冰之将释……”；事物和企业无所谓大小，关键是企业和社会，企业自身各方的共同利益之道的契合度，契合度越高，发展前景越大越远，契合度低，摊子铺得越大危机越大。一个事物和企业的存在之本是，自己为社会共同利益创造的价值永远要大于自己向社会索取的利益，就像一员工，只有在对企业贡献大于回报时自己的位置才稳定。如果贪图一时之利，用假冒伪劣产品去危害共同利益之道，是严重违背权利和义务相对平衡原则的“有为”，也是企业的早夭点，“为者败之”；如果不重视市场变化，不进行相应调整，而固守成规，坚强不变，则会“执者失之”。只有严格遵守权利与义务相对平衡原则的“无为”，不利用一时垄断强势或市场供需缺口去过分赚取超高利润，不干损害共同利益之道的事，随时关注市场变化，柔性适应这些变化，不麻木固执一成不变，企业才会无败无失。

老子对事中的告诫，另一层的意思主要是指内部管理情况，也就是内部权利与义务相对平衡的情况，有相当一部分人在这个问题上栽了跟头，就是利用各种特权谋取私利。这些行为有时往往是从一些小事开始的，因为占点小便宜一时得手，开始放松自律，为了争夺自己的既得利益最大化，而不顾违反规章制度，一步一步，一点一点发展为巨贪，既毁了自己，也损害了共同利益，严重了会使企业倒闭，自己也失去了一切。“为者败之，执者失之。”如果大家都“为无为”遵守权利和义务相对平衡的原则，遵守代表共同利益之道的各项规章制度，企业成功则每个人都能长远、稳固、得利。所以无论是做事发展，还是防止“有为”，都应当清楚“合抱之木，生于毫末；九层之台，起于累土；千里之行，始于足下”的道理。切切走好自己的开头第一步和以后的每一步，任何成功都是在自觉不自觉的积累中完成的，得天下是从得一室开始的。社会行政管理同样如此。

后期，“民之从事，常于几成而败之。慎终如始，则无败事。”

老子说的事是人们常犯的错，开始创业时能够全力以赴，百般努力，因为没有收益，利益矛盾不大，也不斤斤计较，内部团结较为稳定。但是，一旦正式生产，并有了稳定收入，取得了初步成果以后，则原来许多或明或暗争夺利益的矛盾便逐步显现出来，尤其在没有事先完善详尽的规章制度的情况下。如果再没有无形的企业内部、外部关于各方共同利益之道的广泛共识时，就更会产生严重的企业管理和经营两方面的理念分歧，会有人因为急功近利想一口吃个胖子，想走捷径，而干出些损害共同利益的自毁前程的事来；有些人则认为成功了应该放松了，满足现状，不求进取，不想去认真跟踪市场，研究市场，与时俱进，而喜欢报喜不报忧，浑浑噩噩贪图享受，终会被不断变化的市场淘汰出局；还有些人会被胜利冲昏头脑，不了解事物表象与势的关系，盲目造势，扩大生产规模，或者盲目向自己无势的领域投资，最后因自不量力而前功尽弃；只有自始至终都保持清醒冷静的头脑，锲而不舍的精神，认真谨慎的科学态度，依道遵德、无为而行才会不断地扩大交往范围，不断地与新旧交往方相互影响、作用、制约，不断地得到更广泛的人的肯定和信任，不断增强自己的势，使自己的事业和企业稳步发展，既造福全社会也成就了自己。“慎终如始，则无败事。”

一个依道遵德干事业的人，要有远大的目标，不为一时小利而动；有广阔的视野，要尽量站在交往范围内各方的利益观点之上，全面多赢地考虑问题，不为自己的一时和局部的利益所困；平等包容对待一切人，一切事。一个人如果能够站得高，看得广，看得远就一定会与众不同，不会去追逐别人所看重的名利贪欲和所嗜好的感官欲望和刺激，会产生别人所不感兴趣的更高层次的精神追求；不会去追逐并无实际价值的猎奇物品，炫耀比富之类；学习众人所不感兴趣，但与各交往范围的共同利益有关的一切知识，吸取前人、今人的正反两面的经验教训；弥补众人所犯错误，避免进入违道的小径误区，“使我介然有知，行于大道，唯施是畏”；时时处处顺应事物和社会各交往范围的共同利益共识之道，这就是“是以圣人欲不欲，不贵难得之货；学不学，复众人之所过。以辅万物之自然，而不敢为”。这是提高自己社会存在，事业成功的必要途径。老子连续两章所讲的这些可以说是与共同利益之道相适应匹配的做事规范，如果我们依此而行会受益匪浅，善始善终。

第六十五章

# 辨明智愚，依自然规律行事才能顺利

古之善为道者，非以明民，将以愚之。

民之难治，以其智多。以智治国，国之贼；不以智治国，国之福。

知此两者，亦楷式。常知楷式，是谓“玄德”。“玄德”深矣，远矣，与物反矣，乃至大顺。

要理解此章，首先要先明白老子所讲的“愚”和“智”是指什么？老子在第四十五章讲：“大成若缺，大盈若冲，大直若屈，大巧若拙，大辩若讷。”可见老子讲的表面上的愚拙并不是愚昧、愚蠢的意思，更不是鼓励统治者去愚民，而是与社会上流行的智巧相对的，辩证的。什么是老子说的愚呢？请我们带着浮躁的个人功利之心、成王败寇、赢者通吃的态度去看以下行为：第二章：无为、不言、作焉不辞、生而不有、为而不恃、功成弗居；第三章不争、不盗、不乱、无为；第八章：上善若水、不争、处众人之所恶；第九章：名遂、身退等等，以上这些行为在古今中外的为争名夺利、追逐贪欲而千方百计不择手段的人们看来，哪一件不是在冒傻气，不是愚蠢至极呢？但是如果人们都如此之愚拙：无为、不争、似婴儿般质朴诚信、少私寡欲、知足、知止、柔弱淳厚、一丝不苟地遵纪守法，那么社会将是什么样呢？那么再看看老子所说的“智”：第三章：尚贤、贵难得之货、见可欲、智者敢为；第十二章：追求五色、五音、五味、驰骋畋猎、贵难得之货；第十三章：宠辱若惊等等。这些不正是古今中外追逐名利的人们的表现和追求吗？不正是相当一部分人认为的等级特权功利主义的智慧吗？但是，如果人们都追求名利贪欲，追求感官刺激，而敢于打破权利和义务相对平衡的“有为”，并以此为雄为荣为智，那么社会能稳定有序生存吗？如果我们四周的人各个精于算计，机辩智巧，深谙厚黑学，而且视遵纪守法、循规蹈矩为愚蠢，信奉量小非君子，无毒不丈夫等观念，那么这个社会将是一个什么景象呢？我们睡觉能安稳踏实吗？能不时刻如履薄冰，胆战心惊吗？如果人们在为集体、国家、公司劳动时，不认真严格按操作条例办事，有人监管一个样，无人监管另一个样，上司面前一个样，下属面前一个样，阳奉阴违，以不知随机应变的取巧为愚为傻，这个社会能发展吗？这就是为什么老子说“古之善为道者，非以明民，将以愚之。民之难治，以其智多”，这里的“明民”是指实行和传授表彰追求个人功利主义，短视片面地斤斤计较个人的利害得失，只要结果不管过程的“聪明智巧”。但是，如果人人都想少付出多索取，是不可能的，只能是去钻法律空子或直接违反各项法律规范，规章制度，打破权利和义务相对平衡的自然规律，以少数强势群体去掠夺大多数弱势群体的利益，这样，社会将极难有序治理，必使社会混乱失序和分裂对抗。可见，老子所说的“愚”并非智力低下的愚蠢，而是站在高处，更全面长远看问题的“大直若屈，大巧若拙，大辩若讷”的大智若愚，是难得糊涂。

实际上本章是老子通过“以智治国”和“不以智治国”讲述了两种不同的社会治理方式，其前提基础是两种不同的社会主流共识之势，也可以说是两种世界观。这两种截然相反的共识之势一直贯穿和伴随人类的生存发展过程，一种是弱肉强食、赢者通吃的从动物界延续的兽性，一种是人类在进化过程中对立统一产生的人性，前一种是以强者划线的，孤独不包容的，永远处于争夺强势的争斗之中，所以人们本质上不会真心合作互补，永远是权衡利弊的相互利用关系，永远也不会真心承认平等的权利和义务相对平衡的自然规律，从而会为了少尽或不尽义务而不择手段地多言多事，说一套做一套，双重标准；不善于干实事，而精通于整人；不讲真实诚信，而会随利而动，虚伪无信；不会遵守法律等行为规范，会坚决固执地握住到手的既得利益而反对改革；为了夺取和保卫自己的特权利益而不惜动用极端的残酷战争，陷人类于生灵涂炭的水深火热之中。这就是我们前面列举的老子说的“智”者的行为。而后者，是在强大的凶猛动物威胁和艰难匮乏的生活物质面前，处于个体劣势的个人必须相互合作，相互补充，共同提高，以群体之共同利益共识合力应对外界的凶险艰难。所以必须全面地平等包容，因为和自然物质交往必须真实质朴，一丝不苟，认真地探寻自然物质特性和规律，并通过努力与自然物质达成共同利益统一之后，才能一分付出，一分收获，必须一丝不苟地依权利和义务相对平衡的自然规律行事，因为自然界绝不买不尽义务而得权利的特权的账。而基层平等的民众之间存在着相互了解、相互制约的对立统一关系，必然产生权利和义务相对平衡的共同利益共识之势及体现无形之势的公序良俗的行为规范之德来制约规范人们的行为，所以基层民众本质上是真实质朴诚信，是“处无为之事，行不言之教”的，也就是前面所列举的老子所说的“愚”的行为。这两种方法前一种“智”一直是占少数人的强势群体的思想意识共识，而后一种是占人口大多数的相对弱势群体得以生存的共同利益所在，但是因为封建时代的自给自足小农生产造成的大多数人的相互隔绝的分散状态，占大多数的分散民众虽然有共同利益共识，而且在时时处处践行着，但是，人们认识不到这就是在依道遵德。因为生产力落后的自给自足分散的小农经济生活方式和无自主意识而无法产生社会根基处民众的统一的共识之势。而占少数的强势统治者群体，有组织，有权力、金钱财富、荣誉等方面的优势，就可以通过直接和利益交换的收买方式掌握由语言、文字组成的社会文化舆论，掌握了文化舆论就可以将强势群体的弱肉强食的等级特权的功利主义文化意识向弱势群体进行欺骗性的强势灌输，使广大民众不得不盲从地接受这种文化意识，而形成畸形虚假的封建文化共识之势，并且以此来左右裹挟广大弱势群体，造成社会本末倒置，上下颠倒。创造生活物资的大多数人认同被五谷不分，四体不勤，整日追求享乐的少数统治者养活，必须感恩戴德的不可思议的共识之势。使弱势的劳动者，一面创造人类生存的物质财富，一面鄙视自己；使他们的文化意识共识和他们真实的共同利益完全相反，他们真实的共同利益共识之势应当是通过平等的对立统一去寻求权利和义务的相对平衡，但在封建等级特权功利主义文化意识共识的制约下，他们的个人势能放弃对群体共同利益的追求，而去追求个人功利，并希望挤入上层，这是普遍不可能达到的目标，从封建文化意识共识之势的受害者反而成为盲目的封建意识共识的追随者。而这种弱肉强食、赢者通的等级特权文化意识共识之势一直是人类的失序动乱之源。人类就是在不断地以社会根基处生产生活中，人与自然界，人与人之间的平等的相互制约、对立统一产生的权利和义务相对平衡的共同利益共识之势为上层社会的弱肉强食等级特权行为造成的各种失序动乱损失买单，人类社会才能艰难地存在和前进的。这就是老子本章指出的“以智治国，国之贼；不以智治国，国之福”。

既然说统治者“明民”，使人“智多”社会就难以治理，甚至无法稳定存在，那么为什么封建社会一直在实行和鼓吹的等级特权的功利主义仍然存在了几千年呢？也就是说，老子说道是“万物之宗”，可为什么还有这么严重的不道行为的存在呢？这就是一个局部与整体以及长远利益和现实利益的对立统一的辩证问题。因为统治者的不平等特权是不符合道，更不符合自然规律，在全社会这个大交往范围内，只能在他们利用武装力量夺取统治权力的社会上层这个局部存在。而在创造人类生存物质的生产科研领域中，如前所述，人们与自然物质交往中，必须真实质朴，实事求是，平等地与自然物质以各种物质特性和自然规律为基础达成共同利益之道，才能依权利和义务相对平衡的自然规律，一分付出，一分收获。无论人的权势多大，多小，贵贱高下，任何人都无法违背人与自然界的共同利益之道。而且参与生产科研的平等的社会根基处的人们在相互交往中，也必然依权利和义务相对平衡是自然规律共同利益共识之道，及行为规范之德行事，才能合作交往。而且在自给自足小农生产阶段，人们分布在一个个相互了解、相互制约的以公序良俗为规范之德的自治圈子之内。这样，一个完整的封建农耕社会，从生活物资的生产到社会根基处大多数人们的自治圈子交往中，都必须依道遵德，决不容置疑。只余下以陌生人为主交往的部分和社会行政管理部分，不断地在共同利益之道两侧左右摇摆，甚至周期性兴衰循环。这余下的部分与前两个交往的不同之处在于：在生产科研中，人的行为受到自然物质特性的严格对立制约，不符合自然特性和自然规律的行为不会产生任何收获，甚至会受到自然界惩罚；而社会根基处大多数民众则都处于相互了解、相互制约的对立统一圈子自治中；只有在与上层社会的强势群体和部分圈子自治以外的陌生人交往中，一方面无法相互了解，另一方面因为统治者用不平等特权不允许民众平等有序的制约对立，所以无法产生权利和义务相对平衡的自然规律的共同利益共识之势。这就形成了封建社会的根基处生产科研中有道，大多数民众有稳定的圈子道德，而只有陌生人交往范围和受统治者主宰的上层社会处于不稳定状态。当封建统治者能够一定程度上压抑特权贪欲，基本落实法律规范时，就可以和社会根基处生产和民众生活交往相结合，促进社会稳定发展，成为相对的太平盛世；而当统治者放纵自己贪欲，就会使法律规范形同虚设，因人而异，迫使和诱惑社会上的“夫智者”们，上行下效，泥沙俱下，混乱失序。这才产生了老子说的“贵必以贱为本，高必以下为基”的以下层有道支撑上层无道的现象，呈现当上层社会动乱失序，甚至城头变换大王旗时，社会根基处民众仍然以圈子道德的自治为基础，在动乱中顽强地与自然界依共同利益之道，去生产出尽可能多的生活物资，以最低限度地维持人类生存繁衍，有此道的支撑，社会才能像不倒翁一样，晃而不倒，乱而不绝。封建社会上层行政治理中的弱肉强食性的等级特权的功利主义意识的强势实施和灌输诱导，就是老子认为的社会动乱起源的“民之难治，以其智多。以智治国，国之贼；不以智治国，国之福”。

智慧，历来是人们的美好追求。体现智慧主要有两个方面，一个是人与物的关系，一个是人与人的关系。人与物的关系中，智慧是指人们在生产科研中对自然物质的性质和变化规律的探索认识和利用的能力。这是一个真实质朴的世界，容不得一丝一毫的虚假，所以是一个人与自然物质双方平等地相互影响、作用、制约的对立统一产生共同利益之道的领域，在这里，人必须平等地待物，有了解自然物质特性的智慧，才能享受自然界的恩惠，违背了自然特性会颗粒无收甚至于遭到自然界无情的报复和惩罚。自然物质也平等地对待一切人，只要有认识和尊重自然特性和规律的智慧和劳作付出，不管是穷富、人种，人们都可以得到自然物质的恩惠，也就是说，在生产和科研中与自然物质交往，只有具有一定的智慧才能成功。而在人与人交往的关系中，智慧却有不同的方法和解释，一种是大智若愚，一种是智巧。两者的区别在于是否遵循权利和义务相对平衡的客观自然规律，也就是无为和有为。大智若愚是无为质朴，是着眼于交往范围各方的共同利益，长远利益，甚至为了整体利益自己做出让步和牺牲，是“无为为”，虽然有时也会动用些计谋机智，但出发点是为了真实的共同利益之道，事后是可以正大光明公布于世的。而智巧则不然，是为了自己个体的利益，奉行弱肉强食的思想意识，以设法少尽义务或不尽义务而得到名利特权而使用的，是“有为”多事，最主要的行为就是伪装欺骗，把抢来的权力伪装成奉天呈运；把不尽任何义务而得到的各种特权伪装成天经地义；表里不一，言行不一，尽力摆脱制约，夺得垄断霸权，设立各种杠杆和技巧把别人的钱掏出来，装入自己的口袋。总之这一切的智巧都围绕一个主题：摆脱各方制约，打破权利和义务相对平衡的有为。正因为如此，老子在《道德经》中与贯穿始终的“无为”一直相伴的是朴、静、柔、素、愚、婴孩，因为一切事物的存在条件都是真实，道得以产生也以真实为基础，所以智巧欺骗就是一切事物正常存在和共同利益之道的产生落实的最大障碍。

知道了老子所特指的智和愚的含意，就会理解在本章中老子为什么说“古之善为道者，非以明民，将以愚之。民之难治，以其智多”了，这里的“智”特指智巧欺骗的“有为”，而“愚”则是特指淳厚朴实的“无为”。只有为了窃取侵害民众利益的人，因为见不得人，才不敢正大光明地现出真相，而以各种形式和假象欺骗蒙蔽民众，是“以智治国，国之贼”。而如果以尽自己应尽的社会公共职能为宗旨，不谋求个人和群体私利特权，则敢于公开执政，主动接受民众制约，这样才会平等地与社会其他群体相互影响、作用、制约产生共同利益之道，全国上下一心，同心同德，产生威力无穷的共振之势，这就是“不以智治国，国之福”。认识到这两个不同的管理社会的方式对组成社会各群体共同利益之道的作用是完全不一样的，对社会存在和发展的促进和阻碍是明显肯定的，这已经被历史证明成了必然的法则规律，“知此两者，亦楷式”，“楷式”是规律、法则的意思。只有知道和牢记这个必然规律，遵从“非以明民，将以愚之”的依道遵德方式治国，“常知楷式，是谓玄德”。只有大家认同共同利益，形成共识之势，并且制约人们依合道的法律规范之德行事，才是广泛和长远的，能使社会从追求物质享受的各种人为智巧之贼中解脱出来，返归到真实质朴，这才是客观的自然发展规律，才会因双赢、共赢而顺利无阻，能取得稳固、安宁、和谐的可持续发展。“玄德深矣，远矣，与物反矣，乃至大顺。”“与物反矣”，人们日常生活中，关注的往往是眼前可见的享受物质的多少，人人都想尽量多占有一些才无后顾之忧而心安，而且对物质占有欲望是无限的，但是，这有形的物质背后却存在着交往范围内相关各方的同样的欲望和争夺占有势能，而如何调节这些方相互制约的势能呢？只有依从共同利益共识之道及相应的行为规范之德，使人们从只对眼前物质的关注争夺上回归到无形的权利和义务相对平衡的共同利益双赢上来。

第六十六章

# 将根深入民众之中是一个政权的存在之本

江海所以能为百谷王者，以其善下之，故能为百谷王。

是以圣人欲上民，必以言下之；欲先民，必以其身后之。是以圣人处上而民不重，处前而民不害，是以天下乐推而不厌。以其不争，故天下莫能与之争。

老子本章讲的以圣人为代表“处上而民不重，处前而民不害”的行政管理者的作为，也是行政管理者因道而生的必然本质。早期人类生产力发展到一定阶段时，人口逐渐增多，交往范围扩大，相互之间熟悉程度下降，相互制约的自治能力也减弱，需要由专人来进行公共职能管理。尤其到了自给自足的小农经济时代，人们因土地固定和家族为联系生活在一个个相对封闭的圈子内，这些圈子内因为相互了解，可以相互制约，可以产生共同利益共识之道，并形成相应的公序良俗来规范人们的行为。而对于圈子外的人则因互不了解，也无法产生有序的相互制约，也就不容易产生有效的共同利益共识之道和规范制约。所以，这种圈子内有道德秩序，而圈子外少道德失序的现象必然造成圈子之间因土地、水源等原因的争夺，可能造成流血冲突甚至长年累月的血亲复仇，严重地危害所有人的生活；而且圈子内也会发生自己处理不了的纠纷和极端事件……这就必须有一个自身利益保护和双方矛盾缓冲调节的机构，这些共同需求就产生了各群体的共同利益共识之道：就是分离出德高望重的一部分人专门依共同利益共识之道的具体显现制定各项法律规范，行使各项共同职能，并且由大家负担他们的物质生活支出和各项公共开支，这就是“道生一”的“百谷王”的来源。他们的义务是尽各项由各群体共同利益共识之势显现的社会职能和制定与落实各项法律规范，而权利是得到大家分摊的生活物质供养，他们的行政权威来自组成社会各群众共同利益共识之势。因为权利和义务与其他群体不同，他们就有了不同于其他社会群体的特殊利益，也就是自己的势，这个势本质上和农民种田、工匠做工等一样平等，但是，由于在执行社会职能和法律规范时必须由社会整体的共同利益共识之势的权威支撑，他们应尽的义务也就和公共权威联系在一起，也就为他们近水楼台先得月地在行使社会职能的同时，也把自己个人和行政群体的利益混淆在一起，有了利用公权力谋私的可能性。这就产生了一个人类的千古难题，如何区分他们的个人利益和公共利益？如何确定他们的社会定位？

组成社会各群体平等的对立统一产生的权利和义务相对平衡的共同利益共识之道是不可违背的，也是这个共同利益共识之势在左右着行政权的走向。历史上无论政权是如舜尧式公众推举出来，还是通过禅让、继承、用武装占领、宫廷政变等得来的，社会行政机构得以存在的前提都是组成这个社会各群体的共同利益共识之道，要想长期有序稳定存在，必须依道遵德，也就是依合于道的法律法规去尽各种社会公共职能。这才是一个政权的生存之本，得道而兴，失道而亡。社会之道产生的是服务于社会的行政管理机构而不是骑在人们头上作威作福的统治者官僚群体。所以老子为行政机构定位是“江海所以能为百谷王者，以其善下之”。“百谷”就是平等包含组成社会交往范围的一切方面，包括点点滴滴，而不是因自己的利害得失而歧视、排斥、压迫其中的弱势群体；“善下”则是老子在第八章中说的“水善利万物而不争，处众人之所恶，故几于道”，因为社会是由多方面组成，就像处于下游的江海一样，既有泾水之清，又有渭水之浊，所以是各方相互影响、作用、制约的对立统一产生交融的共同利益共识之势，而“百谷王”正因其“善下”才能体现出混合交融后的共同利益共识之势，如果像处于山上的泉水溪流自诩其清，而排斥藐视渭水之浊，那么如何成为显现共同利益的“百谷王”？没有众水汇集哪有“百谷王”？正因此“百谷王”是为了容纳包容众水而存在，也就是服务于众水的。所以老子才指出“是以圣人欲上民，必以其言下之；欲先民，必以其身后之。是以圣人处上而民不重，处前而民不害”，识道的领导者要想站在上层发号施令领导民众，必须先深入民众之中认真了解各群体的实际利益需求，寻找包括自己在内的各方对立统一产生的共同利益共识；要想在前方引导民众前进，必须把自己的私利放在民众利益后面，自己先遵纪守法，“无为为”。这样，领导者在上面发号施令时，因为发的是民众的真实需求，民众不会感到有异己的负担而排斥；当领导者在前面引领时，因为会让民众先得利，民众不会感到受害而自愿跟进。这样依道遵德的领导者自然会得到天下民众的拥戴。为什么人们不去争夺领导人的地位呢？因为他“善下”，把自己定位在“众人之所恶”的社会最低层，时刻准备“受国之垢”“受国之不祥”的忍辱负重而更不争自己私利，那谁还和他去争呢！也就是说，历史上人们拼命争夺的是封建帝王不受制约的享受特权，而不是他应尽的依道遵德的社会职能的义务。然而，超出义务的特权给帝王带来利益的同时，也带来了被人伤害的灾祸，而没有了特权利益同时也就没有了灾祸，这就是老子所说的“故物或损之而益，或益之而损”“祸兮，福之所倚；福兮，祸之所伏”。老子本章所讲的“百谷王”并不是一个乌托邦，而是必然的自然规律，虽然在我们对社会认识的常识中似乎认为是不可能，但现实中却在每个历史关键上升期都是因为有“圣人”为主的一群人的同心同德领导的带动下在这样干，否则，任何变革没有各群体平等的相互影响、作用、制约的对立统一产生权利和义务相对平衡的共同利益共识之势就不可能成功。只是每一个人，每一个社会都是多样动态的，既有合道的一面，又有违道的一面；不是一成不变的，既有合道之时，也有违道之时。人们是相互影响、作用、制约的，会受环境共识制约，又反过来影响制约共识，但人们更多的是受普遍的形成主流的社会意识共识无形的制约。我们为什么会对“百谷王”的存在产生怀疑，就因为几千年封建社会统治者对民众压迫的同时，对文化垄断造成的等级特权的功利主义思想意识共识的主流式存在，使人们受封建文化意识一叶遮目而忽视了人类能够存在，是因为社会现实主流上还是依道遵德的，只是共识之道主要存在于社会根基处的。

是不是封建社会就没有平等的相互制约的共同利益共识之道了呢？不是的，一个没有相当程度的共同利益之道的社会是不可能存在的，尤其是不可能持久存在的，因为道是“万物之宗”。所以即使是等级特权盛行的封建社会也必须“贵必以贱为本，高必以下为基”，在社会根基处，人们在生产科研中与自然物质的交往中，人们只有与自然物质在对立统一中达成符合自然规律的共同利益之道，才能生产出人类生活的物质，在整个生产过程中，一切人和物都是平等的相互制约的，自然物质只承认客观规律，并不承认贵贱、高下、文化区别的。同样，劳动人民在相互交往合作中也必须是平等的相互制约、对立统一，依权利和义务相对平衡的共同利益共识行事的，只是因农耕时代生产力和生产关系的原因，被分布在一个个相互独立的圈子道德之中的，从而产生了公序良俗一定程度的自治。没有人类在物质生产中共同利益之道和基层民众的圈子自治，光凭社会上层的行政管理，农耕社会是存在不了，也稳不住的。但是如果担负民众自治圈子以外以陌生人为主的行政管理职能的社会上层的行政机构和社会根基处的共同利益之道脱离甚至相悖，就会对社会基层和整个社会造成极大的损失和破坏。所以老子提出“江河所以能为百谷王者，以其善下之，故能成百谷王”的观点，也就是说一个国家行政机构的权力不是因为强势霸权而来，而是因为吃苦牺牲在前、享受在后的不与民争利而得到民心得来的。在其掌权后只有“处上而民不重，处前而民不害”“以其不争，故天下莫能与之争”，才能长远。当然，在面对强大广泛且根深蒂固的官本位等级特权无形之势时，绝不可能一蹴而就，必然会有许多曲折艰难，但是只有持之以恒地对贪腐的零容忍和对社会各群体平等相互制约的共同利益之道的落实坚守，才是官本位之势和共同利益之势此消彼长的最有力的方法。

有人认为表面形式上通过民主选举就可以“是以天下乐推而不厌”了，可以达到平等、自由、和谐的社会。这种把希望完全寄托在几年一届的全民参与的选举上真能产生民主吗？民主，顾名思义就是人民做主，但是和人民日常生活相关的都是日常小事，伤害民众利益的行为是由一个个对个人是大事，而对整个国家来讲仍然是看似无关紧要的小事体现出来，但是正是这些小事细处才能构成一个完整的社会，所以民众真正需要的并不是台上台下感人肺腑的豪言壮语，而是身边可见可触的一件件民生小事的“无为”“不言”的顺理成章的解决，是“百姓皆曰，我自然”没有感恩代德的心理负担，是制度设计的平等的相互制约造成的引而不发跃如也。这些一个个民生事物中的权利和义务相对严重的不平衡能否“反者道之动，弱者道之用”地及时纠正，以最小半径循环到再平衡才是真正需要民主的地方，在人们日常生产生活的每一个具体事物面前，利害双方的行为清楚可查，可依道遵德地是非立判，不容掩盖和歪曲，是民众最清楚明白也因为关乎切身利益而最认真的理智的地方，也是别人最无法诱导迷惑的地方，也是组成交往各方真正可以平等的相互制约、对立统一产生权利和义务相对平衡的共同利益共识之道的地方。

道是虚空无形的，但它无时无处不在起作用，而且作用无穷，力量无穷，玄妙深沉，是万物的根本。道真切地产生于组成交往范围各方平等交流的相互制约中，对立统一的进程是：首先除掉可伤害对方利益的无理要求的“挫其锐”；通过相互妥协，求同存异解决各方纠纷的“解其纷”；达成权利和义务相对平衡的共同利益共识的“和其光”；产生相应的具体行为规范的“同其尘”。可见，能够主宰事物走向的共同利益共识之势，看不见，摸不着，似乎虚无缥缈，但是又真实存在。只有人们都有这样的依道遵德的共识和有时时处处的平等参与的体制平台，才是真正的民主之道。

因为无论多么大的社会活动其背后真正支撑的都是日常生产生活中点滴累积的共同利益共识之势，这个社会普遍的共识之势就像水一样决定着社会之船的高低。如果在人们日常生活中处处流行的弱肉强食、赢者通吃的特权和歧视，人们习以为常所形成的共识之势的水可能漂浮起真正的民主之船吗？任何人一旦离开实事求是的环境，离开对事物真相的了解，离开了可以用权利和义务相对平衡的自然规律决定的具体行为规范衡量的利害关系，人们就会失去了真正的平等，因为在信息上处于不平等地位，也就必然失去准确的利害权衡，也就失了制约的能力，更不知道应该与谁对立，又如何去取得共同利益的统一。只有认识老子的共同利益共识之道，搭建广大民众时时处处直接参与的平台，依道遵德才是真民主，真正的民主只能体现在广大相对弱势的群体身边的时时处处的小事细节上。而真正的识道民众不会仅仅听政客的许诺、鼓吹、诱惑就随之起舞，而是从身边开始，从一件件关乎自己和其他民众的小事细处开始，一丝不苟地不畏强暴地捍卫民众平等的知情权，平等地参与相互制约、对立统一权，从而产生和坚守共同利益共识之道和相应的法律规范等行为规范之德。只有人人从自己做起，从身边小事实事做起，才能产生全社会的权利和义务相对平衡的共同利益共识的向心凝聚之势。这才是真正的求真务实、有序互动的民主，这才真正是社会的根基处决定社会之船漂浮高低的水位线。

当整个社会，真正的平等意识共识还是稀缺资源时，当社会普遍的弱肉强食、赢者通吃的垄断霸权社会意识的等级特权个人功利主义价值观还压住社会各群体平等共同利益共识之势时，也就不能真正做到“圣人欲上民，必以其言下之；欲先民，必以其身后之。是以圣人处上而民不重，处前而民不害”，更达不到“是以天下乐推而不厌”。

能做到“是以圣人欲上民，必以其言下之；欲先民，必以其身后之。是以圣人处上而民不重，处前而民不害”的只有在老子的共同利益共识之道的有力制约下，使共识之势显现成为公开明确的法律规范、规章制度之德去落实实施，是体现在对每一个具体之人，具体之事，一个个鲜活的案例中的，而不应仅仅存在于笼统的宣扬说教之中。共同利益共识之势和法律规范之德是有无相生关系，只有参与交往的大多数人们有了共同利益的共识，才会坚守共识，产生不许任何人违背的势能，由此势能支撑来惩罚违背法律规范之德的人，这时法律规范之德才有权威，才产生制约作用；同样，如果没有大多数人们广泛迫切的共同利益共识之势的支撑，法律规范则形同虚设，会成为一纸空文。没有共识之势，法律规范之德就会失去支撑，无法落实。同样，没有法律规范之德作为载体，共同利益共识之势也就无法显现和起制约作用，所以，当人们有广泛迫切强烈的维护社会根本的共同利益共识之势时，就具体表现为对于合道的法律规范和规章制度之德的坚决捍卫上，表现在对每一个人，每一件事，每一个鲜活的案子的认真关注上。在以陌生人交往为主的大规范交往范围，人人主动地捍卫和支撑法律尊严就是社会各群体共同利益共识之势的最直接、有力的显现。这就是老子的道和德的有无相生关系，不懂得这种关系，在社会生产力和生产关系决定社会共识之势不变的时候，依靠暴力把政权换上多少次，也越不过共识之势这道坎，人们没有达成普遍共识的东西也落实不了，如中国历史上多次改朝换代，甚至如刘邦、朱元璋这样社会最基层的人掌了权，仍然是封建皇帝，因为生产力生产方式没变，人们无形的占主流地位的普遍等级特权官本位功利主义共识之势没变。同样，如果人们因为生不如死而达成推翻现政权的共识之势时，会产生摧枯拉朽的共振之势，任谁也挡不住，如各王朝的倾覆。

社会是复杂多样的，共同利益共识也是复杂多样的，人们这些意识不可能是一致的，所以虽然显现共识之势法律规范是全面的，但由于不同事物上共识程度不同，共识人群侧重不同，在具体法律条文上人们的敏感度不同，反应的激烈程度也不同。所以，一个社会共识越多越普遍，法律规范落实得就越多，社会越和谐稳定；反之，社会各群体差别越大，共识就越少，法律规范落实得就越少，社会就越混乱失序。一个依道遵德，坚持权利和义务相对平衡的社会，会使人们的共识越来越多；而一个不依道遵德，坚持弱肉强食等级特权的社会，会使人们的共识越来越少。一个社会只有有了健全的平等、相互制约、对立统一的平台体制和人们普遍的对社会权利和义务相对平衡的共同利益共识之势像对待生命一样的坚守，才是至关重要的，没有对这个普遍的共同利益的无形的坚定共识之势的制约，一切有形的形式都可能成为虚伪的表演。一个社会的管理体制就应该是组成这个社会各群体能够平等地相互影响、作用、制约的对立统一不断地产生和增加共同利益共识之势的体制，这个体制的存在就像浮在海面上的冰山一样，必须有远远大于它的水下隐形的共同利益共识之势的支撑才行。也就是说，只有大家达成社会是大家的社会，必须依共同利益之势共同参与的共识之势时，人们才会以主人翁态度依权利和义务相对平衡的自然规律相互妥协，求同存异而产生和维护共同利益之道，与相应规范之德。只有这时才可能出现老子本章所说的“江海所以能为百谷王者，以其善下之，故能为百谷王”。“善下”是老子一贯的主张，就是平等地与弱势群体通过相互制约、对立统一产生权利和义务相对平衡的共同利益共识之势。有两种“善下”，一种是君王自己主动地“善下”，就像历史上的李世民等明君，这种“善下”会因为君王不同而大相径庭，甚至截然相反，所以是不可持续的；另一种“善下”，是本章的“是以天下乐推而不厌。以其不争，故天下莫能与之争”，老子用“乐推而不厌”和“争”显示出人们对“善下”的“百谷王”或称领导者的共识之势的选择作用，这个“善下”是共识之势的主动结果，也就是说，只有符合了“善下”这个共识之势的人，才可以成为“百谷王”或者领导者，这才是可持续的有共识之势制约的“善下”。这和上一章的“以智治国，国之贼；不以智治国，国之福”是相互呼应的，还是在讲无形的共同利益共识之势和有形的国家治理方式的有无相生关系，“天下万物生于‘有’，‘有’生于‘无’”。

大家都知道了共同利益共识之势的决定作用，但是封建社会共识之势的产生一方面是由占统治地位的强势群体推动实施和宣传鼓励，但更主要的是存在于组成社会的每个人的趋利避害本性和无形的个人功利思想意识的共鸣存在，改变这个共鸣共识甚至比推翻一个统治群体还困难千倍万倍，甚至可以说要广泛地彻底地清除是不可能的，只能在时时处处的对立统一中抑制。历史上并不乏改朝换代大换血的事，但往往是新瓶装老酒，换汤不换药，这就是由生产力生产关系发展阶段制约的组成社会的人们的广泛共识决定的。所以，即使一时代表各群体共同利益的行政权力产生之后，也不可能自然而然就产生和永远存在共同利益共识之势，因为权利和义务相对平衡的共同利益共识之势只能是在组成社会各群体平等的相互影响、作用、制约的对立统一中才能产生和存在的，是时时处处人们“塞其兑，闭其门，挫其锐，解其纷，和其光，同其尘。是谓玄同”的结果，这是一切生物趋利避害的本性或者说自然规律造成的。也就是说，如果放松了组成社会各群体平等的相互制约、对立统一，忽视了对权利和义务相对平衡的共同利益共识的不懈实施、引导传播，会造成因共同利益共识之势的减低，影响到法律规范之德的全面落实，甚至会出现封建等级特权个人功利主义思想意识共识之势的强烈反弹引起的社会倒退。要想保持社会各群体共同利益的存在，不但需要有形的、健全的、平等的相互制约、对立统一机制，还需要无形的共同利益共识之势的支撑。共识之势的形成必须从每一个人，每一件事开始，从人们主动相互影响、作用、制约，带动一切可影响带动的人依道遵德开始，使人们普遍认为：天下是众人的天下，不再仅仅关注社会为我做了什么？而同时审视自己为社会做了什么？自己为社会共同利益所尽义务和权利是否相对平衡了？这才是产生扩大全社会共同利益共识之势的唯一形成过程。这个过程虽然看似平凡普通，但是“天下难事，必作于易；天下大事，必作于细。是以圣人终不为大，故能成其大”，达成共同利益共识之势除了组成交往范围的每一个人积极参与互动绝不会有什么捷径可走，也正是共同利益共识之势形成的不易，才使共同利益共识拥有可持续的决定作用，这就是道的“天地根”的作用。

任何事物只有在相互影响、作用、制约的对立统一中才能产生存在，人们不去时时处处地依法对立，何来遵法的统一？只有大家共同时时处处依道遵德地参与，时时刻刻走解放自己的大道，别无其他小径可言。人们不应只把目光盯在别人尤其是权贵的“有为”行为上，应知道自己也是这个社会的组成之一，也不能违反权利和义务相对平衡的自然规律而“有为”，其实，正是区区渺小的一个个个人的合成才产生了庞大的社会，共识之势也必须由这一个个个人的坚守才能产生。任何人或任何政党在缺乏外部普遍有力制约的共识之势时，也不能长期稳定地约束自己的社会定位，就像一块土地的四邻如果都不坚守自己的界线，而容忍强势者对自己的土地蚕食侵占，那么这块土地永远也无法定位，而会不断向外扩张，更无法准确丈量面积。也就是说，社会的每个人，每个群体都自觉地认识到自己的平等权利，坚守自己与所尽义务相对平衡的权利不退缩，不但是对自己的保护，也是对共同利益的保护，这就是共识之势，是决定社会走向、各群体命运的势。全社会普遍的依道遵德共识是和谐社会的土壤和软实力，要达到和谐社会首先从每一个人开始，从每一件事，每一个案例的法律落实开始，日积月累，聚而成势，别无捷径。老子在第二章就已经讲清楚了《道德经》的立论基础，同时也是天下万物的存在是建立在对立统一的基础之上，不懂的对立统一就不能真正理解《道德经》，也不可能知道如何保护自己的合法权益，也就不知道如何通过平等的相互影响、作用、制约的对立统一产生共同利益共识之道。每一个社会人的存在前提是保护自己的合法权益，尊重别人，不侵犯别人的利益，也是在尊重自己，保护自己不受侵犯，“处无为之事，行不言之教”，只有人人平等了，自己才能得到平等了；只有人人的利益都得到了保障，自己的利益才能得到保障。

因为社会共同利益之势是由组成社会各群体在平等的基础之上相互影响、作用、制约的对立统一产生的，任何群体不去主动力争平等，不去发挥自己的影响力、作用力与别的群体相互制约，以对立求统一，自然在共同利益之势之中其份额就会少。几千年的封建专制统治就是因为自给自足的小农经济中的农民的分散无法聚集，无法主动地与其他群体相互影响、作用、制约的对立统一造成的必然存在。无论任何社会，各不同社会群体的利益，必须有自己坚持主动参与之势，才能得到应有的共同利益份额。所以，各国的议员们与基层民众的社会存在不同，利益不同，即使由民众选出，也不必然完全代表选民的利益，他们的态度要取决于社会各方之势的状况，也就是各群体的社会活动能量对他们的影响制约。这就是为什么在资本主义制度下，民选的议员们会被资本巨头们所左右的原因。因为这些议员只是表面形式上的民主选举上去的，所以并不会真正代表选举他们，但又与他们社会存在不同、利益不同、社会活动能量分散、相对小的民众的利益。议员们的行为走向必须受社会主流的思想意识共识之势的制约。可见，有时社会主流意识共识并不一定和组成社会的各不同群体的人口比例一致，因为不同历史发展阶段不同，各群体的影响、作用、制约其他群体的社会存在不同，活动能量也必然不同。要平衡组成社会各群体的社会活动能量，首先要“道常无名，朴虽小，天下不敢臣。侯王若能守之，万物将自宾。天地相合，以降甘露，民莫之令而自均。始制有名。名亦即有，天亦将知之。知之，所以不殆。譬道之在天下，犹川谷之与江海”。“朴”，真实质朴，公平透明地以权利和义务相对平衡的自然规律为标准，来遏制违道的利益输送。“始制有名”，符合共同利益之道的行为规范；“知止”不能逾越规范，只有用合道的规范，社会各群体的社会能量才会相对平衡，从而社会才可以有序持续发展，如江海一样不为害。所以，所谓的社会主流意识共识之势并不必然会真正全面地代表占人口大多数民众的文化意识，因为，处于弱势的大多数民众因为不明真相会迫不得已的盲从，被少数占有社会活动势能强势的既得利益群体所蛊惑利用，造成一种社会普遍共识的假象，产生广大民众真实的社会存在和思想意识上的矛盾，一方面他们在生产科研和基层交往中与自然物质和平等的人们交往中，因为相互制约、对立统一所以必须依道遵德地创造生活物资和相互交往，是这个社会存在的基础；另一方面，则由于占统治地位的强势群体的弱肉强食，赢者通吃，等级特权功利主义思想意识强势灌输和行为示范作用，使广大民众往往会随大溜地盲从，人云亦云，甚至被扇动起过激行为，做出一些和自己群体利益相反的意识反应，使他们的共识之势不是去推动人人平等的权利与义务相对平衡之道，而是默认甚至帮助强势群体去弱肉强食，使自己也直接间接地成为受害者。几千年的成王败寇使上层社会，尤其是强势群体，形成了深入骨髓的弱肉强食、赢者通吃的文化思想意识共识之势，从根本上是和自然规律相冲突的，也和人类因相互平等合作，相互补充，共同提高，相互制约对立统一产生共同利益共识之势才能从动物界脱颖而出的人类进化规律相冲突。如果一个社会弱肉强食、赢者通吃式的等级特权共识之势是社会主流时，必然决定无论推举谁上台，都会表面上宣扬平等、民主、人权、和平，但又为了夺取实际上不可能存在的霸权而使用双重标准，只许州官放火，不许百姓点灯，为了各种巨头的利益划分势力范围，随意编织罪名使无辜的他国人民陷于战火，流离失所，也使本国民众做出生命和财富的牺牲，更不惜把全人类置于极少数人的一时冲动就可以全部毁灭的恐怖阴影之下，即严重破坏了人类生活环境，又压抑了人类的生存繁衍。

老子本章的“是以圣人处上而民不重，处前而民不害，是以天下乐推而不厌。以其不争，故天下莫能与之争”是与弱肉强食、赢者通吃的等级特权功利主义思想意识共识之势截然相反的，是以组成社会各群体平等的相互制约、对立统一产生权利和义务相对平衡的共同利益共识之势为存在前提的。能够产生真正为民的“百谷王”“圣人”式领导者的“天下乐推之”的力量的是权利和义务相对平衡的共识之势。只有在公开透明、质朴真实的相互了解的前提下，组成交往范围各方平等的相互制约的普遍有力对立之中，人们为了有序生存下去才会相互妥协、求同存异，产生权利和义务相对平衡的共同利益共识，产生为了实现这些共识的强大的制约势能，这个势能会制约和支撑合道的法律规范之德的落实，这才可以造成个人或群体都不敢也不能去争，谁当领导者也会“处上而民不重，处前而民不害”，而达到这些并不仅仅取决于通过表面形式上的选举方式来选拔那么简单，而是在社会各群体共同利益共识基础上的自我认识、自我改造、自我解放、平等主动地参与对立统一的社会完整的循环体系。共同利益共识之道是道法自然而来的，是人类在与自然界交往的生产科研中和基层民众生活交往中早已存在并不可违背的，唯一的。随着生产力发展，人们全面进入社会化交往以后，也会在各种社会矛盾和国际矛盾不断激化中逐渐明确、感悟、认可共同利益共识之道在以陌生人为主和行政交往中的决定作用，从而逐渐对封建统治遗留的弱肉强食的等级特权文化意识通过主动地制约、对立进行逐步抛弃。只有共同利益共识之道成为主流之势，才能真正制约社会领导者“处上而民不重，处前而民不害，是以天下乐推而不厌。以其不争，故天下莫能与之争”。

第六十七章

# 老子的三宝是治国治事之本

（天下皆谓我大，似不肖。夫唯大，故似不肖。若肖，久矣。其细也夫！）

我有三宝，持而保之：一曰慈，二曰俭，三曰不敢为天下先。慈，故能勇；俭，故能广；不敢为天下先，故能成器长。

今舍其慈且勇，舍其俭且广，舍其后且先，死矣！

夫慈，以战则胜，以守则固。天将救之，以慈卫之。

本章和上一章主要讲的都是一个君王治国治事的合道标准问题。道是一切事物组成各方的共同利益之势，无处不在，无时不在，是万物之根，无限广大。正因为道的无限广大，所以才不像具体事物，如果像具体事物就不是无限广大，而是渺小了。所以“天下皆谓我大，似不肖。夫唯大，故似不肖。若肖，久矣。其细也夫”。

一个人，一个团体，一个国家要想干成点事业，取得成功，有三个必要条件是成功的保障。

“一曰慈”。为什么说慈，而不是爱，爱是有条件的，可选择的，而慈比爱的含义更深，更广，和慈经常联系在一起的是母亲。母爱是包容、鼓励、支持、永无休止的关怀，慈爱有一种特殊的向心凝聚力，一种无形的牵挂和力量的传递。儿行千里母担忧，儿在外边遇到难过的坎和巨大的压力时，首先会想到家中的慈母，因为慈母就在身后时时惦念企盼，由慈母想到父亲、兄弟姐妹一大家集体的支持，往往就会觉得有了主心骨和动力。成功了更好，即使不成功，也可以回到慈母的港湾休养生息，在慈母那里得到的永远是爱护和关怀，即使年过古稀，老母也会不停地叮嘱其注意冷暖，那慈柔的关爱永远无形地伴随护佑着每个子孙。但是母亲的慈并不代表溺爱，真正的慈也必然包含着严厉的纠错、斥责和管教，只有教育出的子女不仅自己喜爱，别人也普遍认可才达到慈的真正意义。所以老子的社会意义的慈是以共同利益为目的矛盾对立统一的包容和向心凝聚力。在世界上，人与人之间，有慈才有道，有道才有慈。道就和慈母一样，万物因道而生，因道而长，人类的生存和成长过程一刻也离不开共同利益之道。在远古时期，在无比艰苦贫瘠的自然环境中，人类没有各种动物的食草、食腐等食性，没有上天、入地、下水的功能，没有飞奔的速度，没有跳跃的敏捷……那么人类是靠什么才生存下来并从动物界脱颖而出的呢？靠共同利益之道！靠平等包容，靠团结合作、互帮互补、相互信任，靠相互制约、对立统一，靠统一纪律约束下的统一行动。只有有了强大的共同利益共识之势，人类才不会像其他弱势动物那样，在被凶猛野兽袭击时，一哄而散，各自逃命，任其将弱者掳去，而是齐心协力地拼搏驱赶，使凶猛的动物在一群人的呐喊、敲击、石块砸击，木棒挥舞中，生畏而逃，这才基本保障了人类群体的生命安全。人类会集体合作围猎，共同分享；会集思广益，激活灵感，发明创造；会充分利用和发挥大自然的恩赐，发展种植业，养殖业，从毫无保留地向大自然索取，进化为通过自己的智慧和劳动与大自然达到共同利益之道而生产出生活物资来，使自己的生活质量有了更大更稳的保障，并且通过不可分割的群体合作交往活动创造了交流的语言文化和文字文化。这一切都离不开人类群体的共同利益共识之道，也就是说，没有共同利益共识之道人类就无法生存，更提不到发展壮大。而今的世界同样因道而存，离开世界范围的平等交往、合作互补、对立统一的共同利益之道也无法稳定有序地生存发展。所以用“慈”来形容道，又和母亲的寓意相连，老子说“玄牝之门，是谓天地根”。

道是事物或交往范围各个组成方面的共同利益之势，是无形的，而具体显现共同利益之势的是与之有无相生的德，德就是那些体现共同利益之势的法律规范、规章制度、公序良俗、合同契约等能体现双方、多方共同利益，并对各方都有约束力的行为规范。在一个法律健全的社会，从母亲孕育开始到上学、工作、创业、养老都有法律在保护着人们，当人们受到人身伤害，物质损失，名誉侵权时，都有法律支持人们讨回公道。正常情况下，是社会共同利益之道的有形社会显现的法律规范像慈母一样在保护着各个社会群体，从而使各社会群体产生无形的向心力和凝聚力之势，这个势会与其他社会之势产生相互影响、作用、制约的对立统一的更大范围的共同利益之势，这就可以形成一个社会的和平的外部环境。一个国家的组成各方越全面平等地参与，共同利益契合度就越高，人们就会像热爱自己的母亲一样，热爱这个社会，这个国家。社会向心力、凝聚力之势越大，产生共振力越大，国家的无形软实力就越大，有无相生会转化为强大的物质力量，任何艰难险恶也可以战胜。所以，老子说：“夫慈，以战则胜，以守则固。天将救之，以慈卫之。”

“二曰俭”。“俭”，爱惜、节俭，和五十九章的“啬”意思相近，表面上看简单明了，但是却意义深远，广大民众多将其用于持家美德，而老子本章主要用于经世治国。“俭”和“啬”都是以交往范围内全面包容和可持续的“广”，保护人的根本身心需求的基础之上的，也只有常存“俭”和“啬”的意识才能使人和交往范围可以长期稳定存在和扩展。一个家庭的家长只有在将全家老人子女的身心需求摆在首位，才会依“俭”办事，而不是今朝有酒今朝醉；一个君王只有时刻将广大民众的利益放在首位，才会求真务实，量力而行，节俭从事，不会好大喜功，追逐虚名威仪。那么，什么是一个人和一个交往范围的根本身心需求呢？“无名，天地之始；有名，万物之母”，无形的意识和有形的物质分别是“始”和“母”。一个人没有有形生活物资无法生存，而没有无形的自主意识就是行尸走肉。一个人既有人的尊严也要有生存的物质，所以人们才会争名夺利。没有了人的存在尊严，与动物无异，没有了生活物资人无法生存。可见这就是有形之母和无形之始的“有无相生”，一个人对有形物质的占有可以显现一个人的无形的尊严意识，同样，一个人的无形意识也可以制约其对有形物质的占有程度。占有程度就存在“俭”和奢的问题了。如第一章所说：“故常无欲，以观其妙；常有欲，以观其徼。”人无形的意识是玄妙无限的。有形的物质和无形的欲望的辩证关系就是“故常无欲，以观其妙”的玄妙之处。但是和无比玄妙的欲望意识相对的是“常有欲，以观其徼”，有形的物质是有边界限制的，这就产生一个问题，有限的物质如何去满足无限的欲望？有两个方法，一个是“俭，故能广”，“广”有空间的广泛包含和时间的可持续的意思，有形的生活物质是有限的，一个交往范围的首脑应当如水的平等包容，首先考虑到组成交往各方的共同利益，对有限的生活物质消费用“俭”和“啬”的方式，尽量满足各方最根本的生理需求，满足人人平等参与的无形的自尊意识。“知足者富”“故知足之足，常足矣”，幸福是欲望的无和物质的有的相对平衡。放纵欲望的人永远也不会幸福，因为物质是有限的，欲望是无限的，有限的物质永远也满足不了无限的欲望。无限的欲望必然产生与“俭，故能广”相对的“舍其俭且广”，一个交往范围的首脑以“广”来发送号令，却不去考虑组成交往各方的共同利益，用从弱势群体处掠夺来的财富大肆挥霍浪费，大搞形式主义，重虚伪的威仪形式，而轻视实际事物真相，是历史上封建统治者的一贯作风。对这种行为老子说：“今舍慈且勇，舍其俭且广，舍其后且先，死矣！”

“成由勤俭败由奢”的道理人人都懂，但有时却很难做到。一些人一旦有了权势和财富就会产生虚荣的思想。道是事物各方全面的共同利益，是广，是全面平等考虑的，涉及面大，总支出必然会大，所以就得量力而行，适度节俭才行。在社会总体财富一定的情况下，一部分人的奢侈必然会以另一部分人的贫困为代价，就像切蛋糕，如果大家平等都有份，必然块要相对地小，如果一些人捷足先登，切了大块走了，后面的人肯定只能少吃，甚至没的可吃。俭就是要把个人利益先放一下，站在全体平等的立场上去根据权利和义务相对平衡的自然规律，设计消费分配方案，这样才符合共同利益共识之道。在现实生活中，只有当一个人或群体，掠夺了别人的应得利益，才有条件舍俭而奢，浪费社会财力，使社会贫富严重失衡而产生离心力而分裂；一个企业如果只顾表面奢华和排场，盲目追求豪华建筑和企业规模，只关注表面现象的繁荣，而忽视包括市场和员工在内的各方的无形的深层次的共同利益之势，忽视自己的核心技术力量之势，是十分危险的。封建社会的统治者为了自己的名利特权而大肆剥夺大多数人的利益而聚天下之力、天下之财去建他们为了显示帝王威仪的巍峨宫殿群，建聚人间一切珍宝的皇家园林，修最庞大的地下宫殿陵园，将无数珍宝陪葬于地下，但是这些图于形式的有形的排场浪费，除了破坏作为自己根基的无形的共同利益之势以外，对统治者的统治并无一丝助力。历史上那些显示威仪的奢华不但没有保佑统治者，还因此而大肆搜刮广大民众，丢掉了广大民众的认同感，也同时丢掉了本应存在的无形的共同利益之势，成了孤家寡人。

老子说的俭，是为了“俭，故能广”，“广”一方面是空间覆盖面积大，一方面是时间的长远。对于一个管理社会的君王来说，俭是为了各群体的长远的共同利益之道，是为了对那些弱势群体进行广泛帮助，而达到巩固国家社会的向心凝聚力共识之势。

“三曰不敢为天下先”。首先，这里的“先”是指什么先？忧国忧民的老子绝不是反对在人类物质生产中的发明创造之先。“先”既可以是好大喜功、不自量力的劳民伤财，也可以是利用公权力占有私利的近水楼台先得月，甚至是不尽义务的强盗式掠夺。老子刚刚在上一章说：“欲先民，必以其身后之。”在七十八章指出：“受国之垢，是谓社禝主；受国之不详，是谓天下王。”所以不把个人的利益摆在社会共同利益前面才能“无为为”，个人荣辱应当服从于共同利益之道的荣辱，才能成为共同利益的带头人。老子所说的“三曰不敢为天下先”是要占有一时强势，有能力挑战共同利益之道，能占有优先享受特权的人应当“知其雄，守其雌”，带头在法律规范框架内活动，不能凭借一时强势而剥夺弱势群体的应得利益，不打破权利与义务相对平衡的自然规律，只有这样的人才能成为带头人和领袖。

如果作为“器长”的带头人放弃了对组成社会各群体的平等的慈爱关怀，也就丢掉了各群体，尤其是弱势群体对他的认同感，舍弃了大家的向心凝聚力的情况下，再去对内或对外逞勇斗狠，诉诸武力；如果不知道节俭，而为了个人或本群体的名利威仪，而大兴土木，讲排场，奢华无度，掏空国库，千方百计搜刮民财，使民众陷于贫困之中；如果放弃了量力而行，放弃了稳妥的共同利益共识之道，大力追求力所不及的扩张和各种不切实际的高欲望追求，去争夺凌驾于矛盾双方或多方共同利益之上的首领地位，就注定会失败——死矣。

能够在事物发展和社会中进退有据而能成功，唯有坚持老子的“三宝”，平等慈爱地对待组成社会的各群体民众，将个人特权利益置于共同利益之后，依道遵德而行，才能得到社会各群体的一致认同，从而产生强大的向心力，形成无形的可以摧枯拉朽的共振之势。“夫慈，以战则胜，以守则固。天将救之，以慈卫之”同上一章的“圣人处上而民不重，处前而民不害，是以天下乐推而不厌。以其不争，故天下莫能与之争”是一个意思，都是在讲述君王与共同利益之势之间的关系。

第六十八章

# 只有追求双赢才能真正地胜利

善为士者，不武；善战者，不怒；善胜敌者，不与；善用人者，为下。是谓不争之德，是谓用人之力，是谓配天，古之极。

这一章主要是讲战争中的胜利者的“善为士”“善战”“善胜”“善用人”者与道的关系，也可以说是在讲什么才是真正的可持续的胜利的问题。各方、各国之间有不同程度的矛盾对立是必然的，战争是矛盾对立的极端手段，所以战争是绕不过去的话题，本章和下一章就是老子站在与众不同的交战双方或多方组成各群体共同利益之道的立场上看待战争的论述。而本章的“善为士者”“善战者”“善胜者”“善用人者”都是强势者，也就是“知其雄”者，这些人在交往范围内常常因为自己的强势而掌握主动权，如果有对名利的“不知足”的贪欲，是十分容易挑起事端和战争的人。他们的社会活动能量很大，所以他们的思想意识和作为对不同交往范围的共同利益之道走向影响很大，如果是一个强势的霸权国家则会严重影响世界人民共同利益之道的走向。

老子讲了几个善于，这几个善于可以是几个人、几方各自善于，而往往也会几个善于集于一身，因为真正的善于几乎都是相通的，相对全面的，往往单单一方面的善于不容易成功，因为事物是多方面的。他们为什么会多方善于呢？而且实际上，这些善者的善于并不是与生俱来的，所以并不是处处事事都善于，更不可能永远都善于，那他们怎么就成了善于者呢？他们的善于是因他们可以利用各方之势造成的，如果没有各方在对立统一下形成的共同利益之势的支撑，他们个人将什么都不是。一个百战百胜的“善战者”的将军的每一次胜仗，都是战争性质，民心、军心向背，战略战术，武器装备，后勤保障，天时地利人和等等许多方面契合点的共同利益之势的结果，离开这些条件的共同利益契合点，他是不可能胜利的。也就是说，每一个善于者之所以善于，都是当他们在面临各种矛盾的条件时，能在各矛盾方面中审时度势地找出各方利益契合点，并顺乎各方共同利益之势而行动，才能取得胜利，他们的胜利不是个人的胜利而是共同利益共识之道的胜利。一个企业、一个领导的真正善于，来自对市场、科技、各级员工、社会大环境等各方共同利益之道的认识和顺从。如果抛开共同利益之势，这些善于者将一事无成。如果他们不知道这一点，依仗过去的成绩、功劳、地位造成的强势，逆共同利益共识之势而动，将会前功尽弃。这就是说，当善于者离开使他们成功的当时具体的各方共同利益之势后，他们又仅仅回归到一个普通明智之人，下一次的成功与否仍然是在现实中所面临的矛盾各方时，能否找到和顺从交往范围内各方共同利益之道的又一次考验。所以老子才说他们的成功是“是谓不争之德，是谓用人之力，是谓配天，古之极”。

一些人成功后，往往不愿客观地深究为什么会成功，分不清成功中个人能力和交往范围共同利益之势的关系，总是把一个人审视和顺应共同利益之势的能力和共同利益共识之势混淆在一起，过高地强调自己的功劳，而在社会主流文化是等级特权和个人功利主义时，人们也普遍地存在不客观地将一切功劳归于并且盲从于其中的首领等相对强势者的心态。人们的每一次成功其实质都是借势而成，即使个人的一个发明创造，也会受到社会需求，前人的知识积累与现代社会的各种知识和技术手段和各方配合等多方的制约和配合的对立统一才能成功的，其是踩在了前人和众人肩膀之上才能成功的。如果不懂这一点就会贪天之功，占为己有，就会骄横起来，为以后失败创造了条件，“自遗其咎”。我们每个人真正属于自己的只有自己的身心，也就是有形的身体和无形的思想意识，我们每个人的善于之势，只能来自社会交往中根据权利和义务相对平衡的自然规律而来的社会定位，这个定位是和交往范围其他各方平等的相互制约的对立统一中得来的，任何人，任何时候，也离不开与他人的对立与合作的交往，也就离不开各方共同利益之势的制约。而任何人，任何时候，离开共同利益之势没有不失败的，一个庞大的王朝严重背离了组成社会各群体共同利益之道以后，尚可其亡也忽焉，何况我们个人了。也就是说，每一个善于者之所以善于都是因为善于借当时交往各方共同利益之势而为，任何人离开了共同利益之势也不会有作为，这就是老子的“是谓不争之德，是谓用人之力，是谓配天，谷之极”。

本章虽然字数不多，篇幅极短，但要真正全面深入理解却并不简单，因为这一章主要还牵涉了战争问题。本章从字义上很好理解，但从我们历史上形成的以消灭敌人取得胜利的战争观念上又很不好理解。要理解本章的论述，必须先讲一下武力、械斗和战争与道的关系。武力和战争，历来是人们谈论最多，范围最广，引发敏感话题最多，最易引起争论的事。勇敢、不畏牺牲、奋不顾身、身先士卒、舍生忘死等是英雄好汉的行为，会得到赞誉和崇拜，会流芳百世；而懦夫、逃兵、胆小鬼等形容词则是一个人最大的耻辱，会遗臭万年。从个人之间的逞勇斗狠，血亲复仇，到群体间械斗，世代怨仇，到国家间的战争和常态对峙，到群体国家的世界大战，争夺势力范围；决斗、群殴、战争、对峙、备战从有人类以来就一直与人类相伴相随，一直都是智谋和科技、物质、人力、宣传鼓动最集中应用的地方，是最耗费社会精力财富和牺牲生命的地方，有时甚至会成为无比巨大的绞肉机、屠杀场，令人不寒而栗，令卷入者身不由己，欲罢不能。对包括交战双方、多方的人类来说，没有人会真正的赢，只有全输。

老子认为，天下万物除了对立统一的共同利益之道是绝对的以外，一切都是相对的，是“有无相生，难易相成，长短相形，高下相倾，音声相和，前后相随”“曲则全，枉则直，洼则盈，敝则新，少则得，多则惑”的。人类社会由多群体、多方面、多文化组成，是千差万别，动态变化的，各有优劣，各有短长，必然会对立统一的。所以不可能有一个国家、一个阶层、一个群体、一个家庭，一个人的绝对的优势，因为你的优势就意味着别人的劣势，你之所得，必是别人之所失，争的结果只有一个，只能诱发别人与你无休止的斗争或以被逼无奈的极端斗争方式来进行制约，使争斗升级，都投入全力，这永远也不会有最后赢家。任何优势、霸权的存在都是相对的，只有在其对立面的承认下才能存在，否则将是永远的争斗。即使一方或多方占了压倒性胜利，但是如果采用弱肉强食、赢者通吃的方式压迫失败一方的民众，也只能是埋下失败一方广大民众同仇敌忾的无形但又无法抹去的复仇共识之势，必然引发下一次的更大的战争，造成更大的人间灾难，这已经为无数的历史事件所证实。而决定最后胜利的都只能是为了和平有序生存下去，各方以多种方式的相互妥协，求大同存小异，产生各群体的共同利益共识之道，这是不可违背的自然规律。既使一个国家一时掌握绝对优势，但是如果这个国家的文化意识共识是弱肉强食、赢者通吃的极端个人功利主义，那么这个国家是由许多有不同利益的群体组成，这些群体之间同样要争绝对优势，同一群体有许多派别，这些派别之间也要争绝对优势，别派中又会有团体、个人……这样争来争去都是在争不会存在的东西，因为一切事物各方都必须相互影响、作用、制约、对立统一才能存在，这是不可违背的自然规律。任何人违背自然规律去追求不可能的东西，最后只能失去一切，种瓜得瓜，种豆得豆。所以不可能有属于一个人、一个政党、一个群体、一个国家的绝对优势，但有些一时强势的人们却每天在不懈地在追求这不可能存在的摆脱别人制约的绝对优势的幻影。正是这个违道的误区，在将世界引入无休止的军事竞争。绝对优势只存在于人类的终结中。

其实战争和谈判、协商、讨论、斗殴、争吵、家庭纠纷等都是人类相互交往的一种方式，都是为了争夺或守卫自己或群体的利益，只是范围不同，方式不同。但无论用何种方式，最后得以稳定的只能是各方利益的相对平衡。“上善”之水，从泉水溪流开始，入大江大河日夜奔流，只有进入大海的相对平衡才是归宿。也就是说，组成事物或交往范围各方必须达到一定程度的共同利益相对平衡之道才能稳定住，才会有序。人类早期为了利益争夺引发的个人和小团体的仇杀与群殴械斗，必然产生无数的仇恨和血债及无数的血亲复仇行为，所以历史上才有因惧怕血亲复仇的诛灭九族的斩草除根，也有和赵氏孤儿式的拯救。如此冤冤相报无尽头，使人们动用武力残杀去解决矛盾的方式随着武器的进步，都将付出越来越大、越惨痛的教训，不但得不到稳定的利益，反而陷入了无休止地相互防备和紧张不安之中。双输的压力使社会各群体达成共同利益之道：以法律规范为依据，通过协商和判决方式达到权利与义务相对平衡的共同利益。矛盾双方虽有胜败之分，但从全面和长远看还是共同利益的双赢。也就是说，双方的矛盾得以真正解决的不是武力械斗，而是共同利益的双赢。

家庭纠纷是最难解决的问题，清官难断家务事。为什么？因为家务事也是利益之争，家庭内也只有达成共同利益之道才能稳定，但这其中掺进了亲情，亲情越大矛盾弹性越大，回旋余地越大。有亲情就像血管有弹性一样，遇到堵塞，血管弹性大，可以扩张，增加回旋余地而通过，如果没有亲情就像已经硬化的血管，失去扩张的余地，遇到堵塞就会堵死或崩开。所以有亲情这个柔软调节器缓冲，许多矛盾可以得到积蓄和反复。但是最终亲情也代替不了权利和义务相对平衡的共同利益，也有其限度和承受能力的，严重超出了平衡范围也会矛盾激化。亲情本质上就是认同感，共同利益越多认同感越大，共同利益契合点越多对矛盾的缓冲余地越大，也越容易协调解决，越不容易激化为尖锐对立而用武力决一雌雄的地步。这就是加强交流，增强相互了解的作用，也是平等地相互影响、作用、制约、相互妥协、求大同存小异产生共同利益之道的必须前提。所以无论是在家庭中、团体中、社会中，还是在国家之间，都要加强平等的交往交流，增加共同点，增加相互信任的认同感是达到共同利益之道，从而互利双赢的必须过程，也是国家这个共同利益载体的对内保护和对外矛盾缓冲器的功能。那种自以为是，高高在上，以傲视一切的优越感去与别人交往的人、团体、国家没有不失败的，因为他们无法与别人取得共同利益，无法和别人达成共识，也就不能见容于人，最终会像刺入身体的一根刺一样被清除出去，哪怕他再强大。

秦始皇威震四海，扫灭六国一统天下，集天下财富于一身，将天下兵器铸成铜人，用保甲连坐束缚百姓，为了威仪四方，巡游天下，泰山封禅，可以说占有了天下一切物质，穷极了一切君主的权力威仪，但唯独他丢掉一样——天下共同利益共识的民心之势，也就失去了社会的向心力和凝聚力，致使在还所辖相当多的军事和物质的有生力量时，因失去共同利益利益之势产生的离心力而无法利用来挽救自己，于是二世而亡。而汉朝在战乱之后，百业凋敝，国家、民间极度贫困的情况下，帝王没有应有的铺张威仪，而是与民休养生息，无为而治，终于成就大汉王朝。同样的战胜，胜后财富无边的秦朝因失道而二世而亡，胜后一穷二白的汉朝，因得道得以壮大延续几百年。这就是无形之势和有形之物的“天下万物生于‘有’，‘有’生于‘无’”的辩证关系。

用强势的武力在任何情况下，如果离开了交往范围内各群体的共同利益之势也稳定不下来，可持续不了，更不要说长远。那些依靠武力强势者在最好的情况下，也达不到自己的全部目的，多数会以失败而告终，即使表面上维持住了胜利的现象，但共同利益共识之势的流失消减虽然看不见，摸不着，但却是不可阻挡的，会使胜利者的脚下支撑逐步崩塌，而深陷其中。老子在本章中所说的“善为士者，不武；善战者，不怒；善胜敌者，不与”就是指出这些善于者的成功只能建立在当时条件下各方共同利益共识之道的基础之上。他们真正的胜利并不是来自武力、愤怒的参与，主观上都是希望不动用武力去解决争端，而是“善用人者，为下。是谓不争之德”，强势者用“知其雄，守其雌”的平等谦和态度去与矛盾方通过和平方式求得共同利益之势，达成共识，产生凝聚力和向心力，以此增加双方的共赢之势。如三国时诸葛亮七擒孟获就是典型的“善为士者，不武；善战者，不怒；善胜敌者，不与；善用人者，为下”，诸葛亮如果执强霸凌屠杀，则蜀汉的西南永无宁日，腹背受敌，耗尽人力物力，而其用七擒七纵的最小代价赢得无形的看似柔弱的平等的相互制约、对立统一的共同利益共识之势，而得到了双赢。以道的合力代替角力，才是符合事物发展的客观自然规律的长治久安之道。

第六十九章

# 备战而不好战，以道求胜

用兵有言："吾不敢为主，而为客；不敢进寸，而退尺。"是谓行无行，攘无臂，仍无敌，执无兵。

祸莫大于轻敌，轻敌几丧吾宝。

故抗兵相加，哀者胜矣。

本章和上一章紧密相连，上一章讲的是居于强势的"善为士者""善战者""善胜敌者"不主动发动战争，以"不争之德"和"为下"的谦恭态度去和对方取得共同利益的"天谷之极"的道，尽量避免发生战争。而本章则主要讲，当自己和矛盾对立方实力相当甚至弱势时怎么办。战争发动的主动权并不完全在自己手中，自己可以先下手为强，主动进攻，也可以待对方进攻后再反攻。站在道的立场，任何战争也代替不了交战双方民众的共同利益之道，也就是双方的相对平衡，一时的战胜，打破了平衡，会遭到利益严重受损方的报复，"以道佐人主者，不以兵强天下。其事好还"。决定社会稳定有序发展的不是强势的武装胜利，而是交往范围内各方平等的共同利益之道。所以老子反对以战争谋取利益，"用兵有言：'吾不敢为主，而为客；不敢进寸，而退尺。'"中的"不敢"的并不是敌对方，而是不愿挑起战争，破坏和平，从而伤害两国无辜民众的共同利益。但是在双方势均力敌，甚至自己还处于相对弱势时，战争发动的主动权并没有掌握在自己手中，怎么为？“行无行，攘无臂，仍无敌，执无兵”中的“行、攘、仍、执”指积极做好战争的各种充分准备，决不轻视对方，而“无行”“无臂”“无敌”“无兵”指不显出明显的行动迹象，内紧外松，不显露出自己的动向来过分刺激对方，避免加重紧张气氛，不因造成误判而引发战争，做好打和谈两种准备。这样，让敌我双方的民众也看到自己毫无战争意向的和平态度，从道义上占据主动。

但是如果因轻敌而贸然发动战争，就会使共同利益之道的三件宝“一曰慈，二曰俭，三曰不敢为天下先”全部丧失：一，因战争而使双方无数无辜的战士和民众牺牲，无数家破人亡，妻离子散，流离失所，何慈之有？二，战争将使双方的经济遭受巨大损失，“师之所处荆棘生焉，大军过后必有凶年。”甚至人吃人，易子而食，使人民生活水平后退很多年。何俭之有？三、战争只是为了争夺土地、势力范围等利益，甚至只有为了满足统治者历史功绩的虚荣心的极端手段，但是几乎所有发动战争者都会过高地估计自己的实力，尤其是武器装备等有形的物质实力，而忽略了被侵略一方民众的共同利益之势的无形力量如果激发出来，可以弥补物质上的劣势，而会发挥出无穷的力量，所以往往看似一边倒的战争会成为陷阱，无法自拔，侵略者不但得不到想象中的利益，反而精疲力竭，大伤元气，甚至因此而加剧自身社会各群体的矛盾引起社会动乱解体。历史上主动发起战争的，如果不真正依从敌我双方民众的共同利益之道的，几乎没有一个能达到预期的目的而全身而退的。因为任何社会群体都不会长时期忍受压迫的，任何社会严重违背了权利和义务相对平衡的原则也不可能持续存在，所以说无论战争胜负，最终得以稳定存在的只能是无形的组成这个社会各群体的共同利益共识之道，尽管有时这个过程会很曲折而艰辛。一切违道而行的“天下先”是争不来的，这就是老子说“祸莫大于轻敌，轻敌几丧吾宝”。

“故抗兵相加，哀者胜矣”可以理解为，在敌对双方实力相近的情况下，被动的一方在道义上占了上风，民众因被人侵略，财产遭到破坏，人民遭到杀害，会因屈辱而激发斗志，从而促成了各群体一致对外的共同利益共识之势的上升，使原来有矛盾，甚至尖锐矛盾的各群体搁置矛盾，产生强大的向心凝聚力，更加团结，众志成城，顽强反抗从而战胜敌人，即哀兵必胜。这和“反者道之动，弱者道之用”有相同的意思，“反者道之动”是说，当一个交往范围内权利和义务严重失衡时，道就要推动这个不平衡，循环到再度相对平衡，只有相对平衡了，人们才会去尽义务，去生产劳动，去创作社会生活物质，这个社会才能存在发展；“弱者道之用”是说推动相对平衡的势，也可以说变革革命之势主要来自利益严重受损的弱者，他们的要求就是权利与义务相对平等，不会奢望得到特权，所以共同利益之道的最大受益者和维护者是处于弱势地位的广大民众。战争中同样如此，在战争中流血牺牲，生计受困最多而“哀”的，是处于弱势地位的士兵和民众，所以反抗之势主要来自他们，决定战争胜负的也是处于弱势地位的他们的主观能动性，也就是士气，他们为了自己能够生存而激发出来的无形之势是不可阻挡的，所以“抗兵相加，哀者胜矣”。

第七十章

# 道真实存在，又切实可行，但并不容易被人主动认同

吾言甚易知，甚易行。天下莫能知，莫能行。

言有宗，事有君。夫惟无知，是以不我知。

知我者希，则我者贵。是以圣人被褐怀玉。

老子这里说的“吾言”的“言”就是他所讲的道。这一章主要指组成社会交往中的社会行政等陌生人交往为主的领域，因为在生产科研领域和熟人交往的圈子中，不会存在普遍的“吾言甚易知，甚易行。天下莫能知，莫能行”和“知我者希，则我者贵”的现象的，虽然社会根基处民众可能说不出明确的各方平等的相互制约、对立统一产生权利和义务相对平衡的共同利益共识之势这样的理论，但是他们却一直在这样日复一日、年复一年的平等地相互制约中生活着。所以，人们朴实地认为：人敬我一尺我敬人一丈；种瓜得瓜，种豆得豆；一分耕耘，一分收获；老老实实做人，踏踏实实干事；兵来将挡，水来土掩；天时地利人和；没有规矩不成方圆等等，这些都是道的基本元素。他们是这样说的，也必须是这样做的，为什么呢？因为他们在生产科研时与自然物质交往中，会受到自然物质不同性质的一丝不苟的制约，所以必须适应各种物质特性，在一分耕耘、一分收获的权利和义务相对平衡的基础上与大自然产生共同利益，人们只有遵守自然规律的规范制约才能收获人类的生活物质。同时，在生产合作交往中的社会根基处民众要生存就必须相互平等制约，对立统一，基本主流上依道遵德，因为没有人为他们的荒唐行为买单，失去共同利益规范的秩序，他们将无法生存。所以，老子本章所指的并不主要是占社会大多数的社会根基处的民众，而是最令人关注，历史记载最多的社会交往中争斗最明显，最容易造成社会大规模动荡的社会行政和陌生人交往为主的领域。

人类任何大小的交往范围都有必须道，道无处不在，无时不在，有交往就有道。家庭有家庭的道，企业有企业的道，国家有国家的道；上车有车上的道，上船有船上的道，开会有开会的道，游戏有游戏的道；有交往就有矛盾，同时也就有对立统一的权利和义务相对平衡的共同利益共识之道，以及具体显现权利和义务相对平衡的行为规范之德，任何一方违背行为规范的“有为”都会受到利益受损方的反作用和制约，没有人只尽义务不取或大幅度少取权利，这样他将无法生存。同样，如果整个社会人们都只要权利而不尽义务，这个社会也将无法生存。所以老子在《道德经》中才反复强调要“无为”“不争”“无言”“知止”，特别是对最有可能多占权利少尽或不尽义务的强势者更是提出要“知其雄，守其雌”“金玉满堂，莫之能守。富贵而骄，自遗其咎”……这些道理古人和今人谁都能懂，也能理解，内心真想做时也不难做，如老子所说：“吾言甚易知，甚易行……言有宗，事有君。”

趋利避害是人，也可以说是动物，甚至一切生物为了生存所必有的属性，否则一切生物包括人都生存不了。不趋利无法生存，而如果不知道利害相连，祸福相依，过分趋利又会为之所害。趋利避害是对立统一关系，如果只注意趋利，而不注意避害，只讲对立，不讲统一，只关注自己的利益而不注意别人的利益就无法真正趋利避害。如一些封建统治者既想要利用强势取利，又怕把弱势群体逼得走投无路，造了反，反而成了害，就企图“以智治国”来避害，当面一套，背后一套，说一套，做一套，表面上什么法律都有，但真正运行的是潜规则。他们只反对过分贪腐，又不一贯实行权利和义务相对平衡的自然规律，不彻底清除等级特权，认为水至清则无鱼，则不会有人去拼命维护这个政权。这就产生了无法解决的矛盾，就像既要一个航船向一侧倾斜，又不能让其倾覆；盖房子不维护地基，又不要房子下陷和倾斜……只能是一厢情愿，痴心妄想。所以上层统治者对下层官员这种治标不治本的约束从来也是在相互欺骗、心照不宣的捉迷藏中进行的，封建社会也就无法真正平稳有序，也不会长久，不可避免地进入逐渐倾斜而最终倾覆的周期性兴衰循环。而且，生产力水平越高，强势者的特权扩展就越广，财富聚敛得就越快，弱势者警醒反抗得也就越快，人们对平等参与对立统一的共识达成得越快，兴衰周期就越短。因为趋利避害是对立统一的，是以权利和义务相对平衡为标准的，趋利过，则为害，统治者的“以智治国”就是典型的对道的“天下莫能知，莫能行”。

那么既然人人必须要有趋利避害的本性，为什么会有人成功，有人失败呢？道，区别在于你站在什么立场上，以什么为标准，看了多远……就像下棋一样。人与人的趋利程度是不同的，因为希望临界点不一样，有人像上钩的鱼一样，为了一顿酒饭就可以折腰，有人不但要利，而且更要有名和色，权力越大往往临界点越高，同样，伤害程度也越高，“强梁者，不得其死”（第四十二章）。真正无论多大诱惑也内心波澜不兴的或者是死人或者是真圣人，为什么？因为人也是几百万年前的动物，而动物的本性就是不断地收获而不去创造，只要权利不尽义务的弱肉强食。低级生物去采食利用各种有机物，草食动物逐草而行，肉食动物随草食动物而动，腐食动物与肉食动物相随；各种动物依生物链高低而各有其生存之道。但都有一个共同点——不创造只消费，不尽义务只要权利，弱肉强食，但是动物因为饱食而已的生理制约，却不会贪婪聚敛，也就不会打破生态平衡。而人类从产生到现在的总过程中，作为不劳而获的动物的时期要远远长于开始创造生产物质财富，有了义务和付出行为，也同时有了权利和义务相对平衡意识的时期，所以人身上不但有动物不劳而获、弱肉强食的兽性，还有因为可以无限聚敛财富的人类特有的贪婪性，这就是老子说的“吾言甚易知，甚易行。天下莫能知，莫能行”的主要原因。一方面人们至今还不能完全摆脱只想索取而不奉献，只看重权利而不愿尽义务的赢者通吃动物性的兽性，一方面人们又添加了无限的贪欲。这就是为什么自然界虽然弱肉强食，但是却有序平衡，而且必须适度的弱肉强食才能保持相对平衡；而人类却危机不断，生产力越发达，自我毁灭危机越大。区别在哪呢？在于动物破坏相对平衡的贪婪由生理和智力制约，而人类的贪婪则必须通过组成交往各方平等的相互制约、对立统一产生的权利和义务相对平衡的共同利益共识之道和相应的行为规范之德的制约才能达到有序的相对平衡，才可持续生存。

我们身上的权利和义务相对平衡的共同利益共识之道又是如何得来的呢？是教育？会劳动创造的早期人类可能还没有流行的语言，更不要说文字，哪来的教育！只能是来自因为长远生存压力下产生的共同利益而对不劳而获行为的惩罚，是通过残忍的暴力来显现规范。当人类完全依靠大自然的馈赠无法及时地满足人类的生存所需要的物质时，人们开始通过劳动种植谷物，通过饲养驯养动物繁殖成长来补充单纯采集打猎的不足。这就会产生人群之间所获有无多寡的不均，会产生动物兽性的习以为常的偷和抢的问题，所以，要改变这种动物本性的天经地义的认识和行为必须用武力来保护自己的劳动成果，这时的保与抢是与生命和鲜血相伴的，会有人不但物质没抢到，反而丢了性命，或成为伤残；也会有人不但物质没有保住，还丢了性命和健康。总之谁生产劳动也不踏实，也无法保证最终得到劳动成果的享用，在这样的情况下，为了大家都能安定地通过劳动生产生活物资这个共同利益达成共识，为达到这个共识就必须有制约各方的强迫之势，并且产生具体显现这个势能的对偷盗和抢劫行为进行打击的约定，这就是公序良俗和法律规范的前身，也就是老子说的德。当时对于偷盗和抢劫的处罚是十分严厉残酷的，因为这种行为是普遍的和习惯性的，社会危害性极大。任何处罚的原则都是根据人的趋利避害性决定的，只有当因偷抢得利小于所受惩罚之害时，才能制止偷抢行为的继续存在。也就是说，人的权利与义务相对平等的原则是在对偷抢行为的打击制约中得到人们普遍认同的。随着人类交往的增多，私有制和家庭的产生，社会事物的复杂化，共同利益共识之道也相应增加，而需要打击制约的行为也相应增加，作为德的领域的法律也会相应增加，这样才能保障人们的共同利益共识之道得以存在。社会发展迅速，法律跟进也应迅速。总之，人类的每一次进步都是在相互制约对立统一中得来的，是在违法的害大于所趋之利中得来的。相互制约越明确及时，越有效，人们自有的动物贪婪性被压抑得越深；哪里没有制约，或制约力度不够，哪里人们的动物弱肉强食贪婪性就会显露发展起来。

在老子生活的时代，人们还没有普遍明确的法制观念，那些由统治者们所制定的法是以首先为保证他们自己的特权而立，有一些社会生存稳定所必需的保护共同利益的法在执行时也会因人而异。因人而异有两方面，一个是不同的统治者对待民众利益，对待法制态度不同的因人而异，往往会人亡政息，改弦易张；另一个是统治者对待组成社会不同群体根据贫富贵贱划分等级而在执法时因人而异，甚至无法约束强势者的行为，也就是刑不上大夫。同在一个交往范围内，不同的人在法律面前却待遇不同，有人可以动辄获罪，欲加之罪何患无辞；有人却可以无法无天，视法律为无物；只许州官放火，不许百姓点灯现象的存在，这无疑是在鼓励人们去拼命争夺权力或攀附权势，利用各种强势去破坏法律，夺取不受权利和义务相对平衡原则制约的特权，必然造成人心的混乱，使法律也就是德，失去人们的尊重，使共同利益之道也无法存在。正是在这种情况下老子才做出本章“知我者希，则我者贵”的叹息。一个社会如果不知道什么是共同利益之道，就不会懂得什么是德，也就必然不知道合道的法律是自己长远根本利益的守护神。不知道这一点，定会因为可以突破法律和钻法律空子或打擦边球去夺得自己不应得的利益而沾沾自喜，并且会以此为智为荣。殊不知，道不兴并不等于不在，这正是老子所说的“富贵而骄，自遗其咎”“将欲废之，必固兴之；将欲取之，必固与之”“物或益之而损”“祸尚福之所倚，福尚祸之所伏”，在总收入固定的情况下，一方之多，必定是其他方之少，也就必然产生利益受损方的坚决反击和随之而来的社会动荡不安，只是反击时间或早或晚，但决不会不出现。善有善报，恶有恶报，不是不报，时候未到，时候长短取决于利益受损方的觉醒和忍耐程度。

我们常说是劳动创作了人类，劳动创造的不但是有形的生活物质和身体进化，而同时在平等的相互制约、对立统一中创造了无形的权利和义务相对平衡的共同利益共识之道，有了道，才有了不同于其他动物的人。“天下万物生于‘有’，‘有’生于‘无’”，因为劳动创造了生活物质材料，同时也必然产生这些物质的分配占有的规则，没有规则就没有人去劳动，这个规则就是阴和阳、权利与义务、回报与付出的相对平衡，这就是自然规律。能不能就这个自然规律达成共识之势是人和动物的分水岭，这个共识之势也就是人们常说的人性。除了这个区别以外，从动物脱胎而来的人其实和动物在其他方面的区别只有程度不同而已：人会用谎言和行为伪装自己，动物也有各种伪装方式；人会夸耀自己，以示高于常人，动物也会用身上的色彩斑纹和漂亮的羽毛显示自己；人会通过各种宣传彰显自己的权威，动物也会傲立山岗，仰天长啸宣示威风，也会翱翔盘旋于高空而傲视一切；人会动用智巧去骗人入彀，动物在捕食技巧上有许多人所不及；人发明许多科学技术，动物的许多功能谜题我们至今也无法破解，令人望尘莫及。这就是说在这些方面人类和动植物各有所长，而人类之所以成为世界之王，凭借的是道的平等包容、相互制约、对立统一产生的共同利益共识之势，也就是必须有阴和阳、权利与义务相对平衡的原则，因为只有有了共同利益共识之道和其显现的规范之德才能有人类平等有序的相互合作，只有有了相互合作，取长补短，共同提高，人类才可以以群体的优势弥补自己在动物面前的各种个体劣势。也可以说，人类的每一次发展都是在摆脱动物弱肉强食的兽性，扩大交往范围，增强共同利益共识之势，加强规范的过程。从早期人类群体内极其简单的群居处罚规范；到产生家庭后的家规和圈子内熟人之间的公序良俗；到与陌生人交往为主的行政机构主导的法律规范，这都是在一步步地扩大交往范围的同时，在加强保护共同利益之道的规范。随着人们的交往范围不断地扩大，对动物弱肉强食兽性的容忍度也越来越低，对共同利益和法律规范的认同度也越来越大，越普遍。如此，甚至可以说，一部人类史就是人类通过对立统一的不断斗争，不断显现弱肉强食危害和抑制、摆脱弱肉强食的兽性的历史，不断从对道的“知我者希，则我者贵”向“甚易知，甚易行”进化的过程，从对道从嗤之以鼻的一笑了之到以道为追逐之玉的认同过程。

权利和义务相对平衡事实的产生和存在是共同利益之道通过具体显现的规范之德的制约下才能达到的。人在有德制约的地方就会体现出共同利益的人性，在没有德制约的地方就会显露出被社会压抑的贪婪的兽性。在人类发展史上，凡是合道的德能够实行，有约束力的地方和时候，社会就稳定发展；凡是共同利益共识之道被压抑，德也就失去制约力的地方和时候，就会出现“知我者希，则我者贵。是以圣人被褐怀玉”因水浊而洗足的情况，讲社会就动荡不安。所以在万物发展规律时老子说：“道生之，德畜之，物形之，势成之。”事物有了共同利益之道的需求才有使用价值和交换价值，有了通过相互制约、对立统一产生的共同利益共识的势能以及对权利和义务相对平衡原则的规范保卫，任何事物才可能存在和成长壮大。可见能否依道遵德是事物成败、秩序有无、安定与否的基础，是能否避免本章中“吾言甚易知，甚易行。天下莫能知，莫能行”状况发生的关键所在。

## 第七十一章

# 只有承认错误，积极纠正，才能存在、发展

知不知上；不知知病。夫唯病病，是以不病。圣人不病，以其病病，是以不病。

本章老子借用人身体的病来比喻人们对自己错误缺陷的感知和对待问题的态度。人的身体需要各种营养的补充和各组织器官的相对平衡，同样，无论是参与交往的个人还是人们参与交往的社会，都不可能是十全十美的，会有长处也有短处，有优点也犯错误，都面临一个补充不足和纠正失衡的问题，也就是纠错机制。一个人、一个群体、一个交往范围，有短处错误是十分正常的，无可厚非，关键是能否认识到自己的错误和短处，只有认识到了，才有可能改正和补足。就如一个人在与别人的交往中，每日三省吾身，直面认识自己的错误和短处，了解自己由权利和义务相对平衡决定的社会定位，这是一个人健康成长和成功的最基本的前提。对一个群体或者一个人最可怕的是不能客观地面对自己，定位自己，这或许是有些愚钝，连自己是什么情况也搞不清，甚至妄自尊大，更不可能真正了解别人和与别人正常和谐相处。这样的人只要不是智障或极端顽固尚可一治，甚至于背后猛然一击或许幡然醒悟，如京剧《除三害》中的周处。“知不知上”，知道自己有许多不足和缺点、错误，有弥补和改正的意愿，或者自己不知，当别人指出后可以坦然接受，这也是好的。而如果从来就不认为自己有什么不足，认为自己总是一贯最正确、最权威的，一旦有错都是别人的，自己是不容置疑的，就是一种病态了。更可怕的是，明知自己的短处和错误，却不以为然，刻意隐瞒，甚至是故意为之，虚假包装后极力宣传吹嘘，这就是恶疾了。这或者是想制造骗局引人入蛊，或者是腐朽透顶成为朽木，病入膏肓再也经不住一点触动了，一根稻草就可以压垮已无力支撑的骆驼，故而只能苟延残喘，这就无药可医了，因为人们不可能叫醒一个装睡之人，即“不知知病”。一个人，一个群体要想不得病，要知道自己会有许多不足需要弥补，许多错误需要纠正，只有时刻学习、吸收，防止营养不良和纠正不良习惯和错误，少犯错，即“夫唯病病，是以不病”。一个人，一个群体只有承认会得病，才会时刻防病，才会不得病。

如果将这一章引入学习方面，一个水桶只有半桶水，将其加满并不困难，但如果只有半桶水却淌得狠，不再加了，则永远也满不了。同样，如果知道自己的学识不够，还继续学习，就有提高的空间，但如果认为自己已经什么都懂了而封死了提升的空间，那就非常可悲了。因为不但天下各种知识浩瀚，而且还在不断地在发展，一些知识的时效性随着科技的快速发展越来越短，停止学习故步自封，将会很快被社会边缘化。学习一方面有其直接实用性，通过学习各种科学知识和技能可以提升自己的工作能力，实现自己为社会做贡献的人生价值，可以直接关系到自己有形的物质世界；另一方面则是可以更多地了解世界，接近世界，使自己知识面越广，受启发越深，看问题的角度也会从自己个人变为多方位，心胸也就越宽阔、包容，会逐渐了解到，事物是由许多方面不同的利益方所组成，并比较清楚地寻找到各方面的利益共同点和矛盾点。这时，就学会了透过现象看本质，避免自己的许多迷惑和别人别有用心的诱惑，也只有通过对众生的真实了解，才会真正懂得什么是自己的义务和权利，知道如何去双赢。一个人如果充分借用了他人的阅历和经验以后，在观察和处理问题时就相对主动和自由，这种自由来自对事物各方的充分了解。为什么我们在家里面就感到自由放松，而到一个陌生环境就感到拘谨紧张，因为我们对家里的事情十分了解，而对陌生环境一无所知；当我们面对一个幼童时就自由放松，而当面对一个教授时就会拘谨紧张，因为我们自知知识强于前者，而差于后者，也就是说，一个人的自由和主动放松与自己对事物的了解和知识的丰富程度成正比。

任何时候人们共同利益共识的产生都是从识破真像，归于真实质朴开始的，“朴虽小，天下不能臣。”一个人收获是可喜的，而因为学识广，感悟力强，低调而明智地少走一些弯路，少受些损害，同样可喜。也可以说，识破真相便是成功了一半，因为不再迷茫，可以对应地聚势而动了，这也就是我们为什么要通过学习提高自己时时探明真相能力的原因。

老子本章所讲的“知不知上；不知知病。夫唯病病，是以不病”中的知与不知，病与不病，关键在于知什么？以什么为病？联系前一章“知我者希，则我者贵”，可见老子指的是对道的“知”和违道的“病”。“圣人不病，以其病病”，圣人也就是识道依道之人，之所以不病，是因为他知道一个人、一个社会相互交往中如果违背了交往范围各方共同利益共识之道，就像人得了病一样，必须及时发现，并且医治改正过来，这样就“夫唯病病，是以不病”，因为能够及时发现和治疗疾病，自然也就可以最大限度地减少伤害了。所以一个人、一个社会要想不得病，就应当知道什么是违背道的病，就首先应该了解个人和交往范围的群体关系问题。一个人通过知识掌握和外界的交流沟通直接关系到一个人的无形的精神世界，每个人都可以通过自己有形的物质世界和无形的精神世界的结合，形成自己的社会存在，也就是在家庭、团体、社会等交往范围内的定位。这个定位就是自己的势，并通过这个势去和交往范围内其他方的势，平等的相互影响、作用、制约、对立统一产生交往范围的共同利益之势，和遵守显现这个势的德：家庭中的家风、家规，团体内的规章制度，社会中的公序良俗，国家的法律规范，合作交往中的合同契约等体现共同利益之势的规范，就是一个人的势和不同交往范围共同利益之势、之德的对立统一关系。人们生活的交往环境是动态的，相对的，尤其是进入高科技快车道后，昨天的优势，今天可能不存在了，明天可能就落后了。一个人要想有较大的自由主动权，就永远不要满足，要不断地去学习以提升自己在有形物质世界和无形的精神世界的能力。个人和群体的关系是对立统一的互动关系，没有个人的发展提高就不会有群体的发展提高，同样一个人如果处在一个什么样的群体内，也会直接制约个人的发展提高，不能片面把个人和群体对立起来，而忽略了统一的一面，走向极端，认为个人的发展就是不要一切束缚，唯我独尊；或者认为群体利益就不要个人的权利，应该盲目地绝对服从，这都歪曲了事实。个人和群体是对立统一的，不尊重每个人的权利也就不会有真正的群体利益，只有个人之间可以平等的相互影响、作用、制约才会产生权利和义务相对平衡的群体共同利益共识之道。同样，没有群体的共同利益之道的护卫，任何个人的能力也得不到正常施展。如果没有道，也就是规范秩序的护卫，当一个人的能力弱时，会受到强者的伤害；而当一个人强势到可以伤害别人时，也会去伤害人，这一方面自己会因越位而失控，一方面会受到受伤害者的仇视和报复。个人和群体的关系一直就是交往范围能否和谐稳定发展的关键因素。

一个群体内的人能否认识到和能否产生共同利益共识之道取决于这个群体内的每个人是否能够平等的相互制约、对立统一。但是，什么是平等？人们往往把平等仅仅局限在有形的物质财产上，一提起平等首先想到的就是贫富差别，其实平等首先是无形的文化意识之势，首先要有了意识的平等，才可能有物质上的相对平等，而且平等也不必然表现在物质上。贫富差距是永远也消灭不了的，就像每个人的能力不可能平等一样。问题应当是这个差距是如何而来的？是否符合权利与义务相对平衡的自然规律？当一个人的财富是因为适应了共同利益共识之势的需求，为群体做了贡献，得到了相应的报酬，他得到的同时，群体也在一定程度上得到了，这就是推动生产力前进的正能量，应该得到大家的支持鼓励，这就是相对平等的。

如果一个人因为垄断、炒作、欺骗等手段并没有为社会创造物质财富、各种服务和精神享受，而只有把别人的钱掏出来装入了自己的口袋，则违背了权利和义务相对平衡的自然规律，造成了财富向极少数人不可逆转的不断聚集，一方面使贫富差别不断加大，更可怕的一面是在资本为王的功利主义文化意识占主流的社会，使大多数弱势群体丢掉了自信自尊，从无形的意识共识中自我边缘化，失去了平等意识，放弃了主动平等的参与感。这是违背老子“我有三宝，持而保之：一曰慈，二曰俭，三曰不敢为天下先”之道的，是严重分裂社会，造成动乱而不可持续存在的，这是严重的社会病。

而这个社会病的起因，源于组成社会的每个人的个人病，两者对立统一，相辅相成。“天下万物生于‘有’，‘有’生于‘无’”，一个人如果没有了无形的平等的意识之势，便会失去自己主动关注参与的社会定位，而屈从强势而甘居弱势，甚至成为能喝上强势者施舍的残汤的帮凶。平等是一种自然客观存在，是每一个人与生即来的权利，并不是被动的别人赏赐，而应当是每个人主动捍卫的安身立命的根。不平等的等级特权是人类早期奴隶社会和自给自足小农经济封建社会这一历史一定发展阶段的产物，会随着生产力的进步而必然失去存在的基础，并非永恒不变的。如果一个人在社会行政和以陌生人交往为主的领域中失去平等自尊意识，便失去了与别人相互影响、作用、制约的动力，也就不可能力争共同利益中体现自己应有的一份，自己的无形意识将自己排斥在共同利益之外，这个交往范围整体也就不真正属于自己，自己便被边缘化了。这个整体的兴，没有自己的份，而衰，会首先波及、危害到被边缘化的人们，造成这种没有主动平等意识的自尊的状况往往和人们的学识、眼界、胸怀有关，也就与本章的“知不知上；不知知病”的学习态度有关；还有一种明显的因为“不知知病”的认知态度有关系的事是：有些人不真正理解平等的含义，在与自己平等的人交往中，过分地将平等误解为极端对立，而不寻求相互妥协的共同利益共识统一，而在与行政和强势陌生人交往中又自矮三分地屈从丢掉平等，失去自己的身心人格。所以在现实中，一个人在一个小圈子内曲解地认识平等的地位，认为平等就是拼命地争个人功利，甚至于胡搅蛮缠地去争，不肯求大同存小异，相互妥协，搞的大家达不成共识，一天到晚地钻牛角尖地去争，锱铢必较，睚眦必报。但凡这样的人都属于一桶不满，又淌得狠，自以为什么都懂，目空一切的“不知知病”的人。“不知知病”之人由于并不是真有知识，所以看的近，看的范围小，小事小利上似乎明白，但大事上却糊涂得很，属于窝里反的类型，一遇到以陌生人为主的交往中社会共同利益大是大非上，因不识道，而失去方向，就会盲从，跟风起哄，便不知道自己和群体的根本利益在哪，也不知道如何去争，甚至为一时小利而损伤自己的根本大利。正因为这些“不知知病”的人不在少数，所以老子才指出“夫唯病病，是以不病”，应当积极地去医治改造。一个社会不但要广泛传播各种实用知识，还应当重点使人们认识到个人和群体社会的对立统一关系，使人们在平等的相互影响、作用、制约的对立统一产生权利和义务相对平衡的共同利益之道上达成广泛共识。使知识成为正能量，才可以尽量减少因人们在无形的共同利益共识之势上的“不知知病”的近视的极端意识而阻碍长远的共同利益之道的事情发生。

老子在这一章中，只用了二十八字就将人最常见的两种社会病的危害指了出来，一种是相对轻的无知病，得了这种病，最多也就是愚昧无知，自以为是。而与之相比，另一种讳疾忌医的病则对个人和社会就是更加严重了。讳疾忌医是可怕的，会养病如养虎，养虎为患，最后会命丧虎口，但是这还不是最可怕的，最可怕的是拿着病当福，当光荣，当奋斗目标，这就是一种社会病，是老子说的“有为”病，也就是我们上一章讲的动物的弱肉强食加上人类贪婪的病。贪婪就是不尊重权利和义务相对平衡的原则，想不尽义务，少尽义务而多占有权利。贪婪之病的特点也就是最难治之处，就是患者不承认这是病，而把病菌当成通向幸福的唯一利器和最便捷的通道，谁想治疗他，他就将谁当成欲杀之而后快的死敌。贪婪病的病菌就潜伏存在于我们每个人的机体之中，一旦失去有效的内外部制约，就极易突破自身免疫力而发作，一旦发作就会迅速发展，伤及别人和社会，包括自己的亲人朋友。治疗贪婪病的主方思路是组成社会各群体的共同利益共识之道，具体方剂是体现德的各项法律规范、规章制度、公序良俗、合同契约等，而能够预防此病和产生免疫力的唯一方法是组成社会各种不同交往范围的各群体或各方的平等的依道遵德的相互制约、对立统一。并且除此一方，别无良策。只有当组成社会各个交往范围的各个群体和各方都认为违背权利和义务相对平衡的原则去谋求特权的“有为”是不可容忍的贪婪病，并且都积极主动地通过平等地相互制约来治疗和预防，就会有一个和谐有序的健康社会。这就是“夫唯病病，是以不病”。

第七十二章

# 只有尊重民众利益才能社会安宁

民不畏威，则大威至矣。

无狭其所居，无厌其所生。夫惟不厌，是以不厌。

是以圣人自知不自见，自爱不自贵。故去彼取此。

本章从表面字义上好理解，但是要真正理解却并不简单。首先要弄懂什么是威？前后两个威有什么不同？威是什么？是看不见的势，是带有强制性的，也就是人们常说的威势。那么“民不畏威”的威是什么势呢？是统治者利用武力后盾支撑的，通过利用有利于他们群体的利益的法律条文和各种潜规则相结合，来歪曲修正和架空不利于他们群体利益的法律规范，来达到镇压利益被严重伤害的广大民众的反抗的强制力量，这是“民不畏威”的“威”；“则大威至矣”的“威”是弱势的民众在严重的权利和义务失衡后，被“狭其所居”“厌其所生”的无居无食、生不如死的时候，开始聚集成强大的反抗共识的共振之势的“大威”，不再畏惧统治者的“威”。而打倒推翻他们，前后两个“威”是因果关系和制约对立关系，也就是老子的“反者，道之动；弱者，道之用”的循环关系。

一个正常社会是必须有强势之“威”的，“威”应当是由组成事物或交往范围的各方以各自的特殊利益为出发点相互影响、作用、制约的对立统一产生的共同利益共识之势，也就是，一个社会要稳定有序必须有道，而道的具体体现是作为德的法律规范，任何一个稳定的群体都必须有自己确保共同利益的行为规范的强制性之“威”，否则这个群体不能存在。法律规范是德而不是势，失去威势支撑也就是一纸空文而已，要想起到真正的约束作用，必须要有普遍强烈的共同利益共识之势。

“民不畏威，则大威至矣。”民众为什么冒被镇压的风险，不畏惧法律的“威”？有的时候是因为统治者的官僚主义所制定的法律无法服从，因为有的官僚群体无视弱势群体利益，不调查研究，一切以服从自己群体利益出发，闭门造车的法律制定不切实际，苛刻不近情理，并不符合事物发展的自然客观规律，谁也无法依此法运行，甚至无法生存，这就造成一种荒谬的社会现象，只要干事就违法，要生存就得投机。这样的结果是法律规范因没有广泛的社会共识之势支撑而形同虚设，没了严肃的权威势能，败坏了社会风气，增加了社会交易成本，加大了贫富差别。一个没有严肃约束力的法律规范的社会就像不用水泥砂浆垒砌而干砖码的房子一样危险。这就产生了两种违法行为，一种是违符合社会各群体共同利益之道的法，另一种是违根本就不符合社会各群体共同利益之道的法。造成社会违法的各群体通过相互影响、相互作用、相互制约的对立统一就产生了一个并不符共同利益之道的共识之势，也就是人们常说的社会风气，这个风气之势迫使人人违法，形成了破窗效应。此时法律规范就像任人摆弄的钟馗画像，失去了人们的普遍认同，丧失了其威严，这就是“民不畏威”了。当“民不畏威”的法律规范之威被强势个人和群体，尤其是官员群体带头突破之后，在早期是逐步加剧的乱象，必然造成的社会失序，从而直接影响到民众从居住到生产生活的方方面面，使他们时时处处受限制，无所适从，成了“狭其所居”“厌其所生”，因为处处受厌，所以而厌处处，而痛恨一切权威。这样的社会，依法办事寸步难行，纯朴善良行事处处受排挤，强迫人们只能顺其势去使奸，虽心有不甘，但也无可奈何，社会陷入恶性循环。

最后的结果是，在人们普遍不依道遵德行为的相互影响、作用、制约产生的乱世之势，爆发出不可控的“大威至”的巨大威力，使社会整体失控，导致天下大乱，人人受害，玉石俱焚。这个过程说得简单轻松，但单单一个最乱阶段就往往要几年、几十年甚至时乱时歇，绵延持续几百年的过程，无数人无辜丧命，无数财产损失殆尽，白骨遮平原，千里无人烟。“师之所处，荆棘生焉。大军之后，必有凶年。”所以每当提起历史周期率，明智的人们都会胆战心惊。人类多少英雄志士，呕心沥血，甘冒成败风险，上下求索，以及现在一切政治改革都是在探讨如何能主动地避免如此沉痛的“民不畏威，则大威至矣”的历史周期率，而找寻能主动形成组成社会各群体平等地相互影响、作用、制约产生权利和义务相对平衡的共同利益共识之势及其法律制度规范之德。老子在两千多年前写的《道德经》，提出道这个万物产生和生存之源也是为了这个目的。

封建社会也有严格的律法，尤其是对于各级官员的约束立法，但为什么不能产生共同利益之势以护法呢？因为没有组成社会各群体平等主动的相互制约、对立统一的共识之势，这是产生封建社会的自给自足的小农生产方式造成的。在生产力十分落后的当时，自给自足的农民们日出而作，日落而息，没有文化，没有广泛联系手段，没有时间、精力和能力，也没有意愿去主动制约封建统治者，所以，只能由统治者单方根据历史和前朝行政管理和教训来沿袭和调整各项法律以规范社会管理，或者叫放牧民众。所以统治者必然在决策时是以保护自己的统治特权为出发点，制定一些保护民众，约束官员的法律只有为了防止竭泽而渔，怕官逼民反，从而影响自己的统治千秋万代而已，所以他们绝不会主动给民众平等地制约他们的权利。当时，无论统治者和民众都没有平等的相互制约的共识，更成不了普遍深入人心的社会主流意识，即使是现如今，又有多少人在这样想，又这样做呢？虽然人们从合作劳动开始，就在生产劳动中与自然物质和合作交往的人们之间，一直在平等的相互制约、对立统一产生共同利益共识之势，及相应的物质规律和公序良俗、法律规范中世世代代生活繁衍，但是，人们却没有明确感悟出其中自然而然的道来，不识庐山真面目，只缘身在此山中。就像我们每天生活但并不了解自己身体的五脏六腑一样，只有经由神农尝百草和历代中西医生不懈探讨才逐步了解了五脏六腑和对症下药与人健康的关系，这种认识开始时也并不为人们所广泛认同，只有经过长期反复与巫术等各方的相互比较、相互制约的实践检验才逐渐为人们所认同，才产生有病看医生治疗而不用巫术的主流共识，这个共识产生了人们头脑中无形的潜在意识的势能，任何人也无法阻挡，也不敢阻挡人们有病去找医生。这就是老子所讲的共同利益共识之势，也就是道的万物之宗和天地根的原因。人们对各群体共同利益共识之势的普遍认知追求，只有当生产力进步到以陌生人为主的社会大范围交往时代，各群体不同的社会存在和利益关系才会明确地摆在文化水平不断提高的人们面前，在历经违道的曲折和失败后，才会逐渐为人们以相互制约的民主的方式所认同，而成为人们广泛主动追求的共识之势，才能从人们被动承受到主动认知去追求，才能彻底摆脱共同利益共识之道的“言有宗，事有君。夫惟无知，是以不我知。知我者希，则我者贵。是以圣人被褐怀玉”的窘境。

正因为组成封建社会的各群体在行政管理领域没有平等的相互制约、对立统一共识，而是弱肉强食式等级特权功利主义共识，所以一个没有各群体主动参与的平等的相互制约、对立统一制度的社会，这就像一个只有法官和被告而没有原告的法庭，也正是这个畸形的法庭维护了封建社会几千年的法律“公正”性，如此执法维护法律等行为规范，不产生“民不畏威，则大威至矣”的历史封建王朝兴衰周期率更待如何！在中国古老智慧的太极图中，阴阳两仪首尾相连，相互制约，平衡稳定，而如果阴阳两仪间断开一空挡，就如只有官员对民众有作用力，可以制约，而民众却无法对官员进行直接主动反作用和制约一样，这阴阳两仪还能平衡稳定吗？所以老子才指出“是以圣人自知不自见，自爱不自贵。故去彼取此”，正因为“民不畏威，则大威至矣”的现象存在，所以行政领导者和广大民众都应当有自己拥有社会公共职能权威的“自知”，而不容忍独断专行的“自见”，有维护公共权威的“自爱”的自尊，又不要特权的“自贵”的平等精神，组成社会的所有群体要平等地，相互影响、相互作用、相互制约、对立统一，从而产生共同利益共识之势，并以此势确保德，也就是法律规范，真正落到实处，才能真正避开“民不畏威，则大威至矣”的历史周期率，造就一个和谐稳定的社会。

## 第七十三章

# 人们只有依道遵德才可以过上和谐轻松的日子

勇于敢则杀，勇于不敢则活。此两者，或利或害。天之所恶，孰知其故？（是以圣人犹难之。）天之道，不争而善胜，不言而善应，不召而自来，繟然而善谋。

天网恢恢，疏而不失。

本章和上一章是相连的，上一章主要讲的是“民不畏威，则大威至矣”的社会动乱，“是以圣人自知不自见，自爱不自贵”是在讲识道的圣人知道自己根据权利和义务相对平衡的自然规律确定的社会存在的相对优势，但是却不去特别突出表现自己，虽然也考虑自己的利益但不去追求高于旁人的特殊利益，而是平等待人。本章中的“勇于敢”“勇于不敢”的“勇”，是以上一章的“自知”为基础的，“勇”是要有一定“自知”的本领的，没有本领较大的自信谁也没有底气去“勇”，是“知其雄”。而“敢”则是面临危险和挑战时才用得着，如果一切风平浪静，水波不兴，何谈敢与不敢？而在什么情况下有危险和挑战呢？因为《道德经》主要是在谈社会问题，那么就不可能是去自然界探险，而是社会利益之争。也就是说，敢与不敢是指：都有一定“勇”的本领“自知”，“勇于敢”是为了自己的利益，为了要光宗耀祖，出人头地，名利双收去争斗；“勇于不敢”是不去争夺这些，只想默默无闻地依道“无为”“守其雌”。这里说的“勇于敢则杀”的“杀”包括死，但更多的意思是挫折、失败、磨难。而“勇于不敢则活”的“活”是平稳安逸、淡泊心安。如果接上一章“大威至”的社会动乱、军阀混战中去“勇于敢”地通过战场去争夺权势，那是九死一生、一将成名万骨枯的“敢”。如果是和平时，去争夺名利也要比不争的人要付出不知多少倍的智巧与精力和风险，在特权社会如果没有上层助力，成功的机会也非常小，而且稍有不慎会成为别人的盘中餐、垫脚石、牺牲品。参加这种无正常规则的贪欲争夺的人，多数人都会失败，头破血流，狼狈而归；侥幸分一杯羹的人，也会被其上层奴役化，没有了正常人的尊严和喜怒哀乐；而那些在争斗中取胜，左冲右杀，踩着失败者血泊而居于高位的“勇于敢”者，还能剩下多少正常人性，令人质疑；所以老子干脆就直说“勇于敢则杀”，这个“杀”字，既有有形的生命血肉之杀，也有无形的人性之杀。而“勇于不敢则活”的人，虽无大富大贵，但也心中坦然安逸；甚至于“俗人昭昭，我独若昏；俗人察察，我独闷闷。众人皆有以，而我独顽似鄙。我独异于人，而贵食母”。为了个人贪婪欲望“有为”地去争去抢有可能得到权和利，但也风险极大，而不去为了个人名利而“无为”，就会甘于平凡甚至穷苦安逸，对个人私利特权，人们是应当争还是不争呢？这两种行为对人们到底是利还是害呢？上天为什么非要安排这样的对比呢？上天到底厌恶哪种行为呢？为什么这样考验人类呢？这个问题圣人也很难理解和回答，“此两者，或利或害，天之所恶，孰知其故？是以圣人犹难之。”

紧接着老子给出了上天的答案：“天之道，不争而善胜，不言而善应，不召而自来，繟然而善谋，天网恢恢，疏而不失。”如果大家都不去为了个人贪婪的欲望去“有为”地争夺，如果组成社会各群体的人们都依权利和义务相对平衡自然规律的行为规范的“天之道”办事，是什么样子呢？人们不用争夺就可以得到自己因付出而应得的部分，卖者不为了推销假冒伪劣去大费口舌地宣传鼓噪，诱人入蛊；而买者也不用怕上当而左思右想，举棋不定地多方咨询，买回来也不用反复与别人对比测试。如果人人能够平等相待，每个人办事都依法而行，互不刁难，那人们会省出多少编织关系网，构建交往圈子以备办事时相互利用的时间精力和财物？也只有这样才能将相互利用的关系升华为真正的友情关系，净化人们的心灵。在这样的环境中，人们不用争夺就可以双赢多赢，“不争而善胜”；人们不用多少语言就因为共识而心有灵犀，相互呼应，“不言而善应”；不用费多少精力召集就会向心而聚，“不召而自来”；事情可以依道遵德、坦然从容地有序进行，“繟然而善谋”；虽然我们用不着以前那么紧张忙碌，而是从容宽疏，但由于大家同心协力，没有了无用功和减少了误区，所以也不会有什么损失和遗漏，“天网恢恢，疏而不失”。这就是当一个社会的人们普遍地扔掉因为社会上层几千年封建等级压迫形成的深入人心的官本位等级特权的相互排斥的离心之势，以组成事物或交往范围各方平等的依权利和义务相对平衡的自然规律为基础的相互影响、作用、制约对立统一产生的共同利益共识之势为自己的行事宗旨，以具体体现共同利益之势的德的法律规范、规章制度、公序良俗、合同契约为行事准绳的“天之道”，人们就可以“不争而善胜，不言而善应，不召而自来，繟然而善谋。天网恢恢，疏而不失”的简单、放松、和谐、有序地生活。

第七十四章

# 极端压迫必然催生极端反抗的双输

民不畏死，奈何以死惧之？若使民常畏死，而为奇者，吾得执而杀之，孰敢？

常有司杀者。夫代司杀者，是谓代大匠斲。夫代大匠斲者，希有不伤其手矣。

要深刻理解本章需要前后呼应，则与第七十章、第七十一章、第七十二章、第七十三章、第七十五章连在一起才可以更清楚地理解老子的深刻用意。这六章就是在讲述社会矛盾的激化过程和直接原因，首先在第七十章老子指出了在社会行政管理中人们“知我者希，则我者贵”，人们普遍认识不到共同利益共识之势的无比巨大的制约社会走向的作用，更不会依道而行，统治者依旧不顾历史教训，不看长期发展，短视而为；第七十一章中，指这个社会行为规范已经出现了问题，不能确保这个社会正常运转，但是如果察觉不到，或不以为然，听之任之，组成这个社会的官员和民众已经开始逐渐脱离了法制轨道，而通过相互影响、相互作用、相互制约，开始形成一种破窗效应的破坏之势，这个社会病会日积月累，越来越重；第七十二章中，讲到“民不畏威，则大威至矣”是指社会法律秩序已被严重破坏，在失去法律庇护下，强势者对弱势群体的剥夺不断加剧，贫富差距不断加大，严重地损害了民众的衣食住行的利益，而此时，约束和保护众人的法律早已被强势者践踏殆尽，失去了权威，也无法再束缚充满反抗意愿的广大弱势的民众，“民不畏威”，因为组成这个社会各群体的共同利益之势早已被你死我活的矛盾所代替。一个社会没有了主要的共同利益共识之道，因共识而达成的法律规范的德自然也皮之不存，毛将焉附而失去了信用和作用。天下失去了法律规范，“则大威至矣”的战乱便开始了。第七十三章则讲述了在混战中，乱世英雄起四方，那些乘机争权夺利的“勇于敢”者和不想争名夺利而“知其雄，守其雌”的“勇于不敢”者不同的下场，在此乱世，祸福难料，天地圣人都无法控制和预言吉凶，但绝大多数人下场不妙，一将成名万骨枯。要避免这样的灾难，只有“天之道”这唯一一条路可走。第七十四章则讲到了社会最黑暗的草菅人命、随意杀戮阶段。第七十五章总结了造成社会灾难的原因是因为统治者为了自己奢侈享受严重违背权利和义务相对平衡的共同利益共识之道，残酷剥夺民众生计造成的。回应了前面第七十章“知我者希，则我者贵”的不依道而行，这是必然的结果。

这一章好像是一段对话，圣人质问：“民不畏死，奈何以死惧之？”民众因走投无路，早已生不如死而不怕死了，为什么还要用屠杀来镇压呢？霸权者则说：“若使民常畏死，而为奇者，吾得执而杀之，孰敢？”为了要让民众屈服，对于敢出头造反的人，我就抓住杀了他，看谁还敢再造反？“奇”是与众不同之意，在这里指出头之人。圣人反驳说：“常有司杀者。夫代司杀者，是谓代大匠斲。夫代大匠斲者，希有不伤其手矣。”“常”指社会正常规律，也就是说按照正常的社会规律，杀人是由专门执行法律的部门的社会职能，由他们根据合于共同利益之道的国家法律规范来决定是否该杀，由法律来定生死，而你抛开法律规范随意杀人，就是越位。就像代替高明的木匠去砍木头的人，很少有不伤了自己的手，不自食其果的。

老子本章指出滥杀无辜、镇压民众者没有好下场。霸权者为了自己的特权而滥杀民众，镇压反抗的同时，也开了不讲规则滥杀的先河，这也将自己及家人甚至后代和普通无辜百姓都同样置于滥杀的恐怖之门，会遭到走投无路、置生死于度外的弱势群体愤怒甚至疯狂的不择手段的血腥报复，既可以是呼啸而聚的群体性大规模的夺权战争，也可以是实力极不对称的盲目不分对象的极端报复行为，这时，既没有了依法控告，也没了据理争辩，没有了及时的依法的矛盾梳解，只剩下了不断累积的仇恨和滥杀，这种盲目的仇恨，极易被人误导利用，使利益严重受损的走投无路的人们或者被人诱惑扇动而自认为利益严重受损的人们，疯狂而失去理性，贻害无穷。而当初打开这潘多拉魔盒的正是霸权者不给出路、不讲规则的滥杀暴政。老子说“同于道者，道亦乐得之；同于德者，德亦乐得之；同于失者，失亦乐失之。”你播种什么就一定会收获什么，“其事好还”，这就是老子讲的事物各方本质上的平等，利用霸权强加于人的不平等是不符合对立统一客观自然规律的。霸权行为只能一时存在于人们的容忍范围之内，超出容忍范围后会发生激变，会被弱势者以多种方式突破，而达到相对平衡，甚至是一种鱼死网破、玉石俱焚、双输的平衡。本章主要是讲述老子对处于社会动乱顶峰的滥杀阶段的霸权统治者的批判和双输的警告。而第七十五章则是在讲述造成“民不畏死”的真正原因，为解决社会动乱危机指明方向。

## 第七十五章

# 残酷压迫、剥夺民众也就失去了自己的存在、安全

民之饥，以其上食税之多，是以饥。

民之难治，以其上之有为，是以难治。

民之轻死，以其求生之厚，是以轻死。

夫唯无以生为者，是贤于贵生。

本章和前几章是相连的，是在指出为什么社会会产生“民不畏死”的动乱的原因。造成民众拼命造反的局面是因为其饥饿无食、生活窘迫而走投无路，而使民众饥饿窘迫的是统治者掠夺的赋税太多。民众难以治理是因为统治者利用强权打破权利和义务相对平衡的原则，剥夺民众应得利益的“有为”造成的。民众不畏惧死亡是因为统治者为了满足自己的奢侈享受而将民众剥夺得生不如死。只有不为了追求自己贪欲享受的“无为”的人，才比只顾个人贪欲享受的人晓得长远利害关系，是在真正爱惜自己的生命。

“食税之多”的“食税”是可以从弱势群体身上剥夺的物质财富的泛指，“多”是关键，只有有多出来的利益才会有人去争，因此，这是“其上之有为”所以有为，“其求生之厚”所以去厚的根源。多，有绝对的一面，也有相对的一面，绝对的一面是聚敛财富的量超过了大多数人的生存承受能力，无论你拿这个聚敛财富去干什么都是多了，哪怕是修建公共工程也会由利而转化成害，因为这个量已经使民众无法生活，甚至无法生存了，再去强势推行就成了秦始皇式的“苛政猛于虎”，就会激起民变。这种情况封建社会比较多，因为当时生产力低下，生活物资严重不足。而现代社会比较严重的是相对的多，也就是说因为生产力的提高，生活物资增多，不会把民众逼到生死存亡的地步，但是会影响到民众相对的生活质量和无形的心理尊严，从而产生对不平等的等级特权现象不满的社会离心力。这是从封建社会人们为五斗米折腰相比提升到了人的精神层面，使有形的身存升到无形的心平心安，一个人只有神形兼备才是一个完整的人，如管仲所说：“仓廪实而知礼节，衣食足而知荣辱。”人们这种不同侧重的共同利益需求共识是不同的生产力和生产方式阶段造成的。所以封建社会的造反革命主要是饥寒交迫所至，而现代的改革革命主要是为了无形的民主、自尊所至，人们由过去追求生存的有形物质为主，上升到以追求无形的平等、自尊精神层面为主，这才是时代的进步。如果在生产力提高了、人们的社会交往范围扩大了以后，仍然忽视人们的共同利益共识已经从有形的生理生存的物质需求相应提升到无形的精神层面的平等、尊严的共同利益共识需求，那后果可想而知。现实中，人们更应该在现存条件下横向地以权利和义务相对平衡的自然规律去揭示和衡量各群体政治、经济、文化等各方面的相对平衡情况，这才是现代一个身心兼备之人得到无形的自尊自爱的基础，也是现代社会和谐有序的基础，舍去无形的民主自尊状态，仅仅用有形的物质水平提高来做社会进步的标准，用前后竖向对比的增加，掩盖同期横向各方面的垄断特权的不公是一种为等级特权狡辩的行为，也是一种自欺欺人的行为，因为“天下万物生于‘有’，‘有’生于‘无’”，一切社会变革和革命的直接动力都来自无形的各群体共同利益共识的势能，所有的变革和革命动力都是人们趋利避害的避害手段，当人们在物质生存危机基本解除之后，必须追求人性的平等尊严，形成将不平等的垄断特权压迫当成主要危害的共同利益共识之势。这也是人们在生产力前进，交往范围扩大之后，走出家庭、熟人交往圈子后必然寻求的以陌生人交往为主和行政交往领域的共同利益共识之道的行为。任何一个社会不懂得动态发展变化的无形的共同利益共识之道，不与时俱进，都会激发广泛的社会矛盾。这一章关乎如何在现代社会运用权利和义务相对平衡的自然规律为标准来认识辨别导致相对的“食税之多”和社会强势群体的“其上有为”之间的关系。“食税”在现代泛指社会强势群体通过设计各种利益分配规则，保护垄断特权、霸权，动用各种手段技巧，欺骗诱惑架空或绕开权利和义务相对平衡的自然规律，从弱势群体身上侵占的有形物质利益。

因为统治者的残酷剥削造成的贫富不均，而必然激起民众反抗，这已经达成广泛共识，不但广大民众认同，而且统治者及其群体也都认同，水能载舟亦能覆舟的道理几乎人人皆知。所以，为了防止前车之鉴，历代王朝统治者都非常重视仁义道德的教育，对子女教育方面很重视，从小便委任博学大儒开始教授其子女仁义道德，而且不断站在帝王将相为主的观点，总结传授历朝历代的经验教训，在选择继位者时，也慎之又慎。而且选用官员也以道德文章为唯一标准，同时严格控制社会舆论，不准出现忤逆忠孝仁义的言论，不可谓不竭尽全力了，但是想通过仁义道德、个人修养的单方自制力来代替矛盾双方相互制约的对立统一，显然是违背客观自然规律的。当时自给自足的小农经济造成民众极度分散的局面，其没有能力也没有意识主动平等地去制约行政管理者，更不可能产生日常主动存在的共识之势，往往他们的一些利益只能由一些认识到维持社会稳定的共同利益之道的君王和官员来代表一部分，所以才产生了历史上人们广泛的明君清官情结。但是整个社会主流还是因为失去民众常规主动的强有力制约，造成了弱肉强食的行为和意识衍生的封建等级特权与个人功利主义文化意识共识之势。法律规范因人而异，宽严失度，必然会“民之饥，以其上食税之多，是以饥。民之难治，以其上有为，是以难治。民之轻死，以其求生之厚，是以轻死”，逐渐造成民怨沸腾，整体社会人心分裂，离心力加大，官逼民反的事件从各处零散发生到不断聚集成颠覆之势。如此现象在历史上不断地周期性重复，可怕的是大多数人心里都明白如此“有为”“求生之厚”后果不会好，但又都无奈地被裹挟其中，不得不随波逐流，很难洁身自好，更别说扭转乾坤，这才是最大难题。是什么有如此大的力量，令天下人都如此无奈？是无形的势。有形的物质，虽稳固坚强，哪怕是高山大川，只要力量足够也可改变，甚至可以一劳永逸，但是无形的共识之势形成慢且难，改变会更难，会以柔克刚，反复出现，时时处处出现，挥之不去，只有无形的各群体共同利益共识之势才能产生一时的摧枯拉朽之势和使人们主动、被动地向心而凝，随波逐流，裹挟而下的长远势能。要摆脱令人明知后果不好，仍然无法避免的无可奈何的社会由治而乱，又由乱而治的兴衰周期循环，只能是解铃还得系铃人，只能从弱肉强食衍生的等级特权与个人功利主义文化意识共识中找出根本原因，因为这个共识之势是组成社会各方平等的相互制约、对立统一是自然规律的死敌，没有平等，就不会有相互制约的对立，没有对立，又怎么产生各方为了有序生存压力下的相互妥协？可见，老子把平等的相互制约、对立统一作为压制贪欲的唯一方法，只有如此才能产生天下太平。而封建王朝一面宣扬仁义道德，一面强调不平等的等级特权是自相矛盾的，是违背对立统一的客观自然规律的，所以社会上层为主的领域才会产生普遍的说一套做一套的无可奈何和追名逐利的随波逐流的虚伪现象。

农耕社会封建统治政权的兴衰周期率，再次深刻地说明只有老子讲的社会各群体平等地相互制约、对立统一产生的权利和义务相对平衡的共同利益共识之势的“天之道”才能“不争而善胜，不言而善应，不召而自来，繟然而善谋。天网恢恢，疏而不失”（第七十三章），统治者只有“夫唯无以生为者，是贤于贵生”地依道遵德才能取得社会稳定共赢。社会各群体的共同利益之道，在保护弱势群体利益的同时也在间接地保护强势者的利益，防止弱势群体在利益严重受损后失控的报复行为对强势者的伤害。产生道的基础是各群体间的平等意识，而那些自认为强势而占有既得利益特权者却在坚决反对平等地相互制约，决不愿意柔弱地放弃特权和既得利益，这往往是使“民之轻死”的原因。

实际上，任何想绕过为了权利和义务相对平衡而设置的生活方式、法律规范，而直取个人贪欲都是欲速则不达的害人害己行为，即使一时得逞，也可能会祸及子孙，最终必然会造成这连续六章所讲的因失道而全输的结局。要摆脱这种结局的方法不是换掉统治者那样简单，历史上换掉的已经不少了，根本出路只有依老子的道：社会各群体平等地在权利与义务相对平衡的基础上相互影响、相互作用、相互制约的对立统一中产生共同利益共识之势，来约束大家遵守共同利益之势在社会方方面面的具体体现的德，也就是法律规范、规章制度、公序良俗、合同契约等共赢的约定。

一些人可能认为完全改变封建社会等级特权的功利主义文化意识共识不可能，其毕竟延续了几千年，似乎早已成了根深蒂固的历史规律，但是社会的共识之势的无和社会生产力生产方式的有，是有无相生的。有形的生产力前进了，生产方式变了，无形的文化意识共识之势也会相应发生变化。现代社会，因为生产力和科技的进步创造大量的生活物质的同时并不能满足人们无限欲望的增长，社会交易规则也因为各种垄断而变化多端，各种资本杠杆层出不穷，现实社会中权利和义务相对平衡自然规律被严重干扰和虚化，这一切更加快了垄断特权对财富聚敛的速度和无限加大的程度，贫富差别的不断加大，和自然环境的冲突也会加大，必将会超过人们的心理容忍度而矛盾逐渐激化，而这个趋势是人们普遍的等级特权，弱肉强食意识共识下是不可避免的，必然的。另一方面，生产力和科技的发展也使人们劳动之余，有了一定的时间和精力，贫困时期为五斗米折腰的生存需求被追求平等、尊严意识所逐步代替；商品化生产的分工合作大范围交往使人们从农耕时代的各扫门前雪的分散封闭中走出来，加上网络通信的助力使人们更加便于平等包容的相互影响、作用、制约的对立统一形成共识；大范围一体化交往范围就像一个用多块木板拼成的木桶，任何一块短板都会决定整个木桶水平的高低，任何一方的变化都会不可避免地波及其他方，对大范围内相对平衡的需要更迫切和不可或缺。这些有形的社会变化必然逐步导致无形的组成社会各群体平等的相互制约、对立统一寻求权利和义务相对平衡的共同利益共识之道意识的增强，人们越来越具有了用相互制约、对立统一的意识和以权利和义务相对平衡的自然规律取代弱肉强食垄断特权的认同共识，权利和义务相对平衡的共同利益共识之道，越来越成为人们的有形身体存在和无形尊严存在的生命线。这就是商品流通造成大范围以陌生人为主的交往时代的各种物质的有形，必然产生主动改革的老子的无形的共同利益共识之势，使自给自足农耕时代产生的等级特权的功利主义文化意识共识，因商品时代的有形变化，失去了存在的基础，而会因对人们造成的伤害越来越大，在人们趋利避害本性的驱使下，逐步被人们所不能容忍而最终退出意识形态主流的舞台。等级特权文化意识的退出是必然和不可抗拒的，但退出速度却是由人们对历史经验教训和现实社会矛盾如何总结认同的普遍程度所决定，人们只有从封建社会帝王将相决定历史的文化意识中解脱出来，理解明白老子的“反者道之动，弱者道之用”，是广大弱势民众推动权利和义务相对平衡—失衡—平衡循环前进的必然性的观点，客观地总结历史经验，“以古之道以御今之有”，并且通过组织社会各方全面平等包容的相互制约、对立统一形成主动的推动权利和义务从失衡到相对平衡的循环的共同利益共识之势，使人们在此强大的无形之势监督制约裹挟之中，无论什么人行使社会职能也不能逆势而为，才能使社会从根本上杜绝以上六章所讲述的封建时代王朝兴衰周期率造成的人间灾难。

第七十六章

# 顺共同利益共识之势柔弱而为是成功之本

人之生也柔弱，其死也坚强；万物草木之生也柔脆，其死也枯槁。故坚强者死之徒，柔弱者生之徒。

是以兵强则不胜，木强则共。强大处下，柔弱处上。

本章是在用人和草木生而柔弱、死而坚强的事实来比喻社会交往中顺道之势柔弱而为和逆势坚强固守的成败关系。前面讲了因统治者对民众残酷压迫造成的社会动乱悲剧后，统治者应当接受教训，柔性地放弃对既得利益的坚强固守，“知其雄，守其雌”地柔弱对待弱势民众。天下没有绝对的强势，一切都在对立统一中不断地变化，因为占据一时强势者而打破权利和义务的相对平衡侵占相对弱者的利益，而从有形的物质上强大起来的同时也失去了大家的无形的认同，从而转到了大家的对立面，失去了认同之势，在无形的认同之势方面成为人人痛恨而共同诛之的弱者。这是有形和无形的不同之处，而人们往往更容易看重自己的有形物质，而忽视无形的共识之势，认为其柔弱无形而我行我素，这就是没有自知之明。强势者的因小失大，还在于破坏了保护每一个人权益和生命安全的法律规范，当弱势者忍无可忍反击时，也就可以不受法律规范制约，以其人之道还治其人之身了。任何一个交往范围如果失去了共同利益共识和相应的行为规范对每个人的制约和保护的双重作用，都是不可能存在的，必然会造成分裂解体的双输局面。所以老子说“故坚强者死之徒，柔弱者生之徒”，“坚强”和“柔弱”的区分不是表面有形的状态，而是对无形的权利和义务相对平衡的自然规律而言，“坚强”是恃强凌弱地打破平衡，而“软弱”是顺应平衡。如果恃强地固守既得利益，不柔弱顺势而动地调节变革，只能“是以兵强则不胜，木强则共”。

任何事物都不是一成不变的，会由组成事物的各方面的发展中的差异引起打破原来的相对平衡而失衡，要重新达到平衡，这就需要在各方面平等的相互影响、作用、制约中根据权利和义务相对平衡原则，重新调节变革原有利益比例以便达到新的平衡。也就是说，事物是在不断地平衡—失衡—再平衡中发展的，而推动这个调节变革的动力，也就是势，可能来自新生事物的原来因为尽义务少而得到权利就少的处于弱势的群体或个人，因为当他们在发展中不断地成长，所尽义务不断增加，而相应的权利并没有增加，于是就会通过与别的群体和个人的相互影响、作用、制约来主张自己的权利，要求依权利与义务相对平衡原则对现存的已经失衡的利益比例进行重新调节和改革，以达到新的相对平衡的共同利益之势。也正是这种不断柔弱调节变革才推动社会不断前进。这是客观自然规律，是不可违背的。一个家庭如此，一个企业如此，一个社会也如此。任何社会都会根据权利与义务相对平衡的原则不断调节改革不断失衡的利益格局，以达到相对平衡的共同利益之势。当互联网主导的信息产业异军突起后，会通过与其他群体的相互影响、作用、制约对原来的社会产业格局产生极大的冲突，由以前的因对社会所尽义务少而权利也相应小的弱势地位，而变成尽社会义务越来越大，如果此时社会产业格局的占比权利不进行相应调节改革就会束缚信息产业的发展，而阻碍社会共同利益之势的平衡发展。而真正推动这一产业变革的正是以前的弱势的信息产业的成长壮大产生的相互制约、对立统一。

推动前进的是调节和改革，而动力主要来自利益受损的弱者。这些调节改革顺应客观自然规律，似乎应当顺风顺水，水到渠成。但事实却不是如此，至少不是完全如此。因为有些改革会遭到以前因强势而占有大量既得利益的群体或个人的坚强反对和阻挠，实际上正是这个弱势的崛起和强势抓住既得利益不放的斗争才构成了古今中外社会的政治经济主要矛盾和派生出无数社会争斗活动，以及无数机巧智谋，这也就引出了本章的主旨：老子指的柔弱并不是单指表面的形态，而是顺势而为的调节改革的行为，坚强是指逆势固守既得利益不放，阻挡调节改革。事物的发展和社会的存在，就像人的生命在于不断柔弱地新陈代谢一样，在不断地变化，一旦一个人新陈代谢停止了，固定不变了，生命也就不存在了，僵硬了，草木同样如此。人类的许多冲突演绎，就在这利益变革引发的柔弱和坚强之间，有的人难得糊涂，宽容大度，一生无忧。有的人寸利必争，睚眦必报，一生忧愤。所以老子才把这个问题单单地提出来，讲一下。最常见的固执，也相对好克服的就是人的惯性和惰性，人们是十分容易固执守旧和对新生事物有抵触心理的，人们往往对新生事物的评判标准要比旧的习以为常的事物要苛刻得多，这是人之常情，虽然这种坚强固执往往十分普遍，甚至于抵触激烈，但是，只要用事实做出证明来，人们就可以丢掉固执坚强而柔弱地接受和改正，只要这个新生事物能够符合共同利益之道。惯性的坚强固执，不要说社会上许多新生事物，就是一般家庭，当孩子长大单飞时，父母仍然不会放心，对儿女的事总是要极力地参与，甚至干涉阻挠，这里面当然有代沟的成分，尤其在社会发展变化快的时代，但这些对立是可以在低烈度平稳中进行的，为什么呢？因为这些家庭权利和义务是相对平衡的，没有巨大的既得利益需要坚强固守。而另一种坚强固执就不好低烈度平稳对立到统一了，如在帝王之家，情况就比较复杂艰难了，因为有了巨大的既得利益的存在，那些占有巨大既得利益者是不会轻易主动放弃的，哪怕他行将就木，哪怕他半僵半枯，对亲人尚且如此，对别人，尤其是对立面就可想而知了。因为这不仅仅是利益的转移，往往同时伴随着对权利和义务严重失衡的循环纠正，牵涉面会十分广大，所以对立坚强烈度会极大，社会循环代价也极高。

客观自然规律是权利和义务、阴和阳的相对平衡，任何事物如果只尽义务付出得不到相应的权利回报也无法生存，为了生存下去各方最终一定会极力推动调节改革，那些坚强地固守自己违背权利与义务、阴和阳相对平衡原则的既得利益的强者终究会被柔弱之势的新兴力量所战胜。封建社会这种新兴的柔弱势力在发展中代替曾经强大的、过时的，但仍坚强抗拒变革的斗争是一个必然的斗争过程，是以天下苍生为赌注的，这就是等级特权的封建社会的巨大而残酷的社会交往成本。

任何事物，只有不断地因势利导的柔弱地改革调节才能存在，而不顾事物内外各方的变化之势，坚强地固守不变的会失败和被淘汰。例如一个企业的产品，只有根据市场需求的变化而不断地柔弱地变化，自己去适应共同利益共识的市场需求，产品才会有使用价值和交换价值，因此得到利润而成功；而如果一个企业的产品或服务项目凭借一时的垄断地位不是去适应市场变化，而是坚强固执，僵死不变地要市场来适应自己，这样会严重阻碍事物的发展，使自己的垄断之利成为固执不前失去优势之害，则一定会被共同需求利益之道主导的市场所抛弃，被柔弱的新生力量取代。总之，事物只要存在就会不断变化，只有当事物完结了，变化才会停止，对立统一是一切事物存在发展的客观自然规律。天下万物除了对立统一产生的共同利益之道是绝对的以外，不存在任何绝对的东西，所以老子才说："道冲而用之，或不盈。渊兮，似万物之宗。"无论事物有多么强大，如果不知顺应共同利益之势而为，也会失败。所以"故坚强者死之徒，柔弱者生之徒。是以兵强则不胜，木强则共。强大处下，柔弱处上"。

有交往就需要成本，如何减少社会交往成本应该是一切政治经济学的真正目的。交往范围的调节改革的交往成本的大小取决于既得利益者的坚强程度，而他们的坚强程度取决于他们既得利益的大小，既得利益越大越坚强，反之如果没有既得利益，那么只是因为守旧的惯性就容易突破多了，只要摆明事实就可以了。而要防止产生违背权利与义务相对平衡原则的特权导致的既得利益，就必须由组成这个社会各群体在平等的基础之上相互影响、相互作用、相互制约才可以，只有这样对立才能产生统一的共同利益共同之势，这个无形之势显现为具体的法律规范、规章制度、公序良俗等。也就是说，只要在法律面前人人平等，严格执行各项代表共同利益的、坚持权利和义务相对平衡的法律就可以最大限度地减少了特权以及所生的既得利益，也就减少了坚强者对改革的阻力，从而最大限度地减少社会交往成本，造福于社会，“以其不争，故天下莫能与之争”（第六十六章）。因为柔弱的新兴力量和坚强守旧的强大力量在事物发展中的不同作用，只有柔弱地顺应权利与义务相对平衡的自然规律的事物才会得到发展；只有顺应了交往范围内共同利益之道，才能和谐有序。

实际上我们无论在生活中还是生产中柔弱是主要的，是人类交往中的主旋律。夫妻之间、家庭成员和其他交往范围中的人们之间的相互适应、磨合，甚至迁就忍让都是柔弱的，不损伤根本共同利益的难得糊涂，就是柔弱的最高境界，只有这样才会有家庭和其他交往范围内的温馨和谐。如果日常生活中每个人都不求同存异，一点小事也寸步不让地固执己见，交往就会形同战场，一天也安宁不了。而在人类与自然物质的生产科研交往中，柔弱地适应自然物质性质和规律，不断地纠正自己的错误和弥补自己的不足是必然和必需的，是与自然界达到对立统一共同利益之势，得到生存物质和科研成果的唯一方法。依赖强大的生产力去挑战自然界的客观规律，最终受害的只能是人类自身。所以老子说：“强大处下，柔弱处上。”

第七十七章

# 能够维护交往范围相对平衡有序的唯有道

天之道，其犹张弓乎？高者抑之，下者举之；有余者损之，不足者益之。

天之道，损有余而补不足；人之道则不然，损不足以奉有余。孰能有余以奉天下？唯有道者。（是以圣人为而不恃，功成而不处。其不欲见贤。）

老子用射箭的上下调节来比喻“天之道”，可见，“天之道”要调节的是射向目标的方向和蓄势待发的势能，而靶心是权利和义务相对平衡之道，是对如何达到权利和义务相对平衡的自然规律的调节，而不能片面地理解为把张三的东西拿过来给李四，杀富济贫，吃大户。老子的“天之道”，是不可违背的客观的自然规律，实质上就是在不断地对立统一的平衡运转的“反者，道之动”（第四十章）。自然界的一切都是在不停地失衡、平衡再失衡、平衡的循环过程。天上的星球通过吸引力和排斥力的相对平衡才能运行在各自的轨道之上；空气总是从气压高的地方向气压低流动而形成风来平衡；诺尔尼诺和拉尼娜现象、大陆漂移、地震、火山喷发都是大自然的不同原因引起的失衡后再平衡表现；而动植物的生态平衡圈，则是自然界不知经过多么漫长的时间在这些动植物相互影响、作用、制约的对立统一中产生的共同利益之道，在这个生态圈内每个物种都有自己的长处和短处，是这些长处和短处的相互制约在平衡着动植物界的生态平衡。凶猛的动物繁殖力低，没有种群优势；繁殖力高的因防卫能力低而容易被吃掉；奔跑速度、搏击力度、隐蔽能力、体形等都可以成为不同物种的优势和劣势，这些差别也相对平衡了它们的生存能力，才使动植物能够共处于一定环境中生生不息，相对稳定。只是到了近代，因为人类生产力的高度发展以及超过人类自身真实需求的片面发展提高，向大自然过多地索取，打破了人类和自然界的相对平衡，不但威胁到自然环境和动植物的生存，也威胁到了人类自身的生存，使人类受到来自气候、生存资源、瘟疫等方面的不断惩罚，这也是老子在两千多年前就指出的“人之道则不然，损不足以奉有余”的典型例子。所以老子才说：“故常无欲，以观其妙；常有欲，以观其徼。”无论生产力水平多高，科技多发达，有形的物质也不可能满足人们无形玄妙的欲望，所以要人类和谐存在只有通过包括自然环境在内的组成各方平等的相互制约、对立统一产生的权利和义务相对平衡的共同利益共识之道，及其自然规律、法律法规等行为规范之德。

为什么自然界可以自行达到相对平衡，而人类却不能呢？这就是老子指出的“万物负阴而抱阳，冲气以为和”的阴和阳、权利和义务相对平衡的这个自然规律落实差别造成的。动物界必须严格地遵守权利和义务相对平衡的原则，一丝不苟。凶猛无敌的狮虎等繁殖能力不会因为它们的强势而提高，它们无论捕杀了多大的猎物，也只是果腹而已，余下的猎物则只能弃给下一个生态等级——腐食动物去享用，便再也无法扩大自己的权利无限贪婪了，仅与自己的生存需求平衡而已，这样，就为弱势的动物提供了生存繁衍的时间和空间，也使强势的动物和弱势的动物之间的差距无法无限地拉大，从而才保持了动物界的相对稳定和强势动物食物链存在的长远利益。所以弱肉强食、赢者通吃是兽性，而贪得无厌却是人类所发明创造的，这也是动物界可以自行调节平衡而相对安宁有序，而人类则必须通过组成交往范围各方平等的相互制约、对立统一产生权利和义务相对平衡的共同利益共识之道及其行为规范之德，才能有序存在的原因，同时，这也说明，历史上一切失序混乱都源于失道之处之时。在地球表面的温度不同造成的气压变化和流动调节中不会有既得利益的坚强阻挡，是“高者抑之，下者举之”的自然调节；地壳内外各方压差通过大陆漂移、地震、火山喷发来自然调节，同样不可能阻挡。

因为道是组成这个社会各群体在平等的基础上相互影响、作用、制约的对立统一产生的共同利益共识之势，各群体间贫富差别越大，共同利益契合点就越少，社会认同感越低，共识越来越少，离心力越大，法律规范的制定和实施与各群体平等的共同利益共识越远，人们，尤其是利益受损的弱势群体对法律规范的异己感和敌视就越强，从而必然会逐渐激化群体矛盾，动摇社会的稳定。而人们，尤其是强势群体，更多的往往是只关注有形的物质财富的增长速度和表面上的社会平静，而忽略和无视社会根基处无形的共识之势的变化。当一个社会权利和义务严重失衡后，会必然逐渐产生利益受损群体的离心力的社会异己感的共识之势，这些势的无形积累如同“合抱之木生于毫末，九层之台起于累土，千里之行始于足下”，正是这冰冻三尺非一日之寒的无形之势的累积和随机暴发，才使封建王朝其亡也忽焉。但人们往往只看到了其忽焉的一时一段，将分析的眼光集中在历史记载的上层少数帝王将相的相互文争武斗之中，甚至于在一些人看来，历史是一系列偶然事物的组合，更有人认为如果某某如何运作就可以改写历史，并不认为任何事物都是组成当时社会各种因素平等的相互影响、作用、制约的对立统一产生的无形的共同利益共识之势造成的，也不认为都是必然的、凡是存在的都是合理的。其认为的偶然，都是因为其忽视了无形的长期对一件件小事认识逐步积累形成普遍共识，这个真正决定社会走向的无形势能。例如，为什么无论哪一个封建王朝军队在开国时都能征善战，而亡国之时都软弱无能，一败涂地，这绝不仅仅是将领问题，试想即使把那些知名的开国战将们转换阵营到将亡国的一方去指挥，同样逃不出失败的下场，因为他一人根本无法扭转多方因素相互制约形成的无形的共识之势。这就是老子认为共同利益共识之势的道是“万物之宗”“天地根”的决定作用。而人们往往吃亏就吃在认识不到“有无相生”和“天下万物生于‘有’，‘有’生于‘无’”（第四十章），只关注有形财物的利害得失，忽视无形的共识之势的变化，而忘记了有得便有失的相对平衡。

所以老子指出人类要摆脱危机动乱就必须依权利和义务相对平衡的“天之道，其犹张弓乎？高者抑之，下者举之；有余者损之，不足者益之”行事，居于强势的有余者，应该严格地依权利与义务相对平衡的原则约束自己，不能无限扩大，他的财富只能来源于他对社会共同利益之道所尽的义务，他的财富的积累是以为社会贡献了更大的财富积累为前提。也就是说，他的财富积累只能是由符合共同利益之道而来，如老子所说“孰能有余以奉天下？唯有道者。（是以圣人为而不恃，功成而不处，其不欲见贤。）”，一个依道遵德的人，“为而不恃”成功了而不恃此功，去无限地扩展到其他方面；“功成而不处”，成功了一件事获得相对报酬后，不继续站在功劳簿上享受与所尽义务不相符的权利，不能因为昨天顺势而为的一点成绩，再去逆势地没完没了地占有今天、明天，如一次考试高分，终身免考一样；“其不欲见贤”，不把应尽的义务当成功劳去四处显露炫耀，因为任何人，群体的成功都是组成交往范围各方互动的结果，一旦脱离了这个互动环境和机遇，结果也会发生变化，所以因一时成功而炫耀是不自知的表现，可能会使这次的成功成为下次失败的原因，历史和现代多少一时强势之人半途而废，折戟于此。真正识道之人，会摆正自己的位置，不断地顺势而为，“太上，下知有之”“百姓皆谓：‘我自然。’”（第十七章）。

有些人可能会产生杀富济贫、绝对平均主义的误解，但是，老子的“天之道，其犹张弓乎？高者抑之，下者举之；有余者损之，不足者益之”是在权利和义务相对平衡的自然规律之上的自然的柔性调节，是相对于几千年因一时强势而赢者通吃的抓住等级特权得来的既得利益强硬地不放，固执地拒绝承认依权利与义务相对平衡规律进行柔性调节改革的“损不足以奉有余”社会现象的。所以在本章的前一章主要讲柔弱调整改革和坚守既得利益不放的区别，可后一章也是在讲柔弱调整之势的不可阻挡。第七十六至七十九连续四章，都是讲社会群体利益调节问题和调节方式对社会的影响。老子讲这些的目的是通过人们对共同利益之道决定性作用的认识，而主动地放弃对早已不符合权利和义务相对平衡的自然规律的既得利益的坚守，以柔弱的相互妥协的方式进行调节改革，也就是进行主动可控的小半径的平衡—失衡—再平衡的“反者道之动”循环，而不是放纵对既得利益的坚守，而导致矛盾激化的整体失序后再恢复秩序的大循环。所以，“天之道”并不是简单地把富者的财富平分给穷者，而是坚守权利和义务相对平衡的客观自然规律。关于这一点可以从第七十九章中得到说明。

另外，老子是站在各方组成的交往范围之上全面地看问题，不但关注现在，还要关注将来。任何交往范围内各方相互之间越相对平衡，共同利益共识就越多，就越稳定；反之贫富等方面差别越大，共同利益共识就越少，就会越不稳定。一个交往范围就像一个用多块木板箍在一起的木桶，一块短板会拖累整个木桶的容量，一方的变化必然会影响、制约其他方的发展。即使现在全世界各国交往这么大的范围，一国大的变动，都会直接、间接，或轻或重地影响到其他国家，所以只有依老子的“天之道，损有余而补不足”地相互支援，不断地补足交往各方医疗技术和设施短板才是最有效、最低成本和最小代价地保障自己的生命安全，这就是共同利益共识之势对各国交往的制约。所以无论是明白的家长，对子女的照顾协调；还是理智的团体领导，对内部弱势方的适当倾斜都是在践行老子的“天之道，其犹张弓乎？高者抑之，下者举之；有余者损之，不足者益之”，是为了交往范围内的长治久安。

# 第七十八章

## 顺道之势为柔，逆道之势为刚

天下柔弱莫过于水，而攻坚强者莫之能胜，其无以易之。

弱之胜强，柔之胜刚，天下莫不知，莫能行。

故圣人云："受国之垢，是谓社稷主；受国之不祥，是谓天下王。"正言若反。

水的特性是柔，柔和软不一样，软是当遇到阻力时便丧失动力，或只有很小的力量，而柔则不一样，柔里有韧，是因势利导，能主动和当前遇到的其他方达成共识，改变原有策略，而不是固执坚强地不改变。如江河之流水，遇到阻碍，便会绕一下继续奔流，如果水不调节一下，而是僵住不动，能前进吗？能把坚硬的石头磨去棱角而圆润吗？当水流遇到狭窄的河道便抬高水位，以增加水流截断面积而快速通过；而遇到宽阔的河道便降低水位，遇到陡坡地形便顺其势而加快速度赶路，水流湍急；遇到断层，像勇士奋不顾身，一跃而下，立即成为瀑布；遇到平坦地形便水流舒缓，像个淑女；遇到滑坡河道被阻塞，立即积蓄力量提高水位，形成堰塞湖，积蓄到一定程度后，便拼命一搏，破坝而出，一泻千里，显示出无穷的冲击力。这就是水柔中有韧可以胜刚的力量，可屈可伸，可疾可徐，可定可搏，随势而变，不拘一格，但顺势而下的趋势永不更改，也没有任何力量可以长久阻挡，这就是水的特性：永远顺势而为。无论水来自何方，雪山、草原、山泉、雨水都永不更改地向洼处汇集，直到深入地下或流入最洼处相对平衡包容的海洋为止，决不逆势而为。水是无私的、慷慨的，为了追求相对平衡，不怕千辛万苦，千万里奔流不息，“善利万物而不争，处众人之所恶”（第八章），滋养万物而不言，虽于低洼之地而不怨。水是包容的，一切可溶于水的物质都宽容接纳，融于一体，绝不排斥，即使是那些不融于水的泥沙也尽力挟带前行，就像共同利益共识之道的“知‘常’容，容乃公，公乃王”（第十六章）一样。正因水的这些特性，人类文明的起源都离不开河流的馈赠和庇护。所以老子才说水遵从自然规律“故几于道”。这一章其实是在以水喻道，水的平等包容、顺势柔弱和“攻坚强者，莫之能胜”相结合的性质，正是组成事物或交往范围各方平等的相互制约、对立统一，产生的权利和义务相对平衡的共同利益共识之道的性质。江水是由冰川雪水、地下泉水、山川平原、城市农村的雨水等点点滴滴聚集而来；而共同利益的共识之道，也是在日常生产生活中的各式各样的人们，在实践中因一个个小事，一次次交往而产生的认识逐渐汇集才达成的共识：对一个人的评价定位，对一个自然规律的认识，对一种社会现象的反对与赞同，对一个政权的拥护和反对“下知有之”“誉之”“畏之”“侮之”（第十七章）等等积聚而成。共同利益共识之道都要有一个时间长短的过程，反对、赞同的反复过程，争论辩解的过程；就像水从一点一滴开始汇入江河形成流动冲刷之势也要有一个长短不一，甚至曲折漫长的过程一样。共同利益共识之道是在人们自觉不自觉中印入脑海，有声或无声中传播汇集，并不会引起人们特别关注中形成的；而江河之水也是从冰川、雪水点滴融化，雨水点滴落地，山泉汩汩涌出，无声或轻声中开始汇集，只会被人无视或欣赏但几乎不会和波涛汹涌联系在一起。共同利益共识之势虽从一事一物，柔弱无形无力中开始积聚，但成为摧枯拉朽共振之势和主导历史进程却是必然的，不可阻挡的；而水同样从一点一滴的柔弱无力开始汇集，但成为汹涌澎湃的激流之势和影响天下苍生的生活也是必然，不可阻挡的。共同利益共识之道的动力来源于对阴和阳、权利和义务相对平衡的追求；而一江春水向东流的动力同样来源于压力的平衡。共同利益共识之道总是主要存在社会根基处“归根曰静，是谓复命”；而水总是向洼处流，“处众人之所恶”。人们如果顺共同利益共识之势而为，会产生巨大的向心凝聚力，就会事业成功，交往范围内稳定有序；而逆势而为就会事业失败，产生巨大的破坏力；而水同样如此，如果人们顺水势而为会成为水利，造福人间，如果逆水势阻拦，水会以锲而不舍的精神，产生清除和冲破一切障碍的巨大威势。水和人类共同利益共识之势一样，起于微末，看似柔弱无力，不被重视，必然聚集成势，柔弱时顺利无言，坚强时无坚不摧，目标相同：寻求平衡，权利和义务相对平衡和压力相对平衡。历史上，道，顺之则昌，逆之则亡；水，顺之则利，逆之则害。这就是水和道的无可替代的相似关系。

水顺势而为，水因势利导，善于适应外部环境，永远不会固执地拒绝改变，但又坚守自己追求相对平衡的特性，柔中有刚，不可阻挡；水利万物而不争；水的包容宽厚；水的甘居恶地而不怨等特性对于人类来说，是非常难能可贵的，尤其是作为在封建社会中起着重要作用的君王来说就更加重要了，实行起来也更困难了。首先，水的顺势而为，永不逆行。一个国家的君主，他的权利来自组成这个国家的各个群体的共同利益共识之势，他的组织结构应当是组成社会各群体平等的相互影响、作用、制约、对立统一产生权利和义务相对平衡的共同利益共识之道的平台，他所应尽的义务是共同利益之道的具体有形的各项社会职能。也就是说，他只有顺应共同利益之势去行使自己的权利，才是他真正的使命和存在的基础。而要尽职能、行使命就一定会有许多的外部条件变化和社会各群体之间矛盾的变化，只有像水一样利万物而不争，没有自己的特权既得利益的干扰，才能居中调节，进行改革，根据权利与义务相对平衡的原则来平衡各方利益，以利于共同利益之道。在这个过程中会遇到许多艰难的抉择，会受到无端的猜忌和攻击诋毁，甚至会遍体鳞伤，但如果是恪尽职守也会似水一样“处众人之所恶”，无怨无悔。如老子所说：“受国之垢，是谓社稷主；受国不祥，是谓天下王。”也就是说，只有遵从对立统一原则办事，天下没有绝对的事，都是由双方或多方矛盾对立统一的结果，不允许反方的对立就没有统一的双方共同利益之势。就像封建社会的统治者不允许民众的直接对立制约自己的等级特权，也就无法产生社会共同利益之势的向心力，使社会永远处于权利和义务相对不平衡的倾斜不稳状态。所以，不允许对立制约存在貌似稳定统一，但却失去了真正稳定、统一的基础。通过对立而求统一，就是“正言若反”，必须通过“受国不祥”的艰难困苦，鞠躬尽瘁才成能为“天下王”，就是“正言若反”，虽然是正理，但和现实生活中人们的普遍认识却是相反的，得不到人们，尤其是统治者的认同。

正因为不懂得“正言若反”的对立统一的自然规律，人们才会在具体事物中，都只关注自己的利益，而忽视对方的利益存在，不懂得换位思考，不去站在双方、多方利益之上，就像局外人似的平等地依据权利和义务相对平衡的自然规律去分析问题并寻求统一的共同利益之势，这才是达到无谓争斗最少、最和谐、简单和代价最小的交往方式。实际上，人们因为不会主动运用对立统一的自然规律造成的损失和曲折充斥在我们周围和历史之中，浪费了人们大量物力和精力，造就了无数的智巧阴谋污染人们的心灵，是典型的多言多事。封建社会的一些君王们更把自己的特权私利放在首位，而把社会共同利益放在不过分逼迫民众、不引起水能覆舟的晃动不止的低层次，只要表面相对安宁就不会顾及民众根本利益，更不会深入社会基层去了解社会各群体在权利与义务逐渐失去平衡的问题苗头，也不会做出相应的改革调节方案去“为之于未有，治之于未乱”（第六十四章）。因为只要是不影响他们眼下的私利特权，他们不会认真考虑长远的包括弱势群体在内的社会共同利益之道，绝不会考虑为了共同利益之道去从根本上约束自己的特权。水是柔弱的，可以水滴石穿，可载舟亦可覆舟；组成社会各群体的共同利益共识之势是无形的，令人“惚恍恍惚”更显柔弱，但是一旦生成则可以产生摧枯拉朽的势能，可以天翻地覆。明智的统治者们是知道的，但他们多数不会从根本上考虑平衡各方利益，而只会加大镇压力量，被动地四处“灭火”。失去直接主动制约对立的刹车制动使他们在追求特权的路上，一旦突破权利和义务相对平衡的界线，便下滑失控得陇望蜀，一发不可停止，直到跌落贪欲深渊，“弱之胜强，柔之胜刚，天下莫不知，莫能行”。他们更不会自我牺牲地去“受国之垢，是谓社稷主；受国不祥，是为天下王”，所以才逃不出兴衰周期。虽然统治者明知水能载舟，亦能覆舟，但在封建社会生产力落后，他们无法随时得到民众主动制约对立时，在他们主导和诱惑下，必须产生包括民众在内的等级特权官本位的社会普遍意识共识之势，在这个共识之势的胁迫裹挟之下，人们虽然知道这样会激化社会矛盾，不可持续，但在失去有力制约后，仍然会身不由己地逆社会各群体共同利益而行，“天下莫不知，莫能行”。

本章只是通过水的特性来讲述治世之道，也深知，水之所以必须顺势而下是有来自上游的水的压力也就是重力的制约，同样，当统治者受不到利益受损的分散的弱势群体及时主动地相互影响、作用、制约的情况下也不会与广大弱势群体产生共同利益共识之势，也只能顺自己特权贪欲之势一路下滑了，会将自己的特权私利杂入共同利益之中，浑水摸鱼，继而偷梁换柱，由社会共同利益社会职能的执行者成为主营特权私利的统治者。封建君主因为不顺应看不见摸不着但无处不在的无形柔弱的权利和义务相对平衡的共同利益共识之势，因此坚强地固守自己因特权得到的既得利益，而变成了阻挡调节改革的堰塞坝，成了柔弱如水的弱势群体共识之势的对立面，也就顺理成章地无法逃避被冲垮而失败的下场。

第七十九章

# 坚守权利与义务相对平衡的自然规律

和大怨，必有余怨，安可以为善？

是以圣人执左契，而不责于人。有德司契，无德司彻。

天道无亲，常与善人。

本章和七十七章是紧密相连的，“天之道，损有余而补不足”，如何补？是简单杀富济贫吗？是梁山好汉的替天行道吗？如果那样对社会发展有什么影响呢？人们对这个途径存在怀疑。本章就是老子在回答这个问题。首先什么是“大怨”？这里的大怨可以理解为小范围的深仇大恨，也可以理解为大范围的阶层群体极大差距和矛盾，也可以是很大的贫富差别。无论深仇大恨还是其他方面大的普遍性矛盾的形成，除个别极端事件外，都不会是简单和短时期所能形成的，都是由多方面的因素在相当长的时间，甚至一定历史时期内的相互影响、作用、制约造成的结果，无论仇恨中的受害者，还是经济中的贫困者，有强势者的原因，有弱势者自己的原因，有个人原因，也有社会制度原因，有偶然性，也有必然性。在这种因素复杂，时间跨度长，甚至于各有对错的情况下，如果简单地“和大怨”，用最痛快、最简单、最直接的方法，对痛恨者一杀了之，对富有者一分了之，对强势者一灭了之，对有些事一停了之，如此一刀切能解决问题吗？这种方式历史上不知出现过多少次，每次也都会出现许多无辜“躺枪”的人，从而衍生出许多新的后遗症问题。而且因为旧的各种因素和方方面面的产生“大怨”环境并没有去掉，反而因为盲目草率抛开应有的社会规范行事，又产生更大的弊端，使新的“大怨”又重复多次。而且纵观历史，有“大怨”的时间总是大大地长于“和大怨”的时间。所以老子说：“和大怨，必有余怨，安可以为善？”这里的“善”指有利于各方的安定。因为用简单的暴力，打破规范秩序的“和大怨”的成本代价是痛苦和会有难以忍受的后续纠结，是不可能真正长期解决问题，也不会有利于社会各方安定发展的。这就必然应该通过从源头上解决问题的方法，也就是六十四章“为之于未有，治之于未乱”的社会日常行为规范，并且一以贯之，前后衔接，认真执行才可以不酿成“大怨”，也就从根本上避免了“和大怨，必有余怨，安可以为善？”的问题。用今天的话就是，认真贯彻和落实合共同利益之道的法律规范之德，在法律面前人人平等。当一个违法事物出现时，立即制止和制裁，使失衡的权利和义务又循环到相对平衡，这样的循环半径很小，社会、个人损失都不大，社会交往成本也不大。通过适时制裁纠正，如第三章所讲“使夫智者不敢为也”，此时可称“为善”，也就是利于共同利益之道。如果在法律面前不能人人平等，被特权和个人利益影响，因人而异，同罪不同罚，甚至只许州官放火，不许百姓点灯，必然会使违法事件层出不穷，定会酿成大的社会危机和损失。这样，从权利和义务开始失衡到严重失衡再经简单粗暴的“和大怨”也无法真正回归到权利和义务相对平衡，而且循环半径加大了，造成的损失大了，交往成本高了。但是由于从打破权利和义务相对平衡的自然规律从而酿成的“大怨”，到仍然用违反权利和义务相对平衡的自然规律的方法去“和大怨”，因此不会产生“为善”的规范有序，为以后产生“大怨”又留下隐患。这就是“和大怨，必有余怨，安可以为善”。正因此才牵出了“执左契”的问题。

那么老子为什么紧跟着说“是以圣人执左契，而不责于人”？“左契”

是双方自愿签订的依据权利和义务相对平衡原则的契约，在这里代表合于道的法律规范、规章制度、公序良俗之德，是以组成社会各群体的共同利益之道在具体事物中的显现，共同利益之道正是以此为依据，来约束、规范尽义务和付出不同的人，得到不同的权利与回报的，是需要承认和保护的合法权益。我们知道，在封建社会法律规范历史中，虽然有一部分法律规范是保护统治者特权利益的，但其主要的部分必须是保护弱者、约束强者的，这是归纳几千年经人类对立统一发展的历史教训而达成的社会行政规范共识，是稳定社会，以利于社会生产生活的，是基本上遵循权利与义务的相对平衡原则的，否则任何社会将无法生存，更无法发展。这是古今中外法律的基本通则，也可以说，古今中外的法律必须要在一定程度上体现社会各群体的共同利益共识之道，因为只有这样这个社会才能基本稳定，并长时间存在，尤其是近代法律，没有一部法律敢于公开地不承认自由、平等、公平、人权的。可见，出现“大怨”的主要原因并不是没有体现道的法律规范，而是在解释和执行法律过程中，占据强权的统治者，用潜规则取代公开的法律，有选择地解释和执行法律，在具体事物中为了特权私利而曲解和修正法律，或者对于不利于强势的既得利益群体的具体法规迟迟不出台。具体执法过程中不是在法律面前人人平等，而是因人而异，因事而异。有法不依、执法偏颇才是造成“大怨”的根本原因，所以老子说“有德司契，无德司彻”这句话的关键区别在于有德和无德。德，指体现社会共同利益的依权利和义务相对平衡原则制定的法律规范等；契，指在双方平等自愿条件下签署的权利和义务相对平等、互利、共赢的契约。“有德司契”可以理解为执行国家法律，保护权利和义务相对平衡的契约关系；而“无德司彻”是指不按权利和义务相对平等原则的法律办事，只索取不付出，就像苛政猛于虎所说的历代征税官吏那样苛刻，只进不出。“司彻”应该和税收没有直接关系，只是对苛刻无情的比喻。税收是一项国家必备的公共职能，老子并不反对税收，在七十五章“民之饥，以其上食税之多，是以饥”中，老子指责的是“食税之多”的多，超过了民众承受能力，而不是税收本身。而合理的税收是符合权利和义务相对平衡的自然规律的共同利益之道的，是防止形成社会贫富差距过大产生“大怨”的有效手段。“有德司契”是在依法行事时，要承认双方的权利和义务相对平衡的差别，保护合法的契约关系，保护符合权利和义务相对平衡的自然规律的财产差别。“天道无亲，常与善人”的“善人”是指善于生产生活物资，为社会创造财富的人，这句话的意思是通过法律不分远近亲疏地保护因为为社会做出贡献而得到合法权益的相应收益人。但是在执行契约时要保护弱势者的基本生存权利。

《道德经》开篇就指出了有无相生关系，“有”指现实物质，而“无”则指人的欲望意识，“有”是有限、务实理性的；“无”是无限，可以任意发挥驰骋的，有时是非理性的；“有”和“无”，物质现实和欲望意识之间的关系是非常复杂的，可以相互影响、作用、制约合为一体，也可以各自表现一下，分分合合，合合分分，特别是在信息不对称，有人可以利用人的“无”的欲望意识而谋利的情况下，具体体现为：有的人的愿望并不代表自己的实际利益；人的短期欲求可能会伤害自己的长远利益；人的局部利益伤害自己的整体利益；一部分人的利益伤害了另一部分人的利益，而自己很快会反受其害等不理性的意识和行为，这就是现实人类社会的真实又复杂的情况，也就是老子指出的关于有无相生的“玄之又玄，众妙之门”。而能够统领和驾驭这有无相生玄妙关系的中流砥柱只能是平等的相互制约、对立统一产生的共同利益之道，是德，是体现道的权利和义务相对平衡的法律等行为规范。

任何社会、任何时候都不能背离共同利益之道和权利与义务相对平衡的自然规律，即使是社会存在大的矛盾之怨的时候，不主张用不符合权利与义务相对平衡的自然规律的简单粗暴的非常手段，而是通过柔弱的调节改革方法，依法律契约办事，首先保护合法财富和弱势群体的各项合法权益，尽快弥补对弱势群体的公共服务资源的不足，用宽容、细心的工作，最大范围地开拓弱势群体的知识面和交往范围，扶持弱者在法律规范内自己造血致富，这才是真正的“是以圣人执左契，而不责于人”。而要真正解决“大怨”问题，是消除产生“大怨”的社会环境，如何办到呢？在日常生活中“有德司契，无德司彻。天道无亲，常与善人”，也就是依合道之法办事，依阴和阳、权利与义务相对平衡的自然规律行事，鼓励和保护善于为社会创造符合社会共同利益的财富的人，多为社会做贡献，自己也能多得利。只有这样社会才可以和谐、有序地可持续发展。

第八十章

# 有形的物质水平与无形的共同利益共识之道是不可分离的

小国寡民。使民有什伯之器而不用，使民重死而不远徙。虽有舟舆，无所乘之；虽有甲兵，无所陈之。使民复结绳而用之。

甘其食，美其服，安其居，乐其俗。邻国相望，鸡犬之声相闻，民至老死不相往来。

这一章是《道德经》中争议最多的一章，最不好理解的一章。当各国为了争霸和自保，都在不断地想方设法提高生产力，不断创造新工具和武器，千方百计地鼓励生育，促进农耕，提高运输能力和兴修水利等各种方法以增强国力之时，老子却讲退回到封闭落后、结绳记事的老死不相往来的小圈子生活时代，并指出人们“甘其食，美其服，安其居，乐其俗”，这实在令人费解。难道老子聪明一世糊涂一时？不可能吧！我们只有先回到老子生活的时代去寻找答案。

春秋时代生产力在逐步发展，铁器的应用使新的“什伯之器”，尤其是用于战争的武器和工具，不断被发明出来；人们的生产能力越来越大，交往范围越来越广；文化也开始从宫廷向民间中上层扩散，社会上“尚贤”，宣扬仁义道德，精英辅国的国策被各国越来越重视；而由于生产力的提高而可以满足多种消费需求，各种难得之货的出现使社会上层人们趋之若骛；随着交往范围的扩大，人们的欲望也越来越多，越来越大。欲望的膨胀必然导致强势群体加重对本国弱势群体的剥夺，和加大对他国土地和人民的占有欲望。这必然使社会各方面的争夺越来越激烈，争夺造成的人员、物质损失也越来越多，对社会公序良俗的破坏越来越重，仁义道德越来越显现出其虚伪的本象，不择手段地动用的智巧计谋越来越多，而社会离组成社会各群体共同利益之道的和谐安宁越来越远。也可以说，离开了道，诱惑越大，战乱争夺越激烈，礼崩乐坏越严重，民众离质朴安乐越远。

老子正是在这种背景之下，才想到了用反哺归根的方式告诉人们，“万物生于有，有生于无”的关系，举此例指出，违反共同利益之道，片面追求广土众民，生产力的前进和物质的丰富并不必然能给人们带来幸福、和谐、安宁的生活。而有了道的存在，即使在生产力相对落后，物资相对匮乏时，人们也可以“甘其食，美其服，安其居，乐其俗”幸福、安逸地生活。

第六十七章中讲“我有三宝，持而保之：一曰慈，二曰俭，三曰不敢为天下先”，在平等包容的“慈”，求真务实；珍惜爱护广大的“俭”；以权利和义务相对平衡的自然规律为基础的“不敢为天下先”这三条产生共同利益共识之道的主要条件中，如果没有真实主动的相互制约，对立统一的平台机制，平等和求真务实的诚信也就被架空了，成为虚伪的伪装，当然，没有平等和求真务实，对立统一也没有成立的基础。也就是说，这三个主要条件相辅相成，缺一不可，这三个条件越充分，“不敢为天下先”的共同利益共识之势产生得就越好、越快、越稳定、越便于柔性调节。从历史事实看，交往范围越小越容易达成这三个条件，就越和谐、稳定、长久。人类最小的交往范围就是家庭，家庭因有亲情、爱情的缓冲，是最容易相互平等交流的，家庭内成员的相互了解是世界上最全面、最深刻的了解，知子莫如父母，知父母莫如子女。当年赵王要起用赵括，其母则认为赵括不堪此重任，果然，赵括只是纸上谈兵之能力。因为平等、相知所以才能相互制约，父母养儿女小，儿女养父母老，相互扶持，成为天经地义。因为相互了解、影响、作用、制约，容易达到共同利益之势，才能打虎亲兄弟，上阵父子兵，一荣俱荣，一损俱损。家庭是人最放松、最真实，交往也最直接、简单，甚至不用一言，只需一小动作既可达成默契的平台；也是对事物反应最快，效率最高，相互助力最真实、最多的地方。虽然亲情是最好的连接器和矛盾缓冲剂，但也取代不了老子“三宝”的作用，家庭也只能因道而兴，因道而存。家庭能够正常存在也只是具备了产生道的三个主要前提，才容易产生共同利益之道，如果达不到这三个条件，同样没有家庭的功能。如果一个家庭内成员严重不平等，不“慈”，不求真务实，诚信不“俭”不“朴”，不能平等交流、相互制约，则不能产生共同利益之势。如果人人都争特权之“先”，这个家庭便名存实亡。所以家庭的温馨也是来自共同利益共识之道。爱情、亲情是家庭矛盾的缓冲剂，但本身并不能自动解决矛盾，正常情况下，任何家庭成员也不是可以绝对的付出和绝对索取的，本质上还是要平等的相互制约，服从权利和义务相对平衡的自然规律，因为只有这样每个人才能生存。

除了家庭容易产生道且相对稳定，本章中说的“甘其食，美其服，安其居，乐其俗”的自给自足的小农经济的农户们由土地和水源固定产生的交往圈子也容易产生道。在这些圈子内的乡邻，平等地共同生活几十年，几百年，所以相互了解，甚至可以相互了解各自的亲属，谁也无法隐瞒什么主要事物，人们务实勤俭，有多少米，吃多少饭，无须掩饰，也掩饰不了，因为当时没有明确的社会分工，盖房、修路、防匪防盗、婚丧喜庆许多事必须相互帮助才能完成，这就产生了相互依存、相互制约的对立统一关系。人们如果被这个圈子排除在外，不但孤独，而且几乎无法生活，所以历史上有人因某些原因被乡邻们所排斥后，只能远走他乡。这个圈子类似于一个松散的大家庭，所以人们常说远亲不如近邻。在这个圈子里人人平等，相互了解，相互制约，所以必须依权利和义务相对平衡的自然规律办事，这就必然产生圈子内的共同利益共识之道，也就必然产生相应的圈子道德，也就是公序良俗。在这些相对落后的圈子里虽没有现代人追求的口舌之欲，但有劳动后食欲的甘甜。这是一个因为相互平等、相互了解、相互制约而使俗称头脑发活“夫智者”之人，无法利用阴谋智巧增加权势的地方；一个无法用杠杆撬动贪欲，使不大的差距被无限放大的地方；也就是说，是一个无法离开现实而放纵欲望的地方，是一个物质踏实、心灵轻松的地方。这些圈子往往和家族混在一起，其首长往往是族长或德高望重的老者及乡绅，但同族辈分关系并不会阻碍利益上的平等，而且如果没有外界官方和富豪的参与，一般圈子内相互之间贫富差距仅靠农业收入丰歉，差距拉开十分缓慢，贫富关系也有圈子内相互制约关系调节，并不会十分紧张。一个圈子就是一个自治单位，一个社会机体的细胞，由这无数的圈子细胞的自治构成了整个基层社会。正是这些依道而行的自治圈子才使王朝时代用很少的官吏去管理一个个的县域，即使是战乱时期和各王朝统治后期失序、战乱的行政管理仅剩下搜刮功能的时期，社会根基处也能在没有外来严重干扰下，保持相对稳定的秩序，人们恪守圈子道德、不偷不抢的公序良俗，有了人身安全和财产安全，人们才能都安心地去生产生活物资。正是这些自治圈子的存在才保障了天下仓生最简单的低水平的生存物质。

家庭和圈子都是熟人交往，人们相互之间平等，虽然家庭中有长幼辈分差别，但是在绝大多数的家庭中是可以平等参与交流的，是可以达到共识的。只有存在平等、真实的相互制约的对立，才会在有序生存的压力下迫使平等的各方“塞其兑，闭其门，挫其锐，解其纷，合其光，同其尘，是谓‘玄同’”（第五十六章），因为有平等的相互制约的对立，人们不得不把不符合权利和义务相对平衡的个人贪欲主张收敛关闭起来，如果每个人都固守自己侵占别人利益的主张，会僵持对立下去，事物成功不了，谁都会受到伤害，所以大家只能是以权利和义务相对平衡的自然规律为标准，相互妥协，求大同存小异，各自把侵害别人的“锐”挫掉，把大家的各种矛盾解决掉，产生出共同利益共识的“合其光”和相应具体行为规范的“同其尘”，这就是和谐有序的“是谓‘玄同’”。而离开家庭和圈子这两个有共同利益共识之道的熟人交往范围，进入以陌生人为主的社会交往范围之后，便失去了及时主动地产生共同利益共识之道的主要条件：平等包容；相互了解；有相互制约、对立统一的平台，这就无法产生权利和义务相对平衡的共同利益共识之势。由武力夺得的统治权虽然必须尽社会职能才能持续存在，但由于统治者为了巩固自己的统治强行制定了等级特权，剥夺了广大民众直接主动制约的权利，而民众在自给自足小农分散的状况下既没有能力，也没有主动意愿去制约，既有利益统一一面，又有对立一面的统治者。在以陌生人为主的交往和行政事务中，因为既得利益特权存在而不会公开，在不能相互了解的情况下，即使有平等权利也是一纸空文，无济于事，连事实都不了解，怎么去对立？无法对立，也无法相互制约，没有有效对立制约的强势既得利益者也就没有任何直接压力，没有直接压力和危害，谁还会放弃既得利益去妥协？更谈不上求大同存小异而产生共同利益共识；没有共识，自然更谈不上对于共同利益共识的坚守；没有人坚守，自然产生不了不屈不挠的势能；没有了以代表弱势群体为主的共同利益共识之势，行为规范的法律规定自然就必须首先代表强势统治者的利益。那些为了维持长期统治，不过分竭泽而渔而激起民变的法律条文，因为由大小不同的既得利益者，在群体内相互联系、相互制约中去解释，去执行，所以必然会产生因人而异、因利益而异的有法不依，而会使社会强势愈强，弱势愈弱，逐步会使社会成为失序混乱状态，和必然终结为民众因“狎其所居”“厌其所生”“民不畏死”的社会动乱。

老子通过本章主要是说明无形的共同利益共识之道与有形的物质和生产阶段是并存的，有无相生，不可分离的。社会发展的不同发展阶段有不同的共同利益共识之道，但是意义相同，没有先进落后之分，都是在当时各方平等的相互影响、作用、制约、对立统一的必然产物。有无相生，不可相互替代，即使物质有多么丰富，没有共同利益共识之道，也没有安乐。

而在刀耕火种、结绳记事的近乎原始的生活中，如果有群体的共同利益共识之道，也会如诗经中所描述的质朴轻松、自然欢乐和“甘其食，美其服，安其居，乐其俗”的美好生活感受。老子用“使民有什伯之器而不用，使民重死而不远徒。虽有舟舆，而无所乘；虽有甲兵，无所陈之。使民复结绳而用之”的“邻国相望，鸡犬之声相闻，民至老死不相往来”的封闭无干扰生活来说明，物质的“有”是永远也无法代替共同利益共识之势的“无”的，人们片面地追求有形物质丰富的生产力和高科技而忽视无形共同利益共识之势是永远也得不到社会的和谐有序和幸福安宁。真正的胜利永远都是双赢、共赢。

第八十一章

# 道“利而不害”“为而不争”是“万物之宗”

信言不美，美言不信。

善者不辩，辩者不善。

知者不博，博者不知。

圣人不积，既以为人，己愈有；即以与人，己愈多。

天之道，利而不害，圣人之道，为而不争。

本章是《道德经》的收尾，所以老子对自己的言语性质和目的做了一个总结。《道德经》对统治者、富贵者、贤人、将士、弱势民众等几个社会群体都进行了各有侧重的评论和告诫，并且在这些评论和告诫中，自始至终都贯穿着一个共同点，那就是各群体都应该遵守权利和义务相对平衡的客观自然规律，“无为”而行，尤其是对可以利用强势多要权利而少尽或不尽义务的群体，更是提出了严重的害人害己的结局警示。《道德经》还说明了无形的组成社会各群体共同利益共识之势，是社会稳定有序的唯一的根，“天下万物生于有，有生于无”，而共同利益共识之势必须在各群体平等地通过相互影响、作用、制约、对立统一的共识中才能产生。即使自称或人们认为的圣贤也不必然会长期主动地依道遵德，也必须在一定的制度规范下与其他有利益矛盾的群体平等地相互制约、对立统一下才能做到。离开了平等的对立，永远也不可能有共识的统一，圣贤正因为其可以主动地认识感悟到道，并首先带头依道遵德才能称其为圣贤，也可以说圣贤是平等的对立统一下权利和义务相对平衡的自然规律的产物，老子所说的圣人并没有特指，而是泛指能够感悟道，并且依道遵德、身体力行的人们。

看了老子《道德经》直截了当的论述就会明白老子在本章为什么说“信言不美，美言不信”。“信”，在这里是真实、诚信的意思。老子在《道德经》中除对占据社会上层统治地位的君王做了最多的论述外，对社会中上层的富贵者、将领以及社会底层民众都进行了真实诚恳、毫不留情、一针见血的评论和告诫。这样的告诫自然如苦口良药一样，会引起人们的一些反感。但是老子写《道德经》，首先是“圣人不积”，不是为了自己的私利，而是以“我有三宝持而保之”为基础，怀着对整个社会、全部群体的真挚的慈爱之情，根据共同利益共识之道对社会各群体的“万物之宗”的作用，发出肺腑之言地忠告。其既不是向统治者献媚邀功而得利，也不是为了虚名实利而哗众取宠，更不是为了表现自己而为人所敬仰；当他把光明留给人间之后，自己却隐入暗处，归于无形，不知所踪，“知其白，守其黑。为天下式”。正是因为老子对个人功名利禄无比超脱的“圣人不积”的言行，才使得他的话，尤其显得真实、诚信但却不十分讨人喜欢，不太动听。《道德经》是善意的实话实说，而不是虚情假意地四处讨好、八面玲珑；是直逼事物根部的实质，一针见血，而不在繁杂的表面枝叶上拐弯抹角地圆滑打转，自然就“信言不美”了，虽然语言尖锐质朴无华，但却是真诚可信，受益无穷。而那些善于见风使舵，只要自己可以得利之人，见人说人话，见鬼说鬼话，从来也不缺赞美奉承的词语，但他们的话又有多少是发自真心呢？是不是口蜜腹剑呢？有些人善于辞令，但是，虽然语言华美动听，令人顺耳，但却虚伪不实，可信吗？“美言不信”。在生活中许多人埋头苦干，兢兢业业，依道遵德，无为而行，一分付出，一分收获，何须四处炫耀，自然就少事、少言、无言了，“善者不辩”。但是，有些人为了利用强势少付出多得利，从而浑水摸鱼，把简单的事复杂化，把一目了然的事神秘隐蔽化，把实事求是的事整成华而不实的形式化，使人抓不住本质要点，而被牵着鼻子走。这就必须动用机谋智巧，多言善辩，才能诱人入彀，这是一种“辩者不善”；还有一些人专事攻击别人，把别人说得一无是处，眼高于顶，但是实际上他们自己却拿不出什么有实际意义的东西来，这也是一种“辩者不善”。真正有真才识学的人，学以致用，理论联系实际，低头做事，而不会到处吹嘘、宣扬、炒作，不会看似无所不通，其实浅尝辄止，所以“知者不博”无须用博眼球来掩盖无知；而往往那些看似旁征博引，无棱无角，四处讨好，似乎无懈可击但却空洞无物的文章，往往闪烁其词，不得要领，以其昏昏使人昭昭，在其闪烁之间，背后往往拖着功名利禄的影子，有所“积”而已，这就是“博者不知。”

为什么老子要对组成社会的每一个主要群体都进行了评论和告诫呢?因为道！因为道是组成交往范围各方共同平等参与、相互制约、对立统一才能产生的，所以应当明确社会各个群体因权利和义务相对平衡的自然规律决定的社会存在定位，也就是各自的社会坐标。一个社会交往范围就像一个由多种零部件组成的机器，每个零部件都有自己的形状、质量和相应的功能，也就是权利和义务，不会将功能大的减少质量，也不会将功能小的加大质量，更不会允许无实际功能的臃肿和形式主义的摆设存在，会时时平衡调节各零部件的功能和质量。只有所有的零部件相互传动制约、相互配合、统一行动才可以生产出合格的产品来，一个社会同样如此。只是人们在设计机器时是以这个机器能够生产出合格的产品，这个共同利益之道为唯一的目的，所以在设计实施各零部件时是必须按照其各自的功能，来决定其形状和质量，也就是以其付出，决定其所得，否则这台机器便丧失了使用价值，更没有交换价值而赔本。而统治者在设计和实施社会制度规范时，因为不存在主动强大的组成这个社会各群体平等的相互制约的对立，就不会产生统一的权利和义务相对平衡的主动的共同利益共识之势，也就是说当人们没有普遍地把一切违反权利和义务相对平衡的自然规律的等级特权视为眼中钉、肉中刺、势不两立、必除之而后快的共识势能时，统治者的特权就不存在立即被否决淘汰的压力，所以统治者自然会奉行弱肉强食、赢者通吃的文化意识，设计和实施制度规范时首先必须确保自己和本群体的等级特权利益，对于其他群体的利益也不会像设计机器零部件那样按照功能，设计形状和质量，而是依为统治者服务的远近亲疏来决定，将一切义务负担都压在人数最多，但因最分散、少文化而社会能量最小的民众身上。结局如何呢？虽然统治者制定和实施制度规范时没有直接受到各群体共同利益共识之势的制约，但是，凡是违背权利和义务相对平衡的自然规律的事物是不可能稳定、有序、长期存在的，最终会因利益严重受损的弱势群体忍无可忍的“民不畏威，而大威至”“反者道之动，弱者道之用”，而逃不出被各群体共同利益共识之势的否决淘汰。

封建社会，虽然经由无数次动乱的惨痛教训，由于受到自给自足分散小农经济生产力、生产方式制约，占人口大多数的经济、文化、组织形式上成为弱势群体仍然无能力也无意识去主动制约由武力夺取行政权的统治者，也就无法形成必须平等的相互制约的对立才能统一产生权利和义务相对平衡的共同利益共识之势，占文化意识主流的仍然是统治者弱肉强食的等级特权以及个人功利主义，那么就只能仍然是由道的日常低交往成本，主动实施变被动的“反者道之动，弱者道之用”的巨大交往成本的武力制约，再蹈前朝覆辙了。老子写《道德经》的目的就是让人们总结认识这些历史经验教训，“以古之道以御今之有”认识到道的“万物之宗”“天地根”的作用。只有形成各群体的权利和义务相对平衡的共同利益共识之势，以弱势群体为主的各群体才会积极主动地从每一件事起始和实施过程中，都寸步不让地坚守共同利益共识之道及相应的法律规范、规章制度、公序良俗、合同契约之德。只有这样才可以避免无谓的多言多事的曲折和灾难的“民不畏威，则大威至矣”反复上演（第七十二章），才能迫使一切行政者在被强烈反对否决淘汰的压力制约下，抛弃弱肉强食、赢者通吃的文化意识，像设计和维护机器一样，设计和实施符合社会共同利益共识之势的制度规范。

老子利用自己当周朝守藏史的便利条件，直接接触到历史上各朝代的纪录典籍，与自己曾经处于社会底层，对民众真实生存状况的了解的经历相结合，就对社会形成了一个十分全面的认识和了解，既超越封建上层社会无视基层民众利益、残酷镇压掠夺的一面，又超越了一些中上层人们对民众疾苦至多是可怜同情，而不把他们作为推动历史运转的动力的局限性，也认识到社会根基处民众的信息匮乏，眼光短浅，互为壁垒的缺乏团结自信的弊病，将组成这个社会不分所谓的高低贵贱的各群体全面整合在一起，平等地思考各自权利和义务不同，社会存在不同，产生的不同文化意识，抛弃表面上呈现的偶然性，从根部寻找必然性，终于悟出了道——这个组成一切事物和交往范围各方平等的相互影响、作用、制约对立统一产生的权利和义务相对平衡的共同利益共识之势。确认天下万物从产生、存在，到发展都离不开道，不论个人、家庭、家族、社会、国家、世界、大自然的一切事物兴衰都源于道。道的存在不以人的意志为转移，你承认与否其都存在，都在起着决定性作用。只是当你认识到道，主动依道遵德而行时，事物就顺利、成功、和谐安定、交往成本低；否则，就会混乱、争夺、失败、动荡不安、交往成本极高。从老子的分析告诫中可以看到，无论大小，任何交往范围内人们要和谐、有序、稳定发展的唯一途径，就是主动地依道遵德，也就是要坚定不移地产生和落实合道的法律规范、规章制度、公序良俗、合同契约等显现共同利益共识之势的德。有法必依的有序是各群体，尤其是广大弱势民众的最大利益，因为无论何时，从失序混乱中发财的只能是占据各种资源的强势者，民众永远是社会失序动乱的最大受害群体。如果弱者自己都不坚决地保护和坚守合道的法律规范这道保护自己的唯一防线，那么强者就更好以此摆脱束缚。老子写《道德经》的目的就是警示社会各个群体都围绕权利和义务相对平衡的自然规律，形成共同利益共识之势，通过法律渠道在相互影响、作用、制约中不断推动交往成本最低的日常小半径权利和义务相对平衡的“反者道之动”循环，使弱势利益受损群体的推力以最便捷、轻松的方式起作用，才能达到稳定长远的双赢、共赢，这就是老子的“圣人不积，既以为人，己愈有；既以与人，己愈多。天之道，利而不害，圣人之道，为而不争”。识道之人不会首先争夺自己的利益，会无为而行，表面上看，尤其是“知其雄”者，没有贪欲，没有走越过义务取得权利的“捷径”，都在各种规范之内，为了包括别人利益在内的共同利益而动，只有这样才能达到交往成本最低，最少曲折的事物成功，大家唯此才可以得到导致有序和谐的双赢、共赢。这就是认真遵守自然规律“天之道”的益处，只有共同利益共识之势的“无为”“不争”，才能以最小的交往成本完成各个大小不同交往范围的和谐共赢。这就是老子一贯主张的“无为为”“不争争”。